江孜年鉴

རྒྱལ་རྩེའི་ལོ་རིམ་མེ་ལོང་།

2023

（总第七卷）

江孜县地方志办公室　编

方志出版社
Publishing House of Local Records

图书在版编目（CIP）数据

江孜年鉴. 2023 / 江孜县地方志办公室编. — 北京:
方志出版社, 2023.11
ISBN 978-7-5144-5933-3

Ⅰ. ①江… Ⅱ. ①江… Ⅲ. ①江孜县－2023－年鉴
Ⅳ. ①Z527.54

中国国家版本馆CIP数据核字(2023)第234689号

责任编辑：王娜
责任校对：张玉霞
责任印制：梅中英
出 版 者：方志出版社
地　　址：北京市朝阳区潘家园东里 9 号（国家方志馆4层）
邮　　编：100021
网　　址：http://www.zgfzcb.cn
发　　行：方志出版社图书营销中心（010-67110500）
印　　刷：云南美嘉美印刷包装有限公司
开　　本：889毫米×1194毫米　1/16
印　　张：28.75
字　　数：801千字
版　　次：2023年11月第1版
印　　次：2023年11月第1次印刷
定　　价：350.00元

《江孜年鉴（2023）》编纂委员会

《江孜年鉴（2023）》编辑部

编辑说明

一、《江孜年鉴（2023）》以马克思列宁主义、毛泽东思想、邓小平理论、“三个代表”重要思想、科学发展观、习近平新时代中国特色社会主义思想为指导，坚持辩证唯物主义和历史唯物主义的立场、观点和方法，求真务实，力求客观、全面、系统地记录江孜县上年度的发展情况。旨在反映江孜县上年度政治、经济、文化、社会等各项事业的基本情况，为国内外各方人士了解江孜提供渠道，为江孜方志工作储备资料。

二、《江孜年鉴（2023）》主要采用分类编辑法。划分为类目、分目、条目三个层次，条目为本年鉴基本单位。为方便检索查阅，正文后设有综合性主题索引，索引款目按首字汉语拼音字母顺序排列。

三、《江孜年鉴（2023）》正文依次有特载、大事记、江孜概览、江孜县组织机构及其负责人、中国共产党江孜县委员会、江孜县人民代表大会、江孜县人民政府、政协江孜县委员会、纪委监委、人民团体、对口支援、军事、法治、经济管理、农牧林水、交通·通信、城建·环保、财税·金融、教育·文化·旅游、科技、医疗卫生、社会事业、乡（镇）概况、荣誉录、附录、索引。

四、《江孜年鉴（2023）》主要记述2022年度江孜县行政区域内的经济社会发展状况，记述时间为2022年1月1日至2022年12月31日。凡在文中直书月、日的，均指2022年内的日期，书中涉及其他年份的时间则表明年份。部分单位涉及周边其他县（区）工作，本书不予记述。

五、《江孜年鉴（2023）》中荣誉录排序按照奖项授予单位级别由高到低罗列。

六、《江孜年鉴（2023）》中计量单位，除种植面积使用常用习惯单位“亩”外，均以《量和单位》（GB 3100～3102—1993）为准；标点符号以《标点符号用法》（GB/T 15834—2011）、数字以《出版物上数字用法》（GB/T 15835—2011）的规定为准。

七、《江孜年鉴（2023）》所载数据，除国家统计部门正式公布之外，均由供稿单位提供并审核。由于来源、统计方法和口径的差异，不同稿件中不尽一致，引用时以江孜县统计局资料为准。书稿中部分数据合计数或相对数由于单位取舍不同而产生的计算误差，均未做机械调整。

八、《江孜年鉴（2023）》中所使用的图片由江孜县各部门、各乡（镇）及相关单位提供。

数 字 江 孜 2022

全县人口80477人

辖区面积3849.3平方千米

农作物总播种面积10802.2公顷

粮食产量64821.6吨

油料作物产量3013吨

蔬菜产量11729.57吨

饲草料18042.1吨

牲畜存栏307057头（只、匹）

全县各级各类学校76所

全县在校生16041人

全县公立医疗机构175个

地区生产总值29.93亿元

第一产业增加值6.12亿元

第二产业增加值6.73亿元

第三产业增加值17.08亿元

社会消费品零售总额实现7.29亿元

农村居民人均可支配收入达21251元

地方一般公共预算收入2237万元

地方政府一般债券转贷收入2823万元

全社会固定资产投资完成11.28亿元

招商引资到位资金8549万元

接待游客220796人次

1月10日，中国共产党江孜县第十届委员会第三次全体会议召开。图为会议现场

1月16—19日，江孜县第十四届人民代表大会第二次会议第一次全体会议召开。图为会议现场

1月17日，政协第十届江孜县委员会第二次会议召开。图为会议现场

3月7日，中国共产党江孜县第十届纪律检查委员会第二次全体会议召开。图为会议现场

12月23日，中国共产党江孜县第十届委员会第四次全体会议召开。图为会议现场

5月20日，江孜县各乡（镇）为喜迎中共二十大召开营造良好氛围。图为卡麦乡嘎益村村委会悬挂“热烈庆祝中国共产党第二十次全国代表大会胜利召开”宣传横幅

10月16日，江孜县党员干部集中收看中国共产党第二十次全国代表大会开幕会。图为观看现场

10月16日，县公安局组织观看中共二十大开幕式直播。图为视频观看现场

10月16日，江孜县烟草专卖卷烟营销网点组织员工观看中共二十大开幕式直播。图为观看现场

10月20日，江孜县委组织部召开中共二十大精神专题学习会。图为会议现场

10月20日，江孜县宣传思想文化系统召开学习党的二十大报告精神会议。图为会议现场

3月22日，县委书记陈昊（右一）检查江孜县新区道路建设工程项目开复工情况。图为检查工作现场

4月12日，县长巴桑（左二）到卡堆乡长堆村调研春耕备播工作。图为调研工作现场

4月16日，县委书记陈昊（右一）、常务副县长达娃次仁（左一）考察年楚河流域江孜县段水污染综合治理项目一期工程。图为视察工作现场

4月21日，江孜县召开首届江孜县税务局诚信纳税缴费先进典型企业表彰大会暨组合式税费支持政策宣讲培训会，县长巴桑（主讲台中间）出席会议。图为会议现场

5月18日，红河谷农业科技园区开展种植技术教学。图为教学现场

6月11日，热索乡农牧综合办工作人员开展数基本苗工作。图为数苗现场

6月17日，江孜县农牧综合服务中心技术人员到农田指导农药使用技术及统防统治工作。图为指导农药使用现场

7月4日，江孜县电子商务公共服务中心邀请京东西藏运营主管刘雨林（右一）开展电商企业孵化与青年电商创业培训。图为培训现场

江孜县一家亲岗巴羊合作社现代化养殖场（拍摄于2022年）

桑旦岗酒业有限责任公司青稞酒罐装生产线（拍摄于2022年）

3月2日，县委书记陈昊（右）带队入户走访慰问离退休老干部。图为慰问交谈现场

3月12日，康卓乡岗古村开展农牧民劳动力培训就业意向征求会。图为会议现场

4月10日，县公安局联合县市场监管局开展食品安全检查工作。图为民警清理下架“三无”食品及过期、包装损坏食品

江孜年鉴 2023

5月12日，日喀则市委副书记、上海援藏总领队孟文海（右）到江孜县看望慰问结对帮扶群众。图为孟文海与结对帮扶群众交谈

5月31日，县公安局交警大队车辆管理所开展“送证下乡”便民服务活动。图为交警向通过摩托车驾驶员培训考核的农牧民发放摩托车驾驶证

6月29日，县长巴桑（前排右三）到紫金乡香普村现场调度冰雹灾害救援和防汛工作。图为工作现场

6月30日，日喀则市政协副主席旦增（右二）到江热村探望慰问结对帮扶户。图为慰问现场

7月1日，县审计局联合县信访局、县行政审批局赴热龙乡小学开展"庆祝建党101周年　喜迎党的二十大"主题党日活动。图为工作人员与学生合影

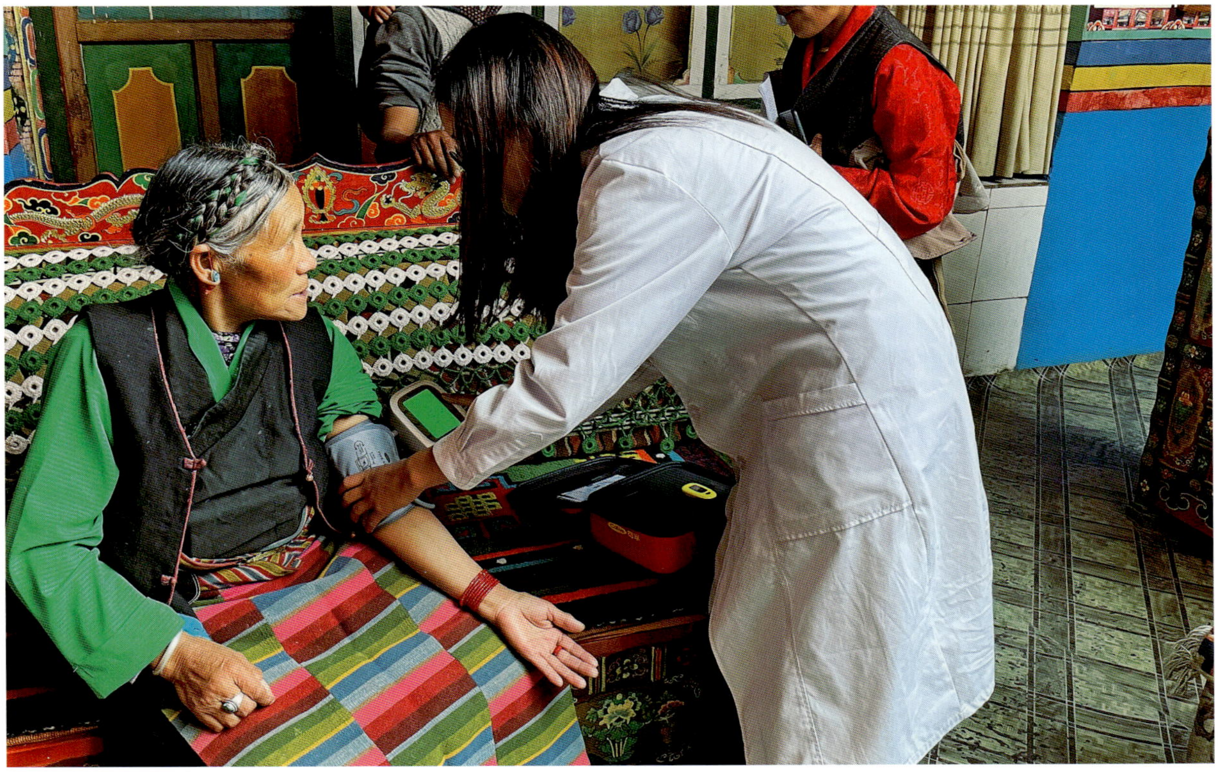

7月3日，热索乡卫生院医护人员入户为老年人测量血压。图为工作现场

7月4日，县住建局联合县发展改革委对县域内各项目点进行安全文明施工检查。图为检查工作现场

7月19日，县住建局组织乡（镇）住建专干召开江孜县自建房安全专项整治工作推进部署会议。图为会议现场

7月18日，西藏江孜县第一小学开展2022年招生工作。图为招生工作现场

7月22日，日喀则市江孜高级中学和北京科技大学附属中学举行托管帮扶协议签约仪式。图为签订仪式现场

8月4日，国家卫健委基层司司长聂春雷（左二）带队到江孜县中心医院检查指导工作。图为检查指导工作现场

9月中旬，县农业农村局组织农机合作社开展助农秋收工作。图为大型联合收割机机械化收割现场

10月30日，江孜县一家亲岗巴羊养殖农民专业合作社举行热定新村入股分红仪式。图为入股分红牧民合影

3月28日，达孜乡新时代文明实践所开展“创建民族团结进步模范区　铸牢中华民族共同体意识”活动，并发放相关理论知识手册。图为活动现场

6月2日，车仁乡吉瓦村开展日喀则市第六个“民族团结进步日”宣传活动。图为活动现场

6月2日，卡堆乡嘎雪村开展民族团结和反分裂宣讲宣传教育活动。图为参加活动人员合影

4月2日，江孜县在江孜宗山民族团结文化广场举行第九批全国民族团结进步示范县授牌仪式。图为县级主要领导在授牌仪式上合影

6月2日，江孜县法律服务志愿服务分队开展“民族团结进步日”主题普法宣传。图为江孜县司法局法治宣传点活动现场

6月2日，年堆乡索盖村举办“喜迎二十大 夏阳耀初心”新时代文明实践活动和庆祝第六个“民族团结进步日”文明实践活动。图为活动现场

6月2日，卡堆乡举行“创建民族团结进步模范区”签名活动。图为活动现场

3月3日，江孜县特困人员集中供养服务中心举行文艺会演欢度藏历新年。图为舞蹈表演现场

3月20日，县人民检察院检察长余杰（左一）检查金嘎乡角白村村史馆建设情况。图为检查工作现场

3月28日，江孜县开展“喜迎二十大、春风进万家”新时代文明实践活动启动仪式暨日喀则庆祝西藏百万农奴解放63周年群众联欢活动。图为舞蹈表演现场

4月12日至5月13日，江孜县开展“三区”人才支持计划文化专项民族乐器培训班第三阶段培训。图为培训现场

4月29日，江孜县举办首届“英雄城杯”干部职工篮球足球联赛。图为开幕式现场

4月29日，江孜县新时代文明实践中心举办以“铸牢中华民族共同体意识”为主题的“珠峰道德讲堂”第一期。图为讲堂现场

5月13日，江孜县在宗山民族团结文化广场举办江孜县五四表彰暨百人入团退团仪式。图为县委副书记张宏东（中间）、县政协主席拉巴仓决（右二）、县委统战部部长普布次仁（左三）与获表彰团员合影

6月1日，江孜县第一幼儿园开展“同心共筑英雄城　喜迎党的二十大”六一文艺会演活动。图为幼儿表演节目现场

6月1日，江孜县举办新时代文明实践“喜迎二十大　夏阳耀初心”巡回宣讲暨送文艺进村居活动。图为舞蹈表演现场

6月5日，常务副县长达娃次仁（前排右三）参与市生态环境局江孜分局组织的“整治环境卫生 共建清洁江孜”宣传活动。图为参加宣传活动人员合影

7月2日，紫金乡举办“珠峰百姓名嘴”演讲选拔大赛。图为比赛现场

7月4日，副县长余锋（左）入户为老党员颁发“光荣在党50周年”纪念章。图为余锋与老党员合影

7月20日，江孜县总工会协同新时代文明实践中心举办“中国梦·劳动美——喜迎二十大 建功英雄城”江孜县职工演讲比赛。图为县委书记陈昊（第二排左五）与获奖选手合影

7月21—23日，江孜镇举办“唱响民族团结喜迎二十大、再创佳绩建功和谐英雄城”首届农牧民运动会。图为非物质文化遗产“堆谐”表演

目　录

特　载

大事记

江孜概览

江孜县组织机构及其负责人

中国共产党江孜县委员会

江孜县人民代表大会

江孜县人民政府

政协江孜县委员会

纪委监委

人民团体

对口支援

军　事

法　治

经济管理

农牧林水

交通·通信

城建·环保

财税·金融

教育·文化·旅游

社会事业

乡（镇）概况

荣誉录

附 录

特　载

中國歷史文化名城

深入贯彻中共二十大精神
谱写好社会主义现代化建设江孜篇章（节选）

——在中国共产党江孜县第十届委员会第四次全体会议上

2022年12月23日

中共江孜县委书记　陈　昊

本次会议的主要任务是：坚持以习近平新时代中国特色社会主义思想为指导，深入贯彻落实中共二十大、中央第七次西藏工作座谈会精神和新时代党的治藏方略、贯彻落实自治区党委十届三次全会和市委二届八次全会精神，增强“四个意识”、坚定“四个自信”、坚决捍卫“两个确立”、做到“两个维护”，锚定“四件大事”、聚焦“四个创建”“四个走在前列”，牢记“三个务必”，牢牢把握宝贵的历史机遇，自信自强、守正创新，踔厉奋发、勇毅前行，坚定不移实施名城振兴工程，谱写好社会主义现代化建设江孜篇章。

一、凝心铸魂，把思想和行动统一到全面建设社会主义现代化国家的重大决策上来

中共二十大是在全党全国各族人民迈上全面建设社会主义现代化国家新征程、向第二个百年奋斗目标进军的关键时刻召开的一次十分重要的大会，是一次高举旗帜、凝聚力量、团结奋进的大会。习近平总书记所作的报告，全面回顾总结了过去五年的工作和新时代十年的伟大变革，深入分析了当前国际国内形势，深刻阐述了开辟马克思主义中国化时代化新境界的重大问题，宏观擘画了新征程的宏伟蓝图，科学制定了党和国家事业战略部署和实践路径。中共二十大报告提出了一系列新的重大思想观点、重大判断、重大举措，一系列新的思路、新的战略、新的举措，是党和人民的集体智慧，是党团结带领人民全面建设社会主义现代化国家、全面推进中华民族伟大复兴的政治宣言和行动纲领，是马克思主义的纲领性文献。

中共二十大对中国共产党章程进行了修订，把中共二十大报告确立的重大理论观点和重大战略思想写入党章，使修改后的党章充分体现马克思主义中国化时代化最新成果，充分体现中共十九大以来党中央提出的治国理政新理念新思想新战略，充分体现党的工作和党的建设的新鲜经验，实现了党章又一次与时俱进，为全党提供了根本遵循。十九届中央纪律检查委员会工作报告揭示了以党的自我革命引领社会革命的重大意义，体现了解决大党独有难题的清醒和坚定，必将深入推进新时代党的建设新的伟大工程，确保我们党不变质、不变色、不变味。

中共二十届一中全会选举产生了以习近平同志

为核心的新一届中央领导集体，继续选举习近平同志担任中共中央总书记、决定习近平同志为中共中央军事委员会主席，这是中共二十大取得的最重要的政治成果。体现了全党的意志、凝聚了全军的共识、反映了人民的期待、契合了历史的选择，进一步彰显了党的团结统一和成熟自信。有以习近平同志为核心的党中央领航掌舵，风雨来袭时中国人民就有了最可靠的主心骨、定盘星，这个成果对党和人民的事业发展至关重要，为全面建设社会主义现代化国家、全面推进中华民族伟大复兴提供了根本保证。

自治区党委贯彻落实中共二十大精神坚定坚决、不折不扣，及时召开自治区党委十届三次全会进行系统学习、深入贯彻、全面落实，审议并通过了《中共西藏自治区委员会关于深入贯彻中共二十大精神 全面建设社会主义现代化新西藏的意见》，《意见》紧扣中共二十大精神，立足自治区党委十次党代会以来的深入实践，进一步深化对新时代治藏方略的规律性认识，进一步拓展了“四个创建”“四个走在前列”的重大部署，把行之有效的经验做法上升为指导今后工作的政策举措，开启了新时代推进西藏长治久安和高质量发展，全面建设团结富裕文明和谐美丽的社会主义现代化西藏的新征程。市委二届八次全会全面贯彻落实中共二十大和自治区党委十届三次全会精神，以勇当“四个创建”排头兵的坚定决心和意志，紧扣日喀则实际和发展阶段性特征，对建设社会主义现代化新日喀则作出了具体部署。

深入学习宣传贯彻中共二十大、自治区党委十届三次全会和市委二届八次全会精神是江孜全县上下当前和今后一个时期的重大政治任务，我们要坚决向党中央、自治区党委、市委决策部署看齐，自觉对标对表，做到令行禁止、行动迅速、落实有力，奋力推动中共二十大擘画的宏伟蓝图、自治区党委十届三次全会和市委二届八次全会作出的决策部署，在江孜县落地生根、开花结果。

二、勇毅前行，坚定推进江孜社会主义现代化建设的信心决心

今年，是江孜发展史上极不平凡、极具考验的一年，面对严峻的新冠疫情冲击、艰巨繁重的稳定发展任务，面对江孜人民对更加美好生活的强烈期待，江孜县委带领全县干部群众攻坚克难、艰苦奋斗，真抓实干、开拓进取，拱卫了二十大的安全，稳住了经济基本盘，疫情防控取得阶段性胜利，民生实现有效保障，党员干部得到积极锻炼，经济社会发展有了新的成效，政治生态稳步向好，为建设社会主义现代化新江孜奠定了坚实基础。

一年来，我们全力维护稳定，社会安定团结局面不断巩固。落实落细各项维稳举措，社会大局保持和谐稳定。积极打造了一站式多元化矛盾纠纷调处中心，信访事项调处率100%，矛盾纠纷隐患化解率90.6%。创新开展“天眼护苗”行动和“送你一条反光膜”等活动，维护基层社会治安秩序。加强活佛转世政策法规宣讲，牢固树立中华民族共同体意识，广泛开展民族团结“九进”活动，全面实现“两个80%”创建目标任务，江孜融媒体中心荣获“2022年西藏自治区民族团结进步模范集体”。

一年来，我们坚持守正创新，经济综合实力实现稳中有进。坚持稳中求进工作总基调，统筹发展和安全，努力发挥江孜比较优势，推动县域经济高质量转型发展。预计，全年地区生产总值完成30.73亿元，同比增长3%；全社会固定资产完成10.2亿元，地方一般公共预算收入完成2000万元。扎实推进“十四五”时期项目建设工作，成功争取到地方政府专项债券江孜县宗山地下停车场建设项目，谋划储备的吉拉大桥项目圆满落地。大力推进良种种植，粮食总产量保持在6万吨以上。江孜英雄古城文化旅游景区成功创建AAAA级，全年接

待游客22.08万人次，实现综合旅游收入5452.72万元。不断巩固拓展脱贫攻坚成果，累计识别监测对象232户891人，消除风险134户521人。不断调整优化种植业结构，牢牢守住粮食安全底线。现代医院管理、融媒体中心建设、供销合作社等重点领域和关键环节的改革取得了阶段性成效。

一年来，我们牢固树立绿水青山就是金山银山的理念，生态环境持续向好。坚持环境就是民生，坚守生态红线，实施生态工程，生态环境得到高质量保护。大力实施国土绿化行动，全县植绿护绿面积累计达11.19万亩，完成封育面积61525亩。投资5686.92万元实施年楚河流域江孜段水生态修复和水污染防治综合治理项目，不断补齐城乡生活垃圾及污水处理设施建设短板。严格落实生态补偿机制，及时兑现全年生态岗位补偿资金2351.24万元。积极推进山水林田湖草沙冰一体化保护和系统治理，建立"河湖长+检察长+警长"工作机制，河湖长制全面落实。全力做好中央生态环保督察整改工作，畅通环境问题举报渠道，筑牢江孜生态安全屏障。

一年来，我们高度重视民生福祉，群众生活得到持续改善。坚持困难麻烦由党委政府解决，发展成果由群众共享，不断满足群众日益增长的美好生活需求。实行"点对点"转移就业工作模式，完成转移就业24698人。充分发挥"4321"结对帮扶机制效能，实现大学生就业人数597人。及时为农牧民和高校毕业生兑现创业补助资金80余万元。县人社局被评为"西藏自治区就业创业工作先进集体"。严格落实控辍保学举措，义务教育阶段巩固率达100%，中小学升学率始终位于全市前列。牵头开展"春风进万家""夏阳耀初心""秋香润基层""暖冬筑同心"等实践活动，不断提升群众精神文化素养。江孜县艺术团舞蹈节目《欢庆丰收》《红色血脉》在自治区获奖。全面启动"三乙"创建工作，县人民医院纳入国家级县医院综合能力提升"千县工程"。居民基本养老、基本医疗和大病保险实现全覆盖，慈善公益事业全方位推进，各族群众获得感、幸福感、安全感持续攀升。

一年来，我们全面加强党的建设，政治生态得到持续净化。持续深化习近平新时代中国特色社会主义思想、中共二十大精神学习贯彻，稳步推进党建示范点创建工作，完成全县6个软弱涣散基层党组织晋位升级工作。扎实推进国家通用语言文字教学工作，不断促进各领域党组织发挥效能。突出政治选人用人标准，开展干部选拔任用工作8批次319人。精准运用监督执纪"四种形态"整治各类违纪违规问题，切实形成了全面从严治党的浓厚氛围。

回首这极其不易、极不平凡的一年，我们面对严重疫情和经济下行的严峻复杂局面，战胜多重困难、克服多种风险，实现了来之不易的发展和进步。这些成绩的取得，最根本在于以习近平同志为核心的党中央掌舵领航，最根本在于习近平新时代中国特色社会主义思想的科学指引，最重要在于不折不扣把习近平总书记关于西藏工作的重要指示和新时代党的治藏方略落到实处，得益于中央特殊关怀，得益于自治区党委和市委的坚强领导，得益于浦东新区各界的无私援助，得益于驻地官兵的鼎力相助，是全县广大党员干部群众共同努力的结果。在此，我代表县委，向所有为江孜县各项事业发展作出贡献的同志们、朋友们，表示衷心的感谢，并致以崇高的敬意！

学习贯彻中共二十大精神最根本的任务就是推进社会主义现代化建设。江孜能否实现现代化，如何实现现代化，是我们必须回答好的重大课题。通过深入分析论证，我们可以坚定地回答：江孜有基础、有条件，也有能力、有信心同全国全区全市一道共同实现中国式现代化。但奋进征程不会是一路坦途、一马平川，目标任务也绝不是轻轻松松、敲锣打鼓就能实现的。

我们要客观认识江孜在推进社会主义现代化建设中面临的挑战、存在的短板。一是发展不充分。我县独特的资源禀赋和区位优势尚未很好地转化为现实的发展红利和经济效益。产业发展整体质效不高，文化旅游产业发展滞后，现代农业转型缓慢，现代服务业发展尚处于初级阶段，民族特色产业发展层级不高，乡村“五大振兴”还处于较低水平；产业结构不合理，二产占比过低，缺乏规上企业和重大项目支撑，三产水平不高，区域中心城市的辐射带动作用不明显；营商环境不优、创新驱动不强，招商引资落地少、层级低、带动差，缺乏龙头企业和品牌影响力。二是发展不平衡。城乡一体化发展不均衡，基础设施和公共服务欠账较多，特别是城乡环保基础设施滞后；腹心乡镇与高寒牧区、山沟地带发展差距巨大，人均收入差距明显；大县城建设有明显短板，新型城镇化建设滞后，城镇化率低，城市管理经营水平不高，缺乏作为国际性旅游城市的鲜明特色；国土规划缺乏前瞻性、预见性，耕地红线保护与建设用地需求的矛盾突出；对新兴绿色产业发展重视不足，缺乏高新技术和创新型企业。在外部环境上，随着边境县政策红利不断释放，资源型县区快速开发，市区经济的集聚发展，我县在县域竞争中处于明显劣势。三是发展保障不坚实。干部特别是领导干部本领恐慌问题突出，特别是视野狭窄，不善创新，把握市场规律、借助市场手段的能力明显不足；干部作风有待优化，狠抓落实的意志还不够坚定、行动还不够有力，还存在个别干部混日子、守摊子、不作为、慢作为现象；个别干部对群众缺乏感情，对涉及群众切身利益的问题漠然视之，个别干部守不住纪法底线，心存侥幸，吃拿卡要，胡作非为。

我们更要准确把握江孜推进社会主义现代化建设面临的宝贵机遇、具有的良好基础和独特优势。一是有以习近平同志为核心的党中央坚强领导和有利的发展环境。面对风高浪急的国际环境和艰巨繁重的国内改革发展稳定任务，习近平总书记把舵定向、英明决策，中国号巨轮乘风破浪，勇毅前行。12 月 6 日中央政治局会议鲜明提出要让干部敢为、地方敢闯、企业敢干、群众敢首创；12 月 15 日至 16 日的中央经济工作会议作出了要坚持稳字当头、稳中求进，积极的财政政策要加力提效，更好统筹经济质的有效提升和量的合理增长，支持以多种方式和渠道扩大内需，着力稳增长稳就业稳物价，保持经济运行在合理区间等一系列重大部署，强调要坚持把高质量发展作为全面建设社会主义现代化国家的首要任务。二是有党中央的特殊关怀和一系列特殊优惠政策支持。习近平总书记亲自主持召开中央西藏工作座谈会，亲临西藏视察指导，党的新时代治藏方略为我们做好各项工作提供了科学指引；自治区党委勇担使命，“四个创建”“四个走在前列”的重大部署指明了西藏社会主义现代化建设的路径；事实证明，进入新时代，中央对西藏工作始终高度重视，支持力度越来越大，这是我们做好工作的最大底气。三是有上海市浦东新区的大力支援。浦东新区区委、政府和社会各界始终高度重视对口支援工作，从干部人才、资金、项目、消费、就业等全方位倾力援助，更为重要的是，浦东新区作为全国社会主义现代化建设引领区，其宝贵的发展模式和经验对于我们更新观念、提升水平具有重大的指导意义，上海作为国际化大都市，庞大的消费市场，富集的知识、技术、人才、资本、企业资源可为我们推动产业经济提供强大助力。四是有独特的资源优势。文化旅游方面，江孜是西藏县区中唯一的国家历史文化名城，白居寺、宗山抗英遗址、帕拉庄园享誉中外，江孜藏毯千年传承，文化底蕴厚重，红色资源富集。现代农业方面，江孜县是重要的粮食主产区、商品粮油基地，青稞食品市场潜力巨大，土地规模化经营有良好基础，机械化作业率高；在绿色产业、生态产业等方面也具有一定优势。五是有重要的区位优势。江孜处于连结西藏首府腹地、边境一线的战略要地，是日喀则东部的区域中心城市，是强边战略的重要保障区。六是有作为经济大县、人口大县的重要地位。在经济体量上多年稳居全市第二位，人口总量上全区靠前、全市第三，加之特殊的历史影响，江孜在全区、全市大局中具有不容忽视的地位，我们越有作为，江孜的地位就越能凸显。七是有坚实的群众基础和可靠的干部人才基础。江孜的群众历来有浓厚的爱国传统，有勤劳、智慧、朴实、进取的精神特质，江孜的干部人才爱江孜、为江孜，基础工作扎实、关键时刻能打硬仗。还有江孜分布在全国全区各地、各条战线的优秀儿女，始终关注家乡、支持家乡，也是我们可以借助的重要力量。八是有强大的精神力量支撑。在抗英斗争、和平解放、民主改革、艰苦创业、改革开放的百年历程中，前辈先烈牺牲奋斗的精神始终激励江孜儿女争当英雄、不甘人后，这是我们要最珍惜、最需要传承弘扬、在社会主义现代化建设进程中最应依靠的宝贵财富和强大动力。

“十四五”中后期的三年，是江孜振兴发展的重要战略机遇期和历史关键期，我们必须全面把握江孜发展优势和短板，勇毅迎接机遇和挑战，坚决扛起新发展阶段使命任务，在社会主义现代化建设新征程中接续奋斗、苦干实干，确保在“四个创建”中走在前列。

政府工作报告（节选）

——在江孜县第十四届人民代表大会第三次会议上

2023年2月14日

江孜县县长　巴　桑

2022年工作回顾

2022年，是江孜发展史上极不平凡、极具挑战、极为难忘的一年。这一年，面对严峻的新冠疫情，在区市党委、政府和县委的坚强领导下，我们深入贯彻落实中共二十大和中央第七次西藏工作座谈会精神，深入贯彻落实自治区党委十届三次全会和市委二届八次全会精神，坚决捍卫“两个确立”，做到“两个维护”，坚定不移落实“疫情要防住、经济要稳住、发展要安全”的要求，团结依靠勤劳、勇敢、智慧的江孜人民，同心同德、同向同行，奋力打赢疫情防控阻击战。一场场艰苦顽强的鏖战，一个个逆行出征的背影，一幕幕感人至深的情景，成为江孜人民永志不忘的共同记忆，再度展示了英雄城市、英雄人民的精神风采。

在特殊情况下，我们以非常之举应对非常之难，以倾城之力艰苦奋战，交出了应对大战大考的合格答卷，疫情防控和经济社会发展取得双胜利。全年地区生产总值实现29.93亿元，增长1.1%；农村居民人均可支配收入达到21251元，增长7.5%；全社会固定资产投资完成11.28亿元；地方一般公共预算收入完成2237万元；社会消费品零售总额实现7.29亿元。面对超预期因素影响，取得这样的成绩实属不易，足以证明团结奋斗出凝聚力、出战斗力、出生产力。

——这一年，我们奋力推进疫情防控向好发展。面对疫情的严峻考验，我们众志成城、坚韧作战、硬核担当，汇聚5000余名抗疫力量，为家乡人民建起疫情防控的安全防线。我们及时出台中小微企业和个体工商户扶持政策，有效落实38项民生实事和稳经济政策措施，减免退税7012.45万元，减免房屋租金155.47万元，减免救治人员、隔离人员、滞留人员和健康监测人员食宿费用1039万元，增发城乡低保、特困人员等一次性生活补贴2166人次129.96万元。

——这一年，我们致力推进社会持续和谐稳定。严密防范分裂破坏活动，坚决维护祖国统一和国家安全。牢固树立中华民族共同体意识，扎实开展民族团结进步模范创建工作，成功创建自治区民族团结进步模范县，提升创建区市县民族团结进步模范单位93个，模范基地1家。热索乡努康村获评第九批全国民主法治示范村。深化信访“八化”机制，办理信访案件13起，调处矛盾纠纷156起。深入开展拥军优属活动，创建全国示范性退役军人服务中心1个、服务站5个，建立“军民共建林”，签订军地共建协议。

——这一年，我们聚力推进县域经济企稳回升。粮油总产稳定在6万吨以上，牲畜存栏超30万头（只、匹），牛羊肉奶产量达2万吨，江孜酥油等奶制品产量2000吨以上，江孜青稞初深加工3242吨，江孜沙棘出圃178.78万株，江孜地毯年产值499万元。规上企业华润光伏年营业收入达到3204.78万元。年楚永发农机合作社获批农业农村部农业社会化服务示范基地。江孜英雄古城文化旅游景区成功创建国家AAAA级景区，在疫情冲击下，年接待游客22.08万人次。投资1亿元的江孜赛马场、投资7700万元的地下停车场、投资3500万元的吉拉大桥以及历史文化名城保护、县城供排水管网改造、特困人员供养中心提升改造、公立医院供暖、县城供氧、学校供暖、沟渠治理等一批千万以上重大项目资金落地落实。积极推动农特产品线上促销活动，发放百万消费券开展“助企惠民·乐购江孜”活动。帮助糌粑加工厂促销糌粑123.02吨。完成招商引资8549万元。落实援藏资金8450万元，首家医养结合乡镇中心医院建成使用。

——这一年，我们全力推进生态保护提质增效。完成封育面积8.78万亩，完成“四旁”植树18.3万株，“无树村”“无树户”消除成果有效巩固。申报自治区级生态文明建设示范乡（镇）6个、村（居）145个，有序推进生态文明创建工作。主要河流、湖泊、饮用水水源地水质保持Ⅲ类以上，空气质量优良天数比例达到98%以上。土壤治理持续推进，垃圾分类逐步展开，“三高”项目零审批，提供生态岗位6779个，兑现补偿资金2351.24万元，争取生态保护与修复项目5个，落实项目资金近亿元。和谐共生、绿色发展理念根植于心。

——这一年，我们接力推进乡村振兴阔步向前。完成防返贫监测帮扶第二轮集中排查和部门筛查预警，帮助134户521人已消除致贫返贫风险，脱贫人口人均纯收入17763元，增长13%，监测对象人均纯收入12152元，增长17%。建设绿色高质高效创建示范田10.33万亩，高标准农田5.82万亩，良种繁育基地8250亩，投资5100余万元为15家农机合作社添置农机设施，农业机械化率达80%以上。投资6990万元的查龙、古拉两村美丽宜居村建设项目及肉牛标准化养殖、旅游基础设施建设等项目全面开工建设。完成“厕所革命”整村推进1857户，人畜分离村（居）80个，农村人居环境持续向好。

——这一年，我们倾力推进民生福祉持续改善。应届高校生就业605人，就业率97.42%，兑现创业启动资金172.66万元。完成职业技能培训1292人，实现转移就业2.5万人，创收3.1亿元。投资亿元的高海拔学校供暖建设覆盖51所学校，第三幼儿园建成运行，3所村幼儿园建设、6所乡小学风雨操场建设及县一小、二小、一中等改扩建项目全面开工。学前三年毛入园率97%，义务教育阶段入学率100%，教育教学成绩位居全市前列。中心医院挂牌成立，“智慧医院”正式上线，“三乙”创建工作全面启动，“组团式”医疗人才援藏工作扎实开展。居民医疗保险参保率达98.24%，重点人群资助参保率100%，全年统筹报销2307.14万元。开展文艺下乡活动60余场，舞蹈《欢庆丰收》《红色血脉》等荣获自治区嘉奖。改造农村危房85户、棚户区652户，新建公租房160套、周转房86套，开工建设12条农村公路项目。有意愿“双集中”率100%，发放民政救助资金1217.29万元，受益群众上千人。

各位代表！一年来，我们聚焦“四件大事”、聚力“四个创建”，始终坚持以习近平新时代中国特色社会主义思想武装头脑、指导实践、推动工作。我们锚定“名城振兴工程”，狠抓社会治理、投资拉动、产业发展、民生改善、乡村振兴、改革开放、低碳发展等既定重点工作任务，推动江孜长治久安和高质量发展。我们创建有情怀、能实干、重法治、讲诚信、知敬畏的政府，推动人民政府更好地为人民服务。

各位代表！过去一年，受复杂多变的经济形势和新冠疫情影响，我们遇到的困难比想象的大，但取得的成绩也比预想的好。平心而论有收获、有进步、有发展，也有差距、有短板、有弱项。一年的砥砺奋进，夯实了江孜争先进位、加快崛起的坚实基础；一年的攻坚克难，磨砺出我们敢打敢拼、善作善成的过硬作风。这些成绩的取得，是习近平新时代中国特色社会主义思想正确引领的结果，是上级党委、政府和县委坚强领导、科学决策的结果，是县人大、县政协、浦东新区和社会各界鼎力支持的结果，是全县8万人民团结奋斗的结果。在此，我代表县人民政府，向全县广大干部群众，向始终理解、信任、支持政府工作的各位人大代表和政协委员，向所有关心、关注、参与江孜建设的各族各界朋友表示衷心的感谢并致以崇高的敬意！特别是全县6990家中小微企业和个体工商户，你们是江孜稳经济的重要基础、是江孜稳就业的主力支撑，再次向你们致敬！目前中小微企业和个体工商户面临的挑战较大，我们将继续为你们纾困发展提供实质性帮扶，确保惠企政策有效落实，确保政策红利不打折扣。

各位代表！博观而约取，知弱而图强。我们清醒地认识到，江孜在推动高质量发展进程中还面临不少挑战和困难。主要表现在：产业发展层次不高、结构不优，产业转型升级动力不足；招商引资落地不多、带动不强，吸引优质企业实力不足；服务群众考虑不周、能力不佳，处置突发事件定力不足；政府工作水平不够、效率不高，经济社会发展活力不足等等，对这些现实存在的问题，我们坚决不回避、不遮掩，切实加以改进。

名词解释

一、信访“八化”机制：预防源头化，排查常态化，渠道畅通化，化解时效化，处置法治化，体制科学化，队伍规范化，责任倒查化。

二、“三高”项目：高污染、高耗能、高耗水项目。

三、“四件大事”：稳定、发展、生态、强边。

四、“四个创建”：创建全国民族团结进步模范区、创建高原经济高质量发展先行区、创建国家生态文明高地、创建国家固边兴边富民行动示范区。

大事记

中國歷史文化名城

1月

6 日　江孜县召开 2021 年度机关工委所属党组织（党委、党总支）书记抓基层党建工作述职评议会。

10 日　中国共产党江孜县第十届委员会第三次全体会议召开，以“聚焦重点求突破　改进作风抓落实　推动江孜名城振兴工程取得实质性进展”为主题，由县委常委会主持。

是日　县公安局组织召开“公安心向党启航新征程”2022 年中国人民警察节茶话会，县委书记陈昊出席会议并讲话。

13 日　中共江孜县委组织部（老干部局）举办驻日喀则市离退休老干部职工“三大节日”座谈会，听取 2021 年江孜县老干部工作开展情况和 2022 年工作计划，县委书记陈昊出席会议并讲话。

17 日　中国人民政治协商会议第十届江孜县委员会第二次会议召开，由县政协副主席罗布主持。

是日　江孜县第十四届人民代表大会第二次会议在县影剧院召开，江孜镇周边村（居）群众，乡（镇）、县（区、市）直单位、各人民团体、驻县军警部队等单位负责人，县政协十届二次会议的全体政协委员列席会议，县长巴桑作政府工作报告。

20 日　江孜县召开进一步改进作风狠抓落实工作动员部署会，会议通报《江孜县委班子改进作风狠抓落实作表率“十二项规定”》，县委书记陈昊出席会议并讲话。

是日　江孜县组织县四套班子成员到年楚河治理江孜段和北干渠开展改进作风狠抓落实现场学习教育活动。

23 日　江孜县开展“三大节日”（春节、藏历新年、古突节）驻军部队慰问活动。

25 日　江孜县获“第九批全国民族团结进步示范县”称号。

是日　自治区党委巡视组巡视专员西绕加措、市委巡察办副主任旺久到江孜县开展统筹巡察工作调研。

是日　县长巴桑到日喀则市儿童福利一院、二院看望慰问集中供养的 49 名江孜籍孤儿。

是日　县委常委班子召开党史学习教育和涉粮问题巡察整改专题民主生活会，市纪委、市委组织部、市委党史学习教育第三巡回指导小组有关人员到会指导，市委统战部副部长卢庆军对民主生活会进行点评。

26 日　日喀则市民政局局长索朗旺堆一行代表市委、市政府到江孜县开展“三大节日”困难群众慰问活动。

29 日　县人大常委会主任杨伟功一行到县委党校开展“三大节日”特殊困难职工、会员集中送温暖活动。

是日　县委组织部部长赵玮一行到藏改乡年堆吉布寺走访慰问驻寺干部、寺庙僧人。

30 日　江孜县 2022 年党外代表人士迎新春座谈会召开，县委书记陈昊出席会议并讲话。

2月

1 日　县公安局办理江孜县首例户口迁移“跨省通办”业务。

是日　县委书记陈昊带领值班县级领导看望慰问节日期间在岗干部职工。

14 日　江孜县召开党史学习教育总结会议，通报江孜县委常委班子党史学习教育和涉粮问题巡察整改专题民主生活会情况。

15—18 日　县艺术团参加自治区藏历水虎年新年晚会《欢笑 2022》。

16 日　江孜县开展“扫黄打非”集中整治专项行动，县委宣传部部长仓木决参与行动。

21 日　中共日喀则市委第四慰问组组长、市政协党组书记、主席土旦次仁代表市委、市政府到江孜县开展“三大节日”慰问活动。

22日　江孜县网络文明“五进”活动启动仪式在江孜镇新时代文明实践所举行。

24日　江孜县召开干部作风监督员聘任大会，会议宣布《中国共产党江孜县委员会关于聘任边巴次仁等200名同志为江孜县干部作风监督员的通知》。

是日　江孜县开展2022年西藏自治区福利基金会和中国依恋集团捐赠物资发放活动。

28日　江孜县藏历水虎新年文艺晚会在县影剧院举行。

3月

5日　江孜县新时代文明实践中心组织动员江孜县志愿服务组织、志愿者和驻地部队官兵以“3·5”学雷锋纪念日和西藏新时代文明实践推动日为契机开展系列文明实践志愿服务活动。

7日　中国共产党江孜县第十届纪律检查委员会第二次全体会议召开，以“突出政治定位　聚焦主责主业　以高质量的监督为江孜名城振兴工程建设提供坚强纪律保障”为主题，总结2021年工作，安排部署2022年工作。县委领导、十届县纪委委员、监委委员出席会议，各乡（镇）党委书记、县（区、市）直单位主要负责人、县属企事业单位主要负责人、各乡（镇）纪委书记139人列席会议。

8日　江孜县反腐败协调小组召开2022年度第一次会议，县委副书记、协调小组组长张宏东主持会议并讲话。

11日　县税务局举行一体化监督体系首届特约监督员聘任仪式。

15日　江孜县第十四届人大常委会第五次会议召开，会议表决通过6名人员的任免事项。

16日　县科技局召开2021年度“三区”科技人才工作安排部署会，传达学习《关于开展西藏自治区2021年度“三区”科技人才工作的通知》及市、县两级科技部门关于开展好2021年度“三区”科技服务工作的相关通知文件精神，并与“三区”科技人才签订“三区”科技服务人才选派三方协议书和“三区”科技特派团选派三方协议书。

18日　江孜县举行农牧民组织化劳务输出出征仪式。

23日　江孜县召开县委政法委工作会议，会议通报表彰2021年度平安建设（综治工作）中的先进集体和先进工作者，通报表扬2021年度江孜县“先进双联户”创评活动中“先进集体”“先进双联户”。

24日　县中心医院组织医务人员到江热乡隆桑村开展“3·24”结核病筛查活动。

26日　县人民政府召开2022年第二次常务会议暨加克西乡现场办公会。

28日　日喀则市市、县统筹巡察暨十届江孜县委第二轮巡察完成进驻工作。

是日　江孜县组织召开2022年党的建设（组织工作）会议。

29日　自治区宣讲团成员、自治区党委党校政法教研部教授万金鹏和全国道德模范提名奖、全国最美志愿者、日喀则“最美人物”获得者尼玛次仁到江孜县开展纪念西藏民主改革63周年宣讲报告。

是日　县公安局、县人民检察院举行侦查监督与协作配合办公室揭牌仪式。

是日　江孜县召开2022年工作会议，县委副书记张宏东出席会议并讲话。

30日　江孜县党政机关、企事业单位新时代文明实践志愿者、驻军部队官兵、各人民团体群众到江热乡亚吾塘村开展“军地共建”义务植树造林活动，举行“军民共建林”揭牌仪式。

是日　江孜县召开2022年统一战线工作会议，县委书记、县委统一战线领导小组组长陈昊出席会议并讲话。

31日　中国农业银行日喀则分行与县中心医院联合举办

"智慧医院"上线发布会。

4月

2日　中共日喀则市委常委、统战部部长、市政协党组副书记边巴扎西和市民委党组副书记、主任张金波到江孜县参加第九批全国民族团结进步示范县授牌仪式暨"中华民族一家亲、同心共迎二十大"主题签名活动。

8日　西藏自治区党委第六巡视组巡视江孜县工作动员会召开，会议以视频会议形式开到乡（镇）一级，自治区党委第六巡视组有关人员、江孜县领导班子成员、县（区、市）直单位部门负责人、各乡（镇）党政班子成员及党员干部参加，会议通报巡视任务和工作安排，巡视组组长扎西白珍出席会议并讲话。

10日　江孜县组织召开新冠疫情防控工作部署会，县委书记陈昊主持并讲话。

13日　江孜县组织召开城市管理及城乡环境整治委员会第二次会议，会议研究审议《江孜县城市规划区内"门前三包"政策责任区域划分的方案（审议稿）》。

18日　江孜县委宣传思想工作会议召开，会议通报2021年度宣传思想工作开展情况，对2022年度重点工作任务进行安排部署，对2021年度宣传思想领域涌现出的先进集体和个人进行表彰。

21日　江孜县召开县委理论中心学习组2022年第十二次学习（扩大）会议统计知识讲座，会议邀请日喀则市统计局执法科副科长次旺卓玛以"防范和整治统计造假切实保障统计数据质量"为题作专题讲座。

28日　江孜县召开着力创建全国民族团结进步模范区专项组第一次推进会暨2021年度市级模范单位授牌仪式。

是日　江孜县委全面依法治县工作暨全面依法治县委员会第一次会议在县人大之家会议室召开，县委书记陈昊主持并讲话。

29日　江孜县首届"英雄城杯"干部职工篮球足球联赛开幕。

5月

7日　江孜县侦查监督与协作配合办公室召开2022年第一次联席会议，会上签订《侦查监督与协作配合工作机制》。

是日　江孜县召开新冠疫情防控专题调度会，会议以视频会议形式开到乡（镇）一级。

8日　县人民法院公开举行2022年首次执行听证会。

12日　县中心医院以"关爱护理队伍、护佑人民健康"为主题，召开"5·12"国际护士节表彰大会。

20日　江孜县完成第十批、第十一批驻村轮换交接进驻工作并召开干部驻村工作专题会议，县四套班子主要领导参加会议。

26日　江孜县召开县委议军会暨乡（镇）党管武装第一责任人述职会。传达学习《中华人民共和国退役军人保障法》和习近平总书记关于强军兴军的重要论述，传达学习日喀则市委议军会暨人武部党委第一书记述职会议精神，听取江孜县人民武装工作开展情况和各乡（镇）党管武装第一责任人履职情况，协调解决驻军部队提交的相关事宜，签订军地（校）共建协议，县委书记、县人武部党委第一书记陈昊主持会议并讲话。

是日　江孜县以"科技兴粮兴储、创新有你有我"为主题，开展2022年粮食和物资储备科技活动周主题宣传活动。

27日　江孜县召开2022年招商引资工作会，副县长李小波主持会议并宣读《江孜县2022年招商引资工作实施方案》。

30日　江孜县第十四届人大常委会第六次会议召开，县人大常委会组成人员出席会议，常务副县长达娃次仁参加会议。

31日　江孜县召开国土空间总体规划编制暨“三区三线”划定初步成果汇报会。

6月

1日　县公安局扫黑办获得“全市公安机关扫黑除恶专项斗争集体三等功”。

2日　县委副书记、县驻村工作总领队陈跃军带队到年堆乡和紫金乡开展走访调研，实地了解乡村两级驻村工作开展及民族团结进步日活动开展情况。

4日　江孜县组织召开农牧民专业合作社发展领导小组会议，会议研究《江孜县农牧民专业合作社规范提升工作要点》。

5日　江孜县开展“世界环境日”暨“西藏新时代文明实践推动日”系列活动。

8日　县中心医院召开“创建三级乙等综合医院”动员部署会，县长巴桑出席会议并讲话。

17日　江孜县召开“安全生产月和安全生产西藏行暨安康杯”竞赛系列活动动员会。

20日　县卫健委组织召开鼠疫防控工作部署会，通报近几年江孜县鼠疫防控工作情况，总结近几年鼠疫防控工作成效，分析研判江孜县鼠疫防控形式。

21日　江孜县举行年轻干部教育培养工作机制启动仪式，会议传达习近平总书记关于年轻干部教育培养工作的指示精神，深入解读《江孜县年轻干部教育培养工作机制》提出的初衷及目的，县委副书记张宏东，副县长李小波，县人大常委会副主任班久出席启动仪式。

22日　江孜县召开县委理论中心学习组2022年第十六次学习（扩大）会议暨财政预算执行业务知识讲座，会议邀请自治区财政厅国库处处长钟萍围绕财政预算执行业务知识作专题讲座。

23日　中共江孜县委宣传部在新时代文明实践中心举办“喜迎二十大、奋进新征程、建功英雄城”——江孜县首届“珠峰百姓名嘴”选拔大赛。

是日　江孜县召开宗教界开展“国家意识、公民意识、法治意识”教育安排部署会，县长巴桑出席会议。

6月28日至7月1日　江孜卡垫受邀到海南省海口市参加2022年首届锦绣世界·非物质文化遗产传统织绣印染技艺精品展。

30日　县人民政府邀请西藏拉威实业发展有限公司董事长王纲翎一行到江孜县开展市场调研并举行项目签约活动，县长巴桑、副县长李小波出席活动。

是日　西藏域雄建筑工程有限公司负责人米次到江孜县卡堆乡白定村开展慰问活动。

7月

4—7日　县长巴桑带队，组织县发展改革委、县住建局、县人社局、县项目办及相关项目实施单位负责人，成立专项组，对江孜县重点建设项目进行专项督导检查，召开调度会，协调解决项目推进过程中存在的困难和问题。

8日　中共江孜县委政法委、县总工会主办，县委政法委各部门、各乡（镇）综治中心、武警中心承办的历时18天的江孜县政法系统“护航二十大　建功英雄城”主题文体活动落幕。

11日　林芝市退役军人事务局党组书记达瓦带领自治区示范创建回头看验收考核组到江孜县开展退役军人服务中心（站）示范创建“回头看”验收考核工作，示范站创建工作通过考核。

是日　县交通运输局与市交通运输局评审中心、设计单位、咨询单位到日星乡开展吹美村和白林村的公路项目施工图设计文件现场审查工作。

13日　日喀则市副市长张云宝、市农业农村局党组书记达瓦、市水利局局长普布欧珠到江孜县实地考察受灾情况及现场指导抢险救灾工作。

14日　县人民法院召开首例破产案件指导分析会，日喀则市中级人民法院领导和山东省高级人民法院专家组进行现场指导。

是日　全国人大监察和司法委员会副主任韩晓武一行到江孜县开展调研工作。

是日　定结县江嘎镇人大代表主席团组织县、乡两级代表学习考察组到江孜县开展学习考察工作。

16日　自治区卫生健康委员会、自治区人口宣传教育中心联合江孜县人民政府、县卫健委举行“魅力江孜、骑行有我”健康西藏行动户外骑行活动。

19日　县民政局（残联）完成为期2个月的贫困残疾人家庭无障碍改造工作。

21日　江孜县召开“十三五”规划期间及2021—2022年度产业项目全覆盖审计进点会，日喀则市审计局党组副书记、局长扎西旺堆参加，县长巴桑主持会议并讲话。

25日　县人社局首期农牧民SYB（“开始你的创业”英文单词首字母缩写）创业培训班在江孜县创兴职业技能培训学校开班。

26日　江孜县在县委大院举行上海市第十批援藏干部欢迎仪式，县四套班子、县人民法院院长、县人民检察院检察长、上海市第九批援藏干部江孜联络小组成员和县直机关各单位负责人参加欢迎仪式。

28日　自治区商务厅电子商务专家库成员专家钟诚到江孜县开展农村电商政策解读培训会。

30日　政协江孜县委员会、县文旅局在县文化艺术馆联合主办非物质文化遗产——天文历算传承人培训暨经验交流会。

8月

3日　上海市第九批援藏干部江孜联络小组委托县乡村振兴局开展浦东—江孜“携手兴乡村”结对帮扶活动。

3—5日　定结县萨尔乡人大代表考察团到江孜县4个考察点考察学习。

4日　山西省大同市政协副主席董建中到江孜县围绕“正确引领宗教发展　促进社会和谐稳定”开展视察调研工作。

5日　江孜县新时代文明实践中心以新时代文明实践推动日为契机，开展以“喜迎二十大、强国复兴有我”为主题的新时代文明实践志愿服务系列活动。

14日　县委书记陈昊发表题为《同舟共济·同心抗疫》的电视讲话。

17日　上海市浦东新区、黄浦区援藏医疗队和吉林省援藏医疗队赴江孜县支援。

23日　江孜县疫情联防联控工作外围协调组成立临时党支部，并召开第一次党支部例会，对疫情防控工作进行安排部署，会议由临时党支部书记巴桑主持。

24日　上海市浦东新区祝桥镇防疫物资送达江孜县。

9月

2日　县中心医院第三批医疗队赴日喀则市方舱医院支援。

7日　上海市第十批援藏干部江孜联络小组医生黄建平、杨昀到日喀则市第二方舱医院进行援助工作。

9日　江孜县解除静默管理，有序恢复正常生产生活秩序。

10月

10日　县人民政府召开2022年前三季度江孜县经济运行情况分析暨四季度经济工作部署会议。

16日　江孜县各级党员干

部收听收看中共二十大开幕会直播。

17—20日　上海市浦东新区教育局联合县教育局开展浦东教育对口江孜讲学团在线培训。

11月

1日　西藏金塔集团江孜分公司开展民营企业房屋租金减免工作。

14日　江孜县召开基层党建工作推进会，传达学习《中共二十大报告——坚定不移全面从严治党，深入推进新时代党的建设新的伟大工程（节选）》《中国共产党第二十次全国代表大会关于〈中国共产党章程（修正案）〉的决议》；通报2022年基层党建工作开展情况，指出存在的问题和短板，从13个方面对下一步重点工作任务进行安排部署。县委书记陈昊出席会议并讲话，会议以视频会议形式开到乡（镇）一级。

23日　江孜县各级党委（党组）和党支部收听收看上海市专家线上宣讲中共二十大精神报告会。

26日　县中心医院邀请上海援藏医疗专家队举行急诊医护人员急诊急救知识与技能培训班，县中心医院急诊科全体医护人员参加培训。

30日　江孜县组织开展村（居）主干国家通用语言文字考试。

是日　日喀则市卫健委副主任、市人民医院党委书记王庆华带领上海市第八批医疗人才“组团式”援藏工作队专家到县中心医院指导工作。

12月

5日　江孜县新时代文明实践中心（所、站）开展“新时代文明实践推动日、国际志愿日”系列活动。

12日　自治区党委常务副秘书长赫沛带领自治区党委总值班室、自治区党委办公厅财务处、自治区档案局党支部工作人员到江孜县车仁乡开展结对帮扶活动。

14日　江孜县召集11家（含1家教育机构）申报第二批市级民族团结进步模范单位教育基地负责人召开验收工作部署会。

16日　江孜县召开2022年优秀科级干部赴上海市浦东新区开展跟班培训动员会，县委常务副书记、常务副县长胡发炜出席会议并作动员讲话。

19日　县纪委书记、监委主任、巡察工作领导小组常务副组长吴锋带队到县内3个巡察组驻地了解巡察工作情况。

21日　日喀则市广播电视局检查组到江孜县检查广播电视安全播出情况。

26日　江孜县第十四届人大常委会第十一次会议召开，会议传达学习自治区党委十届三次全会、市委二届八次全会、市人大二届三次全会精神，听取和审议《江孜县本级2021年财政决算报告》，审议通过《江孜县本级2021年财政决算报告》，县人大常委会副主任旦增欧珠主持会议并讲话。

30日　江孜县召开专招引进人才“庆元旦·迎新春”茶话会，县委副书记张宏东出席活动并讲话。

是日　江孜县召开2022年度青年工作暨预防青少年违法犯罪工作联席会议，会议回顾2022年青年发展各项工作推进情况并部署下一阶段青年发展工作，青年工作联席会议各成员单位负责人参加会议。

江孜概览

中國歷史文化名城

人文地理

【地理境域】江孜县曾名季阳岗、江喀孜、江卡尔孜，位于西藏自治区南部，雅鲁藏布江支流年楚河上游，拉亚公路和日亚公路交会处，位于北纬28°30'—29°18'、东经89°06'—90°12'，北靠仁布县，南邻康马县，西接白朗县，东与山南市浪卡子县相连。县城所在地海拔4050米。县境东西长104.1千米，南北宽90千米，辖区总面积3849.3平方千米，其中耕地面积10798.8公顷，林地面积51720公顷，草场面积320460公顷。

【行政区划】江孜县政府驻地在江孜镇，辖1个镇（江孜镇）、18个乡（江热乡、紫金乡、车仁乡、年堆乡、热龙乡、龙马乡、康卓乡、重孜乡、达孜乡、卡麦乡、卡堆乡、纳如乡、热索乡、加克西乡、藏改乡、日朗乡、金嘎乡、日星乡），3个社区，152个行政村，367个自然村。

【人口】2022年，江孜县人口为80477人，其中男性41068人，占51.03%；女性39409人，占48.97%。江孜县人口中，城镇人口为15955人，占19.83%；乡村人口为64522人，占80.17%。

乡村劳动力共计42900人，乡村从业人员数32664人，其中第一产业从业人员25041人，第二产业从业人员4602人，第三产业从业人员3021人；江孜县外出务工人员19270人。

江孜县城一角（拍摄于2022年）

经济建设

【农牧业】2022年，江孜县青稞种植面积为11.21万亩，其中青稞良种推广面积为10.56万亩；建设良种繁育基地8250亩。粮食产量6.48万吨，其中青稞产量5.77万吨；蔬菜产量1.17万吨；油菜产量0.3万吨。严格落实县级储备任务，共完成储备粮油95吨，其中青稞35吨，大米30吨，面粉27吨，食用油3吨。

牲畜存栏超30万头（只、匹），牛羊肉奶产量达2万吨，江孜酥油等奶制品产量2000吨以上。江孜青稞初深加工3242吨，江孜沙棘出圃178.78万株。绿色高质高效创建示范田10万亩，测土配方施肥示范面积10.3万亩。

【项目建设】2022年，江孜县投资1亿元建设江孜赛马场、投资7700万元建设宗山地下停车场、投资3500万元建设吉拉大桥，历史文化名城保护、县城供排水管网改造、特困人员供养中心提升改造、公立医院供暖、县城供氧、学校供暖、沟渠治理等一批千万元以上重大项目资金落地落实。

【产业发展】2022年，江孜地

毯产值499万元。规上企业华润光伏年营业收入达到3204.78万元。帮助糌粑加工厂促销糌粑123.02吨。年楚永发农机农民专业合作社获批农业农村部农业社会化服务示范基地。推动农业特色产品线上促销活动，发放百万消费券开展“助企惠民·乐购江孜”活动。

【招商引资】 2022年，江孜县持续不断创新招商引资模式，加快招商引资步伐，优化营商环境，发挥特色优势，推动招商引资工作取得成效，完成招商引资8549万元。

【乡村振兴】 2022年，康卓乡查龙村、达孜乡古拉村乡村振兴示范村建设项目于7月开工建设；完成农村“厕所革命”整村推进1857户，联合县发展改革委等部门对江孜镇、年堆乡、卡堆乡、金嘎乡等14个乡（镇）的户厕改造工作开展县级验收；共清理农村生活垃圾233.38吨、白色垃圾117.9吨、村内水塘69口、河塘沟渠247.5千米，清理卫生死角579处，发动群众投工投劳8530人。

【旅游业】 2022年，江孜县创建国家AAAA级江孜英雄古城文化旅游景区，年接待游客22.08万人次。

【特色产业】 2022年，江孜县特色产业有江孜卡垫、青稞食品、江孜啊香大蒜、藏装等。

江孜卡垫。代表企业有尼玛藏式卡垫加工农民专业合作社、江孜镇地毯厂，主要产品有地毯、挂毯、卡垫、靠背、毛毯等多种手工艺品。国内主要销往北京、上海、河北、山东等地，国外主要销往日本、澳大利亚、意大利、美国等国。

青稞食品。代表企业有日喀则市藏研食品有限公司、西藏格藏青稞食品科技开发有限公司、江孜县年麦黑青稞加工农民专业合作社等，主要品牌有“经稞”“谷麦粒稞”“年麦”“童嘎”等。代表产品有传统工艺的青稞糌粑粉、豌豆糌粑粉、青稞爆米花，现代工业的青稞饼干、青稞压缩干粮、青稞麦片、青稞粥、青稞饮料、青稞挂面、青稞代餐粉等20余种。

江孜啊香大蒜。由西藏啊香蒜业有限公司生产，主要生产“啊香”牌糖醋大蒜。公司获得绿色食品A级产品生产商等荣誉称号，产品商标“啊香”也被评为西藏自治区级著名商标。

藏装。代表企业为西藏帕里卓木文化旅游产品开发有限公司，产品销往日喀则市、拉萨市等地，并通过网络渠道销售至阿里地区、山南市、那曲市、昌都市、林芝市等地。

【对口援藏】 2022年，江孜县落实援藏资金8450万元，首家医养结合中心医院建成使用。

江孜县街头身着藏装的小女孩（拍摄于2022年）

社会发展

【深化改革】2022年，江孜县开展价格公共服务工作，强化宣传，规范明码标价行为，加强价格监督检查和价格监测工作。深入推动“放管服”改革工作，不断提高政务服务水平。始终坚持全面实施市场准入负面清单，对各类投资主体同等对待，对民间资本进入法律法规未明确禁止准入的项目，不设置附加条件，不擅自设卡，持续为各类市场主体松绑铺路。

【政务服务】2022年，江孜县完善全县939个“一网通办”政务服务事项的办事指南准确度，提升网上可办率，网上办件量2704件，电子证照签发558张；取消各类证明材料46项；23家单位进驻县政务服务中心。

【医疗卫生】2022年，江孜县强化卫生人才队伍建设，由县中心医院牵头，针对各基层分院（卫生院）管理和业务技术短板等问题制订培训方案，开展系列培训。建立健全村卫生室在岗村医轮流到乡（镇）卫生院进行专业知识及临床问诊技术的学习制度。优质资源下沉，定期开展医共体优质资源下沉义诊、带教工作。充实家庭医生签约服务县级医生团队，与19个乡（镇）、155个行政村（社区）签订服务协议。持续深化医药体制改革；推进分级诊疗建设；推进智慧医疗服务。落实疫苗接种工作，推行免疫规划预防规范化、系统化、完整化。建立应急管理体制，形成多部门突发公共卫生事件应对协调机制，健全卫生应急预案体系。组建传染病控制、医疗救援卫生应急队伍。推进藏医药产业协调发展。

【教育事业】2022年，江孜县召开思政教师座谈会，持续开展“四讲四爱”（讲党恩爱核心、讲团结爱祖国、讲贡献爱家园、讲文明爱生活）群众教育实践活动，全县各级各类学校共开展“四讲四爱”宣讲活动400余场次，受众15000余人次。强化师资队伍建设，全面落实新时代教师职业行为十项准则和自治区师德负面清单及其处理办法；建立完善教育、宣传、考核、监督、奖励、惩处六大制度。推进义务教育优质均衡发展，分析教育统计数据，强化教育督导力度，落实“双减”（减轻作业负担、减轻校外培训负担）工作。落实控辍保学动态监测长效机制，精准实施送教上门；各学校组织开展控辍保学改革宣讲50余场，受益学生达9000余人，受益家长4000余人。

【文化事业】2022年，江孜县、乡（镇）、村三级全部建立文化阵地和文化队伍，实现经费保障

3月28日，江孜县开展“喜迎二十大　春风进万家”新时代文明实践活动启动仪式暨日喀则庆祝西藏百万农奴解放63周年群众联欢活动。图为活动现场

到位、活动开展到位、群众受益到位。县艺术团组织开展2022年“喜迎二十大　春风进万家”新时代文明实践活动启动仪式暨日喀则庆祝西藏百万农奴解放63周年群众联欢活动等各类文艺下乡活动60场。争取到全市“三区”文化人才支持追加资金65万元，为基层文化人才培养提供资金保障。年初启动民间歌舞收集保护工作，充实《民间歌舞集》资料，7月制订涉及全县19个乡（镇）的《民歌挖掘整理方案》。4月12日开始进行为期1个月的民族乐器培训班（第一期）第三阶段培训。组织开展江孜县“文化和自然遗产日”非物质文化遗产宣传周宣传展示活动。

【生态环保】 2022年，江孜县结合实际制订《江孜县2022年环境质量监测方案》，委托第三方监测公司开展环境质量监测工作。召开系列专题会议，印发《江孜县生态环境保护督察整改方案的通知》。办理第二轮中央生态环境保护督察组转办案件4起，涉及县城环境卫生、探矿、砂场扬尘污染、扬尘污染整改不力问题，均办理完毕。对照中央督察组、自治区、市反馈问题整改清单，制订工作方案，先自查，后督查纠正，再督办，深入各乡（镇）、各企业进行环境执法。加大项目争取工作力度，多方争取农村污水治理和河流域治理项目，申报江孜镇西郊村、重孜乡玉堆村等共计4个乡（镇）11个村的生活污水治理项目。推进生态文明示范创建工作，制订《江孜县关于着力创建国家生态文明高地 努力做到生态文明建设走在全国前列的实施意见》《江孜县勇当着力创建国家生态文明高地排头兵2022年工作计划》，分解各项指标任务到相关部门。

【社会保障】 2022年，江孜县健全完善劳务输出服务体系，全面摸底农牧民劳动力培训需求，精准确定培训对象，采取集中培训与送教下乡培训相结合的方式，抓好实用技术、就业技能等各类培训。把高校毕业生就业创业工作纳入重要议事日程，建立健全“三级书记主抓”工作机制，精准掌握高校毕业生其他省市就业详细信息。按照“4321”［省级领导干部包保4名应届毕业生，市级领导干部包保3名应届毕业生，县级领导干部（国有企业管理人员）包保2名应届毕业生，科级干部包保1名应届毕业生］结对帮扶要求合理配备帮扶大学生，主动联系县内企业承担社会责任，开发适合高校毕业生的就业岗位。深入全县工程建设领域项目工地开展执法检查及普法宣传活动4次，受众1200余人，发放宣传资料260份。推进社保改革落实，保障快递人员权益，推进企业职工基本养老保险全国统筹。

江孜风物

【白居寺】 白居寺全称“吉祥轮上乐金刚鲁希巴坛城仪轨大香

白居寺远景图（拍摄于2022年）

水海寺”，位于江孜平原年楚河畔江孜县城西端；明永乐十六年（1418年）由江孜法王热丹贵桑帕和一世班禅克珠杰共同修建，历时10年，占地14万平方米，现存古建筑2.4万平方米。建筑以土木结构为主，集汉族、藏族、尼泊尔三种建筑风格于一体。主寺共三层，一层主殿措钦大殿是全寺各教派僧众集中修课诵经的地方。措钦大殿正中窗下挂满民国时期杭州都锦生织造的彩棉罗汉唐卡，唐卡环绕着一尊用1.4万千克黄铜铸造的8米高释迦牟尼坐像。主殿左右分别是南巴朗杂殿和强巴殿，珍藏着金粉手写《甘珠尔》《丹珠尔》经书、贝叶经《八千松》，以及重达20余千克裹满宝石的金嵌《八千颂》经版和其他珍贵文物。伫立在主殿旁的佛塔便是著名的十万佛塔——吉祥多门塔。塔基直径62米，高32.5米，共9层，有108个门、77间佛堂。每间佛堂都供有佛像并绘满壁画，统计起来达10万尊，故称十万佛塔。

白居寺壁画是西藏三大壁画绘画流派之一——“佩孜”派的代表作。白居寺壁画是西藏古代艺术的杰作，为研究西藏美术和壁画演变发展史提供宝贵场所。十万佛塔右侧的甘丹拉康和塔后半山腰的仁鼎扎仓也是白居寺的主要建筑和景点。白居寺的展佛台位于北面山顶，每年藏历四月十五日展出寺藏的珍贵大唐卡供信徒膜拜。1962年，白居寺被列为自治区级文物保护单位。1996年被国务院列为全国重点文物保护单位。

【江孜宗山抗英遗址】 江孜宗山抗英遗址位于江孜县城宗山民族团结文化广场，山顶海拔4187米，有大小房间193间，古建筑7064平方米。帕珠地方政权时期，江孜法王热丹贵桑帕因其父在帕珠地方政权担任要职，所以拥有统治年楚河上游地区的权力。帕珠地方政权在西藏开始建“宗”，江孜成为当时修建的十三大宗之一。清朝，五世达赖建立甘丹颇章地方政权，西藏政教合一的封建农奴制度得到进一步加强；宗奚这一行政单位也更加完善。解放初期，在西藏147个宗或相当于宗的奚卡中江孜属于大宗。原西藏地方政府在江孜宗设有僧俗五品宗本各1名，负责所辖区域内的行政、经济、法律、差税、宗教等事务。1961年，江孜宗山抗英遗址被国务院列为全国重点文物保护单位。1996年被中共中央宣传部列为全国百家爱国主义教育基地。

【帕拉庄园】 帕拉庄园是西藏大贵族帕拉家族的主庄园，位于江孜县城西2千米处。1994年被列为自治区级文物保护单位。1996年被评为自治区爱国主义教育基地，2013年被国务院列为全国重点文物保护单位，是西藏唯一保存完整的贵族庄园，其建筑基本保持原貌。帕拉家族是一个拥有400余年历史的古老家族。据考证，其祖先是藏堆王（1618年）从年楚河上游强

江孜宗山抗英遗址（拍摄于2022年）

旺地方一座寺院中抽到不丹管理普拉康寺的喇嘛，后因率五百户丁返藏有功，受封江孜重孜沙鲁地方作为薪俸。帕拉家族在此基础上逐步发展并步入西藏大贵族行列，在西藏地方政府中担任孜本、代本、卓尼钦姆、噶伦职务。到 19 世纪末，帕拉家族在江孜、康马、白朗、山南等地有 37 座庄园，12 个牧场，3 万余亩土地，大小牲畜 14900 头（只、匹），3000 余名农奴，是西藏十二大贵族之一。庄园主体建筑三层楼颇为壮观，房屋 57 间，分别设有经堂、大展厅、家族史厅、会客厅、夫人卧室、奴隶大灶、纺织屋等展厅，还有庄主娱乐的大厅。房内雕梁画栋，经堂陈设考究、经书保存完好，卧室金银玉器琳琅满目。大展厅中庄主遗留下来的名贵食品、餐具、高档服饰、名表、洋酒、洋烟、药品等品种繁多，再现帕拉贵族骄奢的生活。大楼楼道中陈列着皮鞭、脚镣等刑具，这些都是旧西藏贵族压迫和统治农奴的工具。庄园对面是仅有 150 平方米，却生活过 14 户 60 多名农奴的帕拉朗生院。朗生院有 13 间房间，与庄园贵族的豪宅形成鲜明的对比。帕拉庄园是旧西藏贵族和农奴两种不同阶层生活的真实写照，是旧西藏的缩影，为考证旧西藏政治、经济、文化提供大量例证。

【达玛节】 藏历四月十日到二十八日，是江孜一年一度的传统节日——达玛节。“达玛”藏语意为跑马射箭。江孜达玛节是集体育竞技、文艺表演、物资展销等多项活动于一体的群众自娱性综合文体活动，也是一个民俗节日。据传说江孜法王帕巴桑布是萨迦地方政权的内务大臣，在群众中颇有威望。帕巴桑布去世后，他的弟子每年做祭祀，以示纪念，后因战乱，祭祀中断。明永乐六年（1408 年）绕丹贡桑帕任江孜法王，他遵其父贡桑帕的遗嘱，恢复祭祀。藏历四月十日至二十七日，绕丹贡桑帕为其祖父念经祭祀。二十八日开始进行展佛、跳神等活动，此外，还有角力、跑马、抛石头等娱乐活动，活动均由法王的部下、兵丁、佣人承办。从明永乐六年（1408 年）开始，固定藏历四月十日至二十八日为每年一度的祭祀盛典节日。到明正统十二年（1447 年），扎西绕丹帕统辖江孜的时候，娱乐活动更为丰富，增加跑马射箭比赛，正式形成江孜的“达玛节”。17 世纪中叶，五世达赖统辖全藏后，西藏地方政府统一委派僧俗官员管理各宗，江孜达玛节也由西藏地方政府委派僧俗官员二人，即江孜宗本、白居寺总管主持这一节日活动。参加跑马射箭比赛的人员与马匹，由江孜地区三家最大的贵族摊派，宗教活动只是象征性进行，主要进行大规模的跑马射箭比赛。节日第一天，简单举行宗教仪式，然后检查验证马匹，烙上印记，不准再换；第二天跑马比赛；第三天射箭比赛；比赛完毕后，进行三天至四天郊宴活动。现在的达玛节多在 6 月、7 月农闲时举办。届时，江孜县农牧民群众身着节日盛装从四面八方会集一起，节日内容也从赛马射箭丰富为赛马、赛牦牛、射箭、足球、篮球、拔河、负重比赛及专业和群众性文艺演出等活动，同时还举行物资交流会。2008 年，达玛节被列为国家级非物质文化遗产。

【江孜卡垫】 江孜卡垫的生产具有悠久的历史，早在吐蕃赞普的后代杂布三兄弟统治年楚河流域时（11 世纪），在年楚河中游地区（白朗县旺丹一带）就有生产一种名叫“旺丹仲丝”的手工业产品，旺丹仲丝作为年楚河中游地区三种独特手工业产品之一，在集市上与其他地区的产品进行交换或交易。在相当长的一段历史时期内，年楚河中游地区一直都是西藏仲丝的生产中心。到萨迦地方政权时期，仲丝得到较大发展，并开始形成较完整的图案（简单的几何纹样）。江孜城区人充分利用岗巴嘎西的岗仲和白朗县旺丹仲丝的生产技术，不断改进创新，逐步将传统仲丝向现代仲丝过渡，形成独具江孜特色的仲丝。民国时期，英国商人在江孜开办藏毯编织工艺小型工厂和小工艺学校。现在的江孜卡垫图案既有传统寺院壁画，又有流行的现代艺术图案。2006年，江孜卡垫被列为国家级非物质文化遗产，其代表性传承人为边多（国家级传承人）和拉平（自治区级传承人）。

【齐吾岗派唐卡】 齐吾岗派唐卡绘画技艺，系非物质文化遗产传统美术项目，是藏族唐卡绘画的重要派系，传承于日喀则市江孜县重孜乡。历史文献记载，齐吾岗派形成于13世纪，创始人出生于山南雅堆村，世称雅堆齐乌岗巴。修建于明宣德二年（1427年）的江孜十万佛塔塔内绘制的各类壁画，是公认的齐吾岗派绘画艺术的巅峰。江孜县重孜乡玉堆村康夏户的扎西多吉、加白多吉父子为仅存的有传承体系的齐吾岗派画师。作为绘画世家，其祖辈曾参与白居寺的壁画绘制工程，并留有确切的题记。扎西多吉是绘画艺术家族第六代传承人，加白多吉为第七代传承人。加白多吉（1963年生）从小在其父扎西多吉处系统学习齐吾岗派绘画艺术和藏族历算等传统文化理论。在自治区、市、县各级的高度重视下，在大量国内外专家的呼吁下，父子二人开始把工作重心转移到培养学徒上，2016年成立江孜县齐吾岗派唐卡艺术中心。2021年，齐吾岗派唐卡被列为国家级非物质文化遗产，其代表性传承人为扎西多吉（县级传承人）和加白多吉（自治区级传承人）。

齐吾岗派唐卡自治区级传承人加白多吉（右）指导学徒绘画
（拍摄于2022年）

【藏改乡氆氇】 江孜县藏改乡杂吾达村是西藏最负盛名的氆氇加工制造地之一，当地的氆氇编织技艺有上千年的历史，其编织的氆氇同时也是旧西藏向中央政府进献的重要贡品之一。1994年，在县委、县政府的安排下，成立精品氆氇加工点，组织当地技艺高超的妇女对手艺进行继承和发展。藏改乡杂吾达村生产的氆氇闻名全藏，不仅因其名气，更因其用料的精细。杂吾达村所加工的氆氇原料全部选用江孜县主要牧区长毛羊颈部的细毛，经过精细的手工加工工艺，所产的氆氇质量均属上乘。杂吾达村每位妇女每天的收入可达40余元，每年收入则可以达到万余元，而且氆氇的加工制作不受季节时间的限制，已逐渐成为当地妇女新的致富手段。2009年，藏改乡氆氇被列为自治区级非物质文化遗产，其代表性传承人为央宗（自治区级传承人）。

【达果美果】 重孜乡的达果美果舞是格萨尔王时期的一种战前舞，据说格萨尔王每次带兵出征前，皆率士兵跳此舞，以此操练布阵壮大军威，骑士们身穿盔甲、手持宝剑，并将战马也披上盔甲、马鞍等战备装饰，送行的家属和全村的妇女们身穿节日的盛装，佩戴由巴国、巴珠、吉达等组成的装饰品，手捧洁白的哈达，端上青稞美酒，边唱边跳凯旋之歌，场面壮观且感人。达果美果舞流传久远，重孜乡被列为中国民间艺术之乡。各级党委、政府高度重视非物质文化遗产的保护和传承，重孜乡的达果美果舞已成为江孜达玛节文艺会演保留节目。2009年，达果美果舞被列为自治区级非物质文化遗产，其代表性传承人为措加（自治区级传承人）和普布次仁（自治区级传承人）。

【金嘎传统榨油技艺】 青藏高原上，对油的使用主要集中在动物产的酥油和植物产的菜籽油。江孜拥有西藏最宽广的油菜花地，菜籽油闻名全国，丰富的油菜资源让生产更多品种的菜籽油成为可能。悠久的榨油传统，让古老的榨油技艺得以流传至今，已有两千余年的历史。几百年前，“色吉查仓”行者僧院任命哈洛担任拉热亚浦的地方官。哈洛发现当地原始的榨油技艺严重制约农民的生产生活，便寻访各地榨油坊，结合金嘎当地实际，形成生产质量优秀、工艺程序简便、效率高的榨油技艺。金嘎榨油技艺作为西藏日喀则年楚河流域榨油技艺的代表，与其他地方的榨油方法有很大的不同。金嘎榨油技艺，可分为七部分。一、淘洗：当地生产的油菜籽在溪水中洗去灰尘杂质。二、晾晒：把洗净的油菜籽在阳光下晾晒，并不断用木耙翻转，让其曝晒均匀。三、除杂：在晾晒同时，用筛子筛去石块、土块等杂质，并在微风中迎风除去麸皮等杂质。四、碾轧：在石磨上，不断碾磨干净的菜籽。由于需要碾磨的菜籽较多，所以使用水轮驱动的传统水磨。碾磨完的菜籽粉在水轮驱动的石杵上进行捶打碾细。五、蒸制：用特制的漏底陶锅将菜籽粉用水蒸气蒸熟。蒸制过程中，要掌握好火候及湿度，确保水汽、温度均匀渗入。六、榨制：将蒸熟的菜籽粉放入毛织袋中包裹紧实，放到榨油台上，在其四周空隙不断插入木条，确保无缝隙，并便于编织袋取出。毛织袋必须用牦牛毛线编织而成。榨油台为贴墙而砌的台子，其形状似单眼的灶台，台上放着榨油石槽，石槽外边缘底部凿有一孔，榨出的油从此孔滴入收油瓶中。榨油时，将长方压木一头插入榨油台前的壁孔中，利用杠杆原理，在压木的另一端搁放许多厚石板，菜籽编织袋上放进石头、木块压条压实。七、回炉：长时间压榨后，菜籽粉结块，逐个拔出木条，从榨油台取出织袋。取出后，在碎粉台上敲碎、过筛，重新晾晒、碾压、榨制。一袋菜籽粉要榨出头、中、尾三次油，经过两次“回炉”，才成为牲口食用的饲料。金嘎传统榨油技艺榨出的油无任何化学添加剂，可直接食用，在高寒地区不易冻结。为科学传承金嘎榨油技艺，当地群众成立圣地大金嘎查珠农民专业合作社。2019年，金嘎传统榨油技艺被列为自治区级非物质文化遗产，其代表性传承人为巴多（自治区级传承人）。

江孜县组织机构及其负责人

中國歷史文化名城

中国共产党江孜县委员会

书　　记

陈　　昊（一级调研员）

常务副书记

张　　毅（上海援藏干部，8月免）

胡 发 炜（上海援藏干部，8月任）

副 书 记

巴　　桑（藏族）

陈 跃 军（一级调研员，5月任）

旦　　增（藏族，二级调研员，8月任）

张 宏 东（二级调研员）

常　　委

达娃次仁（藏族，三级调研员）

俞 永 超

仓 木 决（女，藏族，二级调研员）

赵　　玮（二级调研员）

吴　　锋（二级调研员）

普布次仁（藏族）

桑　　布（藏族，三级高级警长）

王 胜 利

汪　　芳（上海援藏干部，8月免）

沈 晨 卫（上海援藏干部，8月任）

李 小 波（三级调研员，8月免）

李 世 韬（8月任）

中国共产党江孜县委员会各部、委、办、局

中国共产党江孜县委员会办公室

主　　任

李　　静（女，一级主任科员，8月免）

尼玛扎西（藏族，一级主任科员，8月任）

副 主 任

吴　　伟（三级主任科员）

边巴顿珠（藏族）

刘 崇 尧（三级主任科员，4月任）

中国共产党江孜县委员会组织部

部　　长

赵　　玮（二级调研员）

常务副部长

尼玛扎西（一级主任科员，8月免）

南 志 军（8月任，10月任一级主任科员）

副 部 长

央　　宗（女，藏族，四级调研员，8月免）

强　　珍（女，藏族）

党 高 明

次仁顿珠（藏族，9月任三级主任科员）

孙　　丽（女）

编办主任

央　　宗（女，藏族，四级调研员，8月免）

党 高 明（8月任）

中国共产党江孜县委员会宣传部

部　　长

仓 木 决（女，藏族，二级调研员）

常务副部长

果　　果（女，藏族，一级主任科员，8月免）

李　　静（女，一级主任科员，8月任）

副 部 长

达　　拉（女，藏族，三级主任科员）

普布旦增（藏族，一级主任科员）

欧 传 汉

郝 宇 航（9月任三级主任科员）

县广播电视局局长

达娃次仁（藏族，正科级）

县电视台台长

边巴顿珠（藏族，中级专技人员）

融媒体中心主任

边巴顿珠(藏族，中级专技人员)

中国共产党江孜县委员会统一战线工作部

部　　长

普布次仁（藏族）

常务副部长

阿旺赤列（藏族，一级主任科员）

副 部 长

格桑多吉（藏族，一级主任科员）

桑　　珠（藏族，10月任三级主任科员）

宋 兵 良（三级主任科员）

中国共产党江孜县委员会政法委员会

书　　记

桑　　布（藏族，三级高级警长）

常务副书记

索　　欧（藏族，10月任一级主任科员）

副 书 记

单增索朗（藏族）

扎　　央（藏族）

李 周 敏（三级主任科员，8月免）

张 传 伟（8月任）

中国共产党江孜县委员会党校

校　　长

赵　　玮（二级调研员）

常务副校长

但 玉 华（四级调研员）

副 校 长

索　　片（女，藏族，二级主任科员）

中国共产党江孜县委员会巡察工作领导小组办公室

主　　任

白　　玛（女，藏族，一级主任科员，8月免）

徐 程 煌（三级主任科员，8月任）

巡察一组组长

尼玛卓嘎（女，藏族）

巡察二组组长

边　　片（女，藏族，一级主任科员）

副 主 任

巴桑仓决（女，藏族，8月任，10月任二级主任科员）

张 传 伟（8月免）

巡察一组副组长

巴桑仓决（女，藏族，8月免，10月任二级主任科员）

刁 传 恒（8月任，10月任三级主任科员）

巡察二组副组长

德吉卓嘎（女，藏族，三级主任科员）

江孜县人民代表大会常务委员会

主　　任

杨 伟 功（一级调研员）

副 主 任

旦增欧珠（藏族）

班　　久（藏族）

孙　　健

拉　　平（藏族，二级调研员）

江孜县人民代表大会各办公室及各专门委员会

江孜县人大常委会办公室

主　　任

吴 晓 静（女，四级调研员）

副 主 任

德庆白玛（女，藏族，2月免）

旦增旺姆（女，藏族，5月任）

江孜县人大财经农牧城建环保专门委员会

主任委员

漆 福 林

副主任委员

旦　　增（藏族，一级主任科员）

江孜县人大法制司法民族宗教专门委员会

主任委员

国　　杰（藏族，一级主任科员）

副主任委员

卓　　玛（女，藏族，二级主任科员）

江孜县人大教育科技文化旅游卫生专门委员会

主任委员

丹增卓玛（女，藏族）

副主任委员

次旦卓嘎（女，藏族）

江孜县人民政府

县　　长

巴　　桑（藏族）

常务副县长

胡 发 炜（上海援藏干部，11月任）

达娃次仁（藏族，三级调研员）

副 县 长

李 小 波（三级调研员，12月免）

汪　　芳（上海援藏干部，8月免）

沈 晨 卫（上海援藏干部，11月任）

李 世 韬（12月任）

边　　巴（藏族，二级调研员）

杨 秀 梅（女，三级调研员）

拉桑桑旦（藏族，三级调研员）

余　　锋（三级调研员）

崔 国 禄

江孜县人民政府各委、办、局

江孜县人民政府办公室

主　任

南 志 军（12月免）

副主任

边　　巴（藏族，二级主任科员）

徐 江 涛（三级主任科员）

杨　　柳（女）

江孜县民政局

局　长

达　　珍(女，藏族，10月任一级主任科员)

副局长

次仁顿珠（藏族，二级主任科员）

安　　森（女，三级主任科员）

次旦卓嘎（女，藏族，二级主任科员，5月免）

德　　央（女，藏族，5月任）

江孜县财政局

局　长

索朗次旦（藏族）

副局长

张静心（女，满族，三级主任科员）

米玛次仁（藏族，三级主任科员，12月免）

次旺卓玛（女，藏族，三级主任科员，5月任）

王　政（12月任）

江孜县发展和改革委员会

主　任

旦增罗布（藏族，一级主任科员）

副主任

郭誉亭（上海援藏干部，8月免）

雷　猛（上海援藏干部，10月任，10月任一级主任科员）

索　仓（女，藏族，三级主任科员）

胡倩倩（女）

次　平（藏族）

江孜县公安局

局长、督察长

桑　布（藏族，三级高级警长）

东郊一级公安检查站站长、政委

李积平

副局长

普　顿（藏族，四级高级警长）

顿　珠（藏族，四级高级警长）

王　刚（1月任，10月任一级警长）

出入境管理大队队长

土登卓玛（女，藏族，三级警长）

网络安全保卫大队队长

洛桑贡布（藏族，1月任，10月任四级高级警长）

政工纪检室主任

普布顿珠（藏族，1月任，10月任二级警长）

法制大队队长

普布欧珠（藏族，10月任四级高级警长）

刑侦大队队长

晋　美（藏族，1月任，10月任二级警长）

达瓦顿珠（藏族，四级高级警长，1月免）

国保大队队长

白玛旦增（藏族，10月任一级警长）

情报中心主任

边巴吉拉（女，藏族，三级警长，1月任）

治安管理大队队长

多吉次仁（藏族，1月任，10月任二级警长）

办公室主任

达　次（藏族，1月任，10月任二级警长）

江孜县教育（体育）局

局　长

阿旺洛桑（藏族，四级调研员，12月免）

强巴顿珠（藏族，四级调研员，12月任）

副局长

李擎昊（上海援藏干部，8月免）

黎　春（上海援藏干部，10月任）

卓玛次仁（女，藏族，二级主任科员）

巫　蓉（女，三级主任科员）

旦增布桑（藏族，5月任二级主任科员）

教研室主任

巴　平（藏族）

江孜县人力资源和社会保障局

局　长

强　珍（女，藏族）

副局长

张华桥（10月任二级主任科员）

蔺莉华（女，藏族，三级主任科员，12月免）

次仁南木加（藏族，三级主任科员，12月免）

晋美多吉（藏族，12月任）

次旦多吉（藏族，12月任）

社保中心主任

晋美多吉（藏族，四级主任科员，12月免）

卓　　嘎（女，藏族，12月任）

江孜县农业农村局

局　长

边巴顿珠（藏族，四级调研员）

副局长

达瓦措白（藏族，一级主任科员）

索　　片（女，藏族，二级主任科员）

何 吉 昊（5月任）

孔 金 秋（12月免）

江孜县住房和城乡建设局

局　长

扎西云旦（藏族，四级调研员）

副局长

刘 瑞 锋（上海援藏干部，8月免）

沈　　轶（上海援藏干部，正科级，10 月任）

扎　　央（女，藏族，三级主任科员）

旦增罗布（藏族）

牛　　婧（女）

江孜县卫生健康委员会

主　任

普 卓 嘎（女，藏族，四级调研员，12月免）

白玛德吉（女，藏族，四级调研员，12月任）

副主任

王 卫 国（上海援藏干部，8月免）

王　　华（上海援藏干部，10月任）

米　　玛（藏族，10月任一级主任科员）

穷　　达（藏族，10月任二级主任科员）

卓　　玛（女，藏族，三级主任科员）

江孜县疾病预防控制中心

副主任

顿珠扎西（藏族）

江孜县林业和草原局

局　长

蒲 亚 军（一级主任科员，5月免）

旦增欧珠（藏族，三级主任科员，5月任）

副局长

扎西央宗（女，藏族，一级主任科员）

旦增欧珠（藏族，三级主任科员，5月免）

杨　　斌（5月任）

江孜县医疗保障局

局　长

洛桑卓玛（女，藏族，一级主任科员，12月免）

果　　果（女，藏族，一级主任科员，12月任）

副局长

顿　　珠（藏族，10月任二级主任科员）

李 妮 华（女）

江孜县文化和旅游局

局　长

普布旦增（藏族，9月任一级主任科员）

副局长

拉巴卓玛（女，藏族，10月任一级主任科员）

曾　　毅（10月任二级主任科员）

达　　片（女，藏族）

文化综合执法大队队长

达　　片（女，藏族）

县文化艺术馆馆长

朗　　杰（藏族）

江孜县司法局

局　长

袁海恩（一级主任科员）

副局长

洛桑扎西（藏族，三级主任科员）

徐程煌（三级主任科员，12月免）

张松恒

江孜镇司法所所长

郭　芳（女）

江热乡司法所所长

多吉顿珠（藏族）

热索乡司法所所长

边巴穷达（藏族）

重孜乡司法所所长

旦增罗布（藏族）

年堆乡司法所所长

琼　吉（女，藏族）

卡堆乡司法所所长

王智浩

江孜县退役军人事务局

局　长

李　恒（12月免）

李周敏（12月任）

副局长

贡桥昂姆（女，藏族，三级主任科员）

巴桑片多（女，藏族，10月任三级主任科员）

江孜县自然资源局

局　长

达　次（藏族，一级主任科员）

副局长

多吉桑布（藏族，10月任三级主任科员）

曹耀籍

次　珍（女，藏族，三级主任科员）

江孜县科学技术局

局　长

白玛德吉（女，藏族，四级调研员，12月免）

白　玛（女，藏族，一级主任科员，12月任）

副局长

次旦卓嘎（女，藏族，三级主任科员）

杨　雄（10月任三级主任科员）

江孜县水利局

局　长

加参多吉（藏族，一级主任科员）

副局长

旦增普尺（女，藏族，二级主任科员）

达　多（藏族，三级主任科员）

王　龙

江孜县商务局

局　长

边　旺（藏族，一级主任科员，12月免）

央　吉（女，藏族，一级主任科员，12月任）

副局长

白　央（女，藏族，二级主任科员）

邰飞翔（10月任二级主任科员）

江孜县交通运输局

局　长

顿珠次仁（藏族，一级主任科员）

副局长

贡嘎米久（藏族，二级主任科员）

罗玉江（9月任二级主任科员）

江孜县应急管理局

局　长

欧　珠（藏族，四级调研员，12月免）

李　恒（12月任）

副局长

瞿 兴 凡（10月任三级主任科员）

多吉次仁（藏族）

白玛曲珍（女，藏族）

江孜县消防大队

大 队 长

多吉平措（藏族，三级指挥员）

副大队长

俸 靖 楠（傣族，一级指挥员）

站　　长

唐　　聂（二级指挥员）

政治指导员

宋　　强（三级指挥员）

江孜县市场监督管理局

局　长

格　　桑（藏族，四级调研员，12月免）

多杰晋美（藏族，12月任）

副局长

多杰晋美(藏族，二级主任科员，12月免)

姚 廷 均（三级主任科员）

索朗扎西（藏族）

江孜县行政审批和便民服务局

局　长

达　　旺（藏族，一级主任科员，12月免）

丹增卓玛（女，藏族，一级主任科员，12月任）

副局长

尚　　岩（三级主任科员）

索朗曲珍（女，藏族，三级主任科员）

江孜县审计局

局　长

巴桑卓拉（女，藏族，一级主任科员）

副局长

赵 子 朴（三级主任科员）

索朗卓嘎（女，藏族）

江孜县统计局

局　长

索朗央宗（女，藏族，一级主任科员）

副局长

杨　　洋（女，三级主任科员）

边巴普赤（女，藏族，二级主任科员，5月任）

江孜县信访局

局　长

白玛次仁（女，藏族，一级主任科员）

副局长

杜 小 龙（三级主任科员）

巴桑顿珠（藏族，9月任三级主任科员）

县信访接待中心主任

普布扎西（男，藏族）

江孜县城市管理和综合执法局

局　长

尼　　玛（藏族，四级调研员，12月免）

格　　桑（藏族，四级调研员，12月任）

副局长

洛　　追（藏族，9月任二级主任科员）

德吉卓嘎（女，藏族，三级主任科员）

陈 建 松

江孜县民族宗教事务局

局　长

强巴顿珠（藏族，四级调研员，12月免）

阿旺洛桑（藏族，四级调研员，12月任）

副局长

米玛顿珠（藏族，一级主任科员）

姚 西 林（三级主任科员）
索朗加措（藏族，10月任三级主任科员）

江孜县乡村振兴局

局 长
蒲 亚 军（一级主任科员，5月任）
副局长
边 普（女，藏族，5月免）
唐 建 新（二级主任科员，5月任）
贵 吉（女，藏族，5月任，9月任三级主任科员）

江孜县藏语文工作委员会办公室（江孜县编译局）

局 长
拉 欧（藏族，四级调研员）
副局长
次仁潘多（女，藏族）

江孜县新冠肺炎疫情联防联控工作领导小组办公室

主 任
杨 秀 梅（女，三级调研员）
副主任
普 卓 嘎（女，藏族，四级调研员）
裴 超 刚（四级调研员）

中国人民政治协商会议江孜县委员会

主 席
拉巴仓决（女，藏族，兼党组书记）
副主席
罗 布（藏族）
米 培 元（回族）
罗桑·多吉坚赞（藏族，党外人士）
扎 塔（藏族，党外人士）

中国人民政治协商会议江孜县委员会办公室和专委会

中国人民政治协商会议江孜县委员会办公室

主 任
格桑卓玛（女，藏族，一级主任科员）
副主任
刘 洪 波（10月任二级主任科员）

中国人民政治协商会议江孜县委员会提案经济法制专门委员会

主 任
达娃桑布（藏族，四级调研员）
副主任
谢 军 飞（三级主任科员）

中国共产党江孜县纪律检查委员会江孜县监察委员会

纪委书记、监委主任
吴 锋（二级调研员）
纪委副书记、监委副主任
艾 喻 华（四级调研员）
智美罗布（藏族）
纪委常委
刘 崇 尧（三级主任科员，4月免）
伦珠曲培（藏族，三级主任科员，4月任）
徐 程 煌（三级主任科员，8月任）
监委委员
尼 玛（藏族，二级主任科员）
刘 崇 尧（三级主任科员，4月免）

伦珠曲培（藏族，三级主任科员，4月任）

党风政风监督室主任

达娃奴布（藏族，三级主任科员）

审查调查室主任

董付会

监督检查室主任

扎西玉珍（女，藏族，4月任）

综合室主任

张绍奎（8月任）

江孜县工商业联合会

主　席

格桑多吉（藏族，一级主任科员）

副主席

索朗达瓦（藏族）

扎　　塔（藏族）

平　　措（藏族）

米玛平措（藏族）

旺　　加（藏族）

人民团体

江孜县总工会

主　席

班　　久（藏族，四级调研员）

副主席

牛兵兵（10月任二级主任科员）

中国共产主义青年团江孜县委员会

书　记

央　　吉（女，藏族，8月免）

次仁南木加（藏族，8月任）

副书记

张　　腾

江孜县妇女联合会

主　席

边巴琼达（女，藏族，一级主任科员）

副主席

杨　　蓝（女）

中直、区直、市直单位

国家税务总局江孜县税务局

局　长

米玛央吉（女，藏族，兼党委书记，6月免）

副局长

普潘多（女，藏族，三级主任科员）

纪检组组长

王　　冠（6月任）

江孜县人民检察院

检察长

余　　杰

副检察长

王　　瑾（女）

江孜县人民法院

院　长

巴桑次仁（藏族，三级高级法官）

副院长

德　　吉（女，藏族，四级高级法官）

普扎西（藏族，四级高级法官）

德吉边宗（女，藏族，一级法官）

执行局局长

索朗多吉（藏族）

办公室主任

宋　强

日喀则公路分局江孜段

段　长

普　琼（藏族）

副段长

拉　顿（藏族）

巴桑吉拉（女，藏族）

江孜县气象局

局　长

西　洛（藏族，一级主任科员）

副局长

罗　布（藏族，三级主任科员）

县气象台台长

拉　珍（女，藏族）

西藏自治区满拉水利枢纽管理局

党委书记

赖兆万（兼副局长）

局　长

洛桑多吉（藏族）

副局长

扎桑拉姆（女，藏族）

日喀则市生态环境局江孜县分局

局　长

达瓦次仁（藏族，2月免）

次成江措（藏族，一级主任科员，2月任）

副局长

达　娃（女，藏族，三级主任科员，6月任）

白玛顿珠（藏族，三级主任科员，1月免）

仁青卓玛（女，藏族，4月任）

企事业单位

江孜县中心医院

党委书记

格　桑（藏族）

院　长

王卫国（上海援藏干部，8月免）

王　华（上海援藏干部，10月任）

党委副书记

尼玛旺堆（藏族，兼副院长）

常务副院长

格　桑（藏族）

副院长

扎西次仁（藏族）

江孜县宗城投资实业开发有限公司

董事长

强　巴（藏族）

总经理

顿　珠（藏族）

江孜县红河谷现代农业科技示范区

总经理

倪广超（四级主任科员）

副总经理

格桑央珍（女，藏族，三级主任科员）

中国电信集团江孜电信局

局　长

张　柯

副局长

达　　片（女，藏族，11月退休）

中国移动通信集团江孜分公司

经　理

刘 小 军（2月免）

加　　措（藏族，2月任）

中国联合通信网络集团公司江孜县分公司

经　　理

普 片 多（女，藏族，8月免）

曲 青 青（女，彝族，8月任）

中国农业银行江孜县支行

行　　长

朗 木 卓（藏族，兼党委书记）

纪委书记

巴桑顿珠（藏族）

副 行 长

巴桑强巴（藏族，1月免）

罗布次仁（藏族，1月任）

崔　　波

中国邮政集团有限公司西藏自治区江孜县分公司

经　　理

米玛琼达（藏族）

日喀则市烟草专卖局（公司）江孜县烟草专卖卷烟营销网点

主　　任

米玛次仁（藏族，5月免）

次旦久米（藏族，5月任）

副 主 任

仁增多吉（藏族）

稽查大队队长

多　　加（藏族）

江孜县高级中学

党总支书记

巴桑次仁（藏族）

校　　长

巴桑次仁（藏族）

副 书 记

田　　勇

副 校 长

索朗多布杰（藏族）

田　　静

西　　洛（藏族）

江孜县第一中学

党总支书记

王　　婷（女）

校　　长

拉巴顿珠（藏族）

副 校 长

普 仓 拉（女，藏族）

多吉次仁（藏族）

江孜县闵行中学

党总支书记

李 国 珍（女，蒙古族）

校　　长

李 擎 昊（上海援藏干部，8月免）

黎　　春（10月任）

副 书 记

索朗次仁（藏族）

副 校 长

罗　　杰（藏族）

卓　　嘎（女，藏族）

朗　　杰（藏族）

江孜县第一小学

党支部书记

童　　超（兼副校长）

校　　长

仓　　决（藏族）

副 校 长

次　　顿（藏族）

米玛索朗（藏族）

江孜县第二小学

党支部书记

赵 广 坤（兼副校长）

校　　长

普布旺堆（藏族）

副 校 长

普 次 仁（藏族）

桑　　珠（藏族）

普　　琼（藏族）

江孜县第一幼儿园

党支部书记

夏　　欢（女）

园　　长

白玛罗布（藏族，兼党支部副书记）

副 园 长

白　　曲（女，藏族）

多吉晋美（藏族，7月任）

江孜县第二幼儿园

园　长

巴桑贵吉（藏族）

副书记

拉巴琼达（女，藏族）

副园长

扎西卓玛（女，藏族）

江孜县第三幼儿园

园　长

达　　琼（女，藏族）

江孜藏毯文化发展有限责任公司

董事长

旦增称来（藏族）

总经理

尼玛贵来（藏族）

监　事

琼　　达（藏族）

上海市第十批援藏干部江孜联络小组

组　长

胡 发 炜

副组长

沈 晨 卫

成　员

雷　　猛

沈　　铁

黎　　春

王　　华

江孜县各乡（镇）

江孜镇

党委书记

王 胜 利（四级调研员）

镇　　长

仁增多吉（藏族，一级主任科员）

人大主席

扎西平措（藏族，四级调研员）

党委副书记

仁增多吉（藏族，一级主任科员）

普 扎 西（藏族，三级主任科员）

副 镇 长

次　　多（藏族）

德吉卓嘎（女，藏族，三级主任科员）

索朗扎西（藏族）

纪委书记、监察室主任

史 小 虎（三级主任科员）

组织委员

孙　　飞

宣传委员

普　　尺（女，藏族，二级主任科员）

统战委员

次　　多（藏族）

政法委员

陈 昌 洪

维护稳定和综合治理办公室主任

南加多杰（藏族）

江热乡

党委书记

孙　　健（四级调研员）

乡　　长

巴　　顿（藏族，10月任一级主任科员）

人大主席

达瓦卓玛（女，藏族）

党委副书记

巴　　顿（藏族，10月任一级主任科员）

达瓦卓玛（女，藏族）

边丹曲达（藏族，三级主任科员）

副 乡 长

张 婷 婷（女）

王 合 峰

伦珠次仁（藏族）

纪委书记、监察室主任

达 央 宗（女，藏族）

组织委员

张　　锐

宣传委员

陈 廷 武

统战委员

米玛吉巴（女，藏族）

政法委员

张婷婷（女）

党群综合治理办公室主任

玉珠卓嘎（女，藏族，三级主任科员）

稳定和综合治理办公室主任

普　　潘（女，藏族）

紫金乡

党委书记

卓　　拉（女，藏族，一级主任科员）

乡　　长

柳 银 船

人大主席

廖 志 琼

副 书 记

柳 银 船

达瓦穷达（藏族，三级主任科员）

副 乡 长

白玛曲卓（女，藏族）

边　　多（藏族，9月任三级主任科员）

旦增旺姆（女，藏族）

纪委书记、监察室主任

郭　　卫

组织委员

郑 琨 鹏

宣传委员

索朗旺姆（女，藏族）

统战委员

白玛曲卓（女，藏族）

政法委员

仓　　吉（女，藏族，二级警长）

车仁乡

党委书记

黄 红 梅（女，四级调研员）

乡　　长

达　　桑（藏族）

人大主席

其美卓嘎（女，藏族）

党委副书记

达　　桑（藏族）

秦　　岭（三级主任科员）

副 乡 长

喻　　梅（女）

索　　朗（女，藏族）

巴　　旦（藏族，10月任三级主任科员）

纪委书记、监察室主任

何雨艳（女）

组织委员

旦增赤列（藏族）

宣传委员

刘 文 娟（女）

统战委员

喻　　梅（女）

政法委员

索朗亚珠（藏族，11月任四级高级警长）

政务综合办公室主任

边巴片多（女，藏族）

年堆乡

党委书记

加　　措（藏族，四级调研员）

乡　　长

田 志 用（9月任四级调研员）

人大主席

邓 永 洪

党委副书记

田 志 用（四级调研员）

邓 永 洪

索　　朗（藏族，三级主任科员）

副 乡 长

晋　　美（藏族）

益西卓玛（女，藏族，10月任三级主任科员）

索朗顿珠（藏族）

纪委书记、监察室主任

普布卓玛（女，藏族）

组织委员

旺　　堆（藏族，10月任三级主任科员）

宣传委员

刘　　莱

统战委员

晋　　美（藏族）

政法委员

张 沥 心（女）

政务综合办公室主任

陈 德 尧

热龙乡

党委书记

索朗达瓦（藏族）

乡　　长

杨　　刚（白族）

人大主席

普　　穷（藏族）

党委副书记
　　杨　刚（白族）
　　李　钊（9月任三级主任科员）
副 乡 长
　　旭鹏川（藏族）
　　桑大鹏
　　洛松仁青（藏族）
纪委书记、监察室主任
　　赵　冉
组织委员
　　任　佳
宣传委员
　　德庆旺姆（藏族，三级主任科员）
统战委员
　　洛松仁青（藏族）
政法委员
　　土旦尼玛（藏族）
党群综合办公室主任
　　唐　海

龙马乡

党委书记
　　甘　剑（四级调研员）
乡　长
　　旦　增（藏族）
人大主席
　　次　朗（藏族）
党委副书记
　　旦　增（藏族）
　　次　朗（藏族）
　　呼海瑞（二级主任科员）
副 乡 长
　　阚长春
　　贡嘎索朗（藏族）
　　高金龙
纪委书记、监察室主任
　　拉　珍（女，藏族）
组织委员
　　卓　嘎（女，藏族）
宣传委员
　　巴　旺(藏族，三级主任科员)
统战委员
　　刘鹏举（1月任，9月任三级主任科员）
政法委员
　　阚长春

康卓乡

党委书记
　　李小波（三级调研员）
乡　长
　　格　玛（藏族，四级调研员）
人大主席
　　罗　旦（藏族，9月任四级调研员）
党委副书记
　　格　玛（藏族，四级调研员）
　　卞少华（四级调研员）
副 乡 长
　　宗　央（女，藏族）
　　杜虎笙（三级主任科员）
　　米玛欧珠（藏族）
纪委书记、监察室主任
　　白玛曲珍（女，藏族，三级主任科员）
组织委员
　　强巴旦增（藏族，三级主任科员）
宣传委员
　　格桑卓嘎（女，藏族，二级主任科员）
统战委员
　　杜虎笙（10月任三级主任科员）
政法委员
　　李　胜（9月任三级主任科员）

重孜乡

党委书记

崔 国 禄（四级调研员）

乡　　长

白玛仁增（藏族）

人大主席

扎巴仁青（藏族）

党委副书记

白玛仁增（藏族）

扎巴仁青（藏族）

大 片 多(女，藏族，三级主任科员)

副 乡 长

张　　娣（女）

普布潘多（女，藏族）

曲 玉 贵（10月任三级主任科员）

纪委书记、监察室主任

王　　浩(三级主任科员)

组织委员

次　　琼（女，藏族，三级主任科员）

宣传委员

拉　　宗（女，藏族）

统战委员

张　　娣（女）

政法委员

格桑朗加（藏族，一级警长）

党群综合办公室主任

边巴普赤（女，藏族）

政务综合办公室主任

孙 凯 君（女）

达孜乡

党委书记

米 培 元（回族，四级调研员）

乡　　长

央　　吉（女，藏族）

人大主席

普布扎西（藏族）

党委副书记

央　　吉（女，藏族）

巴桑罗布（藏族）

副 乡 长

米玛旺堆（藏族，二级主任科员）

邱 茂 林

扎西旺姆（女，藏族）

纪委书记、监察室主任

汪兆波

组织委员

罗 伟 瑞

宣传委员

杨　　凡（女）

统战委员

旦增卓玛（女，藏族）

政法委员

邱 茂 林

卡麦乡

党委书记

刘　　飞（四级调研员）

乡　　长

久美次仁（藏族）

人大主席

旦增顿珠（藏族）

党委副书记

久美次仁（藏族）

仓　　琼（女，藏族，三级主任科员）

副 乡 长

王　　彬（10月任三级主任科员）

张 林 祥

达　　平（藏族）

纪委书记、监察室主任

刁传恒（8月免）

组织委员

次仁多吉（藏族）

宣传委员

格桑拉姆（女，藏族，10月任二级主任科员）

统战委员

张 林 祥

政法委员

南　　加（藏族）

卡堆乡

党委书记

普布桑珠（藏族，四级调研员）

乡　　长

邱 俊 才

人大主席

尼玛次仁（藏族，一级主任科员）

党委副书记

邱 俊 才

次仁卓玛（女，藏族）

副 乡 长

扎西平措（藏族，三级主任科员）

米玛措姆（女，藏族）

胡 康 平

纪委书记、监察室主任

程　　亮（9月任三级主任科员）

组织委员

谷　　检（9月任三级主任科员）

宣传委员

李 龙 生

统战委员

米玛措姆（女，藏族）

政法委员

达瓦顿珠（藏族）

政务综合办公室主任

拉巴扎西（藏族，三级主任科员）

纳如乡

党委书记

次仁平措（藏族，四级调研员）

乡　　长

唐 飞 飞

人大主席

措　　平（藏族，一级主任科员）

党委副书记

唐 飞 飞

平措旺久（藏族，二级主任科员）

副 乡 长

旦增群培（藏族）

高 如 龙

张 路 遥

纪委书记、监察室主任

拉巴措姆（女，藏族）

组织委员

温 云 龙（壮族）

宣传委员

杨 川 茜（女）

统战委员

旦增群培（藏族）

政法委员

次仁多吉（藏族）

热索乡

党委书记

赵 英 俊

乡　　长

格桑达娃（藏族，一级主任科员）

人大主席

扎西欧珠（藏族）

党委副书记

格桑达娃（藏族，一级主任科员）

扎西欧珠（藏族）

杨 廷 怀（回族，二级主任科员）

副 乡 长

马 顺 利

次仁琼达（女，藏族）

巴桑央吉（女，藏族）

纪委书记、监察室主任

马　　振

组织委员

巴　　宗（女，藏族）

宣传委员

陈 本 说（9月任三级主任科员）

统战委员

马 顺 利

政法委员

旦　　增（藏族）

维护稳定和综合治理办公室主任

达瓦次仁（藏族）

加克西乡

党委书记

索朗旦增（藏族，一级主任科员）

乡　　长

李 保 成

人大主席

顿　　珠（藏族，10月任一级主任科员）

党委副书记

李 保 成

顿　　珠（藏族，10月任一级主任科员）

格桑央珍（女，藏族，三级主任科员）

副 乡 长

杨 任 浩

庞 学 堃

纪委书记、监察室主任

黄 建 富

组织委员

索朗旺久（藏族）

宣传委员

索朗旺久（藏族）

统战委员

顿　　珠（藏族，8月免）

孔 金 秋（8月任）

政法委员

达瓦顿珠（藏族）

藏改乡

党委书记

周　　易

乡　　长

达娃扎西（藏族，10月任一级主任科员）

人大主席

米玛顿珠（藏族，二级主任科员）

党委副书记

达娃扎西（藏族，10月任一级主任科员）

米玛顿珠（藏族）

仓 卓 玛（女，藏族，二级主任科员）

副 乡 长

乔　　刚

尼玛土旦（藏族，三级主任科员）

范 师 维

纪委书记、监察室主任

高 寿 涛（女，藏族）

组织委员

张 敏 娜（女）

宣传委员

普布卓玛（女，藏族）

统战委员

尼玛拉姆（女，藏族）

政法委员

乔　　刚

日朗乡

党委书记

仓木琼（女，藏族，四级调研员）

乡　长

陈雪枫（一级主任科员）

人大主席

巴　　宗（女，藏族）

副书记

陈雪枫（一级主任科员）

胡　　波（三级主任科员）

副乡长

普　　片（女，藏族）

旦增顿珠（藏族）

卓玛吉（女，藏族）

纪委书记、监察室主任

刘　　洋

组织委员

李誉诚

宣传委员

宗　　巴（女，藏族，9月任三级主任科员）

统战委员

旦增顿珠（藏族）

政法委员

潘秀才（水族）

政务办公室主任

尼玛琼达（女，藏族）

金嘎乡

党委书记

达瓦顿珠（藏族，四级调研员）

乡　长

舒永谦

人大主席

拉巴贵吉（藏族，9月任一级主任科员）

党委副书记

舒永谦

拉巴贵吉（藏族，9月任一级主任科员）

姜　　雷（三级主任科员）

副乡长

刘　　燃

索朗宗吉（女，藏族）

普　　片（女，藏族）

纪委书记、监察室主任

次旺朗杰（藏族）

组织委员

白玛次旺（女，藏族）

宣传委员

杨　　宏

统战委员

普　　片（女，藏族）

政法委员

次仁平措（藏族）

党群综合办公室主任

达娃石曲（藏族）

政务综合办公室主任

赤列坚才（藏族）

日星乡

党委书记

张向东（四级调研员）

乡　长

格桑曲珍（女，藏族）

人大主席

达　　罗（藏族，一级主任科员）

党委副书记

格桑曲珍（藏族）

达　　罗（藏族，一级主任科员）

邢 尧 坤（二级主任科员）

副 乡 长

罗桑西绕（藏族，10月任三级主任科员）

车 林 浩

嘎玛次仁（藏族）

纪委书记、监察室主任

张 绍 奎（8月免）

组织委员

卢　　根（三级主任科员）

宣传委员

苏 相 宇（回族）

统战委员

车 林 浩

政法委员

旦增奴布（藏族，一级警长）

中国共产党江孜县委员会

中國歷史文化名城

综　述

【概况】2022年，中国共产党江孜县委员会（简称“县委”）共有委员28人，候补委员5人，常委会由16人组成。辖各级党组织425人，其中，党委26个，党总支18个，党支部379个。共有党员6898人。党员年龄结构：30岁以下党员1341人，30—35岁党员1377人，36—40岁党员1067人，41—45岁党员743人，46—50岁党员593人，51—55岁党员441人，56—60岁党员450人，61—66岁党员293人，67—70岁党员240人，70岁以上党员353人。党员学历结构：研究生党员29人，大学本科党员1398人，大学专科党员697人，中专党员225人，高中党员107人，初中及以下党员4442人。

【经济建设】2022年，江孜县地区生产总值完成29.93亿元，同比增长1.1%。全社会固定资产投资完成11.28亿元，地方一般公共预算收入完成2237万元。全年按统计口径固定资产投资实现8.17亿元，同比增长76.28%。产业提质增效，建设绿色高质高效创建示范田10万亩，良种繁育基地8250亩，粮食总产量保持在6万吨；牲畜存栏30万余头（只、匹），牛羊肉产量达到2.2万吨，江孜酥油等奶制品产量实现2000吨；青稞初深加工3242吨，实现收入2700万余元；沙棘出圃178.78万株，产值达676.5万元；江孜英雄古城文化旅游景区创建AAAA级旅游景区，全年接待游客22.08万人次，实现综合旅游收入5452.72万元。固定资产投资稳中有进，各项稳经济促发展措施持续发力，申报中央预算内投资项目计划16个，涉及资金1.28亿元，地方政府专项债券1个7700万元；把投资1亿元的赛马场建设项目列入“十四五”规划，谋划储备的吉拉大桥项目落地实施。有效释放消费潜能，以“五一”国际劳动节、“十一”国庆节等重大节日为契机，让利促销500万余元，开展“助企惠民·乐购江孜”活动，争取资金100万元用于发放消费券。以改革提升行政效能，投入运营县标准化政务服务中心项目，设立2个“一站式”服务窗口，完善江孜县“一网通办”政务服务事项办事指南，网上办理事项2704件，好评率100%。全面深化改革工作稳步推进，现代医院管理、融媒体中心建设、监察体制、供销合作社等重点领域和关键环节的改革取得阶段性成效。

【社会稳定】坚决贯彻落实总体国家安全观，牢固树立忧患意识，始终坚守底线思维，严格落实各项维稳措施，社会大局持续和谐稳定；统筹政法、信访、人社等部门力量，整合窗口服务职能，打造县级“一站式”矛盾纠纷调处中心，信访事项调处率100%，矛盾纠纷隐患化解率90.6%；在年堆乡、重孜乡人民法庭探索“法官进网格”工作机制，摸索形成“2+5”基层社会治理新思路，投入群防群治力量6.7万人次，排查安全隐患8481次，完成各重要节点维稳安保任务。树牢安全发展理念，加大应急救灾处突能力建设，实现全年安全生产零事故、零伤亡；创新开展“天眼护苗”“送你一条反光膜”等活动；狠抓安全生产，开展安全生产专项整治三年行动，查处重点领域、重要部位安全隐患326处，强化食品药品安全监管，提升餐饮业质量安全水平。

【民族团结创建】铸牢中华民族共同体意识，以“五个起来”（民族团结之歌唱起来、民族团结故事讲起来、民族团结事业强起来、民族团结文化兴起来、民族团结基地建起来）为抓手，将民族团结进步工作融入改革发展稳定全过程，探索建立民族工作“7+4+5”（7条总体要求、4条具体要求、5个起来为抓手）模式，开展民族团结“九进”活动，打造“民

族团结 +N”创建工作模式，全面实现“两个 80%”创建目标任务，在原有的 210 个民族团结示范点的基础上提升创建第一批民族团结进步模范单位 80 家，江孜县融媒体中心获“2022 年西藏自治区民族团结进步模范集体”称号。开展以“喜迎中共二十大”为主题的系列活动，组织开展宣传学习活动达 220 余场次，受教育僧尼达 1800 人次。开展“三个意识”（国家意识、公民意识、法治意识）宣传教育，巡回宣讲 12 次、受教育僧尼 600 余人次。聚焦“五个有利于”（有利于维护祖国统一和社会稳定、有利于增进“五个认同”、有利于团结宗教界人士和信教群众、有利于藏传佛教健康传承、有利于减轻信教群众负担）标准，综合运用“十导”（导感恩领袖、导爱国爱教、导遵纪守法、导反对分裂、导优良传统、导“关键少数”、导“四讲四爱”、导民族团结、导宗教降温、导幸福今生）工作方法，依法管理宗教事务。充分发挥宗教界人员力量作用，疫情防控期间捐献财物达 37 万元，用实际行动体现“四条标准”（政治上靠得住、宗教上有造诣、品德上能服众、关键时起作用）“三个意识”教育活动成果。

【生态建设】 坚持生态优先、绿色发展，坚决扛起环保整改政治责任，整改完成第二轮中央环保督察组转办案件 4 起和森林督察反馈问题整改。推进生态文明建设，有序申报自治区级生态文明建设示范乡（镇）6 个、村（居）145 个。实施国土绿化行动，持续巩固消除“无树村”“无树户”成果，完成海拔 4300 米以下“四旁”（宅旁、水旁、村旁、路旁）植树 18.3 万株，完成率 100%。全面推进落实河（湖）长制，出台实施“河湖长 + 检察长 + 警长”工作机制，完成巡河 281 人次。主要河流、湖泊、饮用水水源地水质稳定在Ⅲ类，空气质量优良天数比例达到 98%。全力推进绿色发展，严禁“三高”（高污染、高耗能、高耗水）项目落地，投资 3000 万元实施农村污水治理和河流域治理项目，改扩建县城生活垃圾填埋场。严格落实生态补偿机制，兑现全年生态岗位补偿资金 2351.24 万元。

【民生保障】 民生实事全面落实，群众获得感、幸福感、安全感不断提升。2022 年农村居民人均可支配收入达到 21251 元，同比增长 7.5%。推动巩固拓展脱贫攻坚成果同乡村振兴战略有效衔接，因地制宜对监测对象采取差异化帮扶措施，消除 134 户 521 人致贫返贫风险。狠抓就业帮扶，完成职业技能培训 1292 人，实现转移就业 2.47 万人、创收 3.04 万元。充分发挥“4321”结对帮扶机制效能，实现大学生就业人数 597 人。为农牧民和高校毕业生兑现创业补助资金 80 万余元。县人社局被评为“西藏自治区就业创业工作先进集体”。坚持教育优先发展，稳步推进基础教育和乡村幼儿园办学条件标准化建设，获批高海拔学校项目 51 个，建成运行江孜县第三幼儿园，严格落实控辍保学举措，义务教育阶段巩固率 100%，中小学升学率位于日喀则市前列。全面启动“三乙”创建工作，县中心医院纳入国家级县医院综合能力提升“千县工程”。强化城乡居民社会保障，实现城乡居民医疗保险参保 6.6 万人，参保率 98.24%，重点特殊人群、低保户、低收入人口和返贫人口等资助参保率 100%，全年统筹报销 6355 人次 1793.92 万元。加强文化事业建设，深入基层开展各类文艺活动 60 余次，覆盖群众达 3.1 万人次，不断提高人民群众基层文化供给。江孜县艺术团舞蹈节目《欢庆丰收》《红色血脉》在自治区获奖。发展慈善公益事业，募集慈善善款 1000 万余元，对 23 名大病患者、困难学生发放慈善救助金 106.3 万元，捐赠价值约 104 万元的抗疫物资，确保社会救助不落一户、不落一人。

【党建工作】 坚决把捍卫“两个确立”、做到“两个维护”作为最高政治原则和根本政治规矩，持续深化习近平新时代中国特色社会主义思想、中共二十大精神的学习贯彻，召开县委十届四次全会专门研究贯彻落实中共二十大精神工作，坚决捍卫“两个确立”，增强“四个意识”、坚定“四个自信”、做到“两个维护”。打造12个“四个创建”（创建全国民族团结进步模范区、创建高原经济高质量发展先行区、创建国家生态文明高地、创建国家固边兴边富民行动示范区）市级党建示范点，坚决完成村（居）主干国家通用语言文字教学“2年攻坚、3年巩固”行动目标。推动6个软弱涣散基层党组织晋位升级。统筹、整合资金3075万元实施村集体经济项目、入股实体企业，实现2022年村集体经济总收入超过100万元的村达到8个。突出政治选人用人标准，“以实绩论英雄”开展干部选拔任用工作。精准运用监督执纪“四种形态”（第一种形态，经常开展批评和自我批评、约谈函询，让“红红脸、出出汗”成为常态；第二种形态，让党纪轻处分、组织调整成为违纪处理的大多数；第三种形态，让党纪重处分、重大职务调整的成为少数；第四种形态，让严重违纪涉嫌违法立案审查的成为极少数）整治各类违纪违规问题。全年共开展2轮巡察，对14个党组织开展统筹巡察，对8个党组织开展县委常规巡察。以打造和开展“大学生就业创业指导服务中心”“职工之家”“青年干部读书班”“巾帼妇女行动”等阵地和活动为抓手，推动群团工作走深走实。

县委重要会议

【县委十届三次全会】 1月10日，中共江孜县第十届委员会第三次全体会议召开。会议听取县委书记陈昊代表县常委会向大会作《聚焦重点求突破 改进作风抓落实 推动江孜名城振兴工程取得实质性进展》工作报告，表决通过江孜县出席中国共产党第二十次全国代表大会代表候选人推荐人选，审议通过《中国共产党江孜县第十届委员会第三次全体会议决议》。

【县委十届四次全会】 12月23日，中国共产党江孜县第十届委员会第四次全体会议召开。会议讨论县委书记陈昊受县委常委会委托作的工作报告，审议通过《关于接受拉仓、张向东同志辞去中国共产党江孜县第十届委员会委员职务的决定》《中共江孜县委员会关于深入贯彻落实党的二十大精神推进社会主义现代化建设的实施意见》。对深入学习贯彻落实党的二十大精神，不断谱写新时代江孜长治久安和高质量发展新篇章，奋力建设团结富裕文明和谐美丽的社会主义现代化新江孜作出具体安排。

【县委常委会会议】 1月7日，县委书记陈昊主持召开县委十届第十五次常委会会议，传达学习习近平总书记2022年新年贺词、《中国共产党纪律检查委员会工作条例》、2021年12月29日自治区党委常委会（扩大）会议精神、自治区党委书记王君正参加自治区十一届人大五次会议日喀则代表团审议时的指示精神、《中国共产党西藏自治区党委办公厅关于近期全区各级党委（党组）学习贯彻中央以及自治区党委有关会议精神情况的通报》和市委经济工作会议精神，研究江孜县全委会会议和两会事宜，审议中国共产党江孜县第十届委员会第三次全体会议上的工作报告（送审稿），研究县委组织部、县人社局提交的相关事宜，并就相关工作进行安排部署。

1月14日，县委书记陈昊主持召开县委十届第十六次常委会会议，传达学习中央有关会议精神和习近平总书记重要讲话精神，专题学习自治区党委改进作风狠抓落实有关文件精神，研究审议两会工作报告（送审稿），研究县委宣传部、组织部提交的有关事宜，并就相关工作进行安排部署。

1月24日，县委书记陈昊主持召开县委十届第十七次常委会会议，传达学习中央、自治区党委有关会议、文件和领导讲话精神，研究县委常委班子党史学习教育和涉粮问题巡察整改专题民主生活会有关事宜和县委组织部提交的请示事宜，并就相关工作进行安排部署。

1月28日，县委书记陈昊主持召开县委十届第十八次常委会会议，会议传达学习1月24日中央政治局会议精神，习近平对“三农”工作、政法工作的重要指示，自治区纪委十届二次全会精神，自治区党委书记王君正有关指示批示精神；听取研究春节藏历新年期间江孜县维护稳定和疫情防控工作安排部署情况；研究讨论《中国共产党江孜县委员会关于进一步改进作风狠抓落实工作方案（送审稿）》；研究讨论县委组织部和县纪委监委提交的相关事宜，并就相关工作进行安排部署。

2月17日，县委书记陈昊主持召开县委十届第十九次常委会会议，传达学习中央、自治区党委有关会议、文件和领导讲话精神，听取县公安局有关工作汇报，研究县政府党组、县纪委监委、县委组织部、县人社局提交的请示事宜，并就相关工作进行安排部署。

3月4日，县委书记陈昊主持召开县委十届第二十次常委会会议，研究县政府党组和县委组织部提交的请示事宜，并就相关工作进行安排部署。

3月9日，县委书记陈昊主持召开县委十届第二十一次常委会会议，传达学习习近平总书记有关重要讲话精神、自治区党委书记王君正有关指示批示精神和中央有关文件精神，专题学习全国两会精神，听取江孜县群团工作汇报，听取县委政法工作开展情况和会议筹备情况，研究县政府党组、县纪委监委、县委组织部、县委宣传部、县委办提交的请示事宜，并就相关工作进行安排部署。

3月25日，县委书记陈昊主持召开县委十届第二十二次常委会会议，传达学习习近平总书记有关重要讲话精神、中央、自治区党委、市委有关重要讲话和文件精神，研究县政府党组、县政协党组、上海市第九批援藏干部江孜联络小组、县委组织部、县纪委监委提交的请示事宜，并就相关工作进行安排部署。

3月31日，县委书记陈昊主持召开县委十届第二十三次常委会会议，专题学习巡视工作、保密工作有关讲话、文件精神，并就近期工作进行安排部署。

4月6日，县委书记陈昊主持召开县委十届第二十四次常委会会议，传达学习习近平总书记和中央、自治区党委有关重要讲话、会议和文件精神，通报《关于征求边巴同志处理意见的函》，听取江孜县迎接自治区党委巡视前期准备工作，研究政府党组提交的相关事宜，并就相关工作进行安排部署。

4月7日，县委书记陈昊主持召开县委十届第二十五次常委会会议，专题学习巡视工作和保密工作有关讲话、文件精神，并就近期工作进行安排部署。

4月22日，县委书记陈昊主持召开县委十届第二十六次常委会会议，传达学习中央、自治区重要文件、重要讲话及重要会议精神，通报刘虎山接受纪律审查和监察调查有关情况，听取研究县政府党组工作暨第一季度经济运行情况和江孜县法治建设、安全生产、食品安全、环保整改工作开展情况，听取讨论县委办、县纪委监委、县委组织部、县委宣传部、县委巡察办提交的工作汇报材料，研究讨论县委组织部、团县委、县发展改革委提交的相关事宜，并就相关工作进行安排部署。

4月27日，县委书记陈昊主持召开县委十届第二十七次常委会会议，传达学习中央、自治区重要文件、重要讲话及重要会议精神，研究讨论县政协党组、县委办公室、县纪委监委、县委组织部、团县委提交的相关事宜，并就相关工作进行安排部署。

5月13日，县委书记陈昊主持召开县委十届第二十八次常委会会议，传达学习中央、自治区重要文件、重要讲话及重要会议精神，研究讨论县政府党组、县委组织部、县委宣传部、团县委、县人社局提交的相关事宜，并就相关工作进行安排部署。

5月15日，县委书记陈昊主持召开县委十届第二十九次常委会会议，听取讨论县人大常委会党组、县政府党组、县政协党组、县人民法院党组、县人民检察院党组提交的关于“四个落实”方面存在的问题，研究讨论《中国共产党江孜县委员会工作汇报材料》，并就相关工作进行安排部署。

6月1日，县委书记陈昊主持召开县委十届第三十次常委会会议，会议传达学习中央、自治区党委和市委重要讲话、重要文件精神，研究县政府党组、县纪委监委、县委办公室、县委组织部、县委政法委，县发展改革委、县乡村振兴局提交的相关事宜，并就相关工作进行安排部署。

6月12日，县委书记陈昊主持召开县委十届第三十一次常委会会议，传达学习中央、自治区、市重要讲话、重要文件及重要会议精神，研究讨论县政府党组、县委组织部提交的相关事宜，并就相关工作进行安排部署。

7月19日，县委书记陈昊主持召开县委十届第三十二次常委会会议，研究讨论关于明确驻村总领队任务分工和县委组织部提交的相关事宜，并就相关工作进行安排部署。

8月2日，县委书记陈昊主持召开县委十届第三十三次常委会会议，传达学习中央、自治区、市重要讲话、重要文件和重要会议精神，研究讨论县委办、县纪委监委、县委组织部、县人社局提交的相关事宜，并就相关工作进行安排部署。

8月5日，县委书记陈昊主持召开县委十届第三十四次常委会会议，传达学习中央和自治区重要讲话、重要文件和重要会议精神，研究讨论县委组织部提交的人事工作相关事宜，并就相关工作进行安排部署。

9月2日，县委书记陈昊主持召开县委十届第三十五次常委会会议，讨论研究纳如乡党委书记次仁平措对恰曲村疫情防控工作监管不力有关问题和副县长杨秀梅对分管工作督促把关不严、县疾控中心主任次平执行县委有关要求不力造成信息报送失误有关问题，并就相关工作进行安排部署。

9月12日，县委书记陈昊主持召开县委十届第三十六次常委会会议，研究县委组织部关于提交江孜县职级晋升考察情况建议名单的请示和中国共产党江孜县纪律检查委员会关于给予多加、次仁平措2人党内严重警告处分的请示，并就相关工作进行安排部署。

10月2日，县委书记陈昊主持召开县委十届第三十七次常委会会议，研究县委组织部关于提交县委通报表扬疫情防控先进集体和先进个人初步名单的请示，并就相关工作进行安排部署。

10月7日，县委书记陈昊主持召开县委十届第三十八次常委会会议，研究县委组织部关于提交上海市第十批援藏干部及人才任职建议名单的请示，并就相关工作进行安排部署。

10月10日，县委书记陈昊主持召开县委十届第三十九次常委会会议，传达学习中央、自治区、市重要讲话、重要文件和重要会议精神，研究江孜县前三季度经济运行和第四季度重点工作情况汇报和县委组织部提交的有关事宜，并就相关工作进行安排部署。

10月17日，县委书记陈昊主持召开县委十届第四十次常委会会议，传达学习《中国共产党第二十次全国代表大会报告》精神，研究县委组织部提交的有关事项，并就相关工作进行安排部署。

10月27日，县委书记陈昊主持召开县委十届第四十一次常委会会议，传达学习中央和自治区重要讲话、重要文件和重要会议精神，研究县委宣传部和县委组织部提交的有关事宜，并就相关工作进行安排部署。

11月11日，县委书记陈昊主持召开县委十届第四十二次常委会会议，传达学习中央和自治区重要讲话、重要文件和重要会议精神，书面传达中央、自治区、市重要文件精神，研究江孜县中共二十大精神学习贯彻、宣传宣讲相关请示事宜和县政府党组提交的有关事宜，并就相关工作进行安排部署。

11月23日，县委书记陈昊主持召开县委十届第四十三次常委会会议，专题学习中国共产党西藏自治区委员会关于深入贯彻中共二十大精神全面建设社会主义现代化新西藏的意见、自治区党委书记王君正在自治区党委十届三次全会上的工作报告和讲话与自治区党委书记王君正在全区党员领导干部学习贯彻中共二十大精神专题培训班上的辅导报告，听取江孜县2022年第三季度干部驻村工作开展情况，研究政府党组提交的请示事宜，并就相关工作进行安排部署。

11月28日，县委书记陈昊主持召开县委十届第四十四次常委会会议，专题学习中共二十大报告中关于巡视工作的有关内容、习近平总书记关于巡视工作的重要论述、中共中央办公厅印发《关于加强巡视整改和成果运用的意见》的通知和自治区党委书记王君正在听取十届自治区党委第一轮巡视情况汇报时的讲话精神，研究江孜县巡视整改工作领导小组（送审稿）有关事项，安排部署江孜县巡视整改工作。

12月1日，县委书记陈昊主持召开县委十届第四十五次常委会会议，传达学习中央、自治区、市重要讲话、重要文件和重要会议精神，研究县委关于自治区党委第六巡视组巡视反馈意见的整改落实方案及专项工作整改方案和县委办、县政府党组、县委组织部提交的有关事宜，并就相关工作进行安排部署。

12月22日，县委书记陈昊主持召开县委十届第四十六次常委会会议，传达学习中央、自治区、市重要讲话、重要文件及重要会议精神，研究讨论县委办、县政府党组、县委政法委、县委组织部、县纪委监委提交的相关事宜，并就相关工作进行安排部署。

12月28日，县委副书记、县长巴桑主持召开县委十届第四十七次常委会会议，传达学习中央、自治区、市重要讲话、重要文件及重要会议精神，听取县政府党组、县委组织部、县委宣传部、群团组织提交的有关事项汇报，研究讨论县委巡察办提交的相关事宜，并就相关工作进行安排部署。

【进一步改进作风狠抓落实工作会议】 1月20日，江孜县召开进一步改进作风狠抓落实工作动

5月19日，江孜县召开进一步改进作风狠抓落实工作座谈会。图为会议现场

员部署会。县委书记陈昊主持会议并讲话。会议的主要任务是深入贯彻落实习近平总书记关于改进作风、狠抓落实和西藏工作的重要指示精神，贯彻落实自治区党委、市委关于进一步改进作风、狠抓落实工作的决策部署，大力弘扬解放思想、开拓创新的作风，求真务实、真抓实干的作风，敢于担当、勇于斗争的作风，狠抓工作落实、凝聚强大合力，深入实施“名城振兴工程”，推进江孜长治久安和高质量发展。

5 月 19 日，江孜县召开进一步改进作风狠抓落实工作座谈会，会议由县委书记陈昊主持，18 位县级领导参加会议。与会领导从江孜现状和长远发展，围绕党的建设、产业项目、生态环保、干部作风、人才培养等方面，从不同方面、不同角度提出意见建议 58 条。县委书记陈昊就如何看待江孜、如何看待群众和如何看待干部作深刻阐述。

3月23日，江孜县委政法工作会议在县公安局礼堂召开。图为会议现场

【江孜县委政法工作会议】 3 月 23 日，江孜县委政法工作会议在县公安局礼堂召开。县委书记陈昊出席会议并讲话，县委副书记张宏东主持会议。会议传达学习自治区党委书记王君正对全区政法工作的批示和自治区党委政法工作会议精神、市委书记张延清对全市政法工作的批示和市委政法工作会议精神。县政法委书记、县国安办主任、县公安局局长桑布总结江孜县 2021 年政法工作并安排部署 2022 年工作。会议通报表彰 2021 年度平安建设（综治工作）中涌现的先进集体和先进工作者，通报表扬 2021 年度江孜县“先进双联户”创评活动中涌现出来的“先进集体”和“先进双联户”。

【2022 年统一战线工作会议】 3 月 30 日，江孜县召开 2022 年统一战线工作会议。县委书记、县委统一战线工作领导小组组长陈昊出席会议并讲话。县委副书记张宏东主持会议，县委统战部部

3月30日，江孜县召开2022年统一战线工作会议。图为会议现场

4月29日，江孜县召开县委农村工作会议。图为会议现场

长普布次仁出席会议。会议指出，2021年全县统一战线工作一以贯之地把深入学习贯彻习近平新时代中国特色社会主义思想和习近平总书记“七一”重要讲话及视察西藏重要讲话精神作为首要政治任务，以贯彻《中国共产党统一战线工作条例》为主线，深入贯彻落实党中央关于新时代统一战线工作的决策部署和自治区党委、市委、县委工作要求，全县统战工作各项事业取得新成效。

【宣传思想工作会议】 4月18日，县委组织召开宣传思想工作会议。县委副书记张宏东出席会议并讲话。会议通报2021年度宣传思想工作开展情况，对2022年度重点工作任务进行安排部署；对2021年度宣传思想领域涌现出的五星乡（镇）、五星村（居）、五星户、最佳志愿服务队、“学习强国”优秀组织单位、“学习强国”优秀学习标兵、优秀宣讲员等先进集体及个人进行表彰；部分获奖代表进行交流发言。

【江孜县委农村工作会议】 4月29日，江孜县召开县委农村工作会议。县委书记陈昊出席会议并讲话，副县长边巴主持会议。会议传达学习中央一号文件精神，中央、自治区党委、市委关于“三农”工作的有关会议及批示精神，总结全县2021年“三农”工作，安排部署2022年重点任务。

中共江孜县委办公室工作

【全面深化改革】 2022年，江孜县委坚决贯彻落实党中央全面深化改革重大决策部署，贯彻落实习近平总书记关于全面深化改革系列重要论述精神，坚持规定动作狠抓落实、自选动作积极突破、试点工作大胆创新，统筹推进全县各领域改革事项，以改革破解发展难题、厚植发展优势，推动各项改革任务取得阶段性成效。

调整充实县委全面深化改革委员会，建立健全各专项小组工作机制，明晰2022年九大类改革事项，严格把控时间节点、关键任务，确保深化改革在规定时限内推进开展完成。对标对表党中央、自治区党委和市委全面深化改革年度工作要点，突出抓好社会治理、融媒体中心建设、现代医院管理、“放管服”改革、县域医共体改革、监察体制改革等重点改革任务，持续深化改革创新力度，为建设社会主义现代化新江孜提供坚强保障。

【督查督办】 2022年，县委督查室立足本职工作，将有关决策部署进行立项，具体量化、细化，明确责任、目标到人，采用基层单位自我上报、实地督查等方式进行督促检查。全年共形成督查专报8篇。同时，将督查发现问题通报江孜县。全年共开展各类实地督查检查63次，其中，中国共产党第二十次全国代表大会、中国共产党西藏自治区第十次代表大会学习情况8次，疫情防控专项督查16次，进一步改进作风狠抓落实学习教育4次，基层党建方面2次，环境卫生整治方面12次，基层减负方面3次，热点难点问题贯彻落实情况专项督查7次，其他工作方面11次；下发督查交办单31份。

【改进作风狠抓落实】 1月20日，江孜县召开进一步改进作风狠抓落实工作动员部署会，推动改进作风狠抓落实在江孜县全面铺开，结合江孜县实际，制订印发《江孜县2022年进一步改进作风狠抓落实工作实施方案》；调整充实以县委书记陈昊为组长的领导小组。6月21日，江孜县组织召开办公室工作会议，通报改进作风狠抓落实半年工作开展情况，明确下半年工作任务和方向。

把《西藏江孜革命史(1951—1964)》《高天厚土》报告文学纳入江孜县党员干部学习教材，各级党组织开展革命传统作风教育读书分享会60余场次。征订发放《领导干部怎样抓落实》《抓落实就是讲政治　讲政治就是抓落实》《新时代党的作风建设》510本作风建设相关书籍。“学习月”期间，县委常委会带头学、理论学习中心组引领学，以上率下开展学习研讨。灵活开展“珠峰道德讲堂”“年轻干部廉洁课堂”4期。

在退休老干部、人大代表、政协委员、服务对象、基层群众中选任200名干部作风监督员，通过颁发监督证赋权监督，聚焦“领导干部”“窗口单位”“基层组织”，坚持问题导向，对每一个反映的问题都不等不靠、不打折扣；制订完善《江孜县干部作风监督员工作实施办法》《江孜县干部作风监督员五项工作要求》有关机制，明确选聘条件、监督方式、工作纪律和权力。开展“四查四问”(查作风、问初心，查责任、问担当，查漏洞、问短板，查落实、问成效)4个专题研讨总计368场次，参与党员干部5180人次，对照91项问题检视查摆共性问题290余个、个性问题440余个；以“四个一”(实现“一个执政本质”，体现“一个根本要求”，明确“一个重要途径”，要完善“一个执政方式”)为载体开展座谈研讨阶段工作，开展“理论中心组专题学习研讨会、务虚座谈会、谈心谈话、支部书记讲党课”系列活动270余场次。结合“政治三力”(政治判断力、政治领悟力、政治执行力)教育行动，开展“作风怎么看、工作怎么干”“十破十变”(破思维定式之冰，变“路径依赖”为“模式创新”；破条框限制之冰，变“框内思考”为“拓展思维”；破地域局限之冰，变“一域之光”为“全局添彩”；破看摊守业之冰，变“循规蹈矩”为“敢闯敢试”；破反应迟钝之冰，变“慢人一拍”为“先人一步”；破裹足不前之冰，变“小富即安”为“突破争先”；破吃拿卡要之冰，变“冷硬推”为“店小二”；破作风漂浮之冰，变“推拖绕”为“行必果”；破责任软化之冰，变“劳而无功”为“吹糠见米”；破体制机制之冰，变“跟跑”为“领跑”)思想大讨论活动。

【机要工作】 2022年，江孜县密码管理局对各项会务提供技术保障，中央、自治区、市重要视频会议技术保障100余场，跟会时长达18800余分钟。优化密码通信服务保障制度，完善《江孜县密码通信随行服务制度》，完成各级领导密码通信随行服务保障。共传发办理文件9600件次。举办机要办报秘书培训会，覆盖江孜县59家县(区、市)直单位专职机要办。组织密码干部学习《中华人民共和国密码法》，实现“零差错”办理要求，完成各类电报传输办理。开展江孜县、乡两级非涉密党政信息网设备和“两办”安可设备替代及维护运营工作，全年累计维护运营120余次。定期对县直密码和密码电报使用单位开展专项检查5场次，

4月15日至5月31日，县国家保密局到江孜县各单位、乡（镇）开展“保密工作规范月”保密警示教育巡回培训会。图为江孜镇培训现场

宣传4次，发放宣传手册450份。

【保密工作】2022年，对县级重要会议开展保密会务服务保障，对涉密会场进行信号屏蔽，对移动通信终端进行管理。配合县教育部门开展“三大考试”及其他考试保密安全工作，协助县教育部门开展国家、自治区、市各类考试的试卷押运、管理和递送工作。建立《江孜县涉密载体销毁制度》，定期收集江孜县各部门需要销毁的涉密载体，集中移送市涉密载体销毁中心进行销毁。定期对江孜县19个乡（镇）、51家县（区、市）直单位进行保密专项检查工作，重点对计算机违规操作、涉密文件存放、微信违规办公等情况开展全覆盖、地毯式保密安全检查，要求各级各部门自行组织开展保密自查自纠工作。

通过“3·28”西藏百万农奴解放纪念日、“4·15”全民国家安全教育日宣传《中华人民共和国保守国家秘密法》。围绕全民国家安全教育日宣传活动主题，统筹协调宣传、公安、网信等部门单位，依托江孜县融媒体中心平台在江孜宗山民族团结文化广场LED（发光二极管）显示屏、江孜融媒体抖音平台、“看江孜”微信公众号等，投放保密公益宣传片。制作发放保密宣传海报、小物件，保密宣传教育资料汇编等，并在客运车站、居民社区、办公楼宇及机关单位宣传栏等场所张贴“4·15”保密宣传海报。运用“江孜发布”微信公众号，推送保密主题宣传文章及安全保密常识等。组织开展宣传教育进机关、乡（镇）、寺管委会活动。以增强保密意识，提升保密能力为主题，利用县委理论中心组学习平台开展党政领导保密宣传教育，通过观看警示教育片等形式以案促改，进一步规范领导干部保密意识。以保密检查为契机，深入江孜县19个乡（镇）、县（区、市）直单位、各寺管委会开展巡回保密警示教育，发放保密学习宣传资料180余份、保密警示教育片85份。全年线下保密教育培训受教达1200余人。以提升涉密人员保密知识技能为主题，依托“保密观”App和中国保密在线网站培训系统，江孜县19个乡（镇）、各县（区、市）直单位、各寺管委会及各级学校的涉密人员及干部职工全年线上保密教育培训达550余人。

【地方志工作】2022年，县地方志办公室（简称“县方志办”）紧紧围绕年初确定的工作思路和工作任务，采取有力措施，狠抓任务落实，扎实稳步地推进二轮县志编修和年鉴出版任务。县志方面：按照市编委会终审稿审定意见，县方志办对终审稿进行逐字修改，重新设置篇目结构、撰写大事记，搜集缺项资料等，补充完善资料12类，纠错342条，删减万余字，重新增补2万余

6月8日，《江孜县志（2001—2010）》验收会在拉萨市召开。图为会议现场

字；修改完成的验收稿纯文字约59.7万字，图片资料109张，共计15篇59章251节，另有概述、大事记、专记、人物、附录、编后记等；6月8日，《江孜县志（2001—2010）》验收会在拉萨市召开，经过县志验收领导小组评审，同意《江孜县志（2001—2010）（验收稿）》通过验收；会后，县志编修人员根据与会领导、专家提出的意见建议，进一步增补缺漏资料、规范撰写编排，截至年底完成验收会提出的各项修改意见和材料增补工作，并再次进行统稿。年鉴方面：《江孜年鉴（2022）》于3月正式启动，4月前完成大事记、江孜县组织机构及其负责人、江孜概览、彩页图片等板块资料的搜集和撰写，5月开展各单位资料搜集工作，7月底前完成终审稿，11月进入终审稿统稿、审核阶段，12月6日完成审定稿并报送日喀则市地方志办公室进行审定。志书编纂指导方面：县方志办严格按照《西藏自治区志书质量标准》规定，对《江孜县扶贫志》《江孜镇志》进行检查、督促和指导，解决志书编修过程中遇到的疑难问题，为两部志书尽早形成初稿打下坚实基础。

【档案工作】 2022年，江孜县档案馆共接收文书档案4603件，接收的文书档案包括2021年疫情防控文件、2021年扶贫文件、县委文件、党史学习教育、“三更”专题教育、2017年换届文件。实物档案7个，项目档案20个，共87卷。对乡（镇）进行11次指导，对县直机关进行10次指导。为审计、巡视、党史编纂、方志编修工作共提供借阅档案350余卷件次。

【信息工作】 2022年，江孜县上报信息共计464篇，其中，自治区党委采用6篇，日喀则市委采用13篇。突发事件信息报送6篇，均为鼠疫处置情况。

（刘崇尧）

组织工作

【干部队伍建设】 2022年，中国共产党江孜县委员会组织部（简称“县委组织部”）开展干部选拔任用工作5次，提拔调整干部151人，其中，提拔71人，进一步使用8人，调整72人；实现科级干部县乡机关交流38人，县直单位之间交流55人，乡（镇）之间交流3人，高低海拔交流11人。选调干部职工246名，参加自治区、市两级培训64班次；以线上线下相结合的方式，开展自主培训6期；通过线上平台，组织江孜县干部职工参加线上答题活动5次；举办“中青班”“基层业务骨干培训”“科级干部跟班培训”各1期，培训干部56人。开展机关事业单位科级干部述学考学评学工作，推动干部教育培训向

6月27日，江孜县以电视电话会议形式召开第十一批驻村干部培训会议，县长巴桑（主讲台左一）、县委副书记陈跃军（主讲台右一）出席培训会。图为会议现场

纵深发展。选拔24名优秀年轻干部担任乡（镇）、县直单位、寺管委会和政法机构领导班子，选拔2名“90后”优秀干部到正科级领导岗位。累计安排800余名干部下沉到防控一线，到疫情防控急难险重的岗位上接受锻炼。狠抓《江孜县干部职工监督管理办法》《江孜县干部职工请（休）假管理办法》执行力度，研究制订《干部职工考勤签到记录本》，规范干部职工上下班考勤，组建干部监督队伍，推动干部日常监督管理工作常态化。严格执行干部“能上能下”规定，对2名不适宜现职的干部进行免职和调整，对1名违规违纪干部进行降职级处理。慰问干部职工4名。重新起用1名处分期满、表现优秀的干部。对在疫情防控工作中表现突出的76个集体和382名个人进行通报表扬，对168名干部民警进行职级晋升。

【基层组织建设】 2022年，以各级党委理论学习中心组、党支部“三会一课”制度为平台，严格落实“第一议题”制度、巩固党史学习教育成果、常态化抓好政治忠诚教育、反分裂斗争教育，开展“三会一课”、主题党日等党内政治生活2600余次；各级党组织书记讲授专题党课420余场次；开展村党支部书记、驻村工作队、第一书记、乡（镇）和机关党务工作者县级集中培训10期1100余人次；各乡（镇）全覆盖开展村“两委”班子所有成员集中培训；组织2批66名村（居）主干赴陕西省西安市、延安市等地开展“感党恩、看发展、学先进”专题培训；组织村干部开展理论政策、科学文化和国家通用语言文字学习5100余场次。

落实“四个一”挂点整顿机制，召开部署会、专题会14次，挂点常委到点指导30余次，调整村班子成员7名，下派2名优秀年轻干部到村担任党支部书记，整顿提升6个软弱涣散基层党组织。

实现村（居）党支部第一书记、驻村工作队全覆盖；组织村党支部书记、第一书记、农牧民党员开展县级专题培训1次。打造基层党建标准化规范化试点乡（镇）3个；严格落实政治审查制度和发展党员沟通备案制度，严把党员入口关，组织江孜县党务工作者、党员发展对象等开展各类培训16次，发展党员192名。以“四个一”为载体开展党员过政治生日活动410余次；依托驻村工作队、乡村振兴专干开展国家通用语言文字普及教育4370余次。

设立江孜县卫生服务中心（县中心医院）党委，推动县域医共体改革工作，完成班子选举工作。促进“两新”（新经济组织、新社会组织）领域党组织从有形覆盖向有效覆盖转变，在社会组织党组织覆盖率100%和“三有”

4月23—26日，江孜县开展2022年村（居）党组织书记乡村振兴专题培训暨县委书记授课。图为县委书记陈昊（主席台）授课现场

非公有制经济企业党组织覆盖率87.5%的基础上，引导“两新”党组织履行企业社会责任。疫情防控期间，“两新”党组织捐款捐物合计1900万余元，配合参与疫情防控工作。

制订出台《江孜县开展2022年度“四个创建”基层党组织示范点创建工作方案》，实地督导调研创建工作2次，召开2次创建工作推进会，理清思路，明确创建工作时间表、路线图、责任书，打造“四个创建”市级党建示范点7个，县级49个；在管好用好村级组织活动场所的基础上，扎实推动党建会客厅打造工作，完成年堆乡索盖村党支部、热龙乡比萨村党支部、康卓乡党委党建会客厅打造工作。

8个中央扶持集体经济项目通过申请并开工。通过发展集体经济，实现所有村（居）集体经济收入过万元，其中，村集体经济收入达500万元的村（居）达到3个、村集体经济收入达100万元的村（居）达到8个。

开展“光荣在党50年”纪念章颁发工作，走访慰问生活困难党员、党龄50年及以上老党员等人员共373人，发放慰问金18.7万元；为江孜县155个驻村工作队送慰问，慰问物资价值13.8万元。发挥党员先锋模范作用，选派6批42名党员干部支援边境疫情防控工作，成立党员突击队202个，组织5000余名党员参与疫情防控工作，划拨党费9.5万元支援疫情防控工作。

【人才队伍建设】 坚持“党管人才”原则，夯实人才组织保障。更新县委人才工作领导小组成员，组织县委理论学习中心组成员和部务会成员学习习近平总书记在中央人才工作会议上的讲话精神，以及自治区、市两级人才工作会议精神。制订《关于进一步加强县级领导联系服务专家人才工作实施意见》，建立34名县级党员领导干部与企业经营、高技能等人才结对帮带机制。开展“争做神圣国土守护者、幸福家园建设者”乡村振兴人才表彰活动，表彰15名乡村振兴人才，每人发放奖金1万元，共计15万元。组织召开江孜县专招引进人才工作茶话会。加大专招生人才引进力度，其他省市专招引进7人。围绕医疗、教育、乡村振兴等领域紧缺型人才需求，提供2023年其他省市专招岗位29个、急需紧缺人才岗位21个、高校毕业生公开考录公务员计划和职位18个。

坚持协同育才机制，构建人才培养体系。联合上海市第十批援藏干部江孜联络小组举办基层业务骨干班、中青班，组织科级领导到上海对应单位挂职锻炼。对7名专招生进行多岗位轮岗培养，共提拔9名到相应的岗位任职或给予职级。采取“以岗代训”“请进来、走出去”“流动课堂”“线上培训”等方式为各类专业技术人才提供学习平台。

778名专任教师参加中小学教师国家级培训计划，727人参加“2022年暑期教师研修”专题培训，592人参加浦东专家线上讲学活动，269人参加学校德育（中小学班主任）研修班，192名年轻教师参加“专业发展研修班”培训。11人参加执业医师规范化培训，6人参加乡村医生培训，4人参加乡（镇）卫生院骨干人员培训，3人参加乡（镇）卫生院临床医师培训，2人参加乡村骨干医生培训。

【公务员管理】 2022年，按照《公务员调整基本工资的通知》《关于调整西藏特殊津贴标准的通知》要求，对江孜县行政人员（含参公、调出、退休、去世人员、援藏干部）基本工资基数、西藏特殊津贴补贴标准进行核算调整，完成江孜县903人基本工资基数调整30万余元，975人差额资金兑现47万余元。年初，指导各乡（镇）、县直机关各单位、各人民团体完成2021年度927名公务员考核工作，兑现2021年度230名优秀公务员和32名三等功的奖励资金。按照2022年高校毕业生公开考录公务员需求计划，完成9名新录用公务员的入职考察、转运及报到工作。配合上级部门完成7名专招生的考察工作和9名新录用公务员的初任培训工作，完成5名新录用公务员转正工作。在疫情防控期间共启动职级晋升工作4次，晋升一级主任科员、四级高级警长及以下168人。研究制订《江孜县事业单位管理岗位职员等级晋升工作实施方案》，完成1名事业单位管理职员等级的晋升工作。

【机构编制工作】 2022年，江孜县紧扣实施编制优化工程，推动机构编制各项工作任务。分领域、分系统、分编制性质进行全面分析编制结构和布局，探索制订《编制配备优化方案》。各乡（镇）政党机构设置由5个精减为4个，强化乡村振兴、平安建设、党建工作、基层行政执法等重点职责；优化设置乡（镇）事业单位，强化文化服务、农牧业工作职责，调整优化85名涉改干部。寺庙管理机构设置由16个精减为11个，细化寺庙管理机构职能职责，构建寺庙管理组织架构。印发《编委工作规则》《编办工作细则》，规范机构编制工作程序，召开编委会议3次。对39家单位“三定”内容进行自查复核，修改完善；修订印发6个县直单位、10个寺管委会和4个执法队“三定”规定。综合分析工勤岗位分布情况，通过岗位调整方式解决3名工勤人员违规占用政法专项编制的历史遗留问题。设立“两新”组织工委，加强指导服务管理，提升党建工作质量。设立乡（镇）综治中心，实现集维护稳定、公共服务、社会治理一体的工作机制。调整组建国防动员办公室，构建密切协同的国防动员新格局。

【老干部工作】 截至2022年底，江孜县有离退休干部494人（不

6月4日，江孜县离退休第十党支部成员到纳如乡小学开展“关心下一代”主题党日活动。图为离退休老干部与学生合影

包括安置在自治区内外其他地方的退休干部），其中，机关离退休干部 165 人，事业单位离退休干部 58 人，企业离退休干部 1 人，机关事业单位及企业工人 270 人。老干部平均年龄 63 岁，离退休干部去世 14 人，死亡率 2.83%。制订《江孜县离退休领域党建“四联一督”》，加强与离退休党组织的常态化联系。认真执行“三会一课”制度，每月各党支部开展 2 次集中学习。组建离退休干部“银发宣讲团”，先后深入学校、机关、农牧区等场所开展宣讲活动 15 场次，受众 1120 余人次。为 12 名党龄 50 年的老党员发放“光荣在党 50 年”纪念章，赠送贺卡，集体过政治生日。创建第三离退休党支部成为日喀则市基层党建示范点，聘请 16 名老干部担任江孜县干部作风监督员。

围绕各类主题实践活动，组织老干部参加日喀则市老干部局举办的“第三届翻身农奴把歌唱”文学书画摄影作品展，江孜县选送 5 幅书法绘画作品，其中 2 幅作品获奖。开展“银发生辉”暖人心主题党日活动，对空巢老人、单亲家庭等弱势群体进行慰问，以入户走访、医院探望等形式向 3 名贫困监测户送去帮扶资金共计 1 万元。开展“送医送药送健康”主题党日活动，将优质医疗健康服务送到基层。离退休党员干部主动投入关心下一代事业，为贫困学生送去学习和生活用品。通过开展以老助老的志愿服务活动，以实际行动送温暖、献爱心，发挥正能量。江孜县离退休各支部为疫情防控工作捐款共计 25.81 万元。

【强基惠民工作】 2022 年，组织召开专题会议，对干部驻村轮换、交接程序及重点工作进行全面安排部署。江孜县 155 个村（居）中采取“3+X”（派驻 3 个干部、X 个村级力量）模式选派 13 个，采取“2+X”（派驻 2 个干部、X 个村级力量）模式选派 142 个。各级选派驻村工作队 155 个，队员 554 人，其中 227 名各类专干纳入驻村工作队员。以乡（镇）为单位成立 19 个驻村工作临时党支部。先后召开 2 次县驻村工作领导小组和 11 次召开各乡（镇）驻村办、临时党支部书记、组织委员和驻村工作队队长会议，研究部署驻村工作重点难点任务和每月驻村工作重点，坚持月初下发干部驻村工作要点，确保江孜县驻村工作“一盘棋”协调推进。8 月上旬，各级驻村工作队投身疫情防控阻击战，组织力量设好“宣、教、查、卡、控”五大岗，协助开展常态化疫情防控知识宣传 4382 次，覆盖群众 47 万余人次；解决群众急难愁盼问题 2677 件，为困难群众捐款捐物折合资金达 52 万余元；采取双向沟通、双向对接的方式，为江孜县滞留在县外的农民工和滞留在江孜县的外地农民工解决 3 万余元的各类生活物资。

聚焦中共二十大维稳安保，统筹做好维护稳定、防汛备汛、安全生产、矛盾隐患排查等工作，

7月8日，江孜县强基办组织召开2022年第一次强基惠民工作经费项目集中审批会议。图为会议现场

协助开展重点领域排查工作2357次，协助化解和妥善处理各类矛盾纠纷246件。采取灵活多样的方式，累计开展宣传中共二十大精神711场次、专题学习172场次，覆盖群众9.9万余人次；撰写心得体会900余份；结合农牧区实际制订宣传工作方案；开展驻村干部“谈感受、谈体会、撰写观后感、录制微视频”等活动。

开展线上线下代缴代办、政策咨询等便民服务3528次；解决群众急难愁盼问题280件；开展结对帮扶及慰问活动82次，资金共计42.15万元；落实帮扶项目2个，涉及资金352.12万元；开展农牧民技能培训56次，帮助转移就业5938人次，增加现金收入5460万元，帮助村（居）“两委”理清发展思路461条，制订、完善、实施经济发展规划521条。年初提前谋划各村强基惠民工作经费使用方向，对63个村（居）申报项目反馈初审意见，先后召开2次强基惠民工作经费项目集中审批会议，审理49个可行性较高、项目效益较好的村（居）独立申报或乡（镇）统筹整合申报的强基惠民工作经费项目，涉及资金1191.76万元；通过探索“飞地经济”发展模式带动村集体经济发展，经过村（居）自愿报名，确定78个报名参与通信网络管道工程建设项目的村（居），涉及经费1348.68万元。

持续在“江孜发布”微信公众号平台发布“江孜驻村工作周动态”专栏，刊登驻村工作周动态33期；自治区各类媒体采用江孜驻村工作信息18篇，市级采用24篇，推广江孜县干部驻村工作的典型经验和感人故事。

8月3日，江孜县驻村办组织召开2022年第二次强基惠民工作经费项目集中审批会议。图为会议现场

【县直机关党建工作】 2022年，各级党委（党组）和党支部以理论学习中心组和“三会一课”为平台，组织机关党员围绕习近平新时代中国特色社会主义思想和中共二十大精神、习近平总书记关于西藏工作的重要论述开展学习研讨210余次；开展党员“过政治生日”活动90余次；机关党组织书记讲授专题党课110余次。

在符合条件的8家单位设立党组，开展党务工作者及党组书记专题培训2期；针对1个机关行业系统软弱涣散党组织，采取机关党工委委员挂点整顿、制订“一支部一方案”，开展整顿工作，完成整顿升级；严格落实发展党员“十六字”（控制总量、优化结构、提高质量、发挥作用）方针，坚持把政治标准放在首位，新发展机关行业系统党员56名，在教育系统落实“双培养”（把骨干教师培养成党员、把党员教师培养成教育管理骨干）机制，发展优秀教师党员14名；围绕党员“三包”（包村、包户、包人）7项重点工作任务，1200余名机关党员干部开展党员“三包”工作；围绕疫情防控、维护稳定等重点工作，组建机关党员突击队和红袖标巡逻队，抽调机关党员持续开展隔离酒店和东郊一级检查站值班及义务巡逻，为疫情防控和维护稳定贡献机关党员力量，发挥党员先锋模范作用。

【加强自身建设】2022年，县委组织部（老干局）党支部坚持把中共二十大精神、习近平新时代中国特色社会主义思想作为“第一议题”学习重点内容，通过班子成员带头学、全体干部集中学等方式，采取“集中+个人”“线上+线下”等形式，开展专题学习20余次，深刻学习领悟精神实质内涵。围绕“改进作风狠抓落实”相关要求，开展各类专题学习20次，专题研讨6期，撰写心得体会40余篇，不断强化政治建设。疫情防控期间，县委组织部主动承担社区管控及服务工作，将县城划分为28个服务单元，设立32个服务点，选派200名党员干部下沉防控一线，实现县城区域管控全覆盖，保障江孜县疫情防控工作有序开展。强化宣传引导，持续抓好信息、网评网宣工作，上报组织工作信息70余篇、网评网宣文章150余篇，网评网宣工作在日喀则市排名第一，信息上报排名第三。秉承“热心、耐心、细心、诚心”的服务理念，推行亲情微笑服务，办理办好干部职工请休假、“三老人员”补贴发放、干部调入调出、老干部“两项待遇”落实、强基惠民经费使用政策解答等实事。

（喻梅、白央、达娃石曲、任永锦、扎西、唐海、次仁曲珍）

宣传工作

【概　况】中国共产党江孜县委员会宣传部（简称“县委宣传部”）强化网信、网安部门联合监督执法，持续开展“净网”专项行动，有力推动网络舆情监管。开展政务网络媒体平台突出问题整治工作，规范网络传播秩序，确保网络意识形态领域清朗安全。

【理论宣传】围绕中共二十大工作主线，分线上线下进行学习宣传。线上，开设江孜县非凡十年系列访谈节目《喜迎二十大》《二十大时光》《中共二十大精神大家学》《学习宣传贯彻中共二十大精神》《秋香润基层共话二十大》《新时代文明实践——江孜篇》等专题栏目，丰富学习渠道；通过服务群众微信群每日转发中共二十大相关知识100余条次；以视频会议形式召开中共二十大精神学习3次，共1000余人次参加。线下，继续加强社会面宣传阵地宣传口号、标语的审查、备案和巡查工作，严格要求各乡（镇）、各单位按照统一的标准和程序进行悬挂；紧跟中共二十大会议时间节点，对江孜县27面高炮广告牌、43个户外宣传架、50余面墙体宣传进行更换；在各重要时段组织群众更换国旗，江孜县家家户户及各单位大院更换国旗1.7万余面，悬挂彩条、插挂彩旗；制订宣讲宣传方案及县级领导包乡宣传计划，压实工作责任。

【国防教育】县委宣传部依托江孜抗英纪念馆教育基地，打造

12月5日，县委宣传部开展党的二十大精神重孜乡鲁顶村宣讲报告会。图为会议现场

党史学习教育、国防教育新阵地，2022年共接待本地区和其他县（区）各族干部群众以及国内外游客3779人次。

【精神文明建设创建与思想道德建设】以自治区基层理论宣讲示范基地江孜县基地为主要阵地，每月至少开展2次基地示范宣讲，辐射江孜县19个乡（镇）新时代文明实践所（站）；开展“冬季送温暖”“春风进万家”“喜迎二十大　夏阳耀初心”等大型基层送文化文艺活动54次，覆盖2.5万余人次；利用西藏新时代文明实践推动日开展志愿服务活动1342场次，覆盖3万余人次；开展“我们的节日”活动，弘扬中国传统文化，铸牢中华民族共同体意识，增进民族团结；在江孜抗英遗址、江孜抗英纪念馆等爱国主义教育基地，国防教育基地，数字影院，大学生创业基地，县司法局法律援助中心，县税务局便民大厅等公共服务场所设立新时代文明实践点，常态化组织开展爱国主义文明实践活动；开设4期“珠峰道德讲堂”；由514名返乡学生、305名返乡务工人员组成的返乡志愿服务队，开展“八个一”（办好一个培训班、结一批学习对子、学唱一首红色歌曲、开展一场文艺活动、观看一部爱国电影、背诵一句总书记金句、举办一批专题活动、制作一批宣传资料）国家通用语言文字教授志愿帮扶活动；制订出台《江孜县关于进一步推进移风易俗建设文明乡风的实施方案》，推动移风易俗工作；持续开展文明创建，有序开展“最美村镇”“最美志愿服务社区”“文明村镇”“最美人物”“新时代好少年”等推荐评选；开展农牧区少年儿童阅读实践活动“我的书屋我的梦”评优推选活动，江孜一中学生强巴央珍的作文被中共中央宣传部评为优秀作品；开展首届“珠峰百姓名嘴”优秀宣讲员选拔推荐，完成村级推荐193人、乡级推荐51人。

6月8日，江孜县开展“喜迎二十大　夏阳耀初心”巡回宣讲暨送文艺进村居活动。图为活动现场

【新闻发布与对外宣传】江孜县坚持传统媒体和新媒体一体化发展。但有所侧重，在巩固电视传统媒体阵地的基础上，集中精力打造自有移动网络传播平台，将线下资源不断向线上汇集，充分利用新媒体平台发布本地权威政经资讯。江孜县融媒体中心集中力量打造“江孜发布”“名城江孜”“网信江孜”微信公众号、“江孜融媒体中心”抖音号、“江孜发布”视频号、“江孜发布”微博等新媒体矩阵。2022年，微信公众号发布4958条新闻，视频号发布397条新闻，微博推送193条新闻，抖音号推送视频1297条，“名城江孜”（藏语）微信公众号5月注册，推送新闻1086条；微信公众号粉丝达1.9万余人，抖音号粉丝9.1万余人。开设《中共二十大报告每日一学》《跟着主播学中共二十大精神》《作风建设永远在路上》《江孜非凡十年》《轻松一刻》《疫情防控小知识》《新春走基层》《改进作风》等32个专题

专栏，先后制作"非凡十年""我们的幸福生活""您关心的民生政策"等融媒体产品，抖音号浏览量达50万人次以上作品15条。向中央、自治区媒体提供宣传素材，其中，江孜县"喜迎二十大 春风进万家"相关活动、《中共二十大在广大青年中引发强烈反响》、西藏日喀则市江孜县青年藏毯创业者旦增称来谈中共二十大感想等相关内容亮相央视《新闻联播》。《献出一份爱心收获明媚的阳光》《无私奉献的光影人生》分别获得西藏自治区广播电视局和珠峰云平台（自治区级平台）的表彰奖励。

【广播电视公益传输】 县委宣传部安排技术人员定期对公益节目设施设备进行维护，对江孜县32处村级广播电视发射站进行全面排查和维护工作6次。邀请日喀则市广播电视局政务服务中心技术人员到江孜县开展"村村通""户户通"设备维护维修工作。常态化开展"村村通""户户通"直播卫星设备维修服务，维修接收机、置换配件等共计1030余个。按要求每月对非法安装售卖直播卫星"户户通"设备情况进行排查，未发现销售、安装、使用非法直播卫星的情况。组织技术人员深入江孜县32座寺庙，对包括"寺寺通"等在内的广播电视设备进行维护维修，共维修维护接收天线（卫星锅）、机顶盒54个，更换高频头、馈线189个，为广大僧尼调试"寺寺通"设备27次。协调配合第三运行维护服务公司对江孜县中央广播电视节目无线（数字）覆盖系统按运维服务合同要求进行维护，除3次定期维护以外，还通过电话、微信视频等方式远程巡检48次，设备维护22次，排除故障18个。

【数字电视业务】 2022年，江孜县新增数字电视业务用户153户，总用户达到3680余户，共维修故障设备392次，其中，实地维修356次，通过微信视频指导维修36次。

【应急广播】 县委宣传部指定专人负责应急广播系统县级平台管理，包括县级平台运行维护、信息播发和设备运行情况台账、平台使用情况台账记录等。同时通过县级平台对乡、村两级平台设备的运行情况、设备在线率等进行巡查，并将运行情况向相关领导汇报。通过县级平台向江孜县干部群众宣传中共二十大精神、政策解读、安全生产、法律知识、疫情防控科普知识、革命歌曲等内容约3300条次，平均每天播放时间达到3小时，所有播发内容均由使用人先填写使用情况登记表并由单位主要负责人签字同意后，再上传至平台进行播放。为确保应急广播在关键时候能用得上、播得响，江孜县技术人员先后深入各乡、村开展设备维护30余次。

【新时代文明实践中心】 新时代文明实践中心以自治区基层理论示范基地江孜县基地为主要阵地，每月至少开展2次基地示范

4月21日，江孜县技术人员下乡维修应急广播。图为维修现场

宣讲，推动中国共产党的理论政策宣传宣讲辐射江孜县19个乡（镇）新时代文明实践所（站）。藏历春节期间、节假日等重要节点通过暖冬“六送”“春风进万家”“喜迎二十大　夏阳耀初心”等大型基层送文化文艺活动，集中宣传中共二十大精神、中共十九届六中全会精神，西藏百万农奴解放63周年翻天覆地的变化、国家安全、网络安全、网络文明等精神理论政策。利用西藏新时代文明实践推动日，志愿服务队入门入户，宣讲各项方针政策、助推乡村振兴、培育和弘扬社会主义核心价值观、疫情防控等政策方针。开展“我们的节日”相关活动，以传统佳节为契机，通过吃粽子、发放传单、宣传册、组织文体活动等，弘扬中国传统文化，铸牢中华民族共同体意识，增进民族团结。

【农村电影放映】 江孜县电影放映队按照上级做好基层电影事业的发展思路，探索建立多种所有制、多种发行放映主体和多种发行放映方式相结合的新模式，从根本上解决农民群众看电影难的问题。江孜县农村公益电影聚焦农业生产、农民致富和农村工作，全力服务“三农”，充分发挥传达政令、传播科技、传承文明的作用。2022年，江孜县电影放映队聚焦宣传工作主题主线，深入江孜县19个乡（镇）、155个村（居）开展放映工作，共计放映电影1818场次。

3月28日，江孜县电影队下村播放爱国题材影片。图为电影放映现场

（卓　次）

统一战线

【宗教事务管理】 全面落实寺庙分级分类管理，调整优化寺庙管理机构。严格履行寺管委会“三大职能”，不断提高宗教事务管理工作规范化法治化水平。按照全区宗教界开展“国家意识、公民意识、法治意识”教育工作部署，全面启动江孜县宗教界开展“三个意识”教育活动，研究制订工作方案和宣讲方案，开展学习宣传活动，完成第一阶段各项任务。有序推进寺庙财税监管工作，推动建立11项财务监管制度、章程等寺庙财税管理制度，实现寺庙财务收支规范、法治、公开、透明。按照疫情防控工作要求，把寺庙僧尼和信教群众生命安全放在首位，严格落实寺庙“三个暂停”防控措施，确保寺庙领域的安全稳定。

【非公有制经济】 坚持“信任、团结、服务、引导、教育”的方针，围绕“两个健康”的工作目标，持续优化民营企业营商环境。5月27日，江孜县工商联举行换届大会，选举49名江孜县工商业联合会第二届执行委员会委员，健全工商联组织机构。按照基层党组织“两个覆盖”目标，新成立2家民营企业党支部，发展2名非公党员，打造市级“两新”领域党建示范点1个，非公企业党建工作取得新成效。引导

5月27日，江孜县工商联召开第二届代表大会第一次全体会议，县委书记陈昊（主席台中间）出席会议并讲话。图为会议现场

民营企业开展“百企兴百村”活动，52家民营会员企业开展各项社会公益活动，投入帮扶慰问物资及资金334万元。

【铸牢中华民族共同体意识】 扎实推进“民族团结+乡村振兴”“民族团结+产业发展”“民族团结+社会治理”等“民族团结+N”创建工作模式，举办“民族团结一家亲、主题党日进校园”智慧税务专题培训，举办村干部及寺庙僧尼国家通用语言文字培训、演讲等活动，开展以“铸牢中华民族共同体意识”为主题的“珠峰道德讲堂”活动，召开以“民族团结相亲相爱、共创和谐同德同心”为主题的座谈会，举办以“民族大团结、幸福英雄城、喜迎中共二十大”为主题的民族团结进步日系列活动等，全年活动达50余次。4月2日，组织江孜县各族各界干部群众在宗山民族团结文化广场举行第九批全国“民族团结进步示范县”授牌仪式，仪式结束后举行“中华民族一家亲、同心共迎二十大”主题签名活动，各族干部职工、群众、军人、学生、僧尼代表200余人参加活动。

【党外代表人士队伍建设】 组织统一战线各界代表人士深入学习宣传贯彻中共二十大精神，把思想和行动统一到中共中央系列决策部署上来，引导党外代表人士队伍始终做到听党话、感党恩、跟党走。始终以“大团结大联合”为主题，以“铸牢中华民族共同体意识”为主线，深入抓好意识形态领域工作，坚持抓党外代表人士联络培养，开展“三大节日”期间党外代表人士座谈慰问活动，向宗教界代表人士、困难僧尼、寺庙集体、民营经济人士、爱国统战人士代表、藏胞胞眷代表送去11.6万元慰问金，表达党委政府对各界党外人士的关心关怀。

（桑　珠）

6月23日，江孜县宗教界深入开展“国家意识、公民意识、法治意识”教育安排部署会，县长巴桑（主席台左二）出席会议并讲话。图为会议现场

党校教育

【学校管理】 2022年，在中共江孜县委的领导和支持下，江孜县委党校（简称“县委党校”）紧紧围绕江孜县中心工作，始终坚持党校姓党原则，改善学校硬件基础条件，提高教育培训质量，将党校真正建设成为一个传播中国共产党的先进思想、学习中国共产党的先进理论、宣传先进文化的主阵地。县委党校将政治建设摆在突出位置。聚焦主责主业，将政治建设作为教学办班的核心，不断增强“四个意识”、坚定“四个自信”、做到“两个维护”。强化班子思想建设，县委党校班子成员不断强化自身建设，通过集中学习和自学等方式，不断提升自身政治理论水平，为办班教学提供基础。坚持解放思想、实事求是，把上级精神与党校实际相结合，创造性开展工作。

【干部培训】 2022年，在县委的安排部署下，县委党校和县委组织部联合其他部门围绕中共十九大精神、习近平总书记“七一”重要讲话精神、新时代中共治藏方略和中共二十大精神开展系列培训，共开展线上线下培训8次，参训907人次。

4月26日，2022年江孜县年轻干部廉洁课堂在县委宣传部一楼新时代文明实践中心开课。图为授课现场

【基础设施建设】 县委党校和市委党校、县委组织部等相关部门积极衔接，推动日喀则市委党校江孜分校能力提升建设项目，此项目于2021年12月开工建设，截至2022年底仍在建设中。县委党校和县委组织部联合向县政府申请400万余元后期配套资金。

【师资队伍建设】 2022年，县委组织部联合县委党校建立涵盖主要行业部门的师资库，师资库人员达56人。12月新招录教师2人；县委党校有教职工6人，其中，行政管理人员2人，工人1人，教师3人；教师编制空编3人。

（陈巧苹）

11月1日，县委副书记胡发炜（左三）一行到县委党校调研能力提升建设项目。图为调研工作现场

江孜县人民代表大会

中國歷史文化名城

重要会议

【第二次人民代表大会】1月16—19日，江孜县第十四届人民代表大会第二次会议召开。会议听取并审议《江孜县人民政府工作报告》《江孜县人民代表大会常务委员会工作报告》《江孜县2021年国民经济和社会发展计划执行情况与2022年国民经济和社会规划（草案）的报告》《江孜县2021年财政预算执行情况与2022年财政预算（草案）的报告》《江孜县人民法院工作报告》《江孜县人民检察院工作报告》，形成上述“6大报告”的决议，表决通过江孜县第十四届人民代表大会法制司法民族宗教专门委员会主任委员候选人人选名单。

【第四次常委会会议】1月11日，江孜县第十四届人大常委会第四次会议召开。会议听取和审议《江孜县人民政府关于“七五”普法工作情况报告》《江孜县审计局关于江孜县2020年度财政预算执行情况及其他财政收支情况审计报告》《乡村振兴结余资金盘活的报告》《结转结余盘活资金使用的报告》和《调整2021年财政收支预算的报告》；通过江孜县第十四届人民代表大会第二次会议日程表；初审《江孜县第十四届人大常委会工作报告》。

【第五次常委会会议】3月15日，江孜县第十四届人大常委会第五次会议召开，审议表决县人民法院、县人民检察院干部任免职的建议；传达学习《中共中央关于新时代坚持和完善人民代表大会制度、加强和改进人大工作的意见》《洛桑江村同志在全区地（市）县（区）人大常委会主任培训会暨人大代表工作推进会上的讲话》《日喀则市人大常委会2021年代表工作总结暨2022年工作计划》。

【第六次常委会会议】5月30日，江孜县第十四届人大常委会第六次会议召开。会议听取县人大教科文卫专门委员会、法制司法民族宗教专门委员会关于《优质均衡教育工作》《江孜县常态化疫情防控工作》和《西藏自治区实施〈宗教事务条例〉办法》贯彻实施情况执法检查的报告；传达学习习近平生态文明思想论述综述、习近平法治思想学习纲要摘编、洛桑江村在自治区十一届人大常委会第三十九次会议闭幕会上的讲话精神；听取和审议《关于结转结余盘活资金使用的报告》；审议表决县人民政府、县监察委员会、县人民检察院干部任免职的建议。

【第七次常委会会议】7月25日，江孜县第十四届人大常委会第七次会议召开。会议传达学习习近平总书记在中央人大工作会议上的讲话精神、《习近平总书记关于人大监督工作的重要指示批示精神》、《中华人民共和国地方各级人民代表大会和地方各级人民政府组织法》、自治区人大工作信息（2022年第13期）、市人大常委会党组书记兼主任杨昆在第二届日喀则市人民代表大会常务委员会第十五次会议上的讲话精神。

【第八次常委会会议】11月7日，江孜县第十四届人大常委会第八次会议召开。会议审议表决干部任职建议；传达学习《中国共产党第二十次全国代表大会报告》、全国人大常委会委员长栗战书在西藏调研时的讲话精神和在青藏高原生态保护立法座谈会上的讲话精神、国务院副总理韩正在西藏调研时的讲话精神和自治区党委人大工作会议精神。

【第九次常委会会议】11月18日，江孜县第十四届人大常委会第九次会议召开。会议补选市委副书记、常务副市长彭一浩为第二届日喀则市人民代表大会代表；传达学习中国共产党第二十次全国代表大会关于十九届中央委员会报告的决议、中国共产党第二十次全国代表大会关于《中国共产党章程（修正案）》的决议和中国共产党第二十次全国代表大会关于十九届中央纪律检查委员会工作报告的决议。

12月26日，江孜县第十四届人民代表大会常务委员会第十一次会议召开。图为会议现场

【第十次常委会会议】 11月29日，江孜县第十四届人大常委会第十次会议召开。会议审议《关于调整2022年财政收支预算的请示》；听取和讨论县人大法制委2022年规范性文件备案审查工作开展情况报告。

【第十一次常委会会议】 12月26日，江孜县第十四届人大常委会第十一次会议召开。会议传达学习自治区党委十届三次全会精神、市委二届八次全会精神、市人大二届三次会议精神；审议《江孜县第十四届人民代表大会常务委员会关于接受吴晓静、丹增卓玛、普穷同志辞去江孜县第十四届人民代表大会常务委员会委员职务请求的决定（草案）》《江孜县第十四届人民代表大会常务委员会关于接受普琼等14名同志辞去江孜县第十四届人民代表大会代表职务请求的决定（草案）》；审议表决干部任免职的建议；听取和审议《江孜县人民政府关于江孜县本级2021年财政决算（草案）的报告》；听取环境保护目标任务完成情况报告、古城文化AAAA级旅游景区建设进展情况报告、“十四五”规划贯彻落实情况报告、优质均衡教育巩固落实情况报告、近三年农牧民粮食安全情况报告、疫情防控工作开展情况报告、公益诉讼工作情况报告。

人大监督

【经济监督】 江孜县第十四届人民代表大会常务委员会（简称“县人大常委会”）听取和审议《江孜县2021年国民经济和社会发展计划执行情况与2022年国民经济和社会规划报告》《江孜县2021年财政预算执行情况与2022年财政预算报告》，通过上述2个报告的决议，形成《〈江孜县2021年国民经济和社会发展计划执行情况与2022年国民经济和社会规划〉的审查结果报告》《〈江孜县2021年财政预算执行情况与2022年财政预算〉的审查结果报告》，向县人民政府提出建设性审议意见和建议，助推江孜县经济高质量发展。听取2022年疫情防控及粮食安全情况，督促县政府强化举措，兑现解困政策，坚定市场主体发展信心决心，加快复工复产、复商复市，推动江孜县经济运行回归常态。听取和审议县审计局对2020年县财政局审计查出问题情况报告，强化审计查出问题整改监督，促进县财政局强化为民理财意识，提升财政资金管理使

4月26日，江孜县人大常委会召开环保专题询问会。图为会议现场

用绩效。

【民生事业监督】 县人大常委会跟进生态环保整治整改，组织人大代表历时7天调研，梳理涉及生态环境保护14个代表性的问题，召集10个部门开展专题询问。关注旅游业发展短板，深入了解掌握创建“英雄古城文化旅游AAAA级旅游景区”情况，督促政府强化规划引领、创新制度机制、推进智能融合、加大招商引资力度，群策群力培育创新动能。高度重视林业产业发展，深入调研江孜沙棘苗圃基地，督促政府强化规划意识，坚持推进、加力推进、科学推进，激发林业经济活力。持续发力水环境综合治理，视察满拉水库和年楚河整治情况，推动江孜县水环境有效改善。听取和审议环境保护目标任务完成情况的报告，督促环保部门要继续抓实环境保护和生态修复工作，切实维护人民群众环境权益，增进最普惠的民生福祉。调研乡村振兴工作推进情况，督促有关政府部门出台乡村振兴战略配套政策，建立健全长效机制，防范化解边缘化反弹回潮风险，确保村集体经济稳步增长。深入调研城乡规划管理工作，督促有关部门主动回应民生关切。视察农村文化健身设施和城乡基础设施建设情况，督促政府和有关部门重视民生项目建设，加快补齐短板，夯实城乡基础设施，让群众生活更加便捷舒心。开展义务教育法贯彻落实情况和巩固优质均衡教育执法检查，增强依法办学意识，推进义务教育法和优质均衡教育在江孜县更好贯彻实施。开展妇女儿童权益保护法和整治“四风”执法检查，保护妇女儿童合法权益，推动作风建设在江孜县落地生根。调研就业创业工作，支持县域实体经济发展，增加就业岗位消化本土劳动力，鼓励大学生转变就业观念，实现灵活就业减轻家庭负担和社会压力。

【民主法治监督】 县人大常委会协助配合市人大常委会开展贯彻实施《西藏自治区民族团结进步模范区创建条例》《西藏自治区国家生态文明高地建设条例》《西藏自治区实施〈宗教事务条例〉办法》《中华人民共和国农民专业合作社法》等执法检查；听取和审议《江孜县人民法院2021年工作报告》《江孜县人民检察院2021年工作报告》，通过2个报告的决议，有效助推民主法治建设。听取县人民检察院公益诉讼专项工作报告，支持检察院做好做实公益诉讼检察，有力维护社会和谐稳定。组织部分人大常委会委员、人大代表旁听司法庭审，参与案件评查、听证，促进司法机关提高办案水平。

决定任免

【重大事项讨论决定】 审议批准《江孜县2021年国民经济和社会发展计划执行情况与2022

2月22日，江孜县人大常委会组织拟任命人员任前法律法规考试。图为考试现场

年国民经济和社会规划报告》《江孜县2021年财政预算执行情况与2022年财政预算报告》，助推江孜县经济高质量发展。

【接受请辞】 江孜县第十四届人民代表大会常务委员会第十一次会议决定，接受吴晓静、丹增卓玛、普穷辞去县第十四届人大常委会委员职务的请求；接受张毅、李小波、汪芳、杨贵、郭誉亭、刘瑞锋、王卫国、李擎昊、辜建锋、多布杰、普琼、吴晓静、普穷、边巴琼达辞去江孜县第十四届人民代表大会代表职务的请求。

【人事任免】 2022年，县人大常委会依法任免地方国家机关工作人员42人次，确保县委推荐的人选通过法定程序履职。组织任前法律知识考试2次，强化任后监督，坚持人大任免的国家工作人员向人大常委会述职制度，依法组织新任命人员参加宪法宣誓活动，强化对人大任命干部任后监督。

代表工作

【代表构成】 2022年，江孜县自治区、市、县、乡（镇）4级人大代表984人，其中，自治区人大代表5人，市人大代表19人，县人大代表153人，乡人大代表807人。

【代表管理】 依托“代表之家”“人大代表小组活动室”，探索代表履职监督的新方式，不断完善代表履职档案建设，增强代表履职责任感、使命感，促进代表更加奋发有为干事创业。

【代表培训】 2022年，选派各级人大代表参加上级人大组织的

6月15日，县人大常委会农牧民人大代表举办以“建设美丽幸福西藏，共圆伟大复兴梦想”为主题的国家通用语言演讲比赛。图为获奖选手合影

各类培训，推动人大代表履职尽责，与时俱进、创新发展。

【代表活动】 组织人大代表参加大会期间和闭会期间的集中视察和调研活动，邀请人大代表列席县人大常委会会议，“一府一委两院”会议活动，不断扩大代表知政议政范围；市、县、乡 3 级联动组织农牧民人大代表开展以“建设美丽幸福西藏，共圆伟大复兴梦想”为主题的国家通用语言演讲比赛。自治区、市、县、乡 4 级人大代表投身于江孜县疫情防控主战线，冲锋在“战疫”第一线，用实际行动践行“人民选我当代表、我当代表为人民”的履职誓言。

【议案办理】 召开县人大常委会主任会议，研究确定县第十四届人民代表大会第二次会议上县级人大代表提交的 53 件建议、批评和意见的处理意见，向县人民政府发出《江孜县人大常委会关于江孜县第十四届人民代表大会第二次会议代表建议、批评和意见转交的函》，提出相关的意见建议办理和完成时限等具体要求，确保江孜县人大代表建议、批评和意见落实落地。听取县政府办理提案情况报告，开展满意度测评，推动 7 件重点代表建议落地落实。

专门委员会

财经农牧城建环保专门委员会

【持续开展常态监督】 听取和审议《江孜县人民政府关于 2022 年国民经济执行情况的报告》《江孜县人民政府关于 2022 年财政预算执行情况及 2023 年财政预算安排（草案）的报告》，通过上述 2 个报告的决议，形成审查结果报告并反馈相关部门，向县人民政府提出建设性审议意见和建议，助推江孜县经济高质量发展。

【围绕创新发展监督】 视察西藏桑旦岗青稞酒业有限责任公司和江孜黑青稞基地经营情况；召集 10 个部门对生态环保 14 个代表性的问题开展专题询问；跟进创建“英雄古城文化旅游 AAAA 级旅游景区”情况，群策群力培育创新动能。

【围绕绿色发展监督】 调研江孜沙棘苗圃基地，视察满拉水库和年楚河整治情况，听取环境保护目标任务完成情况报告，全力提升生态效益。

【围绕安全发展监督】 听取审议审计情况报告，了解掌握综合性国有资产管理情况，想方设法破解安全“瓶颈”。

4月18—22日，县人大联合县民宗局等相关部门人员组成调研组，到部分乡（镇）、村（居）、寺庙，围绕宣传贯彻《西藏自治区实施〈宗教事务条例〉办法》进行专题调研。图为调研现场

法制司法民族宗教专门委员会

【维护宪法权威】 完善宪法宣传主题园功能，对破损严重的展板进行更新，补充完善《中华人民共和国民法典》《西藏自治区生态文明高地条例》等最新内容，宣传国家法律法规，充分发挥法治宣传教育工作职能。结合“12·4”国家宪法日和宪法宣传活动月，持续推动江孜县各部门、各乡（镇）深入学习贯彻习近平法治思想；带头组织各级人大代表参加宣传教育和贯彻执行宪法知识线上测试263人次。对江孜县宪法宣誓制度的贯彻实施情况开展执法检查，针对检查中发现的问题，提出具体意见建议。

【推动民生建设】 全力配合上级人大常委会开展执法调研工作，先后组织人大代表深入各乡（镇）、机关、学校等实地，对《中华人民共和国人民检察院组织法》《中华人民共和国法官法》《西藏自治区实施宣誓制度办法》《中华人民共和国国家安全法》贯彻实施情况开展执法检查，了解相关法律学习宣传和贯彻执行现状，形成执法检查报告并上报相关情况；开展《宗教事务条例》和法治政府建设情况等专题调研，针对现存的问题提出7个方面的意见建议，有效推进江孜县法治政府建设程序化和规范化的进程；4月18—22日，邀请县民宗局等相关部门人员组成调研组，深入部分乡（镇）、村（居）、寺庙，围绕宣传贯彻《西藏自治区实施〈宗教事务条例〉办法》进行专题调研；对《关于在江孜县开展法治宣传教育的第八个五年规划（2021—2025年）》提出3个方面11条具体修改意见；根据市人大法制委《关于各县（区）听取审议规范性文件备案审查工作开展情况报告的通知》要求，起草规范性文件备案审查工作报告，多次征求意见并提交县人大常委会审议；组织人大代表旁听案件庭审、检法两院“阳光审判”“执行听证会”“公开听证会”等有关活动。

教育科技文化旅游卫生专门委员会

【法治宣传教育】 把《中华人民共和国宪法》《中华人民共和国民法典》作为年度重点宣传内容，在江孜县范围内推动学习宣传《中华人民共和国宪法》《中华人民共和国民法典》，增强社会法治意识。按照年初制订的工作要点，对江孜县2022年度两会工作进行认真筹备；对各乡（镇）“代表之家”建设情况进行实地调研检查；陪同自治区、市、县、乡考察调研组完成考察调研工作；到19个乡（镇）辖区的学校、重点场所，围绕义务教育优质均衡发展情

5月12日，自治区人大常委会副主任王峻（左二）一行到江孜县藏毯文化发展有限责任公司对民族产业发展情况进行调研。图为调研现场

况和疫情防控工作，开展为期4天的调研工作；加入疫情防控志愿工作，奔赴一线开展防疫工作。

【密切联系代表】 深入基层开展检查和调研，掌握第一手材料，紧紧依靠代表和广大人民群众，做到知实情、讲实话、求实效；紧紧依靠人民群众，密切与代表的联系，自觉接受代表的监督，为代表履行职务提供必要的条件和帮助。

7月21日，江孜县人大办党支部开展专题警示教育观后研讨会。图为会议现场

县人大常委会办公室工作

【会议服务】 江孜县人民代表大会常务委员会办公室（简称“县人大办”）按照县人大常委会工作部署，开展会务工作，切实做到规范严谨。协助组织召开县人民代表大会、县人大常委会会议、主任会议、党组会议、民主生活会等各种会议26次，做到会前认真筹备，会中跟进，会后归卷进档，保证各种会议召开。

【联系代表】 县人大常委会组成人员直接联系乡级人大代表，搭建人大常委会成员联系人大代表的桥梁；沟通部门、协调各方，为自治区、市、县、乡4级代表履职提供优质服务。完成市人民代表大会江孜代表团各项服务保障工作、江孜县人大代表参加自治区、市人大组织的各类学习培训活动的服务保障工作、自治区和市人大代表到江孜县开展调研的服务保障工作、上级人大代表和其他县人大代表到江孜县视察的服务保障工作。

【信访工作】 鼓励人大代表成为信访工作的参谋助手，参与群众信访接待工作，听取群众反映强烈的问题、反映群众合理诉求，参与政策宣传解释工作，充分发挥人大代表与群众之间桥梁纽带作用。为畅通社会各界人士来信来访渠道，在县党政综合楼门口与县司法局旁设立信访举报箱，并定期开取信箱，整理来访信件，根据信件内容交相关部门办理，定期督促相关部门妥善处理信访问题。

【督办代表建议】 县人大办加强与人大代表的联系，深入人大代表建议重点承办单位，通过走访、座谈、实地察看、重点督办、邀请人大代表深入承办单位督办、电话催办等多种形式，加大人大代表建议督办力度，不断增强人大代表建议办理工作落实。县长巴桑主持召开人大代表意见建议办理推进会，增进承办单位的意识，创新开展办理提案承办单位、提案人大代表、涉及提案的群众代表“三方见面”解决代表意见建议，确保县第十四届人大二次会议期间收到的53件代表意见建议均在规定时限内办复。

6月30日，江孜县人大常委会召开基层人大工作规范建设年推进会

【人大代表之家】 规范建设县、乡“人大代表之家”20个，“人大代表小组”74个，标准化“人大代表小组”29个，全面建设代表履职、学习培训、联系群众平台；按照人大常委会年度工作计划，开展“基层人大工作规范年”活动，打造“一乡一亮点、一乡一特色、一乡一品牌”的创建要求，推动乡（镇）人大工作规范化。

【文秘工作】 围绕县人大常委会中心工作，开展理论和业务方面的学习，加强岗位锻炼，为县人大常委会提供优质高效服务、重要会议文稿服务。紧扣县委中心工作，起草人大常委会年度工作报告及工作计划，按照人民代表大会、常委会会议、主任会议、党组会议决定，起草、审核以人大常委会、主任会议、党组和办公室名义印发的各类文件。

（旦增旺姆）

江孜县人民政府

中國歷史文化名城

综　述

【县域经济】2022 年，江孜县地区生产总值实现 29.93 亿元，同比增长 1.1%；农村居民人均可支配收入达到 21251 元，同比增长 7.5%；全社会固定资产投资完成 11.28 亿元；地方一般公共预算收入完成 2237 万元；社会消费品零售总额实现 7.29 亿元。

【疫情防控】江孜县会聚 5000 余名抗疫人员，建起疫情防控安全防线。出台中小微企业和个体工商户扶持政策，有效落实 38 项民生实事和稳经济政策措施，减免退税 7012.45 万元，减免房屋租金 155.47 万元，减免救治人员、隔离人员、滞留人员和健康监测人员食宿费用 1039 万元，增发城乡低保户、特困人员等一次性生活补贴 2166 人次 129.96 万元。

【社会事业】深化安全生产专项整治三年行动，查处重点领域、重要部位安全隐患 326 处。持续强化食品药品安全监管，餐饮业质量安全水平有效提升，社会秩序持续向好。投资 1 亿元的江孜赛马场、投资 7700 万元的宗山地下停车场、投资 3500 万元的吉拉大桥以及历史文化名城保护、县城供排水管网改造、特困人员供养中心提升改造、公立医院供暖、县城供氧、学校供暖、沟渠治理等一批千万元以上重大项目资金落地落实。江孜英雄古城文化旅游景区创建国家 AAAA 级旅游景区，全年接待游客 22.08 万人次，实现综合旅游收入 5452.72 万元。

7月4日，县长巴桑（左三）到卡麦乡调研高标准农田建设项目。图为调研现场

【农牧业发展】建设绿色高质高效创建示范田 10.33 万亩，高标准农田 5.82 万亩，良种繁育基地 8250 亩，投资 5100 万余元为 15 家农机合作社添置农机设施，农业机械化率达 80%。粮油总产量稳定在 6 万吨，牲畜存栏超 30 万头（只、匹），牛羊肉奶产量达 2 万吨，江孜酥油等奶制品产量 2000 吨，江孜青稞初深加工 3242 吨，江孜沙棘出圃 178.78 万株，江孜地毯年产值 499 万元。年楚永发农机农民专业合作社获批农业农村部农业社会化服务示范基地。推动农业特色产品线上促销活动，发放百万消费券开展“助企惠民 · 乐购江孜”活动。帮助糌粑加工厂促销糌粑 123.02 吨。

【生态文明建设】完成封育面积 8.78 万亩，完成“四旁”植树 18.3 万株，巩固消除“无树村”“无树户”成果。申报自治区级生态文明建设示范乡（镇）6 个、村（居）145 个，有序推进生态文明创建工作。主要河流、湖泊、饮用水水源地水质保持Ⅲ类，空气质量优良天数比例达到

98%。土壤治理持续推进，垃圾分类逐步展开，“三高”项目零审批，提供生态岗位6779个，兑现补偿资金2351.24万元，生态保护与修复项目5个，落实项目资金近亿元。

【乡村振兴】 完成防返贫监测帮扶第二轮集中排查和部门筛查预警，帮助134户521人消除致贫返贫风险，脱贫人口人均纯收入17763元，增长13%；监测对象人均纯收入12152元，增长17%。投资6990万元的查龙、古拉2个村美丽宜居村建设项目及肉牛标准化养殖、旅游基础设施建设等项目全面开工建设。完成农村“厕所革命”整村推进1857户，人畜分离村（居）80个，农村人居环境持续向好。

【民生事业】 应届高校生就业605人，就业率97.42%，兑现创业启动资金172.66万元。完成职业技能培训1292人，实现转移就业2.5万人，创收3.1亿元。投资过亿的高海拔学校供暖建设覆盖51所学校，第三幼儿园建成运行，3所村幼儿园建设、6所乡小学风雨操场建设及县第一小学、第二小学、第一中学等改扩建项目全面开工。学前三年毛入园率97%，义务教育阶段入学率100%，教育教学成绩位居日喀则市前列。县中心医院挂牌成立，“智慧医院”正式上线，“三乙”创建工作全面启动，“组团式”医疗人才援藏工作扎实开展。居民医疗保险参保率达98.24%，重点人群资助参保率100%，全年统筹报销2307.14万元。开展文艺下乡活动60余场，舞蹈《欢庆丰收》《红色血脉》等获自治区嘉奖。改造农村危房85户、棚户区652户，新建公租房160套、周转房86套，开工建设12条农村公路项目。有意愿“双集中”率100%，发放民政救助资金1217.29万元，受益群众上千人。

6月1日，江孜县人民政府党组召开“一周一专题”第十七期研讨会（文化和旅游工作专题）。图为会议现场

【“一周一专题”会议】 县政府党组“一周一专题”学习研讨会的开展全面推动政府系统党建工作与业务工作深度融合，抓住人民群众最关心、最直接、最现实的利益问题，争取江孜县政府工作各行业领域意见建议，创新性解决江孜县经济社会发展中的“瓶颈”问题和难题。2022年，共开展“一周一专题”学习研讨会12次，收集意见建议136条，均办结。

重要会议

2022年，江孜县人民政府召开常务会议12次，集体研究审议、讨论决定政府重大问题决策、重大项目投资决策、大额资金支用等重要事项。详见表1。

2022年江孜县人民政府常务会议一览表

表1

会次	时间	主要内容	主持人	参会人员
第1次	2月21日	研究讨论县水利局请示件；研究讨论县中心医院关于采购麻醉剂等27类医疗药品和64台医疗设备的请示；研究讨论县商务局关于建设热龙乡加油站项目的请示；研究讨论县应急管理局关于对江孜县第一次全国自然灾害风险普查第三方服务进行采购的请示；研究讨论县农业农村局关于解决土地流转区域土地平整、深翻及机耕道、大埂、毛渠修复补贴资金的请示；研究讨论县自然资源局请示件；研究讨论县财政局请示件；听取江孜镇工作情况汇报，现场协调解决存在的困难问题	巴桑	达娃次仁、王胜利、班久、杨秀梅、余锋，南志军、扎西玉珍、拉巴普尺（县政府办），索朗次旦（县财政局），多吉顿珠（县司法局），尼玛旺堆（县中心医院），边旺（县商务局），瞿兴凡（县应急管理局），边巴顿珠（县农业农村局），达次（县自然资源局），次平（县发展改革委），陈昌洪（县公安局），曾毅（县文旅局），洛追（县城管局），扎央（县住建局），仁增多吉、扎西平措、普尺、次多、德吉卓嘎（江孜镇）
第2次	3月26日	听取第一次政府常务会议暨江孜镇现场办公会重点工作任务落实情况汇报；研究讨论县委宣传部关于实施县级江孜融媒体中心设备采购项目的请示；研究讨论县中心医院关于建设日喀则市江孜县藏医制剂室仓储等项目的请示；研究讨论县自然资源局请示件；研究讨论县农业农村局请示件；研究讨论县林草局关于解决2022年乡村“四旁”植树行动县级配套资金的请示；研究讨论县住建局关于审议《江孜县生活垃圾无害化收运处置城乡一体管理工作实施方案》的请示；研究讨论县发展改革委请示件；研究讨论县商务局关于接收拉威实业发展有限公司在江孜县投资建设的请示；听取加克西乡工作情况汇报，现场讨论解决艰苦地区急难愁盼问题	巴桑	达娃次仁、李小波、班久、边巴、拉桑桑旦、余锋，索朗次旦（县财政局），达娃石曲（县委组织部），旦增罗布（县发展改革委），扎西云旦（县住建局），顿珠次仁（县交通运输局），达次（县自然资源局），拉旦（县中心医院），达瓦顿珠（县公安局），李小勇（县委宣传部），加参多吉（县水利局），边巴顿珠（县农业农村局），蒲亚军（县林草局），南志军、边巴、陈晶玲、王旭（县政府办）
第3次	4月29日	听取第2次政府常务会议暨加克西乡现场办公会重点工作任务落实情况汇报；听取乡村振兴工作汇报；听取项目办工作汇报并提交《江孜县招投标领域营商环境专项整治工作方案》的请示；研究讨论县委统战部关于更换寺管委会公务车辆的请示；研究讨论县商务局关于江孜县2022年招商引资工作实施方案的请示；研究讨论县民政局关于解决江孜县特困人员集中供养服务中心2020年1月至2021年9月期间产生电费问题的请示；研究讨论县城管局关于通过《江孜县城市环卫工人工资制度（审议稿）》的请示；研究讨论县农业农村局关于解决江孜县肉牛标准化养殖场建设项目草原征占费用的请示；研究讨论县人社局关于江孜县根治拖欠农民工工资工作领导小组成员及工作职责的请示；听取纳如乡工作情况汇报，现场协调解决存在的困难问题	巴桑	李小波、边巴、杨秀梅、拉桑桑旦、余锋、崔国禄，南志军、徐江涛、扎西玉珍、王旭、皇甫文静（县政府办），索朗次旦（县财政局），徐程煌（县司法局），唐建新（县乡村振兴局），拉巴贵吉（项目办），阿旺赤列（县委统战部），边巴顿珠（县委农业农村局），尼玛（县城管局），阿旺洛桑（县教育局），胡倩倩（县发展改革委），牛兵兵（县总工会），扎西云旦（县住建局），旦增欧珠（县林草局），次仁平措、平措旺久、旦增旺堆、扎顿、央珍（纳如乡）

续表1

会次	时间	主要内容	主持人	参会人员
第4次	5月12日	研究讨论县教育局关于解决江孜县第三幼儿园建设项目林地补偿费用的请示；研究讨论市生态环境局江孜分局关于解决生命权、身体权、健康权纠纷及赔偿车辆损失案两案代理费的请示	达娃次仁	李小波、边巴、拉桑桑旦、余锋，南志军、陈晶玲（县政府办），索朗次旦（县财政局），次旦占堆、洛桑欧珠（县教育局），张鸥（县司法局），次成江措（市生态环境局江孜县分局）
第5次	5月25日	研究讨论县人社局《关于开展“会计员”技能培训的请示》；研究讨论县委组织部《关于解决加克西乡强村、多根村、夏吾村村级组织活动场所标准化建设项目工程款的请示》；研究讨论县委宣传部《关于解决广播电视播出系统网络安全等保测评相关资金的请示》；研究讨论县公安局《关于将数字集群项目资金列入财政预算的请示》；研究讨论县水利局《关于2022年防汛应急物资采购的请示》；研究讨论县自然资源局关于《征收日喀则市江孜县新区道路建设工程项目土地并兑现征地补偿费的请示》；研究讨论县发展改革委《关于解决建立江孜县县级政府粮食储备资金的请示》；研究讨论县应急管理局《关于解决应急物资储备库急需救灾物资需求的请示》；研究讨论县住建局《关于解决老政府办公楼维修项目资金的请示》；研究讨论县农业农村局《关于解决江孜县肉牛标准化养殖场建设项目林评费用的请示》；研究讨论县城管局《关于解决环卫管理人员工资的请示》；研究讨论县财政局《关于结转结余盘活资金使用的请示》；研究讨论县疫情防控办请示件	巴桑	李小波、边巴、拉桑桑旦、余锋、崔国禄，南志军、边巴、王旭（县政府办），张鸥（县司法局），索朗次旦（县财政局），强珍（县人社局），次仁顿珠（县委组织部），米玛次仁（县委宣传部），高鑫（县公安局），旦增普尺（县水利局），达次（县自然资源局），次平（县发展改革委），瞿兴凡（县应急管理局），扎西云旦（县住建局），边巴顿珠（县农业农村局），洛追（县城管局），裴超刚（县疫情防控办）
第6次	6月2日	听取第3次政府常务会议暨纳如乡现场办公会重点工作任务落实情况汇报；研究讨论县交运局请示件；研究讨论市生态环境局江孜县分局请示件；研究讨论县自然资源局请示件；听取热龙乡工作情况汇报，现场协调解决存在的困难问题	巴桑	达娃次仁、李小波、边巴、杨秀梅、余锋、崔国禄，边巴、杨柳、陈晶玲、拉巴普尺（县政府办），索朗次旦（县财政局），旦增罗布（县发展改革委），任永锦（县委组织部），顿珠次仁（县交通运输局），次成江措（市生态环境局江孜县分局），达次（县自然资源局），旦增普尺（县水利局），扎西云旦（县住建局），格平（县文旅局），白海宝（县交警大队）
第7次	6月7日	研究讨论县纪委监委关于维修改造办公楼（原发展改革委办公楼）请示	巴桑	达娃次仁、李小波、杨秀梅、余锋，智美罗布（县纪委监委），边巴、杨柳、皇甫文静（县政府办），索朗次旦（县财政局），边巴穷达（县司法局），仁增多杰（江孜镇），阿旺（县委统战部），米玛顿珠（县民宗局），索仓（县发展改革委），达次（县自然资源局），扎西云旦（县住建局），德吉（县文旅局），普尺（白居寺管委会）

续表1

会次	时间	主要内容	主持人	参会人员
第8次	7月14日	听取《县信访局上半年工作开展情况汇报》；听取县后勤服务中心《关于江孜县后勤服务改革推进情况》；听取相关部门《关于〈政府工作报告〉任务分解重点工作推进进度缓慢作情况说明》；听取《第5次、6次、7次常务会议，第7、8次党组会议及热龙乡现场办公会重点工作任务落实情况汇报》；研究讨论县人社局《关于开展“创业技能”培训的请示》；研究讨论县乡村振兴局《关于解决2022年度江孜县乡村振兴示范村建设项目林地（林木）补偿费和森林植被恢复费的请示》；研究讨论县住建局《关于修编〈江孜县历史文化名城保护规划（2021—2035）〉的请示》；研究讨论县教育局《关于从两所中学公用经费中解决2022年初中学业水平考试补助资金的请示》；研究讨论县统计局《关于解决2022年住户样本大轮换前期和后续常规工作相关经费的请示》；研究讨论县财政局《关于对江孜县公务车辆进行集中资产处置的请示》	巴桑	李小波、拉桑桑旦、余锋、崔国禄，索朗次旦（县财政局），次平（县发展改革委），次成江措（市生态环境局江孜县分局），晋美多吉（县人社局），白玛次仁（县信访局），白玛旦增（县后勤服务中心），达瓦措白（县农业农村局），袁海恩（县司法局），加参多吉（县水利局），边旺（县商务局），蒲亚军（县乡村振兴局），旦增罗布（县住建局），阿旺洛桑（县教育局），索朗央宗（县统计局），南志军、王旭（县政府办）
第9次	9月5日	研究讨论县财政局请示件；研究讨论县发展改革委关于江孜县疫情后重点项目开复工的工作意见（送审稿）；安排近期重点工作	巴桑	胡发炜、达娃次仁、李小波、沈晨卫、杨秀梅、余锋、崔国禄，南志军、皇甫文静（县政府办），索朗次旦（县财政局），旦增罗布（县发展改革委），曾毅（县文旅局）
第10次	10月28日	听取江孜县秋收工作开展情况汇报；听取疫情防控工作开展情况汇报；听取乡村振兴工作开展情况汇报；听取涉军项目“双拖欠”信访隐患排查化解情况汇报；研究讨论县行审局关于解决标准化政务服务中心设施设备采购费的请示；研究讨论县财政局关于调整2022年财政收支预算的请示	胡发炜	李小波、边巴、杨秀梅、拉桑桑旦、余锋、崔国禄，南志军、徐江涛、王彬、陈晶玲（县政府办），索朗次旦（县财政局），边巴顿珠（县农业农村局），蒲亚军（县乡村振兴局），尚岩（县行政审批局），巴桑顿珠（县信访局）
第11次	12月1日	听取2022年高校毕业生就创业工作情况；听取项目建设工作开展情况；听取安全生产、消防安全工作开展情况；听取2022年财政资金收支情况；研究讨论县文旅局关于解决江孜镇加日郊老街仓木决几户房屋受损赔偿资金的请示；研究讨论县自然资源局关于划拨白居寺消防救援站建设用地的请示；研究讨论上海市第十批援藏江孜联络小组关于2023年江孜县援藏计划内项目资金安排的请示；研究讨论县财政局关于江孜县本级2021年财政决算（草案）报告的请示；研究讨论县疫情防控办关于招募核酸采样消杀扫码人员及对应配套电动三轮车的请示	巴桑	胡发炜、达娃次仁、沈晨卫、边巴、杨秀梅、拉桑桑旦、余锋、崔国禄，杨柳、陈晶玲（县政府办），索朗次旦（县财政局），达次（县自然资源局），强珍（县人社局），旦增罗布、雷猛（县发展改革委），瞿兴凡（县应急管理局），普卓嘎（县疫情防控办），普布旦增（县文旅局），多吉平措（消防救援大队），仁增多吉（江孜镇），边普（县人民法院）

续表1

会次	时间	主要内容	主持人	参会人员
第12次	12月16日	听取城市管理和综合执法工作开展情况；听取粮食安全工作落实情况；研究讨论县安全委员会办公室关于解决安全监管服务经费的请示；研究讨论县自然资源局关于日喀则市生态环境局江孜县分局监测业务用房暨能力建设项目土地划拨选址变更的请示；研究讨论市生态环境局江孜县分局请示件；研究讨论县商务局关于储备“江孜县沥青混凝土拌合厂及应急物资储备库”招商引资项目的请示	巴桑	胡发炜、达娃次仁、李世韬、边巴、拉桑桑旦、余锋、崔国禄，徐江涛、陈晶玲（县政府办），王政（县财政局），德吉卓嘎（县城管局），边巴顿珠（县农业农村局），李恒（县应急管理局），达次（县自然资源局），次成江措（市生态环境局江孜县分局），罗旦（县商务局）

2022年，江孜县人民政府召开专题会议62次，集体研究审议、讨论决定政府重大问题决策、重要干部任免、重大项目投资决策、大额资金支用等重要事项。详见表2。

2022年江孜县人民政府专题会议一览表

表2

会次	时间	主要内容	主持人	参会人员
第1次	1月8日	研究讨论县自然灾害综合风险普查办《关于采购江孜县自然灾害综合风险普查实施方案编制服务的请示》；研究讨论县应急管理局《关于解决应急物资储备需求的请示》	达娃次仁	扎西玉珍（县政府办），索朗次旦（县财政局），多吉次仁、白玛曲珍（县应急管理局）
第2次	1月13日	常务副县长达娃次仁在县一线指挥部会议室主持召开专题会议，就巡视整改涉粮问题有关事宜进行安排部署	达娃次仁	刘崇尧（县委办），扎西玉珍（县政府办），米玛次仁（县财政局），次平、卓玛次仁（县发展改革委），格桑曲珍（县农业农村局），次仁朗木加（县人社局）
第3次	1月14日	副县长余锋在党政办公楼307会议室主持召开专题会议，就解决马光海信访问题相关事宜进行研究讨论	余锋	罗旦、杜虎笙（康卓乡），片多（县财政局），达瓦（县农业农村局），白玛次仁（县信访局），马国仁（上访人代表），群培（当事人）
第4次	1月28日	研究讨论县发展改革委关于解决江孜县人民武装部库房建设项目资金的请示；研究讨论县发展改革委关于江孜县粮油加工厂“中国好粮油”订单收购补助资金使用方案的请示	达娃次仁	扎西玉珍（县政府办），张静心（县财政局），旦增罗布、次平、曲加（县发展改革委），列确（粮油加工厂）
第5次	3月8日	副县长余锋在县民政局会议室主持召开江孜县烈士陵园改造项目推进会议，就有关工作进行研究部署	余锋	郝宇航（县委宣传部），普布旦增（县文旅局），达珍（县民政局），李恒、贡桥昂姆、白玛塔杰（县退役军人事务局）
第6次	3月18日	副县长余锋在县委政法委3楼会议室主持召开专题会议，研究讨论《江孜县建筑垃圾管理工作实施方案》相关内容	余锋	旦增普赤（县水利局），程启明（县农业农村局），尼玛、陈建松（县城管局），达次（县自然资源局），唐中华（市生态环境局江孜县分局），王文浩（县交通运输局），欧珠（县市场监管局），仁增多吉（江孜镇），伦珠次仁（江热乡），边多（紫金乡）

续表2

会次	时间	主要内容	主持人	参会人员
第7次	3月16日	常务副县长达娃次仁在县财政局2楼办公室主持召开专题会议，就江孜县卡堆垃圾填埋场和县城垃圾填埋场监测井建设项目事宜进行研究讨论	达娃次仁	陈晶玲（县政府办），索朗次旦（县财政局），旦增罗布（县发展改革委），次成江措（市生态环境局江孜县分局）
第8次	3月23日	常务副县长达娃次仁在党政综合楼307会议室主持召开江孜县河道采砂联席会议，就江孜县河道采砂事宜进行研究讨论	达娃次仁	边巴、拉桑桑旦，皇甫文静（县政府办），加参多吉（县水利局），达次（县自然资源局），次成江措（市生态环境局江孜县分局），蒲亚军（县林草局），欧珠（县应急管理局），贡嘎米久（县交通运输局），尼玛（县城管局），边巴顿珠（县农业农村局），蔡雨彤（县财政局），扎西云旦（县住建局），格桑（县市场监管局），洛桑扎西（县司法局），达娃穷达（县人民检察院），顿珠（县公安局），仁增多吉（江孜镇），陈雪枫（日朗乡），田志用（年堆乡），唐飞飞（纳如乡），邱俊才（卡堆乡），张林祥（卡麦乡），央吉（达孜乡）
第9次	3月28日	副县长余锋在县住建局会议室主持召开江孜县历史文化名城保护项目土地及危旧房屋征收工作推进会（第一次），就近期此项工作进行安排部署	余锋	索朗扎西（江孜镇），扎西云旦、旦增罗布（县住建局），达次（县自然资源局），拉巴卓玛（县文旅局）
第10次	4月2日	副县长李小波在其办公室主持召开专题会议，就江孜英雄古城文化旅游景区控制性详细规划编制费用事宜进行研究讨论	李小波	索朗次旦、张静心（县财政局），普布旦增（县文旅局），唐建新（县乡村振兴局），拉巴普尺（县政府办）
第11次	4月9日	副县长余锋在住建局会议室主持召开日喀则市江孜县新区道路建设工程路基沙砾石取料点协调会议	余锋	扎西云旦、旦增罗布（县住建局），次成江措（市生态环境保护局江孜县分局），加参多吉（县水利局）
第12次	4月9日	副县长李小波在老政府4楼会议室主持召开专题会议，就新建江孜县政务服务中心暨招商服务中心建设项目相关事宜进行研究讨论	李小波	边旺（县商务局），达旺（县行政审批局），索朗曲珍（县行政审批局），旦增罗布（县发展改革委），扎西云旦（县住建局），拉贵（项目办），南志军（县政府办），索朗次旦（县财政局）
第13次	4月7日	副县长余锋在县城管局党建办公室主持召开江孜县英雄北路维护2座桥梁设施专题会议	余锋	拉巴旦增（县政府办），索朗次旦（县财政局），扎西云旦、旦增罗布（县住建局），尼玛（县城管局）
第14次	3月28日	县委副书记、县长巴桑在幸福水渠环境卫生检查时现场办公并主持召开会议，就幸福水渠不分段清淤事项进行研究讨论	巴桑	达娃次仁，米玛次仁（县财政局），尼玛（县城管局）、仁增多吉（江孜镇）
第15次	4月6日	副县长边巴在县农业农村局会议室主持召开政府专题会，研究讨论县农业农村局的请示件；研究讨论县农牧综合服务中心的请示件	边巴	索朗次旦（县财政局），边巴顿珠、达瓦措白、索片（县农业农村局），洛桑、格桑措姆（县农牧综合服务中心）

续表2

会次	时间	主要内容	主持人	参会人员
第16次	4月14日	县长巴桑主持召开专题会议，对加日郊老街改造工作进行调度	巴桑	李小波、杨秀梅、拉桑桑旦，仁增多吉（江孜镇），桑珠（县委统战部），强巴顿珠（县民宗局），扎西云丹（县住建局），曲加（县发展改革委），普布旦增（县文旅局），达次（县自然资源局），田淇发（白居寺管委会），边巴（县政府办）
第17次	4月7日	副县长余锋在县城管局会议室主持召开专题会议，就县城环卫绩效管理运行事项进行研究讨论	余锋	拉巴旦增（县政府办），索朗次旦（县财政局），扎西云旦（县住建局），尼玛（县城管局）
第18次	4月22日	常务副县长达娃次仁在发展改革委会议主持召开专题会议；研究讨论江孜县仓库建设项目施工比选事宜；关于日喀则市江孜县原达马场看台拆除事宜的请示；建立江孜县县级政府粮食储备有关事宜的请示	达娃次仁	索朗次仁（县财政局），次平、曲加（县发展改革委），拉贵、巴丹（项目办），阿旺（县人武部）
第19次	4月12日	常务副县长达娃次仁在县发展改革委3楼会议室主持召开江孜县第19次政府专题会议，研究讨论江孜县住建局、项目办联合提交的关于研究《江孜县人民政府关于农牧民施工企业参与非必须招标政府投资基建项目的实施办法（试行）》的请示及县项目办提交的关于江孜县武装部库房建设项目施工单位邀请比选的请示	达娃次仁	李小波、边巴、拉桑桑旦、余锋，扎西云丹（县住建局），拉巴贵吉（项目办）
第20次	4月28日	县长巴桑在县职工食堂会议室主持召开专题会议，就“十四五”时期乡村振兴规划项目申报事宜进行研究讨论	巴桑	边巴，杨秀梅，拉桑桑旦，余锋，崔国禄，徐江涛、扎西玉珍（县政府办），唐建新、付朝科（县乡村振兴局）
第21次	5月5日	副县长拉桑桑旦在财政局2楼局长办公室主持召开专题会议，就解决白居寺“五心五和”讲堂设备资金的请示进行研究讨论	拉桑桑旦	周顺波（白居寺管委会），索朗次旦（县财政局），阿旺赤列（县委统战部），加措（县民宗局），陈晶玲（县政府办）
第22次	5月6日	副县长边巴在水利局3楼会议室主持召开江孜县河道采砂第二次联席会议，副县长拉桑桑旦参加会议，会议就明确采砂手续办理流程及采砂过程中需注意的相关事宜进行研究讨论	边巴	拉桑桑旦，加参多吉（县水利局），旦增普尺（县水利局），胡倩倩（县发展改革委），达次（县自然资源局），索欧（县委政法委），扎顿（市生态环境局江孜县分局），扎西央宗（县林草局），贡嘎米久（县交通运输局），尼玛（县城管局），达瓦措白（县农业农村局），仓木琼（日朗乡），加措（年堆乡），次仁平措（纳如乡），邱俊才（卡堆乡），刘飞（卡麦乡），米玛旺堆（达孜乡），巴顿（江热乡）、白玛仁增（重孜乡），罗布央宗（县政府办），8家砂场负责人（旦平、次仁顿珠、次仁、罗布、罗杰、巴桑、旦增占堆、仁青）

续表2

会次	时间	主要内容	主持人	参会人员
第23次	5月7日	副县长李小波在政府办会议室主持召开专题会议；研究讨论《关于解决县教育局参加2021年日喀则市农运会开幕式“草坪舞”表演相关资金的请示》；研究讨论《关于解决县教育局参加桑珠孜区赛马比赛活动经费的请示》；研究讨论《关于解决达孜乡抢险救灾相关资金的请示》	李小波	南志军、边巴、杨柳、扎西玉珍（县政府办），索朗次旦（县财政局），林亮（县教育局），瞿兴凡（县应急管理局）
第24次	5月13日	常务副县长达娃次仁在县政府办副主任办公室主持召开专题会议，就《江孜县人民政府关于农牧民施工企业参与非必须招标政府投资基建项目的实施办法（试行）》进行讨论研究	达娃次仁	李小波、边巴、拉桑桑旦、余锋，索朗次旦（县财政局），扎西云旦（县住建局），拉巴贵吉（项目办），曲加（县发展改革委），陈晶玲（县政府办）
第25次	5月17日	副县长李小波在办公室主持召开专题会议，就关于解决县文化（旅游）市场综合行政执法队执法装备配备经费进行研究讨论	李小波	张静心（县财政局），达片（县文旅局），皇甫文静（县政府办）
第26次	5月17日	副县长李小波在办公室主持召开专题会议，研究讨论关于加克西乡调剂公务用车的请示；研究讨论关于补聘老政府大院环卫工作人员的请示；研究讨论关于提高7名临时工最低工资标准及临时工购买团体意外伤害保险的请示	李小波	张静心（县财政局），格桑罗布、白玛单增、潘涛（县后勤服务中心），皇甫文静（县政府办）
第27次	5月20日	副县长余锋在办公室主持召开专题会议，就县城市管理和综合执法局提交的请示件进行研究讨论	余锋	陈建松、德吉卓嘎（县城管局），陈晶玲（县政府办）
第28次	5月20日	副县长边巴在老政府专题会议室主持召开专题会议，传达学习文件，并研究江孜县农机社会服务建设项目招标代理机构事宜	边巴	张静心（县财政局），边巴顿珠、达瓦措白、达娃平措（县农业农村局），拉巴普尺（县政府办）
第29次	5月20日	副县长边巴在政府专题会议室主持召开政府专题会，就县农业农村局关于解决江孜县年堆乡黄改点扶持项目请示件进行研究讨论	边巴	边巴顿珠、达瓦措白、达娃平措（县农业农村局），拉巴普尺（县政府办）
第32次	5月31日	副县长余锋在县政府办副主任会议室主持召开政府专题会，就解决江孜县江嘎岗村民委员会与曲笼生态绿化管理有限公司存在争议的相关事宜进行研究讨论	余锋	吴宏涛（产业办），米玛次仁（县国资委），王旭（县政府办），旦增欧珠（县林草局），仁增多吉（江孜镇），强巴（曲笼公司），拉巴、达瓦、旦巴赤列、米顿、普琼、达普（江嘎岗村）
第33次	5月31日	常务副县长达娃次仁主持召开专题会议，就江孜县县城集中式饮用水水源地保护区调整和编制费有关事宜进行研究讨论	达娃次仁	索朗次旦（县财政局），曲加（县发展改革委），罗杰（自来水厂），陈晶玲（县政府办），次成江措、扎西顿珠（市生态环境局江孜县分局）

续表2

会次	时间	主要内容	主持人	参会人员
第34次	6月1日	副县长边巴在县农业农村局会议室主持召开专题会议，就江孜县藏鸡养殖基地建设项目鸡苗、鸡饲料、防病备用药品、营养药等分配情况进行研究讨论	边巴	边巴顿珠、达瓦措白、索片、巴桑次仁（县农业农村局），拉巴普尺（县政府办）
第35次	6月1日	副县长李小波在其办公室主持召开专题会议，就开展文化旅游资源普查事宜进行研究讨论	李小波	拉巴卓玛、格平（县文旅局），张娣（县财政局），皇甫文静（县政府办）
第36次	6月1日	副县长李小波在其办公室主持召开专题会议，就县行政审批和便民服务局关于解决政务服务中心设备购置及安装费用事宜进行研究讨论	李小波	达旺（县行政审批局），张娣（县财政局），皇甫文静（县政府办）
第37次	6月7日	常务副县长达娃次仁在其办公室主持召开专题会议，就县财政局关于对县委统战部等单位公务车辆及通用资产处置事宜进行研究讨论	达娃次仁	索朗次旦、米玛次仁（县财政局），皇甫文静（县政府办）
第38次	6月7日	副县长余锋在其办公室主持召开专题会议，就县城市管理和综合执法局有关请示进行研究讨论；研究讨论《关于城区部分道路照明灯改造的请示》；研究讨论《关于江孜县流浪狗收容所托管运营协议续签的请示》	余锋	尼玛（县城管局），索朗次旦（县财政局），拉巴普尺（县政府办）
第39次	6月9日	副县长李小波在其办公室主持召开专题会议，就卡若拉冰川景区标识牌制作相关事宜进行研究讨论	李小波	拉巴卓玛（县文旅局），杨柳（县政府办），张静心（县财政局）
第40次	6月9日	常务副县长达娃次仁在其办公室主持召开专题会议，就江孜县龙马乡救灾物资储备仓库屋面防水维修有关事宜进行研究讨论	达娃次仁	索仓、胡倩倩（县发展改革委），王旭（县政府办），朱梦琦（县财政局）
第41次	6月13日	副县长杨秀梅在江孜县中心医院3楼藏式会议室主持召开专题会议；研究讨论江孜县疫情防控办关于解决流动疫苗接种点相关费用的请示；研究讨论《江孜县基层妇幼能力提升设备采购项目实施方案》的请示；研究讨论各乡（镇）卫生院实施基层信息系统医保接口申请的请示；研究讨论《江孜县年堆乡、车仁乡卫生院重大疫情救治能力提升和人才培训资金使用方案》的请示；研究讨论预算调整申请的请示；研究讨论155个村（居）公共卫生委员会制作铜牌及制度栏经费的请示件	杨秀梅	普卓嘎、穷达、卓玛、米玛（县卫健委），裴超刚、旺姆（县疫情防控办），格桑、扎西次仁、尼玛旺堆、拉旦、尼玛顿珠、德曲、央吉（县中心医院），洛桑卓玛（县医保局），琼阿（年堆乡卫生院），白玛次旺（车仁乡卫生院），张娣、索白（县财政局），拉巴普尺（县政府办）
第42次	6月20日	副县长李小波在其办公室主持召开专题会议，就县民政局关于江孜县救灾物资储备仓库盘点清查资金有关事宜进行研究讨论	李小波	达珍、张小磊（县民政局），杨柳（县政府办），索朗次旦（县财政局）

续表2

会次	时间	主要内容	主持人	参会人员
第43次	7月5日	副县长余锋在其办公室主持召开专题会议，就龙马乡人民政府和县住建局提交的部分请示事宜进行研究讨论；研究讨论关于解决江孜县老政府办公楼维修项目资金的请示；研究讨论关于申请龙马乡卓庆村（卡布琼自然村）村级组织活动场所配套设施资金的请示	余锋	扎西云旦（县住建局），王旭（县政府办），索朗次旦（县财政局），郭誉亭（县发展改革委）
第44次	7月5日	副县长余锋在其办公室主持召开专题会议，就农牧综合服务中心运行过程中相关事宜的请示件进行研究讨论；研究讨论关于解决江孜县半细毛羊繁育基地（种羊场）已支出缺口资金的请示；研究讨论关于解决黄牛改良、牦牛经济杂交饲料装卸、运输费的请示；研究讨论关于解决江孜县种羊场2021年至2022年7月期间产生经费的请示；研究讨论关于解决江孜县农牧综合服务中心大院内垃圾清运整治费的请示；研究讨论关于解决县农牧综合服务中心完善重大动物疫病防控冷链设施收购费用的请示	余锋	洛桑（县农牧综合中心），索朗次旦（县财政局），王旭（县政府办）
第45次	7月26日	副县长余锋在县退役军人局会议室主持召开专题研究会议，就江孜县2022年度中国人民解放军建军节期间慰问活动的相关事宜进行研究讨论	余锋	拉巴旦增（县政府办），索朗次旦（县财政局），巴桑片多（县退役军人局）
第46次	7月31日	常务副县长达娃次仁在县政府办会议室主持召开专题会议，就江孜县加日郊老街财产损失赔偿纠纷案件相关事宜进行研究讨论	达娃次仁	王旭（县政府办），索朗次旦（县财政局），普布旦增（县文旅局）
第47次	9月19日	常务副县长胡发炜主持召开江孜县人民政府专题会议（线上会议），研究2022年上海援藏固投类、人力资源培训类和“三交”类相关项目调整工作	胡发炜	达娃次仁、沈晨卫、边巴、杨秀梅、拉桑桑旦，旦增罗布、雷猛（县发展改革委），阿旺洛桑、黎春（县教育局），沈轶（县自然资源局），加参多吉（县水利局），普卓嘎、王华（县卫健委），索朗次旦（县财政局），徐江涛（县政府办）
第48次	9月17日	县长巴桑在县人大代表之家会议室主持召开专题会议，研究讨论乡村振兴局部分请示事项；研究讨论关于调整江孜县2022年乡村振兴项目的请示；研究讨论关于江孜县2023年乡村振兴储备项目计划的请示	巴桑	达娃次仁、李小波、边巴、杨秀梅、余锋，索朗次旦（县财政局），旦增欧珠（县林草局），唐建新（县乡村振兴局），吴宏涛（县农业农村局），徐江涛、陈晶玲（县政府办）
第49次	10月12日	副县长李小波在县政府办副主任办公室主持召开专题会议，就解决刘娜加班补助事宜进行研究讨论	李小波	南志军、徐江涛、边巴、杨柳、皇甫文静（县政府办）
第50次	10月17日	副县长余锋在其办公室主持召开城市管理专题会议，就县城污水处理厂和生活垃圾填埋场运营管理相关事项进行研究讨论，并详细安排部署县城垃圾填埋场运营管理事项	余锋	索朗次旦（县财政局），洛追、陈建松（县城管局），拉巴旦增（县政府办）

续表2

会次	时间	主要内容	主持人	参会人员
第51次	11月6日	常务副县长达娃次仁在老政府4楼会议室主持召开专题会议，就江孜县中心医院PCR（聚合酶链式反应）实验室改扩建项目事宜进行研究讨论	达娃次仁	胡发炜、边巴、拉桑桑旦、余锋，旦增罗布（县发展改革委），卓玛（县卫健委），顿珠扎西（县疾控中心），格桑（县中心医院），张娣（县财政局），南志军、皇甫文静（县政府办）
第52次	11月21日	县长巴桑在老政府楼4楼会议室主持召开专题会议，就江孜县2022年重点工作攻坚任务落实情况进行研究讨论	巴桑	达娃次仁、拉桑桑旦、余锋，旦增罗布（县发展改革委），张静心（县财政局），阿旺洛桑（县教育局），扎西云旦（县住建局），加参多吉（县水利局），姚廷均（县市场监管局），蒲亚军（县乡村振兴局），达娃平措（县农业农村局），南志军、徐江涛、陈晶玲（县政府办）
第53次	11月22日	副县长余锋在交通运输局主持召开专题会议，就讨论研究2022年江孜县农村公路生命安防工程相关事宜	余锋	顿珠次仁、贡嘎米久仁、罗玉江、列珠（交通运输局），拉巴旦增（县政府办）
第54次	11月24日	副县长余锋在县交通运输局召开专题会议，研究讨论江孜县2022年危桥改造项目施工单位相关事宜	余锋	顿珠次仁、贡嘎米久、列珠（县交通运输局）
第55次	11月29日	副县长边巴在县专题会议室主持召开政府专题会，研究讨论关于江孜县2022年秸秆综合利用项目实施方案的请示；研究讨论县农业农村局提交的《关于2022年房前屋后人工种草补贴资金用于采购饲草种子的请示》	边巴	边巴顿珠、达瓦措白（县农业农村局）
第56次	12月2日	副县长杨秀梅在县人大之家会议室主持召开政府专题会，就江孜县中心医院建设医疗电子票据管理平台及配套采购项目进行研究讨论	杨秀梅	普卓嘎、米玛、胡专专（县卫健委），张娣（县财政局），格桑、扎西次仁、尼玛旺堆、尼玛顿珠、拉旦（县中心医院）
第57次	12月8日	副县长杨秀梅在老政府2楼会议室主持召开政府专题会，研究讨论关于基层妇幼提升能力设备采购的请示；研究讨论2022年出生缺陷综合防治项目资金拨款的请示；研究讨论关于解决疾控中心冷链车上户费用的请示；研究讨论江孜县中心医院关于申请购买一辆负压救护车的请示；研究讨论江孜县中心医院关于医院感染实时监控管理系统及院感NIS7.0接口文档改造对接采购项目的请示	杨秀梅	普卓嘎、王华、米玛、穷达、卓玛、胡专专、德吉曲珍、拉仓（县卫健委），索朗次旦（县财政局），格桑、扎西次仁、尼玛旺堆、尼玛顿珠、拉旦（县中心医院），顿珠扎西（县疾控中心）
第58次	12月8日	常务副县长达娃次仁在其办公室主持召开专题会议，就更换县国防路公租房附近变压器事宜进行研究讨论	达娃次仁	江涛、杨柳（县政府办），索朗次旦（县财政局）
第59次	12月9日	副县长拉桑桑旦在老政府2楼专题会议室主持召开政府专题会，研究讨论县中心医院关于定点医院及亚定点医院ICU（重症加强护理病房）设备采购请示；研究讨论县中心医院关于定点医院（新建传染病房）布置电源电缆线的请示	杨秀梅	普卓嘎（县卫健委），格桑、尼玛旺堆、拉旦（县中心医院），张娣（县财政局），陈晶玲（县政府办）

续表2

会次	时间	主要内容	主持人	参会人员
第60次	12月15日	常务副县长达娃次仁在老政府2楼专题会议室主持召开政府专题会，就江孜镇卫生整治动用大型机械产生费用请示件进行研究讨论	达娃次仁	仁增多吉（江孜镇），次成江措（市生态环境局江孜县分局），陈建松（县城管局），索朗次旦（县财政局），徐江涛（县政府办）
第61次	12月20日	常务副县长达娃次仁在其办公室主持召开专题会议，就重孜乡电力安全隐患问题有关事宜进行研究讨论	达娃次仁	索朗次旦（县财政局），胡倩倩（县发展改革委），徐江涛（县政府办）
第62次	12月21日	副县长边巴在其办公室主持召开专题会议，就江孜县农业农村局关于2021年、2022年产粮油大县奖励资金计划的请示进行研究讨论	边巴	索朗次旦（县财政局），边巴顿珠、索片、达瓦措白、巴桑（县农业农村局）

江孜县人民政府办公室工作

【政务督查】 2022年，江孜县人民政府办公室（简称“县政府办”）紧紧围绕县政府中心和重点工作，完成《江孜县人民政府工作报告》目标任务分解落实工作，聚焦重要文件、重要会议和领导关注制订重点工作“红黑榜”周调度机制，动真碰硬、一督到底，切实推动各项决策部署高质量落实。践行以人民为中心的发展理念，回应群众关切，接听群众咨询热线2100余次，办结市长热线转办事项1900余件，办理人大代表建议53件、政协委员提案84件，办复率100%。

【政务信息】 县政府办始终坚持把政务信息工作摆在突出位置，充分发挥信息工作参谋助手作用，加强县乡纵向贯通和部门单位横向联动，以“严真细实快”的工作要求对经济社会发展、乡村振兴、民生领域和各项重点工作中的特色亮点做法收集整理、归纳报送，不断提升政务信息报送质量，推动政务信息工作实现新突破。全年共编发各类政务信息258期，被上级部门采用26期。

5月13日，江孜县人民政府党组组织召开“一周一专题”第十五期研讨会（统计专题）。图为会议现场

【办文办会】 坚持倡导“以文立身”理念，突出抓好文字队伍建设，严格按照“办文精湛、办会精致”思路，从严把控发文质量，2022年共办理中央、自治区、日喀则市各类来文711件，以县政府名义发文168件，以县政府办名义发文14件，印发会议纪要（政府党组会议纪要18期、政府常务会议纪要12期、政府专题会议62期）共92期，起草各类汇报材料、领导讲话等综合性材料180余篇。严格会议统筹管理，坚持会前认真筹备、会中

强化服务、会后协调落实，按照中央八项规定要求，把会议办出水平、办出特色、办出实效，创新开展政府党组“一周一专题”研讨学习会和乡（镇）现场办公会。

（杨 柳）

机关后勤服务

【会务文印】 2022年，江孜县机关后勤服务中心（简称“县后勤服务中心”）综合办（文印室）在江孜县两会期间及重大会务文印约16万余页，制作证件1200余件，制作座签1000余个。会场清洁、设备搬运、供暖等各项工作96%利用本单位工作人员，节俭完成各项大型会议的劳务保障服务。保障各项大型会议资料的打印装订，节约政府在文印广告类开支80%，28万余元。

【公务用车】 2022年，县后勤服务中心小车班共计有17辆专车，19辆机动车和14辆大巴、皮卡、轿车，共行驶55万余千米，全年派出3600余辆次。完善公务用车派车使用流程，出车详细登记用车单位（人）、目的地、往返时间等；规范管理公务用车在老政府院内统一规划停车位，公务用车集中有序停放，便于随时检查，杜绝公车私用问题。根据县政府第十五次常务会议精神，将江孜县公务用车统一收回由县后勤服务中心统一调度管理［执法车和乡（镇）除外］，各部门共移交各类车型24辆，驾驶员13人。严格把控车辆派遣及油料报销。全年保险费用为35万余元，因驾驶员不足闲置10余辆，全部只缴纳机动车交通事故责任强制保险，节省保险费用5万余元。全年发生交通意外事故3起，全部按保险理赔予以理赔。

【公务接待】 2022年，县后勤服务中心95%的接待工作在职工食堂进行，减少85%的对外第三方委托接待，降低接待成本，共接待200余场次、2800余人次。把接待工作作为对外宣传江孜本土文化的重要平台，做到提前对接，体现本土特色，在安排用餐、房间等方面制订详细的接待标准。按照既定方案，与各部门联系沟通，做到各部门通力合作，制订多套有预见性和针对性的接待预案。

【服务保障】 县后勤服务中心做好会务保障工作。开展音响、视频调试、制作LED显示屏等会前准备工作；强化会场保洁，会后认真清扫会场，保持会场干净整洁；做好会议各项后勤保障等。

抓好“两院”清洁卫生和绿化美化工作，定期对卫生死角进行清理整治。安排“两院”6名保安值班排班，每日向值班单位提前通知，确保“两院”大门24小时有人值班，登记外来人员，保障巡逻“两院”每天至少2次，“两院”值班未出现重大工作失误。做好“两院”办公区、住宿区的用水、用电管理工作，定期检修维护，确保机关单位正常供水、通电。2022年，县后勤服务中心共计派出900余次供水通电保障服务，节省28万余元第三方维护维修费用。

完善政府食堂内部管理措施，做好食堂营运管理及环境卫生工作。对食堂屋顶进行补漏，对烹饪间、洗消间的天花板、墙面等进行重新修缮，更换大小包间窗帘，改善食堂内外环境。严格管理食材采购，保障食品安全；经常更新菜单，提高伙食质量。开展文明餐桌及反对餐饮浪费工作，张贴宣传海报、发放“光盘行动”倡议书。

（白玛旦增）

政务服务

【减证便民】 2022年，江孜县取消各类证明材料46项，持续推进“减证便民”，优化营商环境，按照“应减尽减”的原则，精简审批证明材料，组织各单位认真梳理和取消江孜县各类奇葩证明、循环证明、重复证明等无法律依据的证明材料，要求各乡（镇）认真对照江孜县取消证明事项清单，确保清单之外无证明。

【制度建设】 江孜县行政审批和便民服务局（简称“县行政审批局”）从制度建设入手，结合工作实际，制订完善《行政审批和便民服务局上下班制度》《值班带班制度》《窗口人员服务规范》《窗口工作人员工作纪律》《窗口工作人员考勤制度》《首问负责制度》《服务承诺制度》《即时办结和限期办结制度》等，加强对政务服务中心的管理和监督，不断提高服务质量。

【监督管理】 强化政务服务大厅日常管理，督促窗口工作人员严格落实上下班考勤制度、请销假制度，监督执行“一次性告知制”“限时办结制”等工作制度，严格工作纪律，做到热情服务，有问必答，诚恳做事，笑脸待人，对群众问题耐心解释，提高为群众服务的质量，强化对窗口工作人员的思想、作风教育，打造一支素质高、业务精、能力强、服务优的政务服务中心干部队伍。

3月24日，副县长李小波（右二）考察江孜县政务服务中心暨招商引资项目工作。图为考察工作现场

【优化服务】 推进“一站式”窗口建设，提升服务水平和办事效率，政务服务中心设立2个“一站式”窗口，缩短群众办事时间、减少办事次数、方便企业群众。设置政务服务大厅引导员，为企业和群众提供办事引导，为不识字的群众提供帮办服务。

【政务服务中心】 新建的政务服务中心占地面积为522.24平方米，总建筑面积721.92平方米，基本符合自治区关于县级政务服务中心标准化建设相关要求。按照“应进必进”的原则，完成23家单位进驻工作；新增户籍办理、身份证办理、居住证办理等高频事项，共计99个事项，实现“只进一门”服务。2022年，共接待群众28742人次，受理群众申办事项21169件，按时办结20970件，办结率99%。

【民族团结示范岗】 树立民族团结示范岗，窗口带头认真贯彻执行中国共产党的民族政策，政务服务中心在业务办理过程中协调、主动作为、热情服务，为提升政务服务良好形象树好标杆。带头开展一次性告知、宣传落实民族团结进步方针政策、践行示范要求等。

（边巴卓玛）

应急管理

【信息报告】 2022年，江孜县发生自然灾害43起，分别为干旱、洪涝、风雹等灾害。受灾乡（镇）18个，受灾人口17587人

3月15日，县应急管理局与县自然资源局工作人员赴龙地矿区尾矿库开展安全隐患督导检查。图为检查工作现场

次，共计造成1893.3公顷农作物受灾，其中绝收面积301.24公顷。为保障口粮和取暖费用，确保受灾群众安全过冬，受灾人口及受灾情况全部上报救灾系统，兑现2022年至2023年冬春救助资金428.64万元，涉及人口11431人。

【重点领域监管】 开展“集中整治”“大排查”“风险隐患联合排查”“三年行动”专项整治行动。认真结合辖区实际制订各项工作方案，明确工作职责分工及任务，将各项行动成果有机结合，对道路交通、建筑施工、消防安全、危险化学品、食品药品等重点行业领域采用联合执法、部门执法等方式严厉打击安全生产非法违法行为。

【隐患排查】 江孜县应急管理局（简称“县应急管理局”）邀请赛飞特集团危险化学品领域4名专家对3家危险化学品企业安全条件、风险管控、应急能力进行检查，并对检查中发现的问题、隐患提出明确整改要求，发现问题隐患共计39处，限期整改39处，均完成整改。组织专项检查组对江孜县7家沙场进行安全生产条件隐患排查，发现隐患54处，下达责令整改通知书7份，督促企业落实主体责任。

【应急联动】 按照“一盘棋”的观念，建立健全协调联动机制，部门风险研判工作联席机制，统筹抓好各自行业领域安全生产、应急管理工作，建立健全预警预报机制，切实发挥各行业部门职能，全力投入江孜县防灾减灾救灾工作中，最大限度减少人民群众生命财产损失，降低突出风险隐患。根据工作需要，建立乡（镇）、各行业部门互动群，根据气象预警向乡（镇）、行业部门发布预警信息，掌握灾情发生地、隐患程度等，对较大灾情或

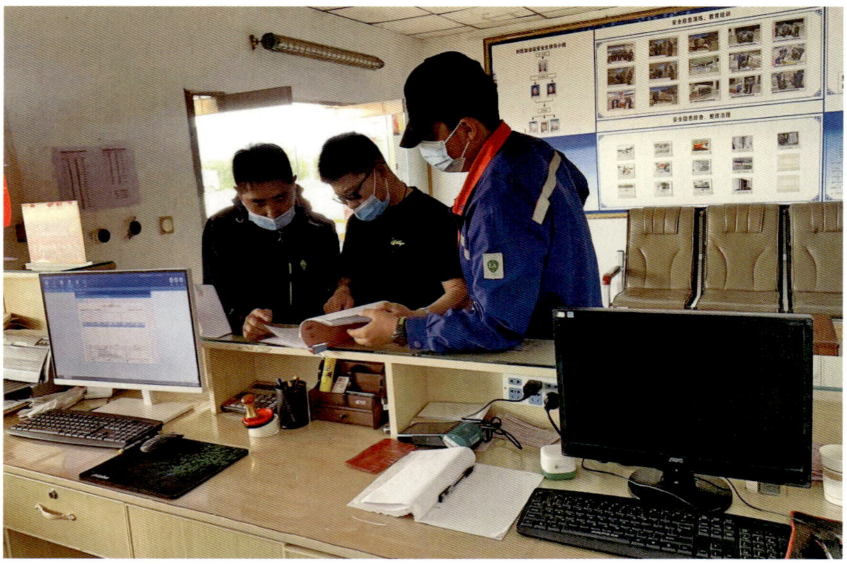

5月17日，县应急管理局执法人员到江孜县利民加油站开展常规检查。图为检查工作现场

易产生次生灾害情况相关部门直奔现场，召开现场联席会议，根据实际情况做相应处置。

【标准化建设】 提升安全生产执法信息化水平，全面总结推广“互联网＋执法”有效模式，建立健全企业数据台账、全面推广应用“互联网＋执法”系统、深化执法数据分析应用，以普查数据采集移动终端为载体推行“互联网＋执法”系统App端，完成3家加油站、6家工贸企业400余条信息录入，并根据系统执法操作流程进行实地“交流＋演练”，开展“互联网＋执法”信息化执法培训2次，持证人员基本掌握“互联网＋执法”操作流程，并以此平台进行部分执法检查。

【法治建设】 先后完善出台《江孜县安全生产委员会办公室关于印发〈江孜县安全生产“大学习、大排查、大整治、严打击”专项行动实施方案〉的通知》《江孜县安全生产委员会办公室关于印发〈江孜县安全生产“党政同责、一岗双责、齐抓共管、失职追责”“三管三必须”和“三级五覆盖”专题教育活动实施方案〉的通知》等文件，推动安全生产“党政同责、一岗双责、齐抓共管、失职追责”责任体系建立与落实。并先后组织召开安全生产季度会议3次、安全生产专题会议5次、县委政府专题研究2次、县委理论中心组学习会议1次、乡（镇）学习理论中心组学习19次，划分任务、明确责任、强化落实。

【宣传教育】 组织江孜县安全委员会成员单位负责人及各乡（镇）分管应急工作领导和应急专干、重点企业负责人和安全员开展为期2天的“大培训、大教育、大提升”集中培训活动，对与会70余人进行安全生产警示教育和引导教育。联合江孜县总工会组织各乡（镇）、相关行业部门、企业负责人、群众以及学生代表召开2022年“安全生产月和安全生产西藏行暨安康杯竞赛”系列活动动员会，通过安全生产知识有奖竞赛、承诺签名、消防烟雾帐篷逃生体验演练等形式，对100余人进行宣传教育。联合有关部门开展江孜县2022年地质灾害防治宣传培训及应急演练活动，通过专家授课、现场答疑、应急实战演练等形式，对70余人进行地质灾害简易监测、临灾处置和应急救援等方面的知识普及。组织县级安全生产宣传10余场次，出动30人次，涉及受众2万余人次，发放宣传册7600余份，发放宣传物品1000余件。安全生产月及防灾减灾日期间，各乡（镇）均开展宣传活动40余场次，涉及受众4万人次，发放宣传册2000余份，发放宣传物品300余件，学习《生命重于泰山》《十五条硬措施》教育片25次。以返乡人员疫情健康监测点为阵地，发放《消防安全工作指南（藏语、汉语）》和《应

6月28日，县应急管理局与县发展改革委、县民政局工作人员到县应急物资储备库检查物资清点情况。图为工作现场

急避险安全常识教育读本（藏语、汉语）》400余本，充分利用健康监测期间的闲暇时间进行安全生产教育。

【应急能力建设】 完善执法体系建设、提高应急执法能力。接收民政救灾车辆划转，将民政救灾车辆、安全监管车辆按照统一标准张贴标志标识转化为应急管理执法车辆，充分保障执法用车并设立安全生产举报电话、举报邮箱。根据执法工作必须出示执法证件的要求，7名正式干部职工均取得应急执法资格证。配备执法服装以及标志标识，为江孜县应急管理局全体干部职工配备登山鞋、冲锋衣、应急救援包等应急执法个人装备，提高应急抢险期间安全性。在拥有县级物资储备1个、龙马乡物资储备库1个的基础上，启用达孜乡物资储备库、康卓乡物资储备库、热索乡物资储备库、日星乡物资储备库，并根据实际需求采购发电机、抽水泵、雨衣等8788件应急物资充实乡级储备库。

（白玛曲珍）

乡村振兴

【统筹资源】 2022年，江孜县共实施涉农统筹整合资金项目10个，项目总投资16685.87万元，其中，中央资金10902.09万元，自治区资金5197.78万元，县本级资金586万元。截至12月底，10个项目（江孜县农业全程机械化物资采购建设项目、江孜县肉牛标准化养殖场建设项目、江孜康卓乡查龙村县乡村振兴建设项目、江孜县达孜乡古拉村乡村振兴建设项目、江孜县旅游基础设施建设项目、2021年扶贫贷款贴息、江孜县农业技术人员专业培训项目、江孜县赤门沟治理工程、江孜县日朗乡热龙乡防洪堤工程、江孜县2022年生态岗位）全部开展工作。涉农统筹整合资金支出13024.99万元，支出率78.06%；本级财政配套衔接乡村振兴补助资金586万元，同比增长7.87%。精准配备155名第一书记、554名驻村工作队员，其中227名各类专干纳入驻村工作队员，完成6名乡村振兴专干补聘工作。以乡（镇）为单位成立19个驻村工作临时党支部；分阶段、多轮次对500余名驻村工作队长、第一书记、大学生村官、乡村振兴专干开展业务培训，组织2期66名村主干赴其他省市开展轮训；江孜县各级驻村工作队配合村党组织对江孜县农牧民群众开展防返贫监测帮扶，制订防返贫措施308条。采取自身、联合和“飞地经济”相结合的发展模式，培育发展壮大村级集体经济，收入达5万元以上的村集体经济111个，增长1%。45家民营企业通过结对帮扶、捐资助款等方式投入帮扶资金735万元，受益群众达2536名。

【特色产业发展】 坚守粮食安

12月24日，县委书记陈昊（主讲台居中）主持召开县委农村工作领导小组（县委实施乡村振兴战略领导小组）专题会议

3月11日，县委书记陈昊（右二）到日星乡调研乡村特色产业发展工作。图为调研现场

全底线，稳步提升粮食生产能力，巩固青稞主产区优势地位，青稞初深加工、沙棘种苗培育产业初具规模，“企业＋合作社＋贫困监测户”模式辐射带动作用明显，其中沙棘种苗培育产业带动就业220人，人均年增收2万元，累计为1264名无劳力建档立卡脱贫群众兑现分红189.6万元。以一家亲岗巴羊养殖基地为代表的现代养殖业发展迅速，实现规模化养殖、标准化量产，此基地每年带动群众增收175万元。昵炜藏毯厂立足市场推动工艺革新，其首创的“纸样实用技术”获得国家专利，带动群众每年增收192万元。依托独特的自然景观、深厚的人文历史，不断完善基础设施，塑造旅游公共品牌，江孜英雄古城文化旅游景区创建国家AAAA级旅游景区，力争文旅产业突破发展，建成新的产业支撑点、经济增长点。

【易地扶贫搬迁】 以完善基础设施、提升公共服务水平为重点，整合资金为3个搬迁点（江孜镇江嘎岗村、康卓乡卓麦村、江热乡隆桑村）集中配套建设村委会、幼儿园、卫生室、供水、电力、道路、通信等设施，易地扶贫搬迁“6个100%”（坚决确保搬迁稳定入住率100%、坚决确保产业配套100%、坚决确保专合组织和集体经济组织组建100%、坚决确保公共服务100%、坚决确保基层组织覆盖100%、坚决确保群众满意度100%）工作任务基本完成，驻村工作队、“双联户”有效履职，推进搬迁群众教育、医疗、社保、治安等基本公共服务落实落地，累计为搬迁点配套设立12个扶贫产业，多轮次开展就业技能培训、以工代训，搬迁群众就业容量和就业质量持续向好。

【教育扶贫】 坚守控辍保学底线，通过送教上门、随班就读、特殊教育等方式累计解决104名残疾儿童受教育问题，持续保持义务教育阶段适龄儿童失学辍学动态清零；规范执行农牧民子女和城镇困难家庭子女“三包”（包吃、包住、包学习费用）政策，严格落实15年免费教育政策，2022年“三包”政策经费本年预算5475.29万元，年生均“三包”政策经费4190元；营养改善计划资金预算960.5万元，年生均1000元。巩固教育保障，新建4所村级幼儿园，建成投入使用；新建7所小学风雨操场建设项目，完成90%的工程进度；乡小学改扩建项目1个，完成95%的工程进度。江孜县学校师资力量配备、硬件设施配套均达到国家标准；持续巩固教育行业传统优势，不断提升教育教学质量，江孜县各级学校升学率和各学科成绩均位居日喀则市前列，先后获“全国义务教育均衡发展基本均衡县”“全国群众体育先进单位”“全区教育工作先进县”等称号。

【健康扶贫】 健全完善城乡居民

基本医疗保险、医疗救助等医疗保障体系，建档立卡脱贫群众基本医疗保险参保率、全民健康体检和重大疾病筛查率、家庭医生签约率均达到100%。共集中救治大病患者88名，先天性心脏病患者6名，对农牧民孕产妇住院分娩、新生儿抢救、白内障复明手术、大骨节病等住院治疗合规费用实行全额报销。全面落实“先诊疗后付费”“一站式”结算和定期核销制度，巩固完善基本医疗医保、大病保险、医疗救助三重医疗保障。县中心医院创建为二级甲等综合医院，县域医共体改革稳步推进，完成乡村两级卫生服务场所标准化建设，配齐配全基层医护人员645名，规范配备基础诊疗设备和基本药物。拉紧社会保障兜底红线，将所有符合条件的困难家庭全部纳入低保，落实困难群众资助参保政策，改善特困供养中心软硬条件，有意愿特困群体集中供养率达100%。

【转移就业】 构建覆盖县、乡、村三级的劳务就业咨询服务平台，定期举办就业现场招聘会，多轮次开展农牧民劳动者职业技能培训，通过“宣传动员＋技能培训＋帮助创业＋带动就业”模式，引导脱贫群众走出家门、务工增收。2022年，实现农牧民转移就业24826人，创收3.04亿元，组织化输出15170人，其他省市转移就业147人，完成目标任务的101%，其中实现脱贫劳动力就业5727人，创收4242万元，较2021年增加364人。开展6期农牧民技能培训，参加培训人数1292人，其中，建档立卡脱贫人口205人，实现订单定岗279人，创业培训25人。精准安排生态岗位，面向脱贫群众、防返贫监测户、农村低收入人群统筹安排生态岗位6779个，兑现岗位资金2351.24万元。常态化开展高校毕业生就业帮扶工作，为江孜籍621名2022年应届高校毕业生（建档立卡脱贫户应届高校毕业生100人）建立动态帮扶台账，严格落实创业激励政策，兑现创业启动资金、生活补贴资金、一次性就业创业补贴资金等178.65万元，应届高校毕业生就业率达97.42%（建档立卡脱贫户应届高校毕业生就业率100%）。

【“志智”双扶】 坚持文化铸魂，立足厚重的历史积淀和鲜明的民族特色文化，持续为农牧民群众提供优质文化服务，开展2022年“喜迎二十大春风进万家”群众联欢活动等各类文艺下乡活动51场。舞蹈《欢庆丰收》、歌曲《雪山向着红太阳》入围第19届全国“群星奖”复赛。全覆盖组建155个村（居）文艺演出队，落实经费保障，完善管理机制；完善基层文化设施，建立健全19个乡（镇）综合文化站，155个村（居）新时代文明实践站（所）、农家书屋、体育设施，建设美丽宜居村。选准、育强村（居）“两委”班子，培养一批贯彻执行政策能力强、联系服务群众能力强、创业致富帮扶能力强、乡村治理管理能力强的基层党组织带头人；以产业发展为平台，培育一批产业规模大、生产技术好、经

7月28日，县长巴桑（右三）到紫金乡调研美丽宜居村建设工作。图为调研现场

营理念新、经营效益高、帮带能力强的农村产业领军人才；持续提素质、强本领，选派168名基层乡村振兴骨干赴上海、延安等地参加乡村振兴业务培训；完善激励政策、优化创业环境，鼓励和引导高校毕业生返乡创业、就业，持续优化乡村人才发展生态。

【政策兜底】 拉紧社会保障兜底红线，将所有符合条件的困难家庭全部纳入低保，落实困难群众资助参保政策，改善特困供养中心软硬条件，有意愿特困群体集中供养率达100%，确保兜底保障不落一户、不落一人；足额向残疾人、低保户、特困老人、临时困难群体兑现政策资金641.25万元；建立江孜县慈善协会，累计筹集善款1400万余元，成为社会保障体系的有益补充。

【消费扶贫】 推进消费扶贫，助力产业发展，发挥"扶贫832"（贫困地区网络销售平台）、市消费扶贫销售专区专柜、县总工会职工福利采购等销售平台作用，利用县宗投公司统购统销模式，充分依托上海市第九批援藏干部江孜联络小组"一协会、两中心"销售网络，助力扶贫产业、农畜产品销路。

【返贫监测】 制订《江孜县关于健全防止返贫致贫动态监测和帮扶机制的实施方案》《江孜县县级干部结对帮扶监测户方案》，细化完善防止返贫致贫动态监测和帮扶机制；严格落实"村（居）一月一走（回）访核实、乡（镇）一月一核实一汇总一上报、县乡村振兴局一月一汇总一研究一跟踪"的工作机制，对江孜县累计排查认定的232户891人监测对象返贫致贫风险逐一分析，因地制宜对监测对象采取差异化帮扶措施，134户521人已消除致贫返贫风险。

（唐建新）

消防救援

【概况】 江孜县消防救援大队（简称"县消防大队"）位于江孜县迎宾路2号，是全国首批成立的县级消防机构之一，为副县级单位（支队级副职），大队下辖1个消防站，担负着防火监督、消防宣传、灭火战斗、应急救援以及维稳处突等多种任务。

【基本情况】 2022年，江孜县共160起警情记录，其中，火灾扑救8起，抢险救援7起，社会救助43起，公务执勤102起。共出动队伍163队次，出动车辆211辆次，出动人员704人次，连续19年未发生重特大群死群伤恶性火灾事故。

【落实消防责任】 2022年，江孜县人民政府牵头召开年度消防工作会议，逐级签订消防安全责任书，分解工作任务，落

1月16日，县消防大队到年堆乡开展"消防安全无小事全民参与聚合力"宣传活动。图为活动现场

实工作责任。常务副书记旦增、常务副县长李世韬组织召开专题会议研究、视察指导江孜县消防工作，推动工作落实。县消防大队联合有关单位深入辖区寺庙、“九小场所”（小型学校或幼儿园、小医院、小商店、小餐饮场所、小旅馆、小歌舞娱乐场所、小网吧、小美容洗浴场所、小生产加工企业）、易燃易爆场所及在建工程等开展专项检查50余次。成立江孜镇、江热乡消防工作站；成立江孜县消防安全委员会，含30余个成员单位；设置县级消防科普基地进行消防安全宣传。

【消防安全治理】 2022年，县消防大队以人员密集场所、建筑工地及“九小场所”等为重点，以易燃易爆危险化学品场所、公共聚集场所及寺庙文物古建筑等为主要监管对象，推进火灾隐患分类整治，开展行业内消防安全培训，确保重点领域消防安全。以安全生产宣传月、“11·9”全国消防安全宣传日为契机推进消防安全宣传教育“九进”工作。共检查单位680余家次，下发责令改正通知书645份，督促整改火灾隐患1167处，办理行政处罚3起，处罚金额共计3.5万元。开展消防宣传78次，发放宣传资料3800余份，教育群众达8000人次。

【消防勤务】 坚持“以练为战”为指导方针，结合辖区灭火救援特点，为辖区每个重点单位有针对性地制订灭火预案，组织对辖区重点单位和重要目标逐个开展实地实战演练，强化初战控制、内攻救人、强攻近战等战术、技术训练，提高队伍协同作战能力和实战能力。强化各类实战化攻坚操法训练，以全员岗位大练兵为契机组织辖区重点单位开展实战演练80余次，增强作战指挥效能，全面夯实灭火救援战备基础。

【夯实消防基础】 落实消防各项经费139.2万元，确保灭火及抢险救援装备正规化建设，购置各类防护装备和抢险救援装备器材价值30万余元。推动江孜县消防设施建设，重点单位均设置微型消防站，配套器材齐全；政府拨款为江孜镇、江热乡消防工作站购买装备器材100余件。

（尼玛旺堆）

5月24日，江孜镇消防工作站举行挂牌仪式。图为仪式现场

信访工作

【概况】 江孜县信访局（简称“县信访局”）为江孜县人民政府工作部门，正科级建制，实有人数5名，下设事业单位信访接待中心（副科级建制）。2022年，县信访局深入贯彻落实习近平总书记关于加强和改进人民信访工作的重要思想，贯彻落实自治区党委、政府，市委、市政府关于信访工作系列决策部署，综合运用“五访”工作法，深化信访“八化”机制，充分利用江孜县“一

3月15—24日，县信访局联合江孜县“一站式”矛盾纠纷调处中心成员单位，到乡（镇）开展信访矛盾纠纷“大排查、大化解、大起底”专项行动。图为工作现场

站式”矛盾纠纷调处中心，不断提升信访工作规范化、制度化、法治化水平。

【办信接访】 2022年，受理来信来访及上级交办转办信访事项13件，办结13件。来信来访反映的问题主要集中在“双拖欠”问题，“双拖欠”信访事项占全年信访事项的90%，集中在中铁十二局等道路交通项目、教育项目、先造后补项目、旅游项目等方面。

【积案化解】 2022年，全面开展信访积案以及矛盾纠纷“大排查、大化解、大起底”活动，突出重点领域，全方位、地毯式大排查，将排查出的矛盾纠纷隐患以及信访积案限时化解，妥善解决群众利益诉求，切实把矛盾化解在基层、消灭在萌芽状态。完善工作机制，畅通信访渠道，严格落实信访积案领导包案责任机制，强化督查督办，加快办理进度。截至2022年底，江孜县共排查出各类矛盾纠纷隐患115件，已全部化解。

【畅通渠道】 搭建运用“一站式”矛盾纠纷调处中心，即“一站式接待、一揽子调处、一条龙办理”，统筹信访接待、法律援助、劳动监察、诉讼服务、立案服务、农民工服务窗口单位职责；集中县人民法院、县人民检察院、县信访局、县司法局、县人社局、县公安局、县总工会7家常驻单位，把39家相关单位和19个乡（镇）列为随驻单位，形成“2+6+7+X”（2为常驻和随驻两种模式，6为6个服务窗口，7为7家常驻单位，X为随驻单位）的工作模式，涉及信访事项与矛盾纠纷时第一时间入驻中心参与调解，统一指挥协调，实现访调、访诉自动分流和无缝对接的工作目标。建立分类处理、即接即办、教育疏导、会商研判、公开监督、依法处置等六项机制，确保各类矛盾纠纷得到有效调处化解。深入一线开展矛盾纠纷隐患大排查活动8次、法治宣传3场次，化解矛盾纠纷36件次。

【健全机制】 全面推行乡（镇）信访工作联席会议机制建设工作，江孜县19个乡（镇）成立乡级信访工作联席会议，设立固定的信访工作接待场所，配备专（兼）职信访工作人员，并设有调解室。坚持把工作重点从事后处理转移到事前排查化解上来，坚持经常排查与集中排查、日常排查与专项排查相结合，充分发挥各行业部门、村（居）“两委”和驻村工作队作用，开展矛盾纠纷隐患排查化解工作，着力从源头上预防和减少信访问题。

【法规宣传】 2022年，县信访局紧密结合普法宣传、综治宣传

5月1日，江孜县信访局开展《信访工作条例》宣传活动。图为活动现场

以及常态化扫黑除恶斗争、打非治乱宣传等活动，对《信访工作条例》《国家信访局关于进一步规范信访事项受理办理程序引导来访人依法逐级走访的办法》等法律法规进行宣传，同时不断创新宣传方式，将宣传教育与矛盾排查、日常接访、走村入户相结合，采取发放藏语、汉语宣传资料，宣传画报，阳光信访联系卡等形式宣传各项法律法规以及信访政策知识。共计开展宣传活动37次，其中下乡宣传活动15次，发放宣传资料1.36万份，受教育农牧民群众9842人。

（杜小龙）

政协江孜县委员会

中國歷史文化名城

综　述

【概况】 中国人民政治协商会议江孜县委员会（简称“县政协”）及其常委会坚持以习近平新时代中国特色社会主义思想为指导，深入学习宣传贯彻中共十九届历次全会及中共二十大精神，全面贯彻落实中央第七次西藏工作座谈会精神、习近平总书记关于西藏工作的重要论述和视察西藏时的重要讲话精神，贯彻落实中共中央、自治区党委、市委和县委关于政协工作的安排部署，围绕“名城振兴工程”工作思路，把握团结和民主两大主题，带领广大政协委员，充分发挥协调关系、汇聚力量、建言献策、服务大局作用，为江孜县长治久安和高质量发展贡献政协力量。

【政治协商】 县政协围绕“优化营商环境助推高质量发展”等课题开展视察调研4次。组织委员对“县域内旅游景区生态环境保护”等专题开展调研，详细了解江孜县旅游景区生态环境保护、农牧民群众体检工作及乡村卫生队伍建设和待遇落实情况，提出意见建议11条，反馈社情民意信息8条，形成视察调研报告2篇。

5月25日，自治区政协民族宗教委员会副主任，日喀则市政协党组副书记、副主席索朗扎巴（右三）一行到江孜县围绕“革命文物（不可移动）资源保护与利用情况”。图为调研现场

【民主监督】 围绕“革命文物（不可移动）资源保护与利用情况”、“实施固体废物处理和利用服务生态文明高地建设”、文化产业发展等开展专题民主监督，分别对江孜分工委旧址等场所进行专项视察，充分依托委员视察平台，持续加强民主监督。组织委员深入困难矛盾多、自然条件差、工作基础薄弱的地方，抓住问题，研究对策，做到以“小切口”解决“大问题”，推动民主监督工作走深走细走实，不断推进专门协商监督体系建设。组织20余名委员参加“法院旁听庭审”“人民检察院检务公开”等活动，对司法和检察工作进行民主监督。

【参政议政】 坚持问题导向，精准选取课题，引导委员深入调查研究，提出高质量的意见建议。聚焦社会治理、民生领域突出问题，鼓励引导各界别委员反映社情民意，收集整理社情民意信息，报送县委、县政府。推行“互动式”提案办理模式，通过政协搭台、委员履职，推动建立“互动”交流平台，提高提案的针对性和可行性，切实增强提案办理实效。通过自治区、市两级政协委员，向自治区、市两级政协提交提案14件，其中“关于进一步加大对江孜县文化旅游产业提档升级工作支持力度的提案”“关于中等规模以上学校配备医务室的提案”被市政协评为优秀提案。

【凝聚共识】 在中国共产党成立101周年之际，举办“喜迎

6月30日至7月10日，县政协举办“喜迎二十大　展示委员风采”“同心庆七一　争做新时代好委员”系列活动。图为县委、县政协领导与演员合影

二十大展示委员风采”“同心庆七一　争做新时代好委员”等系列主题活动，开展“我为中共二十大保驾护航”承诺签名仪式、委员成果展、夏季联谊“交朋友”等系列活动。疫情防控期间，把疫情防控作为履职尽责的重点，全面落实疫情联防联控网格化管理责任、返乡人员摸排、全民核酸检测、物资商品供应等疫情防控措施，做到统一指挥、统一调度、令行禁止。各界别委员踊跃捐款捐物支持疫情防控工作，捐赠现金和防疫物资价值200万余元。

【对外交流】 开展对外交流，密切与其他县（区）政协的工作联系，促进形成互学互鉴、联动协作机制，推动工作提质增效。先后接待林芝市、那曲市等地政协考察调研团18批138人次，编制考察调研资料18期，与各方建立友好关系，达成学经验、促交流的合作共识，发挥宣传江孜、推介江孜、展现江孜的作用。

重要会议

【县政协十届二次会议】 政协第十届江孜县委员会第二次会议于1月17—19日召开。县委书记陈昊，县委副书记、县长巴桑，县委副书记张宏东，县委常委、副县长李小波，县委常委、组织部部长赵玮，县委常委、江孜镇党委书记王胜利出席会议。

会议通报2021年度县政协委员履职情况，宣读《政协江孜县委员会关于表彰2021年度优秀县政协委员和先进单位的决定》，对优秀县政协委员、优秀提案工作者、优秀文史资料征集者和委员示范企业、先进基层政协委员联络办进行表彰；审议通过政协第十届江孜县委员会第二次会议关于常务委员会工作报告的决议、政协第十届江孜县委员会第二次会议关于政协九届七次会议以来提案工作情况报告的决议、政协第十届江孜县委员会提案工作委员会关于政协十届二次会议提案审查情况的报告、政协第十届江孜县委员会第二次会议政治决议。

【常委会会议】 1月5日，政协第十届江孜县委员会常务委员会第八次会议召开，会议由县政协主席拉巴仓决主持，研究讨论政协委员考核相关工作。

1月7日，政协第十届江孜县委员会常务委员会第九次会议召开，会议由县政协主席拉巴仓决主持，讨论研究关于召开政协第十届江孜县委员会第二次会议的相关事宜。

1月16日，政协第十届江孜县委员会常务委员会第十次会议召开，会议由县政协主席拉巴仓决主持，审议通过《政协第十届江孜县委员会常务委员会第十次会议议程（草案）》《政协第十届江孜县委员会第二次会议议程（草案）》《政协第十届江孜县委员会常务委员会工作报告及报告人名单（草案）》《政协第十届江孜县委员会常务委员会关于政协九届七次会议以来提案工作情况的报告及报告人（草案）》《政协第十届江孜县委员会提案工作委员会组成人员名单（草案）》。

1月17日，政协第十届江孜县委员会常务委员会第十一次会议召开，会议由县政协主席拉巴仓决主持，审议通过《政协第十届江孜县委员会常务委员会第十一次会议议程（草案）》；听取各组对《政协第十届江孜县委员会第二次会议常务委员会工作报告（草案）》《政协第十届江孜县委员会关于政协九届七次会议以来提案工作情况报告（草案）》的讨论情况。

1月18日，政协第十届江孜县委员会常务委员会第十二次会议召开，会议由县政协主席拉巴仓决主持，审议通过《政协第十届江孜县委员会常务委员会第十二次会议议程（草案）》《政协第十届江孜县委员会第二次会议关于常务委员会工作报告决议（草案）》《政协第十届江孜县委员会第二次会议关于政协九届七次会议以来提案工作情况报告的决议（草案）》《政协第十届江孜县委员会提案审查委员会关于政协十届二次会议提案审查情况的报告（草案）》《政协第十届江孜县委员会第二次会议政治决议（草案）》，听取各组对政府工作报告和其他工作报告的讨论情况。

4月8日，政协第十届江孜县委员会常务委员会第十三次会议召开，会议由县政协主席拉巴仓决主持，传达学习生态保护相关文件精神。

6月27日，政协第十届江孜县委员会常务委员会第十四次会议召开，会议由县政协主席拉巴仓决主持，传达学习《政协自治区委员会办公厅关于转发〈张庆黎副主席在全国政协第139期干部培训班开班式上的讲话〉的通知》精神和《中国共产党江孜县委员会印发〈江孜县关于深入贯彻落实王君正书记在日喀则市考察时讲话精神的工作方案〉的通知》精神并听取一办一委上半年工作报告及下一步工作计划。

11月18日，政协第十届江孜县委员会常务委员会第十五次会议召开，会议由县政协主席拉巴仓决主持，围绕“学习中共二十大精神”进行学习研讨。

（达瓦卓玛）

县政协办公室工作

【综合协调】 2022年，江孜县政协办公室（简称“县政协办”）在县政协党组和常委会的领导下，紧紧围绕县委、县政府中心工作和县政协职责职能，坚持以中国共产党的建设为统领，结合

3月8日，县政协办党支部召开2021年度组织生活会。图为会议现场

改进作风狠抓落实工作，持续推进政协机关建设，不断提高服务水平，为县政协履行政治协商、民主监督、参政议政职能，更好实现凝聚共识做好各项服务，充分发挥县政协办综合协调、服务保障作用。

2022年，县政协办共起草文件17份；起草会议主持词、领导讲话、汇报材料、典型材料、交流发言材料32份；认真筹备各项会议。全年完成1次全委会会议（十届二次会议）、14次党组会议、8次常委会会议、12次主席会议。

【机关党建】 2022年，县政协办认真学习习近平总书记关于加强和改进人民政协工作的重要思想，教育引导全体机关干部，坚决捍卫“两个确立”，增强“四个意识”、坚定“四个自信”、做到“两个维护”，夯实团结奋斗的共同思想政治基础。推进党建与政协机关业务相互融合，发挥党员干部的先锋模范作用和党支部的战斗堡垒作用，认真服务政协全会、党组会、常委会会议、协商座谈、视察调研、委员培训会以及“喜迎二十大　展示委员风采”“同心庆七一　争做新时代好委员”等系列主题活动，充分发挥县政协办综合协调和统筹服务作用，搭建委员履职平台，为更好地履行政治协商、民主监督和参政议政职能提供全方位的服务。2022年，组织开展支部学习会议36次、党支部组织生活会1次、党支部书记讲党课4次。

【党风廉政建设】 为深入贯彻新时代党风廉政建设工作新要求，努力锻造忠诚干净担当的新时代政协机关队伍，县政协始终坚持党风廉政建设工作与政协工作同研究、同部署、同落实、同检查、同考核。2022年，召开党风廉政建设专题工作部署会和推进会，县政协党组成员和政协机关党员干部职工主动签订《江孜县政协狠抓党风廉政建设“十严十禁十做到”承诺书》。

【意识形态工作】 为深入贯彻落实新时代人民政协党的建设的总要求，深入学习贯彻落实自治区、市、县意识形态和宣传工作会议精神，持续加强县政协机关党建和意识形态工作，组织召开2022年机关党建暨意识形态工作专题会议，为推动新时代政协工作高质量发展提供更加坚强有力的组织保障、纪律保障和思想保障。坚持团结和民主两大主题，充分发挥专门协商机构作用，发挥“三个重要”（坚持和加强党对各项工作领导的重要阵地、用中国共产党的创新理论团结教育引导各族各界代表人士的重要平台、在共同思想政治基础上化解矛盾和凝聚共识的重要渠道）作用，坚持双向发力，把习近平总书记关于加强和改进人民政协工作的重要思想贯彻落实到履行政治协商、民主监督、参政议政、凝聚共识职能的全过程，

1月20日，江孜县政协召开政协机关业务工作指导座谈会。图为会议现场

实现意识形态工作与政协工作互融互促，把中国共产党的政治优势和组织优势转化为政协工作创新发展的动能。

【体制机制建设】 健全完善《江孜县政协党组工作规则》《江孜县政协党组党风廉政建设会议制度》《江孜县政协党组关于严肃党内政治生活的规定》《江孜县政协意识形态工作方案》《主席联系常委、常委联系委员、委员联系群众制度》等12项制度，以制度建设为切入点，不断提升政协机关工作效能。健全完善委员履职档案，详细反映委员提案、社情民意信息、参加委员讲坛、学习培训、视察考察调研、服务群众、参加社会公益活动等10项履职情况。

【委员履职活动】 发挥政协委员的主体作用，激发委员责任担当，不断搭建委员履职平台、加强委员培训工作、优化服务管理，促进更好地履行委员职责。组织委员对“县域内旅游景区生态环境保护”等专题开展调研，详细了解江孜县旅游景区生态环境保护、农牧民群众体检工作及乡村卫生队伍建设和待遇落实情况，着眼第一要务，搞好协商建言。围绕“革命文物（不可移动）资源保护与利用情况”“实施固体废物处理和利用服务生态文明高地建设”等开展专项监督，分别对江孜分工委旧址等场所进行专项视察，充分依托委员视察平台，持续加强民主监督。着眼长远发展，围绕勇当“四个创建”排头兵，争做“美丽幸福家园”工作目标，以“名城振兴工程”建设为着力点，聚焦生态保护和发展，组织发动政协委员，倾力打造“政协委员生态和谐林”。2022年，共接待考察团18批138人次，达到互学互鉴、经验共享和推介宣传江孜的效果。

4月11日，县政协组织政协委员在“政协委员生态和谐林”开展义务植树造林活动。图为活动现场

（格桑卓玛）

提案经济法制专门委员会

【概况】 江孜县提案经济法制专门委员会紧紧围绕县委、县政府中心工作，按照年初各项工作安排部署要求，牢牢把握新时代人民政协新方位新使命，充分发挥专门协商机构作用，聚焦主业、创新机制、增强实效。开展视察调研工作，深入调查研究、凝聚共识、建言献策。密切与其他县（区）政协工作联系，促进形成互学互鉴、联动协作机制，先后接待林芝市、那曲市等地政协考察调研团18批，与各方建立友好关系，达成学经验、促交流的合作共识。

【提案工作】 以提案质量为突破口，以提升提案办理实效为落脚点，修订《政协江孜县委员会提案工作条例》，通过政协搭台、委员履职，提高提案的针对性和可行性，切实增强提案办理实效。政协第十届江孜县委员会第二次会议共收到84件委员提案，经审查，立案72件，其中重点提案10件，转意见建议12件，召开提案交办会和提案办理推进会，督促各部门办理提案，提高提案办理水平和效果，委员提案办复率100%、委员满意率达95%。

【经济法制工作】 聚焦工作落实、作风建设，将12名委员推荐为江孜县作风监督员，加强党员干部的全方位民主监督，组织20余名委员参加“法院旁听庭审”“人民检察院检务公开”等活动，并提出意见和建议。利用主题党日、法治宣传日等在宗山民族团结文化广场开展法治宣传活动。

【史料收集工作】 存史资政育人共谋融合发展，围绕江孜英雄文化建设这条主线，持续收集整理江孜爱国团结、历史发展等文史资料，开展江孜抗英120周年书籍整理编纂工作，宣传江孜红色历史资源。讲好委员履职故事，邀请6名委员讲述在中国共产党的领导下创业奋斗、回馈社会、保护和传承国家非物质文化遗产等履职故事，编辑《委员故事书》，通过故事展现习近平总书记和中共中央的深切关怀，唱响各族儿女感党恩、跟党走的心声。开展《江孜县白居寺酥油花文化历史》资料的收集编辑工作。与县文旅局、县文化艺术馆联合开展非物质文化遗产——天文历算传承人培训暨经验交流会。协同县艺术团创作《幸福西藏》《永远跟党走》曲艺作品，被西藏自治区文学艺术界联合会采用发布。

7月30日，县政协与县文旅局、县文化艺术馆联合开展非物质文化遗产——天文历算传承人培训暨经验交流会。图为会议现场

（谢军飞）

纪委监委

中國歷史文化名城

综　述

【概况】 中国共产党江孜县纪律检查委员会、江孜县监察委员会（简称“县纪委监委”）下设综合室、监督检查（信访、案管）室、党风政风监督室、审查调查室4个副科级内设机构，设立机关党支部1个。

【纪检监察改革】 创新方式方法，突出政治引领，开设纪法学习“夜读班”，将其作为支部建设的新阵地，为党员干部“蓄能充电”；始终坚持中国共产党的领导，把常委会会议作为党建引领的抓手，带头讲政治、抓学习，带头讲规范、抓质效，引导学习贯彻落实中共中央重大决策部署，实现把方向、谋大局的目的。秉持“好中选优、优中选强”的原则，严把基层监督力量“筛选关”，着力把政治觉悟高、业务能力强、品行作风正的干部充实到纪检监察队伍中，实现队伍的血液更新、进出平衡，优化纪检监察干部队伍结构。共选优配强乡（镇）纪检监察干部21人，切实提高干部队伍的综合素质。

【重要会议】 中国共产党江孜县第十届纪律检查委员会第二次全体会议于3月7日召开，全会围绕“突出政治定位聚焦主责主业以高质量的监督为江孜名城振兴工程建设提供坚强纪律保障”的主题，全面总结审议2021年工作，研究部署2022年工作。

党风廉政建设和反腐败工作

【监督检查】 2022年，县纪委监委紧盯党风廉政建设主体责任落实，协助县委调整充实党风廉政建设责任制领导小组，制订领导班子、领导干部党风廉政建设责任清单。针对日常监督检查中发现的苗头性、倾向性问题，换届后陆续向县委主要领导发出建议报告2份，与19个乡（镇）党委主要负责人实现全覆盖的谈心谈话，强化责任到人、责任到事，自上而下传导责任压力，压实全面从严治党主体责任。围绕中共中央关于违建别墅治理、粮食购销领域腐败问题专项整治、巩固拓展脱贫攻坚成果同乡村振兴有效衔接等领域的指示批示精神的贯彻与执行，开展监督检查10余次，累计督促整改立行立改问题50余条。围绕职能部门监管责任履行，下发监察建议书10份、纪律检查建议书2份，通过督促单位召开专题会议、制订整改方案的方式，总结经验、吸取教训、推动整改，“不能腐”的氛围愈加浓厚。

【执纪问责】 着眼纪检监察机关政治责任履行，紧盯疫情防控、换届选举、民族宗教工作等重点领域责任落实，常态化严肃开展

7月18日，江孜县召开集中警示教育暨党风廉政建设和反腐败工作推进会。图为会议现场

政治监督，针对落实监管责任不力、不作为慢作为等典型问题，坚决查处，从严推动整改。深入抗疫一线开展专项监督检查25次，发现问题线索2件，给予诫勉谈话1人，约谈3人，谈话提醒4人，批评教育4人；开展萨噶达瓦监督检查6次，查处违反政治纪律1人。始终坚持无禁区、全覆盖、零容忍，坚持重遏制、强高压、长震慑的高压态势，严厉惩治违纪违规违法问题。江孜县纪检监察机关共处置问题线索127件，其中，谈话函询16件、初核86件、立案25件，暂存2件；给予党纪政务处分18人，其中，开除党籍6人，开除党籍开除公职1人。

11月29日，江孜县组织党员干部集中观看党风廉政警示教育片。图为观看《国家监察》

【廉政教育】 扎实开展警示教育和廉政文化建设，以强化事前教育提醒为主线，紧盯重大节日节点期间党员干部作风建设问题，对江孜县党员干部、公职人员累计发文提醒12次、编辑发送廉洁短信7000余条，组织党员领导干部到日喀则市廉政教育基地参观学习5批150余人次，开展廉政宣讲活动5次，发放廉政宣传资料2000余份，印发六大纪律廉政教育漫画2700余册，组织党员领导干部观看警示教育片4场次（240余人次参加）。综合运用“五话”体系，通过任前谈话重预防、个别谈话抓关键、日常谈话鸣警钟、回访谈话卸包袱、督办谈话促落实，坚持纪委监委“一把手”带头谈、班子成员分片负责联系谈，针对部门单位及个人在强化履职、干事担当、作风建设等方面存在的突出问题，适时开展廉政谈话，累计开展各类廉政谈话10余次、教育300余人。坚持严管与厚爱相结合，激励与约束相并重，严格落实受处分党员干部回访教育谈话制度，以违纪违法行为的典型性、严重性及违纪对象的特殊性为出发点，分批次对江孜县受处分党员干部开展回访谈话。对7名受处分人员进行回访教育，包括宣讲组织政策、掌握思想动态、纾解心理压力、激励担当作为。协助县委组织召开党委（党组）落实党风廉政建设责任制述职述廉会议1次，通过现场评议，达到“红脸、出汗”效果；向县委报告党风廉政建设和反腐败斗争工作1次，召开反腐败协调会议1次，召开党风廉政建设和反腐败斗争工作推进会1次。组织观看《零容忍》《国家监察》《毁与悔》等警示教育片4场次600余人次，筹备完成“身边事教育身边人”典型案例展览，通报本级纪委查办的典型案例10件次。

纪律检查

【监督执纪】 聚焦习近平新时代中国特色社会主义思想、中共二十大精神、中共中央重大决策部署落地落实情况，开展监督检查17次，提出整改问题25条，不断纠正各级党组织学习不深不实等问题；始终把中国共产党的政治纪律和政治规矩放在首位，结合民族地区和反分裂斗争前沿阵地实际，加强对党员干部遵守执行中国共产党的民族宗教政策、维护国家统一和民族团结等情况的监督，提出整改问题3条。紧盯资金使用、产业发展等关键环节，对行业部门开展监督10次，提出专项治理意见建议12条，着力推动促进巩固拓展脱贫攻坚成果同乡村振兴有效衔接落地落实。围绕中央环保督察组反馈意见，开展环保领域问题整治，督促县环保督察整改办从严从实抓好整改落实，完成整改问题4个。聚焦打赢疫情防控阻击战歼灭战，坚持高站位谋划、高标准监督、高要求整改，紧盯疫情防控重点区域、重点场所、关键环节、关键责任人，围绕落实“四方责任”（四方指属地、部门、单位、个人），开展政治监督66次，发现问题线索4个，追责问责5人。

坚持抓住“关键少数”以上率下，与“一把手”进行日常监督谈话20余次，督促提醒“一把手”发挥领头羊作用，落实好管党治党政治责任。对江孜县各级党委（党组）民主生活会进行到会监督指导60余次，推动各级党组织民主生活会达到氛围严肃、程序规范、效果明显的目标。规范开展廉政审查把关，围绕干部选拔任用、职级晋升、评先评优等关键环节进行“筛查体检”，坚决防止“带病提拔”“带病提名”“带病评优”。按规定程序出具廉政意见函103批2079人次，对12名存在问题的候选人叫停。开展违反中央八项规定精神监督检查12次，发现问题17个，通报1起2人，立案审查1人。坚持教育提醒在先、警示预防为主，累计编发廉洁短信4次近2万条。

坚持以零容忍的态度惩治腐败，力度不减、节奏不变、尺度不松，始终保持反腐败高压态势，以永远在路上的坚定和执着推进反腐败斗争。共受理问题线索60件，处置40件，其中，办理留置案件2件、留置6人。对27宗27人进行立案审查调查，其中，科级干部8人，占比29.6%；一般干部6人，占比22.2%；村“两委”1人，占比3.7%；其他人员12人，占比44.4%。

【纪律教育】 县纪委监委坚持立足教育培训，不断鼓足能力素质提升的干劲，组织纪检监察干部进行巩固拓展脱贫攻坚成果同乡村振兴有效衔接重点工作专项监督培训、集中观看中纪委系列培训视频5场次，累计培训300余人次，开展干部廉洁课堂等；同步制订《江孜县纪委监委跟班学习管理实施办法（试行）》，分批安排乡（镇）纪委、派出监察室干部到自治区、市、县三级跟班学习、开展专项监督、巡视巡察等70余人次，切实通过“教

4月26日，江孜县纪委监委组织举办2022年年轻干部廉洁课堂开班式。图为开班式现场

育培训”“以岗代训”“以案代训”等方式提高纪检监察干部的监督执纪问责、监督调查处置能力。深入整治各类违规违纪问题，江孜县纪检监察机关运用“四种形态”批评教育帮助和处理党员干部及其他监察对象77人次，其中，第一种形态52人次，占比67.53%；第二种形态17人次，占比22.08%；第三种形态5人次，占比6.49%；第四种形态3人次，占比3.9%。科学合理运用“四种形态”的“倒三角”态势已初步形成，为严明纪律提供有力保障。

监察管理

【概况】 江孜县监察委员会于2017年12月25日正式挂牌成立，与中国共产党江孜县纪律检查委员会合署办公，履行中国共产党的纪律检查和国家监察两项职责，实行一套工作机构、两个机关名称。江孜县监察委员会在19个乡（镇）设立派出监察室，乡（镇）纪委书记兼任派出监察室主任。江孜县实有监察对象7215名，其中，县直机关单位共有1785名，19个乡（镇）共有1506名，155个村（居）共有3924名。

【作风建设】 围绕“名城振兴工程”战略规划，紧盯乡村振兴、粮食购销、产业投资、教育医疗、生态环保、低保养老等关键领域、关键环节，重点查处一切侵害群众利益、动摇中国共产党执政根基的不正之风和腐败问题；紧密结合中共中央、自治区党委关于“改进作风狠抓落实”的决策部署，紧盯党委（党组）全面从严治党主体责任落实、“一把手”第一责任人责任履行、班子成员“一岗双责”，在严肃党内政治生活，净化党内政治生态上持续发力，坚决查处一批不作为、慢作为、乱作为的典型问题。建立健全作风整治的长效机制，坚持以整顿会风会纪等为突破口，综合运用监督检查、审查调查职能，以点带面，切实推动江孜县党员干部作风向上向善。综合运用监督执纪“四种形态”，既把握“救”的尺度，又精确“惩”的界限，紧盯“关键少数”、管住“绝大多数”，紧盯发生在群众身边的“微腐败”和“黑与恶”，坚持零容忍、出重拳、强震慑、严处理、树典型，推动江孜县纪检监察工作向高质量发展。

【监督管理】 在进一步完善纪检监察履行监督专责的基础上，更深层次整合县乡纪检监察力量、融合纪检巡察监督力量，平衡乡（镇）纪委、巡察工作人员“闲时”“战时”的工作状态，灵活调动各方人员力量满足监督检查、审查调查的工作需要，结合巡察成果运用，做实做细监督执纪“后半篇文章”。继续发挥反腐败协调小组统筹调度作用，督促小组各成员单位就巩固江孜

7月8日，市县统筹巡察三组巡察江热乡党委情况反馈会议召开。图为会议现场

县党风廉政建设和反腐败工作成果不断加大信息共享和沟通衔接，切实划定责任分工、明确目标任务、强化群策群力。全程跟进指导被巡察党组织落实巡察整改任务，保障巡察成果向工作成效的快速转化。在县委巡察办指导下10个被巡察党组织已制订完成巡察整改方案。

聚焦巡察干部能力素质提升，开展巡前系统性教育培训2次，有针对性地提升巡察干部政策把握能力、问题发现能力，增强巡察干部巡察实战性，为提高“巡”的精准度和“察”的有效性打好理论基础；充分借助上下联动巡察优势，推动巡察向基层延伸和拓展，在市委统一安排部署下，下派统筹巡察组5个，与县委巡察形成监督合力，提高巡察政治监督质量。

推进纪检监察工作高质量发展，探索片区协作联动机制，将19个乡（镇）分为4个工作片区，由县纪委统筹带动乡（镇）纪委履行职能，全面形成县乡协同监督、协同办案、协同推进的工作格局；将50余个县直单位划分纳入4个片区监督范围，形成监督合力。

聚焦“两个维护”根本任务，中共中央重大决策部署和自治区党委、市委、县委要求，做到巡察有形覆盖与有效覆盖相统一，完成十届县委第二轮巡察，对12个党组织开展常规巡察，向被巡察党组织反馈立行立改问题34个，发现问题166个，移交问题线索6件；启动十届县委第三轮巡察，成立市县统筹巡察组2个、县委巡察组1个，分别对6个党组织、2个乡党委以及2个村级党组织开展常规巡察，扩大巡察覆盖面，推动“政治体检”走深走实。

巡察工作

【概况】 2022年，中国共产党江孜县第十届委员会巡察工作领导小组共成立7个巡察组，其中，5个统筹巡察组、2个县委巡察组，5个统筹巡察组对2个乡（镇）党委、12个县直部门党组织开展统筹巡察，2个县委巡察组对2个乡党委、6个村党支部开展常规巡察。各巡察组紧紧围绕“三个聚焦”（聚焦党中央各项决策部署在基层的落实情况，聚焦群众身边腐败问题和不正之风以及群众反映强烈的问题，聚焦基层党组织建设）监督重点，对22个党组织开展全方位的“政治体检”。

【巡察监督】 持续推动市县统筹巡察上下联动、板块轮动、聚合力量、一体推进，提升巡察质效。在巡察期间，抽调人员坚决贯彻落实中央、自治区党委、市委部署和县委要求，把握政治定位，坚持问题导向，创新方式方法，深入被巡察单位查阅大量资料、个别谈话等，同时通过下沉进行深入了解，工作起步稳健，组织推进有序，发现问题精准、

6月6日，县委书记陈昊（后排右二）主持召开十届江孜县委第二轮巡察工作领导小组会，听取工作汇报

报告问题清晰，完成对22个党组织的常规巡察，反馈立行立改问题53个，发现问题272个；启动十届县委第三轮巡察，扩大巡察覆盖面。

【专项检查】 根据自治区党委巡视工作领导小组统一安排，4月7日至6月7日，自治区党委第六巡视组结合巡视任务对江孜县委巡察工作开展专项检查。11月29日，巡视组向江孜县反馈《关于专项检查江孜县委巡察工作情况的反馈意见》，指出6个方面14项问题，提出14个方面的意见建议。江孜县高度重视巡视组关于专项检查江孜县委巡察工作情况的反馈意见，认真研究制订整改方案，并以此为契机补齐工作短板，提高工作质量。配合市委巡察指导督导工作，对十届县委第一轮巡察反馈问题整改情况进行监督检查，参与对十届县委第二轮巡察工作各环节的指导督导工作，切实发挥巡察办指导服务作用。

【制度建设】 根据市委统一部署和县委安排，共组织抽调巡察人员参加巡察干部培训班2次，累计培训48人。通过培训，使巡察干部了解巡察是党章赋予的重要职责，是加强中国共产党党建的重要措施，是从严治党、维护党纪的重要手段，是巡视向基层的延伸和拓展的基本概念；通过市委各巡察组领导，结合自身实际讲解巡察工作方法及交流巡察工作经验，使巡察干部通过培训学习，了解巡察工作，熟悉巡察工作各环节，对巡察工作实践如何做好政治巡察、如何在巡察中发现问题线索以及巡察工作流程规范打下理论基础。

（李志敏）

人民团体

中國歷史文化名城

工 会

【概况】 江孜县基层共有工会组织232个（包括工会小组），19个乡（镇）和155个村（居）全部实现工会委员会全覆盖，均通过民主投票选举产生工会委员会成员。发展农民工会员10998名，国有（集体）企业工会委员会15个，县直机关工会委员会（工会小组）43个。工会会员15682人，其中女会员3998人。会员分别为机关事业单位职工会员2574人，企业职工会员368人，各基层工会组织均配备兼职主席（232名）。江孜县有劳动模范9名（国家级劳动模范1名、自治区级劳动模范3名、市级劳动模范5名），西藏自治区“五一”劳动模范2名。

【紧抓政治引领】 江孜县总工会（简称“县总工会”）始终把学习宣传贯彻习近平总书记关于工人阶级和工会工作的重要论述、深刻学习领会中国共产党的各项会议精神，特别是中共二十大和习近平总书记重要讲话精神、习近平总书记考察西藏工作时的重要讲话精神，深入贯彻落实中共中央重大决策部署和自治区党委、市委和县委系列指示精神，锚定“四件大事”、聚焦“四个创建”，紧扣江孜“名城振兴工程”，着力提升江孜县新时代产业工人队伍思想政治素养，努力把工会干部队伍建设成为信念坚定、德才兼备、让党放心、让职工满意的知心“娘家人”。

【职工之家建设】 指导江孜县155个村级工会组织同步开展换届选举，举办江孜县新一届村级工会主席素质提升班；强力推进以“六有县级工会”（有依法选举的工会主席，有独立健全的组织机构，有服务职工的活动载体，有健全完善的制度机制，有自主管理的工会经费，有会员满意的工作绩效）、“八有乡级工会”（门前有牌子、办公有场地、会员有档案、组织有机构、工会有印章、工作有计划、活动有记录、学习有资料）、“五有村级工会”（有人员、有牌子、有制度、有计划和活动、有一定经费）为内容的基层工会组织标准化建设；建成村级农民工之家5个、农民工小分队3个。

【维护女职工权益】 关爱江孜县困难女职工身体健康，强化女职工对宫颈癌和乳腺癌防治意识，提高“两癌”早诊早治率，降低“两癌”死亡率，提升广大企业女职工自我保健意识和健康水平。

【关注职工服务】 组建江孜县农民工法律援助服务站；投入困难职工子女“金秋助学”帮扶资金45万余元；向江孜县干部职工发放江孜本地消费扶贫产品等福利600万余元；“三大节日”期间发送慰问品、慰问金共计

10月23日，县总工会到藏改乡人民政府慰问疫情防控一线人员。图为慰问现场

50 万余元。开展“喜迎二十大工会温暖行”活动，慰问坚守在防疫卡点和方舱医院等一线疫情防控工作人员，送去价值 20 万余元的慰问品，让一线防疫工作人员切实感受到县委、县政府和工会组织“娘家人”的关怀和温暖；上海市浦东新区总工会为江孜县援助疫情防控专项资金 30 万元，用于购置防疫物资。

【关心劳务输出】 县总工会将始终牢记初心使命，切实维护农民工劳动保障权益，做好农民工的保障服务工作，为农民工提供多元化服务。实地慰问农民工，共计慰问 1.9 万余元。

【开展文体活动】 联合团县委、县妇联等单位举办江孜县第一届“英雄城杯”干部职工篮球足球赛。组织工会会员参加自治区、市两级总工会举办的“中国梦・劳动美”职工演讲比赛并获最佳组织奖；会同县委宣传部深入 19 个乡（镇）开展以“五送”为主题的巡回宣讲活动。县总工会作为 2022 年全国总工会研究室对口联系西藏的 2 个县级工会之一，参加中华全国总工会研究室组织召开的“基层工会加强年”视频座谈会。

【完善财务制度】 县总工会完成上报 2022 年度工会经费决算和 2023 年度工会经费预算报表工作。依法足额完成年度上解经费的任务。在经费使用上始终坚持向基层倾斜的原则，在收、管、用上严格执行国家的财经政策和财务制度。自觉接受经费审查委员会的监督，送温暖资金、帮扶资金、宣传资金、文体活动资金以及专项补助资金的专款专用。

6月22日，在县总工会职工书屋举行“喜迎二十大　建功英雄城”江孜县年轻干部培养工作启动仪式，县委副书记张宏东（主讲台左二）、副县长李小波（主讲台右二）出席活动并讲话。图为活动现场

【青年读书班】 投资 30 万余元打造江孜县总工会职工书屋并列入全国职工书屋示范点名单。为深入贯彻落实习近平总书记关于年轻干部教育培养工作的重要指示要求，加大年轻干部培养力度，锤炼年轻干部过硬作风与本领，着力提升年轻干部的综合能力素质，突出年轻干部“五种能力”（公文写作能力，语言表达能力，办文办会能力，思维拓展能力，综合协调能力）建设，加快促进年轻干部成长成才，引导年轻干部敢于担当、真抓实干，构建江孜县干部人才梯队建设，建设一支讲政治、业务精、素质强、作风硬的高素质年轻后备干部队伍配合县委举办江孜县青年读书班。

（牛兵兵）

共青团

【概况】 2022 年，江孜县共有团组织 246 个（基层团委 22 个，基层团工委 2 个，团支部 222 个），8 家青年就业创业基地。江孜县 14—35 周岁的青年共有 2.57 万人，其中农牧民青年 2.03 万人；团员共有 3445 人，其中农牧民团员 2800 人。江孜县共有团干部407人，其中，专职团干部2人，挂职团干部1人，兼职团干部404人；有少先队辅导员181人。

【九次团代会】 4月28日，中国共产主义青年团（简称“共青团”）江孜县第九次代表大会召开，来自江孜县各条战线、各级团组织的120名团代表出席会议，县委副书记张宏东出席会议并讲话。大会认真听取由中国共产主义青年团江孜县委员会（简称“团县委”）书记央吉作《高举习近平新时代中国特色社会主义思想伟大旗帜，深入贯彻落实党的十九大及十九届历次全会、自治区第十次党代会精神，不忘初心跟党走、牢记使命建新功，在建设社会主义现代化新江孜和“名城振兴工程”的伟大新征程中砥砺奋进》工作报告。

4月28日，共青团江孜县第九次代表大会召开，县委副书记张宏东（前排居中）出席会议并讲话。图为出席人员会后合影

大会指出，在县委、县政府的坚强领导下，在上级团组织的指导帮助下，第八届团县委团结带领广大团员青年，紧紧围绕县委中心工作，认真履职尽责，在强化青少年思想引领、促进大学生创新创业、维护青少年合法权益、加强基层团组织建设等方面做了大量工作，为江孜社会发展和经济建设培育一批青年人才队伍。大会经过无记名投票，选举产生共青团江孜县第九届委员会委员25名，候补委员10名。常务委员12名，团县委书记1名，专职副书记1名，挂职副书记1名，兼职副书记2名。

【团组织建设】 2022年，新发展团员117名，推优入党63名。5月23—28日，举办第三期基层团干能力培训班，根据基层团干实际需求定制培训内容，提升江孜县基层团干部的理论素质能力、创新实践能力和责任感使命感。

年初召开基层团组织负责人述职评议会议，回顾各级团组织2021年度团建、青年工作开展情况，相互交流经验做法，查找存在的问题和差距，压实团干部的工作职责和任务目标，为2022年各项工作开展提供组织保障。

以团代会为契机，搭建服务联系平台——团代表联络站，讲解团代表联络站的服务机制和运行方式，并于4月28日正式挂牌成立，确保120名团代表全部进站，构建“联络站—团代表—团员青年”联络服务体系，用心用情倾听青年难点痛点，当好青年“娘家人”。

【少先队建设】 深入实施“红领巾奖章”争章活动，树立和增强少先队员的荣誉感，在全县中小学范围内开展“红领巾奖章”一星章、二星章争章活动，共评选一星章集体31个，二星章集体9个；一星章个人1142人，二星章个人304人。

组织江孜县各中小学大队辅导员参与为期4天的日喀则市第三届少先队辅导员培训班，以深入学习领会中共二十大精神和少先队业务知识为重点，提升江孜县少先队辅导员的政治素养和业务能力。

组织江孜县 19 所小学与黑龙江省 4 个市的 20 所小学开展“黑龙江—西藏各族少年书信手拉手”活动,小朋友们通过等信、收信、读信、回信，亲身体验一次文化之旅，开阔视野，感受祖国各地的风土人情。

深入发掘县域红色资源，为少先队开展“五观”（国家观、历史观、民族观、宗教观、文化观）教育提供良好平台。其中，江孜县青少年活动中心被团区委评为自治区级少先队校外实践教育基地，江孜县烈士陵园被团市委评为市级少先队校外实践教育基地。

引导少先队员参与“红领巾爱学习”“寒（暑）假十课”等网上学习课堂，以铸牢中华民族共同体意识、党史学习教育等为重点，培育少先队员听党话、感党恩、跟党走的思想认知，传承红色基因，厚植爱国主义情怀。

【五四青年节活动】 5 月 13 日，团县委举办“高举旗帜跟党走·青春建功新时代”五四表彰暨百人入团退团仪式，县委副书记张宏东、县政协主席拉巴仓决和县委统战部部长普布次仁等出席会议。各基层团组织负责人、五四表彰获得集体和个人、新发展团员、超龄退团团员、老团员代表等 300 余人参加活动。向在共青团工作中表现优异的先进集体和优秀个人颁发奖牌（奖状）；与会领导为新入团的共青团员佩戴团徽；超龄退团团员、老团员代表重温入团誓词，闵行中学教师代表超龄退团团员作表态发言。

【重要活动】 3 月 1 日，团县委与江孜县雪域阳光传统职业技术学校携手对江孜镇、年堆乡、日朗乡共 3 户家庭生活困难残疾户进行慰问，对其中 2 户每户分别赠送 3 张床、3 个藏柜（折合人民币 5250 元）；对患有癫痫病常年卧床的老人医疗救助 3000 元。7 月 3 日，团县委在中国共产党成立 101 周年之际，结合新时代文明实践活动，联系西藏边那仓藏医院，深入康卓乡卓麦村开展“庆祝建党 101 周年·迎接中共二十大”主题义诊活动，此次义诊共为 100 余名群众进行免费检查和治疗，派发共计 1.4 万余元的藏药。

【青少年思想】 1 月 26 日，县团县委联合县消防大队、县刑侦大队、县交警大队赴日朗乡、年堆乡开展“青春自护平安春节”青少年自护教育活动,中小学生、大学生、学生家长共计 200 余人参加活动。4 月 18 日，团县委联合县人民法院举办 2022 年青少年“模拟法庭进校园”活动。组织学生分别担任审判长、审判员、公诉人、辩护人、被告人和法警等角色，通过真实审判，模拟审判未成年人故意伤害案件。通过组织学生参与、旁听“法庭”的“案件审理”，以案说法，共同分析犯罪的原因，总结教训，使学生在实践中学法，知法，懂法。6月 1 日，团县委联合县妇联、

7月3日，团县委开展“庆祝建党101周年·迎接中共二十大”主题义诊活动。图为向提供义诊服务医院赠送锦旗现场

4月18日，团县委开展“模拟法庭进校园”活动。图为活动后合影

县人民法院、县消防大队、县交警大队到紫金乡小学开展“喜迎二十大，红领巾心向党”儿童安全自护教育宣传活动。活动中，各单位负责人结合职能从未成年人保护、道路交通安全、食品安全、消防安全、居家安全等各方面对学生进行安全教育。

【服务青少年】 2022年，团县委帮助190名小学生申请“希望工程1+1”幻方助学金，为4名大学生申请“国酒茅台”助学金，共计助学资金21万元。1月28日，开展“三大节日”慰问活动，慰问对象包括江孜县青年创业者、“两新”组织团工委、青工委成员单位、自治区级青年文明号单位、少先队工作者代表、西部计划志愿者的青年代表共计11人，发放慰问金5500元。2月24日，慰问大学生就业创业指导服务中心入驻创业者格桑德吉，详细了解创业者的工作情况、生活现状、思想动态，送去组织的关怀和美好祝福。

【青年创业】 团县委与上海市第九批援藏干部江孜联络小组对接，争取援藏资金支持。共开展3场青年创业相关方面培训。举办农牧民专业合作社IYB（“提高商务能力”的英文单词首字母缩写）培训班，以IYB创业知识为主要讲授内容，穿插讲授市场营销、采购实操、库存管理和成本核算等新时代背景下企业所需知识，并邀请税务局和法院专业工作人员，一对一为学员讲解税收和法律知识。5月，开展江孜县女性就业创业化妆美容师培训，以提升女性综合素养，增强就业创业本领为侧重点，吸引创业女大学生、机关女性干部职工等共计40余名学员报名参加。举办电商直播带货培训班，借助网络直播带货的“快车道”，为江孜县产业兴旺提供助力，为江孜县培育一批懂电商、用电商的青年人才队伍。

【志愿者服务】 寒假期间，各基层团组织充分发挥引领青年、服务青年、凝聚青年作用，组织大学生开展“奋进新时代逐梦新征程”返家乡社会实践活动，带领青年大学生开设国家通用语言文字培训班；参观江孜抗英纪念馆；宣传反电信网络诈骗知识，引导群众下载“国家反诈中心”App；向群众免费发放口罩，宣传疫情防控知识。3月5日，团县委组织西部计划志愿者与“两新”组织青工委成员单位为重孜乡央白村1户单亲家庭送去慰问金500元；并向央白村的孩子们送去价值5500余元的学习用品。3月30日，团县委联合县妇联带领8名志愿者到江热乡参加干部春季义务植树活动。高考期间，团县委组织西部计划志愿者和青年志愿者们在江孜县高级中学开展助力高考志愿服务活动，准备矿泉水、口罩、纸巾、文具等免费提供给高考考生和家长。组织疫情防控青年突击队，开展疫情防控知识宣讲、聚集劝返、防控卡点值守、“为奉献者奉献”等服务活动，筹集口罩、防护服、藏药、消毒柜、生活用品等价值4万余元的防疫物资。

【疫情防控】 8月，团县委第一时间组织工作力量加入疫情防控工作中，其中多人在隔离管控酒店中从事隔离人员的管控、消毒、转运、解除等各项工作，发挥支部年轻人的作用，各类工作力量明确工作要求，确保工作任务落实到位。充分发挥江孜县青年突击队的力量，充分发挥县团县委力量，联合县委宣传部，以组织化动员和社会化动员相结合的方式招募建立志愿者队伍，组织发动各级团组织、团干部、广大团员青年和社会青年志愿者参与疫情防控工作。在江孜县范围内评选出20名优秀疫情防控志愿者给予奖励慰问，并进行宣传报道，以此吸引更多的青年参与志愿服务、践行志愿精神、传播先进文化、共建和谐江孜。

（梁　聪）

妇　联

【概况】 2022年，江孜县各级妇联组织有174个，妇女之家183个。

【妇女创业就业】 不断加大政策、资金和机会等向妇女倾斜力度，免费提供就业援助、创业扶持、技能培训等帮扶，妇女就业创业积极性迅速提升，参与经济社会发展建设的环境有效改善。2022年，江孜县妇女转移就业24978名，高校女毕业生348名。

5月31日，县妇联到江孜县第二小学开展“圆梦微心愿 点亮新希望”庆“六一”慰问活动。图为县妇联工作人员与儿童合影

【妇女儿童权益保障】 2022年，江孜县妇女联合会（简称“县妇联”）利用“三八”维权周、综治宣传月、平安宣传周、“12·4”国家宪法日等节点，在江孜宗山民族团结文化广场集中开展维权宣传活动11场，发放宣传册4560余册；组织各级妇联组织、妇女儿童维权岗开展法治宣传活动340余场次，发放法律法规宣传单和宣传资料共9850余份；联合团县委、县司法局等部门，开展普法学习宣传教育进乡（村）活动11场次，发放宣传资料2900余份；多次与县人民法院联合开展“家庭暴力”进村普法宣传活动，提升妇女法律意识。

【妇女儿童工作】 2022年，县妇联坚持把联系和服务妇女群众作为妇联工作的生命线，利用节假日和重要节点等契机，开展走访慰问，持续推进妇女儿童关心关爱行动，帮助妇女儿童解决实际困难。年初在江热乡班觉伦布村“儿童之家”开展“把爱带回家、让孩子健康成长”2022年寒假儿童关爱服务活动，同时为村（居）内13名留守儿童、困难儿童送去价值2000元的爱心小礼物。新春、藏历新年来临之际，开展2022年度妇女先进个人慰问活动，向6名妇女先进个人颁发荣誉证书和价值2580元的节日慰问品。藏历新年和“三八”国际妇女节，到19个乡（镇）和尼姑寺开展节前慰问活动，向她们敬献哈达并为每名长期病号妇女发放300元慰问金，共计6000元。3月5日，县妇联组织附近乡（镇）党员干部、巾帼志愿者到江孜抗英纪念馆和帕拉庄园开展志愿服务活动。3月底开展“情系残疾人慰问暖人心”志愿服务活动，争取2套残疾人折叠轻便轮椅，送给达孜乡、年堆乡2名生活不能自理的残疾妇女。3月28日，以座谈会形式慰问党龄50周年及基层退休老妇联主席，送去价值5320元的纪念品（户外保温瓶）。母亲节活动期间，组织各乡（镇）、村（居）巾帼志愿服务者将“主题党日”同“母亲节”志愿服务活动结合起来，开展“温馨母亲节关爱孤寡老人”感恩母亲节主题活动。“六一”国际儿童节活动期间，开展“圆梦微心愿、点亮新希望”活动，在江孜县第一小学、第二小学学生中征集70个“微心愿”，组织6名县级巾帼志愿服务者为受助者发放小小心愿物品。深入4名低收入“两癌”患病妇女家中，为她们送去每人1万元的“两癌救助中央专项彩票公益金”。

【疫情防控】 8月，县妇联发动各级妇联组织及广大妇女，主动融入疫情防控工作大局，充分发挥优势助力疫情防控工作，与各部门密切配合，联防联控，开展巾帼志愿服务行动。发动巾帼志愿服务队，参与卡点值守、疫情防控政策知识宣传、防疫巡查、核酸检测现场秩序维护、物资发放、协助排查等志愿服务，用小服务展现大担当。

【“美丽家园幸福人家”创建工作】 县妇联携手咸阳群目商贸有限公司，在江孜县新政府大院内开展创建“美丽家园幸福人家”爱心物资捐赠仪式活动。县委副书记张宏东、县妇联主要负责人、各乡（镇）妇联主席及部分女环卫工人、护士、公安干警等60余人参加活动。捐赠活动中，咸阳群目商贸有限公司向县妇联捐赠强贝健康除菌皂露，捐赠物资折合人民币6万余元。

【铭记历史 珍惜今天 开创未来】 为全面贯彻落实十九届六中全会和中央第七次西藏工作座谈会精神，县妇联于3月28日下午开展以“铭记历史　珍惜今天　开创未来”为主题活动，邀请党龄50年且担任过妇联主席的村（居）老妇联主席们，共32人参加座谈会，并为其送上价值3600元的慰问品。

【村（居）妇联干部国家通用语言文字演讲比赛】 为持续引导广大村（居）妇联干部和群众认真学习使用国家通用语言文字，提升村级妇女工作水平，不断铸牢中华民族共同体意识。5月底，县妇联牵头联合县委组织部、县语委办共同举办以“中华民族一家亲 同心共迎二十大”为主题的村（居）妇联干部国家通用语言文字演讲比赛。

（边巴琼达）

4月20日，县委副书记张宏东（中间）出席江孜县妇联创建“美丽家园幸福人家”爱心物资捐赠仪式。图为捐赠仪式活动现场

工商联

【非公有制经济发展】 江孜县工商业联合会（简称“县工商联”）换届大会召开，选举产生49名县工商联第二届执行委员会委员，主席和常务副主席各1名、副主席4名、常务委员18名，总商会会长和常务副会长各1名、副会长4名。引导非公有制经济人士扛起社会责任，开展疫情防控工作捐款捐物活动，捐赠金额总计为722.83万元。

【会员服务】 坚持“信任、团结、服务、引导、教育”的方针，围绕“两个健康”（非公有制经济健康发展、非公有制经济人士健康成长）的工作目标，发挥桥梁纽带和助手作用，全力助推和引导非公有制经济发展。加大对会员企业的宣传力度，通过《会员风采》《社会责任》《企业服务》等专栏、专题宣传会员企业捐资助学、参与抗击疫情、助力乡村振兴等。深入企业调研共45次，解决企业困难。

【维权服务】 联合县司法局、县网信办和以非公有制经济普法基地为核心的普法平台，常态化开展法治宣传、法治“问诊”、法治“体检”等服务；联合县税务局，宣传税收法律政策，引导纳税人正确维护合法权益。与拉萨法律事务所签订1年制法律顾问合同，为13家会员企业解决法律问题，充分发挥法律顾问的咨询作用。

【参政议政】 县工商联充分发挥职能，推选政协委员24名，人大代表2名。围绕县委、县政府中心工作建言献策，不断加强民营企业家与党委政府之间的沟通交流，引导民营企业主动表达诉求，提高参政议政能力和建言献策水平，为江孜县优化营商环境贡献力量。

【百企帮百村】 引导会员企业承担社会责任，发挥企业家精神，为江孜县“百企帮百村”做好巩固工作。县工商联35家会员企业到会员企业困难员工和县域困难户进行新春慰问，共投入折合资金140.6万元。县工商联会员企业为江孜县疫情防控捐款捐物、向慈善协会捐款，捐赠金额总计为722.83万元，其中，金塔集团捐赠总计170万元，西藏星原建筑工程有限公司捐赠总计113万元。

【非公有制经济党建】 根据县委统一安排部署非公有制经济党建属地管理原则，县工商联下设兼职党建指导员18名，非公有制经济党组织23个，党组织示范点4个。切实抓好非公有制经济党建“两个覆盖”（党组织覆盖和工作覆盖）目标，发挥好“两个作用”（党员的先锋模范作用和党组织的战斗堡垒作用），打造“党建引领企业健康发展”的工作模式。

（桑　珠）

5月6日，县工商联组织律师次仁德吉（右二）为非公有制经济人士提供法律咨询服务。图为咨询现场

对口支援

中國歷史
文化名城

【概况】2022年是上海市第九批和第十批援藏干部江孜联络小组轮换之年，在上海浦东新区区委、区政府，上海市援藏干部联络组，江孜县委、县政府的正确领导下，上海市援藏干部江孜联络小组克服不利因素，发扬艰苦奋斗、团结协作、争先创优的精神，完成2022年的对口支援工作。

【智力援藏】扶持江孜县“一协会两中心”（江孜县农牧民合作社协会，江孜县大学生就业创业指导服务中心、江孜县农牧民专业合作社指导服务中心）打通农产品销售渠道，解决11个农牧民专业合作社和3个农牧民个体户销路难问题。通过学校“三包”政策配送项目促进合作社收入增长，配送学校“三包”政策蔬菜及农畜产品总营业额达160万余元，实现农牧民专业合作社收入54.6万元。与县商务局对接，参加“藏品入沪”品鉴活动，上海藏日农业科技有限公司、藏研（上海）贸易有限公司、西藏藏红花生物科技开发有限公司的青稞、藏红花等具有江孜高原特色的产品受到关注和好评，现场销售10万余元。

组织江孜县基层业务骨干、中青年干部、优秀科级干部赴上海开展学习培训和跟班挂职锻炼共58人，系统学习基层党建、产业发展、乡村振兴、生态环保、社区管理与建设、农民专业合作组织、统筹城乡等方面知识，以及上海市浦东新区在工作推进过程中的先进经验、创新做法、案例，拓宽江孜县干部人才的视野，提高江孜干部解决实际问题能力。通过专业机构举办辅导讲座、户外团队素质拓展等，对18名江孜县团干开展综合能力提升培训，提高基层团干部的理论知识水平能力和在共青团工作中的决策能力。

7月26日，江孜县举办上海市第九批、十批援藏干部江孜小组工作交接会。图为会议现场

邀请上海18名教育专家进藏（线上）讲学，累计使江孜县的366名中小学、幼儿园领导、班主任和任课教师得到较高规格的集体培训，提升江孜县整体教育教学水平。邀请上海5名医疗专家进藏（线上）讲学，累计使江孜县的327名卫生系统的业务人员得到专业培训，提升江孜县整体医疗卫生水平。

【乡村振兴】打造高原首批可复制、可粘贴、可推广的乡村振兴示范村，投资建设集旅游接待、特色产品展示、乡土文化体验、卡垫生产、阳光图书、甜茶吧、儿童乐园、歌舞排练于一体的“索盖村新时代文明实践站”，持续推动村集体经济发展，缩小城乡发展差距，健全社会保障常态化帮扶机制。

推进浦东援建红河谷农业园区融入环珠峰旅游圈，在日朗乡、康卓乡辐射点新建温室大棚共18座，带动辐射点农牧民群众实现就业增收。新建江孜县喜嘎生态奶牛养殖场等具有江孜特色的生态养殖产业链，使用“项目（基地）+ 合作社 + 农户 + 公司”的运营模式，农户通过折合现金的方式入股合作社，合作社将盈

12月16日，江孜县召开2022年优秀科级干部赴上海市浦东新区开展跟班培训动员会。图为会议现场

余的40%作为合作社发展资金，60%作为分红资金按股分红，增加农户现金收入。

【改善民生】完善基础设施建设短板，完成年堆乡热定新村至G349之间道路约1.7千米、江热乡江热村主干道约1.5千米、明沟排水系统约1.5千米及村内巷道硬化，增设路灯、停车让行标志、路缘石。完成东郊村、江热村市政工程等配套附属设施建设，解决3个村群众的出行难题。改造提升道路两侧的风貌，打造宜居的生态环境。在重孜乡建设水厂，铺设供水系统及管道，建设业务用房、管理用房和蓄水、消毒等设施，解决重孜乡7个行政村、840户4000余人的饮水问题，保障居民生活用水质量。健全以县级医院为支撑、乡（镇）卫生院和村卫生室为基础的医疗服务网络，推进江孜县重孜乡中心卫生院建设及配套升级项目，方便群众就近看病，并为群众提供健康指导，促进健康生活方式的普及。完善江孜县学校基础设施建设，实施江孜闵行中学运动场及学习园地维修改造建设、重孜乡小学女生宿舍建设、重孜乡小学改扩建、江热乡小学公厕、卡麦乡小学及紫金乡小学运动场建设等多所学校基础设施提升项目，改善江孜县办学条件，提高学生学习活动的环境质量，促进教育全面发展。

【交往交流】选派28名优秀中小学校师生到上海市开展为期11天的冬令营参观学习活动；组织30名江孜县村主要干部和村后备干部到上海市、江苏省南京市等地开展以“感党恩、学先进、看发展”为主题的学习培训活动；选派江孜县妇女代表30人赴上海市开展以乡村振兴、创新创业精神、大国工匠及党性教育为主要内容的学习考察活动；组织基层党建、文化旅游、乡村振兴、环境整治、城市建设等领域领导和业务骨干50人分2批次赴上海市、浙江省等地开展学习考察；选派江孜县政协委员13人赴上海市、浙江省嘉兴市及四川省成都市开展考察学习；组织13名青年团干部赴上海市开展素质能力提升培训。

【疫情防控】上海市第十批援藏干部江孜联络小组党政干部参与江孜县疫情防控工作，胡发炜担任专家研判组组长，沈晨卫担任舆论宣传组组长，王华参与疫情研判和方案制订、现场查看、专业指导、技术培训等，黎春在闵行中学开展线上教学和“同‘心’抗疫共筑疫情防控心理健康防线”线上专题讲座，雷猛负责后方援助防疫物资的沟通对接和小组日常生活保障，沈轶负责相关情况报送等。上海市浦东新区人民政府选派50名医务人员紧急驰援，为江孜县捐赠价值650万元的医疗设备、防护物资和检测试剂等防疫物资。上海市第十批援藏干部江孜联络小组协调支援防疫物资7批，合计价值1300万余元。

（李秀云）

军事

人民武装 >>>

武装警察 >>>

中國歷史
文化名城

人民武装

【政治建设】 江孜县人民武装部（简称“县人武部”）坚持用习近平新时代中国特色社会主义思想和习近平强军思想武装头脑，深入贯彻军委主席负责制，认真学习领悟中共二十大精神。坚持以“背要点、抄原文、悟原理、见行动”为抓手，开展中共二十大精神学习，开展集中理论宣讲、中共二十大知识问答竞赛、中共二十大知识考核。结合“忠诚维护核心、矢志奋斗强军”深化主题教育，采取“规定书目个人自学通读、重点内容集中组织精读、论述摘编结合工作研读”的方式，组织官兵研读《习近平论强军兴军》《习近平谈治国理政》等文献，打牢思想根基。设置征兵宣传LED显示屏、征兵宣传展板、国防教育主题灯箱，打造江孜县“双拥暨国防教育”一条街。

【中心工作】 深入学习贯彻习近平强军思想，聚力将“战备训练、国防动员、军地协调”三项工作向纵深推进。按照明确的基础训练、业务训练、课题训练标准要求，组织本部官兵完成军事训练时间和体能训练时间标准。采取分区抽考与本级普考相结合的方式组织年度军事训练考核，整体成绩优良。开展民兵整组、兵员征集、民兵训练工作，落实民兵军事训练相关要求。科学调整组建民兵分队，授旗组建“红河谷大学生民兵分队”，民兵工作实现首次以大学生为骨干力量编兵、首次实现“十四五”要求企业编兵2个突破。

2月10日，江孜县开展征兵宣传活动。图为在宗山民族团结文化广场LED显示屏播放征兵宣传视频

【征兵政策】 召开江孜县征兵工作推进会、征兵业务培训会，深入乡村开展未就业大学生国防教育宣讲，征兵宣传窗口进驻县政务服务中心，在乡（镇）挂牌设立征兵工作宣传站，组织适龄青年兵役登记。征兵办公室和各单位紧密协作，严把征兵政策、标准和条件关，完成年度征兵任务，大学生新兵占比稳步提升。

【部队管理】 严格落实部队安全管理各项规定，注重夯实安全基础，树牢安全理念，参与江孜县全民国家安全教育日相关活动。与县相关单位和部门建立协作机制，清理清查涉军违法信息，坚决防范政治问题。全年组织安全教育、防范酒驾醉驾教育、安全演练，集中观看安全警示教育片。严把疫情防控安全，守牢疫情防控底线。协调县相关单位和部门开展“守护戎装”行动。

【后勤保障】 加强经费投入，充分调动官兵积极性，群策群力投身人武部建设。提升库室建设标准，为19个乡（镇）购买、下拨抢险救灾应急物资，提高基层人武部规范化建设水平和抢险救灾应急能力。青年民兵之家添置高压氧舱、图书、文体用品、唱吧，新建民兵立体种植教学示范园。

【拥政爱民】 充分发挥军地协调部职能，深入驻军单位，收集梳理并协调解决驻军单位训练、生活等方面的困难，疫情防控期间协调县卫生系统保障驻军单位核酸检测。协同县委宣传部、县退役军人事务局组织开展国防教育和双拥共建。深刻认清部队在参与乡村振兴中肩负的责任，加强组织领导，为乡村振兴助力。了解定点帮扶村易返贫人员情况，为乡村振兴建言献策。累计投入3万余元，到定点帮扶村走访，慰问24户困难家庭，为村民活动中心赠送藏式家具。

（张明贤）

武装警察

【部队管理】 江孜县武警中队（简称“县武警中队”）部队秩序正规、纪律严明、安全稳定；坚持依法带兵、以情带兵、文明带兵、科学带兵；每月安全法规、安全常识落实扎实，“百日安全竞赛”活动开展扎实，实现全年安全无事；后勤各项制度落实严格，经费和物资管理正规，伙食调剂科学，定量符合标准，各库室设置规范，营产营具管理正规。

【学习教育】 县武警中队党支部持续推进习近平新时代中国特色社会主义思想和习近平强军思想学习贯彻，思想政治教育扎实有效，课后讨论、心得交流等配合活动开展；经常性思想工作制度落实，官兵安心服役，爱岗敬业，思想心理排查等工作开展扎实；文体活动丰富多彩，官兵精神状态昂扬。

【军事训练】 坚持把军事训练作为生成和提高战斗力的必由之路，坚决贯彻军委和武警部队军事会议精神，努力推进军事训练实战化水平不断提高。激励先进不断挑战自我，鼓励后进向先进看齐，使官兵学有标杆，激发训练热情，提升官兵训练积极性。

【军事工作】 县武警中队一直把执勤工作作为中心工作来抓，树立端好“执勤饭碗”思想，坚持开展专哨专勤训练、情况联动处置等执勤技能训练，完成各类临时勤务、联勤武装巡逻、检查站警戒设卡等，维护社会稳定。

【政治建设】 县武警中队党支部团结协作紧密，支部堡垒作用强，按纲抓建的思路清晰，七项组织生活制度落实质量高。党管党员、党管干部举措有力，干部事业心责任感强，党员模范作用好，工作热情高、任务完成出色。部队内部风清气正，干部骨干公正廉洁，官兵合法权益得到维护，无“微腐败”问题发生。

【后勤保障】 严格落实财经纪律，坚持经费投向一线，牢固树立“少花钱、多办事、办好事”的原则，做到有计划、有研究、有预算、有汇报，确保经费开支依法依规。武警中队始终发扬勤俭节约、精打细算的优良作风，严格落实财经纪律，并充分发挥经济民主组的作用，严防因管理不善而丢失的现象发生。开展农副业生产，实行责任制，激发官兵劳动热情。

（王振羽）

法 治

政法委及综治 >>>

公　安 >>>

检　察 >>>

法　院 >>>

司法行政 >>>

中國歷史文化名城

政法委及综治

【概况】 2022年，中国共产党江孜县委员会政法委员会（简称“县委政法委”）在市委政法委和县委、县政府的正确领导下，紧紧围绕江孜县长治久安和长足发展的中心工作，紧扣县委“名城振兴工程”和县委政法工作会议提出的“五大工程”，以“改进作风狠抓落实”和政法系统“五大专项行动”（法律大学习、执法大培训、作风大整顿、素质大提升、为民大服务）为契机，坚持履职尽责，担当作为，着力构建稳定、法治、和谐的社会环境。

【专项工作】 根据自治区、市两级党委政法委的统一安排部署，县执法司法案件“回头看”专班组从政法各部门在2017—2022年已办结案件中，按照1%的比例和覆盖各类型案件的要求，抽取28件案件进行“回头看”，共评查27件，回访28件，回访率100%，评查完成率96.43%。县扫黑办牢牢抓住“四大行业”领域（信息网络领域、自然资源领域、交通运输领域、工程建设领域）整治这个“牛鼻子”，以打击为先，以防控为基，以监管为重，以立制为本，以明责为要，坚决打好“四大行业”领域整治攻坚战，确保行业秩序明显好转、制度机制基本完善、人民群众满意度持续提升。组织开展专题法治宣传203场次，线索排查200余次，发现问题68条，开展整治行动60余次，办理“九类”（强迫交易罪、组织强迫卖淫罪、开设赌场罪、寻衅滋事罪、敲诈勒索罪、故意伤害罪、非法拘禁罪、聚众斗殴罪、故意毁坏财物罪）案件2起，抓获33人，起诉2起7人。

5月6日，江孜县召开全县政法队伍教育整顿后续工作暨深入开展执法司法案件“回头看”活动动员部署会议。图为会议现场

【平安建设】 加强社会面治安巡逻工作，开展治安巡逻2.7万余人次，特别是在疫情防控期间，江孜县“双联户”户长等群防群治力量为老弱病残等群体配送物资2896次，参与消杀11909次，充分利用微信群、应急广播和流动广播等手段，教育引导干部群众32.3万人次。做好辖区内各项维稳工作。加强矛盾纠纷、安全隐患排查化解工作。投入群防群治力量6.7万余人次，排查矛盾纠纷、安全隐患8481次，发现矛盾纠纷隐患58起，化解58起，发现安全隐患2起，化解2起。通过前期踩点、现场勘查等方式在紫金乡奴堆村组织19个乡（镇）综治专干开展“双联户”考评、打分程序专题现场培训。县平安办为辖区26名获得2021年度县级以上“先进双联户”家庭直系子女办理考试加分政策手续。县委政法委统筹政法各单位、信访、人社等部门，整合部门窗口服务职能，结合江孜实际，探索“2+6+7+X”的工作模式，打造县级“一站式”矛盾纠纷调处中心。率先

在年堆乡、重孜乡人民法庭摸索形成“2+5”基层社会治理新模式，坚持将解决纠纷服务送到群众家门口。两级“一站式”中心调解矛盾纠纷47件，网格法官指导调解7件、司法确认6件，深入基层调解疑难矛盾纠纷5次，法治宣传20场次，邀请“双联户”户长等基层群防群治力量参观基层法庭3场次、依托科技法庭组织群众模拟法庭2场次。

启动为期9个月的“天眼护苗”“送您一条反光膜”等专项行动，着力解决乡（村）三轮电动摩托违规载人接送学生、不按规定佩戴安全帽、不遵守交通法规等突出问题；发放反光膜4000份，发现三轮车违规载人问题17起，给予9个乡（镇）黄牌警告，给予5个乡（镇）橙牌提醒，给予2个乡（镇）红牌通报；为相关部门破获2起道路交通肇事逃逸案件和盗窃案件的侦破提供技术支撑。

【队伍建设】 县委政法委持续加强政法机关队伍和领导班子建设，全力推进平安江孜、法治江孜建设，确保江孜县社会大局持续稳定、长期稳定、全面稳定。3月，组织召开县委政法工作会议，总结回顾2021年江孜县政法各项工作，分析维稳形势，提出江孜县2022年政法工作“五

6月21日，江孜县政法系统开展“护航二十大　建功英雄城”主题文体活动，县长巴桑（左五）等领导出席活动。图为活动现场

大工程”思路，明确具体内容、具体方向、具体任务。召开县委政法委员会2022年第一次全体会议，明确新任委员职责，研究讨论政法系统重大事项2件，发挥县委政法委“中枢神经”作用。组织开展政法系统“护航二十大　建功英雄城”主题文体活动，江孜县政法干警、武警官兵、乡（镇）政法委员和综治专干共计400余人参与各项活动，参与率达到88%。

【反邪教工作】 紧紧围绕维护国家政治安全的总目标，深入贯彻落实习近平总书记总体国家安全观的重要战略思想。依托微信公众号等线上宣传阵地，结合各类集中线下宣传、宣讲活动，加大宣传力度，营造全民反邪教的浓厚氛围；联合县公安局相关科室，深入县城各重点领域，加强摸排，全面排查邪教组织渗透破坏隐患，确保社会治安持续稳定。

【法学会建设】 县法学会围绕中心，立足江孜，联系实际，主动作为，从最基本工作着手，充分发挥基层法学会服务于基层、服务于群众的作用。利用综治宣传月、“4·15”全民国家安全教育日、综治宣传周、“9·16”平安西藏宣传日等契机，与法学会成员单位加强协作，开展100余场法治宣传宣讲活动。根据政法各部门及相关成员单位人员变动情况，更新完善江孜县法学会成员信息。

【法治宣传】 切实保护好老年人“钱袋子”。结合自治区、市

3月14日，江孜县在宗山民族团结文化广场组织开展综治宣传月活动。图为活动现场

两级关于打击整治养老诈骗专项行动工作方案要求，共发布各类信息30余条，制作海报、宣传横幅204张（条），设立宣传展板6个，开展集中宣传活动127场次、发放宣传册1445份。起草下发《2022年江孜县综治宣传月活动方案》，发动宣传干部65人，车辆18辆，悬挂横幅26条，发放宣传资料种类200余种、发放宣传资料6560余份，接受咨询200余人次，受教育人数达1800人。利用“平安江孜”“江孜公安”等微信公众号、抖音平台发布涉疫及政法相关资讯，共发布涉疫文章116篇，抖音发布涉疫视频28条，点击量206万次，点赞量3.9万次。

【疫情防控】 8月，组织江孜县政法各部门干警、先进“双联户”户长等参与疫情防控工作。江孜县212名“一村一警”民辅警通过村（居）微信工作群发布转载疫情防控知识，排查化解各类矛盾纠纷隐患，避免各类恶性事件发生，共开展矛盾纠纷排查366次，发现矛盾纠纷101起，化解矛盾纠纷96起。

（张传伟）

公 安

【案件侦查】 2022年，江孜县公安局（简称“县公安局”）指挥中心累计接处警情8313起，有效警情213起，其中，治安警情80起，刑事警情15起，交通事故50起，纠纷35起，群众求助30起，其他警情3起。破案30起（含12起盗窃隐案）。抓获犯罪嫌疑人36人，取保候审16人，刑事拘留9人，逮捕9人，移送起诉案件18起25人，挽回人民群众经济损失折合人民币21.61万元。抓获公安部在逃人员2人。受理治安案件77起，查处77起，查处率100%，收缴赌资8260元，行政拘留11人、行政罚款2.9万元。办理九类涉黑涉恶案件1起（组织卖淫案），抓获犯罪嫌疑人4人、卖淫违法人员3人，刑事拘留3人、取保候审1人、移送起诉1起4人。收缴捕猎工具17套、圈套1套。开展易制毒及精麻药品整治10次。收缴各类枪支10支、子弹370发、管制刀具15把、弹头1枚、枪套1个；群众主动上缴炸药249.1千克、导火索878.6米、雷管550枚。

【社会治安防控】 2022年，县公安局累计出动警力2万余人次。县公安局党委班子牵头包保19个乡（镇），并以“一村一警、一村多警”工作模式，下沉212名警力包保江孜县155个行政村（居），倾听社情民意、搜集掌握深层次信息。开展集中清查整治行动9次，盘查人员2347人次、车辆215辆次，发现隐患272起，现场整改272起。开展矛盾纠纷排查366次，发现矛盾纠纷101起，化解矛盾纠纷96起，移交

6月30日，江孜县公安局启动“一村一警”基层社会治理警务工作模式。图为县公安局领导与下沉警力合影

5起。通过“护城河”查验过往人员36.87万人次、车辆11.53万辆次，物品23.07万件，抓获公安部通缉的在逃人员2名、一级临控人员2名，收缴管制刀具4把、零散汽油20升，查处无证驾驶行为2起、酒驾行为1起，查获违法使用身份证行为1起。

【执法服务】 2022年，办理出生入户501人、死亡注销379人、市外迁入128人、迁出276人、居民身份证5503张（异地身份证45张）、居住证323人，办理居住登记卡1657人，清理重点户5人。办理机动车注册登记411辆、机动车转移登记使用原有号牌业务10辆、小型普通客车免检625辆、委托检验机动车71辆，核发机动车驾驶证（C1、C2、D、E、F）类2771本，受理机动车驾驶人初次考试2097人次。办理常住江孜县外籍人员居留证3张3人，办理外国人旅行证50张312人。审核发放边境通行证1.92万张，政治审查382人。开展法治宣传245次，摆放宣传展板200余块，悬挂宣传横幅245条，发放宣传资料1.7万余份，受教育群众达1.5万余人。结合“美丽乡村行”宣传活动及一盔一带安全守护行动，开展宣传教育工作240余次，发放各类宣传资料7500余份，张贴宣传海报130余份，免费发放爱心安全头盔100顶；通过微信公众号发布“两公布一提示”（公布交通流预判和分流绕行预案、公布道路危险路段和事故多发点段，提示节日期间交通安全事项）信息13条，曝光道路交通违法行为10次。基层一线部门组织开展反电信诈骗活动开展宣传82次，发放宣传资料5000余份，宣传下载“国家反诈中心”App 300余人，受教育人数1万余人。

【交通管理】 2022年，检查车辆6.2万余辆，查处交通违法行为490起，非现场违法行为2887起，罚款100.28万元（现场违法行为处罚16.15万元，非现场违法行为处罚84.13万元），现场教育驾驶人4000余人次。江孜县发生轻微交通事故73起，造成经济损失5.48万元。开展道路交通隐患排查工作14次，摸排道路安全隐患26处，整改17处，未完成整改9处。排查G349、G562及X203交通安全指示标志、标牌缺失80处，整改80处。

【疫情防控】 疫情防控期间出动警力，在救治点、重点部位、重点岗位开展防疫工作。办理涉疫案件37起。

【队伍建设】 2022年，县公安局党委组织民辅警认真学习习近平新时代中国特色社会主义思想、习近平法治思想、中共二十大精神、党章党规党纪及警纪警规，提升全体民辅警理论水平。累计召开党委理论中心组学习会议20次、理论知识测试4次、专

3月21日，县公安局民警到紫金乡小学开展“开学法治第一课”法治宣传活动。图为民警与学生合影

题研讨15次，召开专题民主生活会1次，组织生活会学习2次，党委专题党课3次，党支部专题党课17次，中共二十大精神宣讲10次，主题党日、党员志愿服务活动110余次。15人被接收吸纳为中国共产党预备党员，4名预备党员转为正式党员，吸收入党积极分子5名。开展进一步改进作风狠抓落实专题学习4次，发放学习笔记本304本，组织民辅警撰写“四查四问”专题对照检查材料及问题整改材料950余份，召开意见建议座谈会17次，签订承诺书304份，开展谈心谈话230余人次。组织开展依法使用武器警械培训1次、公务用枪实弹射击1次，开展法律大学习、执法大培训、习近平法治思想学习、新法新规培训共30次，大型处置突发事件应急演练4次。开展现场督察200余场次、夜间突击检查10次、网上督察120次、视频点名3次，下发处理意见1期、督察通报6期，通报批评民辅警14人、科所队室站16个；下发督察通知书21份、督察建议书6份，解除警务辅助人员劳务合同1人。通过指挥中心手台调度各勤务部门146次、下达各类指令94次。

【从优待警】 2022年，县公安局党委向县委请示汇报，推荐提拔任用优秀干部人才，17人提拔为正科级领导职务、29人提拔为副科级领导职务；100人晋升一级职级。完成55名警务辅助人员首次层级评定审批工作，完成44名警务辅助人员层级晋升工作。同时，按照2021年度自治区最低人均社平工资标准提升警务辅助人员薪金，人均增资1000余元。投入资金41.4万元，解决日星乡、纳如乡、日朗乡3个派出所阳光房、民辅警备勤用房建设和藏改乡派出所墙面粉刷及地面硬化改造，为民辅警

12月9日，县公安局局长桑布（主讲台）深入包保乡村宣讲中共二十大精神。图为宣讲活动现场

打造舒适的工作生活环境。投入资金11.58万元在“三大节日”及疫情防控和中共二十大维稳安保期间慰问基层一线民辅警。8月，公安局党委拓展防疫物资采购渠道，第一时间将防疫物资、生活物资配发至所有民辅警，累计发放医用防护服5300件、医用防护口罩2.6万个、N95口罩1.2万个、护目镜800副、医用防护手套1060副、一次性隔离服3650件、体温枪12个、免洗手消毒凝胶2050瓶、酒精消毒液900瓶、84消毒液670瓶、消毒片300瓶、消毒喷雾器26个、连花清瘟胶囊800盒。发放食品、饮料1500余件。

（吴建勇）

检　察

【刑事检察】 2022年，江孜县人民检察院（简称“县人民检察院”）共办理刑事案件49件51人，同比上升6.52%；监督立案1件1人；作出不捕决定2人、不诉决定7人。落实认罪认罚从宽制度，适用率达100%，确定刑量刑建议审判机关采纳率92.86%。促成落实刑事和解资金113.45万元。常态化推进公检法司会商机制，深化检警协作，成立侦查监督与协作配合办公室，建立工作机制，落实检察官值班制度，提前介入案件7件，召开案件讨论会并采纳意见4次，针对侦查活动不规范问题，制发检察建议3份。稳步推进刑事执行检察监督，办理社区矫正监督案件2件2人，发出纠正违法通知书和检察建议各1份。监督财产刑执行案件6件6人，涉及资金23.4万元，制发检察建议1份。

【民生检察】 强化精准监督理念，采取以案代训的形式提升办案能力。在市人民检察院的指导下，调卷10件，对认为确有不规范问题的民事执行终本案件、民事公告送达案件发出检察建议2份，被采纳并回复整改。依法保护农民工合法权益，办理民事支持起诉案件3件，追讨落实薪资42638元。以执法司法案件“回头看”为契机，成立工作专班，稳步推进民事生效裁判和执行案件审查监督工作。办理依法申请行政监督案件1件，针对下访走访过程中，群众反映的村民长期无证驾驶的违法行为，移交线索和跟进监督，制发检察建议1份，已回复整改。

【社会治理】 认真践行新时代“枫桥经验”，深入基层开展矛盾纠纷大排查大走访，拓宽完善“12309”检察服务平台，主动畅通群众诉求渠道，严格落实“件件有着落、事事有回应”工作要求，依法妥善办结群众来信来访17件。推进检察工作与乡村振兴战略有效衔接，同县妇联签订《关于全面加强困难群体国家司法救助工作协作机制》，对3名未成年人开展司法救助，落

7月15日，县人民检察院依法发放国家司法救助金6万元。图为发放现场

实司法救助资金6万元。延伸检察触角，落实“六稳”“六保”措施，开展防电信网络诈骗、防养老诈骗及反有组织犯罪、反家庭暴力等宣传活动，被“学习强国”西藏学习平台推送；依法办理帮助信息网络犯罪活动罪1件2人，通过办案追缴被骗资金3.5万元。认真贯彻落实《西藏自治区法治宣传教育条例》，严格“谁执法谁普法”责任制，开展法治宣传教育20场次，受教育群众3410人次，推送法治宣传短信5.7万余条。专门研究部署和推进落实“八五”普法，从工作机制、工作举措、工作保障等方面全面发力，统筹落实资金10.69万元。

【公益诉讼】 服务创建国家生态文明高地，认真履行“两益”维护职责，深化巡察式监督，办理公益诉讼案件线索43件，立案42件，同比增长48.8%。落实以磋商、诉前建议作为维护公益目的最佳司法状态要求，召开诉前磋商会8次，送达事实确认书42件。办理的督促国家级民俗节日重要场所及周边环境整治行政公益诉讼案件，入选西藏自治区检察院公益诉讼案典型案例。助力美丽江孜建设，办理生态领域公益诉讼案件20件，督促清理生活垃圾及建筑垃圾25.8吨，落实资金368.29万元投入10个农村垃圾转运站运营。对县城25个公厕及旅游服务设施、卫生环境开展实地调查。在市人民检察院的指导下，深入8家砂石加工厂针对性开展专项监督，立案13件。持续保障群众用药安全和食品安全，联合行政机关对查处的一批价值10万元的过期食品，于“3·15”国际消费者权益保护日开展集中销毁行动，相关情况被西藏政法等媒体推送。深化“河（湖）长+检察长+警长”工作机制，扎实开展“亮剑护河”专项监督活动。聚焦寄递行业和公共安全领域，深入县城快递驿站、加气站联合开展公益诉讼线索摸排工作，整改意见均被采纳。在“珠峰讲堂”专题开展公益诉讼检察宣传。坚持借“外脑”用“外力”，选聘3名行政机关业务骨干兼任检察官助理。对2021年度制发的15份检察建议开展“回头看”专项活动，持续督促整改解决问题6个。

【未成年人检察】 立足建设更加优质的教育教学环境，共同呵护未成年人健康成长。针对长期存在问题的少年，会同县公安局、县教育体育局等部门，专门就监护人管教不严、监护缺位问题凝聚共识，召开磋商会、不公开听证会2次，制发县人民检察院首例“督促监护令”，同时协调市人民检察院未成年人刑事检察部门开展心理辅导工作。针对相关医疗机构及行政主管部门怠于履行侵害未成年人强制报告义务、校园欺凌事件，制发检察建议2份。联合县公安局、县市场监督管理局等部门，深入酒店、网吧以及娱乐场所开展专项检查，

5月1日，日喀则市检察院检委会专职委员格桑次仁（左三）一行到县检察院调研指导公益诉讼检察工作。图为指导工作现场

4月21日，县人民检察院举行特邀检察官助理聘任仪式。图为县人民检察院工作人员与聘任人员合影

督促经营者落实主体责任。协调开展各类法治宣讲、“携手落实‘两法’、共护祖国未来”检察开放日活动6次。严格落实未成年人犯罪记录封存。

【常态化扫黑除恶斗争】 坚持总体国家安全观，开展反分裂斗争，坚决落实各项维稳措施，充实完善维稳应急处突预案。常态化开展扫黑除恶斗争，依法办理“九类”案件2件7人，提起公诉组织（介绍、容留）卖淫案1件4人。

【纪律作风】 坚持把严管厚爱要求贯穿于干警教育、监督、管理全过程，研究制订督查督办工作办法，下发督办单8件。全面推进最高检、自治区党委巡视反馈意见整改落实，推动政治督察常态化、长效化。严格落实中央八项规定及其实施细则精神，坚决纠治“四风”。持续落实防止干预司法“三个规定”（《领导干部干预司法活动、插手具体案件处理的记录、通报和责任追究规定》《司法机关内部人员过问案件的记录和责任追究规定》《关于进一步规范司法人员与当事人、律师、特殊关系人、中介组织接触交往行为的若干规定》），记录填报13条，同比上升85.7%，“逢问必录”成为干警思想和行动自觉。

（张　腾）

法　院

【刑事案件审理】 2022年，江孜县人民法院（简称“县人民法院”）共受理各类刑事案件20件26人，其中，故意伤害罪5件，危险驾驶罪4件，盗窃罪3件，诈骗罪2件，职务侵占罪1件，开设赌场罪1件，强奸罪1件，帮助信息网络犯罪活动罪1件，妨害传染病防治罪1件，组织卖淫罪1件。从犯罪人数上看，故意伤害罪6人占23%，危险驾驶罪4人占15%，组织卖淫罪4人占15%，开设赌场罪和帮助信息

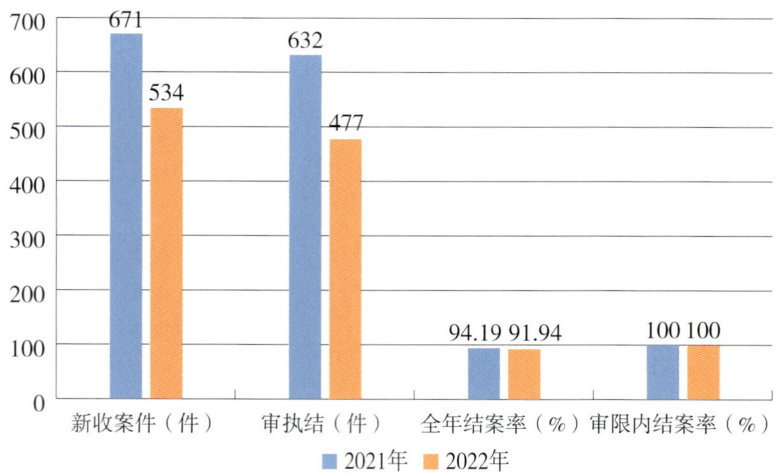

图1　江孜县人民法院新收案件统计表

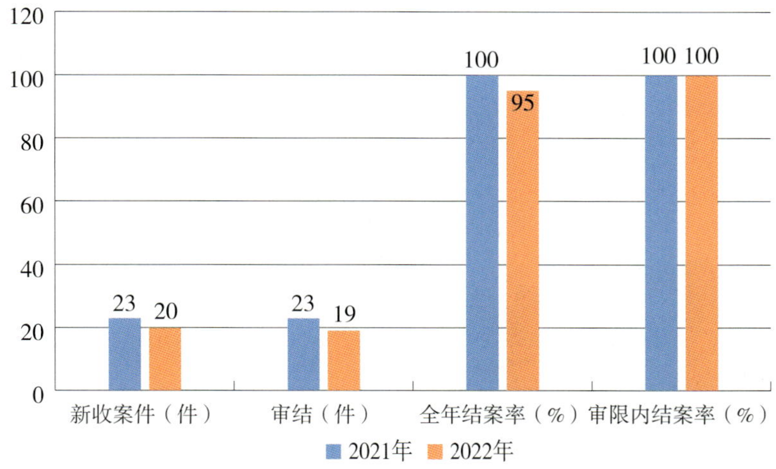

图2　江孜县人民法院刑事案件统计表

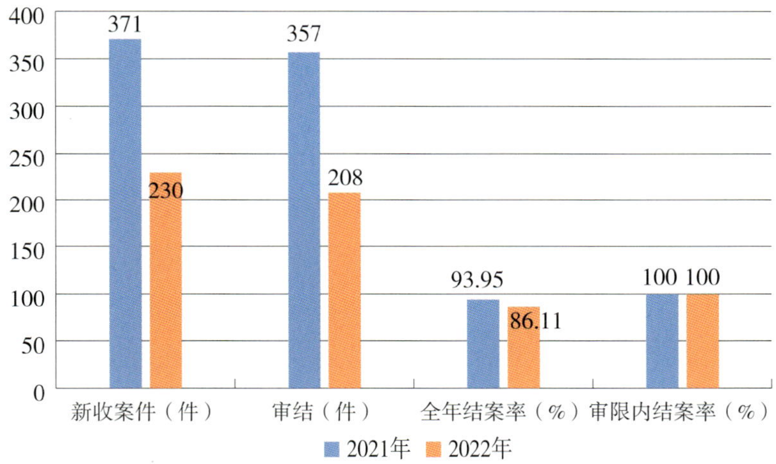

图3　江孜县人民法院民事案件统计表

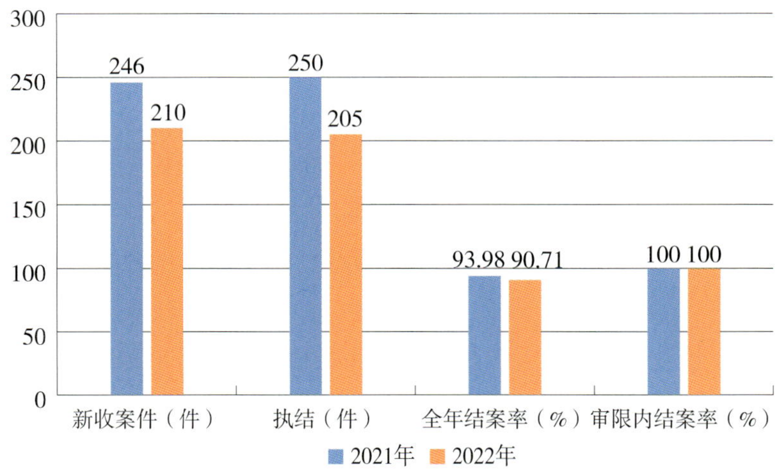

图4　江孜县人民法院案件执行统计表

网络犯罪活动罪各 2 人，其余案件各 1 人。审结 19 件，结案率 95%，移送管辖 1 件 2 人。其中，判处三年以上有期徒刑 4 人，判处三年以下有期徒刑 7 人，拘役 9 人（判处缓刑 9 人）。在审结的案件中，涉及“九类”案件 1 件 2 人，无涉黑、涉恶案件。

【民事案件审理】 2022 年，县人民法院共受理民事案件 283 件［包含乡（镇）人民法庭 109 件，旧存 22 件］，审结 247 件，未结 35 件，结案率 87.28%，经评查无一件超审限，无不合格案件。民事案件中位居前三的案件类型为婚姻家庭纠纷、合同纠纷（建设工程施工合同）、民间借贷纠纷。

【案件执行】 2022 年，县人民法院共受理各类执行案件 210 件，申请标的 8094332 元，实际执行到位金额 3734787 元，旧存 16 件，已结 205 件，未结 21 件，结案率 90.71%，执行期限内执结率 100%，电子卷宗制作率 100%，司法救助 8 件 8 人次，发出限制消费令 9 人次、非法人组织 1 个公司，纳入失信被执行人名单 9 人次，通过县人民法院官方抖音、LED 显示屏曝光失信被执行人 23 人次，临时布控 41 人次，司法拘留 1 人次。县人民法院执行局坚持以思想之变引领

5月8日，县人民法院公开举行首次执行听证会。图为听证会现场

执行之变，通过微信视频等在日喀则市领先开展“云执行”“云谈话”线上办案模式，“首次执行”出招，开辟一条执行“顺畅路”和“高速路”。

【其他案件】 非诉保全案件2件、强制清算和破产案件1件、诉前调解确认案件70件，结案率91.94%，经评查无一件超审限，无不合格案件。

【社会治理】 在法庭辐射乡（镇）建立联系点，坚持定期送法上门、案例宣讲、走访调研，主动解决辖区群众在生产生活中遇到的法律难题，进行纠纷疏导、诉讼引导，提出风险防范建议方案，维护人民群众的合法权益。开展专题宣讲、法治讲座、法律咨询等各类型宣传活动30次，发放宣传册1.5万余份。利用车载流动法庭开展法律讲座和法律咨询等各类型宣传活动8次，受教育400余人次，发放藏语、汉语版《养老诈骗典型案例》《民法典与生活同行》《法律进乡村》等宣传手册1800余份。年堆乡、重孜乡人民法庭开展法治宣讲14场次，政策宣讲16场次，解答群众法律咨询10次，发放宣传材料400余份，发放宣传小礼品140份，解答群众法律咨询50次，受教育群众1250余人次，社情民意调研2次。年堆人民法庭组织开展“模拟法庭”法治教育活动。

【矛盾纠纷化解】 县人民法院引领乡（镇）人民法庭，坚持和发展新时代“枫桥经验”，加强源头预防和化解各类矛盾纠纷，筑牢平安和谐社会根基，引领创建诉前联调“1＋6＋2＋6”机制［“1”是设立一个多元化纠纷解决中心；“6”是6个联动部门，法庭，派出所，乡社会综合治理服务中心，司法所，各乡、村（居）调解委员会，特邀调解组织；“2”是“人民调解平台”“多元解分微信小程序”2个平台；“6”是发挥法官、法官助理、书记员，人民调解员，人民陪审员，特邀调解员，乡综治专干，派出所民警“六大调解”的诉前解纷作用］，搭建家事调解工作室，形成多方参与、多元共治、多点联动的诉前解决纠纷合力，坚持尽最大努力将矛盾纠纷化解在诉前，在县委的坚强领导下，发挥人民法院在诉源治理工作中的主导作用。2022年，乡（镇）人民法庭共受理案件112件（年堆乡人民法庭30件、重孜乡人民法庭82件），结案97件（年堆乡人民法庭29件、重孜乡人民法庭68件），结案率86.61%（年堆乡人民法庭结案率96.67%、重孜乡人民法庭结案率82.93%），其中，以判决方式结案11件，调解方式结案77件（司法确认案件19件），申请撤诉7件，驳回起诉2件。

【司法体制改革】 深化司法体制改革，推进机构财务改革。

3月31日，年堆人民法庭组织村民开展“模拟法庭”法治教育活动。图为“模拟法庭”现场

着重开展财务统管改革工作，充分认识财务统管改革工作在司法体制改革全局中的重要性和关键作用，强化检法两院财务管理协作交流，推进财务统管改革工作走深走实，确保财务统管改革按期完成。根据机构改革方案拟将9个内设机构调整为5个内设机构，分别为审判管理办公室（综合办公室）、立案庭（诉讼服务中心）、综合审判庭、执行局（司法警察大队）、政治部，内设机构均为副科级建制，5个内设机构分别配备6个领导职数。

【智慧法院建设】 以“12368”诉讼服务热线、跨域立案、网上立案、人民法院在线服务平台为载体，跨域立案25件，网上立案62件，当场立案450件，有效解决当事人诉求。2022年，诉讼服务指导中心信息平台（“一站式”多元解纷和诉讼服务体系建设质效评估）在全区、日喀则市名列前茅。

【司法能力建设】 坚持加强思想政治建设，全面抓实学习教育和检视整改，认真开展教育整顿后续工作、改进作风狠抓落实相关“对照反思、论证研讨、务虚座谈会、两个确立”等各项活动。全面贯彻“让审理者裁判，由裁判者负责”，确保权责统一，明确院庭长审判监督管理职责，重点加强对“四类案件”（涉及群体性纠纷，可能影响社会稳定的案件；疑难、复杂且在社会上有重大影响的案件；与本院或者上级法院的类案判决可能发生冲突的案件；有关单位或者个人反映法官有违法审判行为的案件）的监督，修订审判委员会、专业法官会议议事规则。执行领导干部廉洁自律的各项规定，始终树立拒腐防变的牢固防线，严格执行县人民法院的各项规章制度，始终保持廉洁自律。健全教育培训机制，制订严密教育培训规划，有组织、有计划地开展党员教育工作，特别是抓好党员干部的理想信念教育、工作责任心教育和职业道德教育，2022年参加审判业务、财务等各类学习教育培训10期15人次。

【现代诉讼服务体系建设】 2022年，县人民法院多措并举推进诉讼服务工作提档升级，创建“一中心、三平台、多点位”（以诉讼服务中心为核心，以人民法院调解平台、数字法院平台、多元调解微信小程序为依托，以人民法庭、巡回审判点、村调解委员会为载体全方位发挥诉讼调解优势）的工作模式，坚持完善诉调一体对接。在诉讼服务中心设立诉调对接室，吸纳各乡（镇）综治专干、人民陪审员等担任特邀调解员，有特邀调解员34名，特邀调解组织5个。形成“调解员＋法官助理＋书记员”的团队模式开展诉前调解工作。县人民法院使用人民法院调解平台诉前调解案件128件，诉前调解案件占一审民商事受案数的51.61%，使用音视频调解案件46件，司法确认案件70件，司法确认案件平台录入率100%。坚持“分调裁审”（分流、调解、速裁、快审机制改革。案件繁简分流+调解+速裁，深度融合立案、调解、速裁流程，实现多元解纷、简案快审、繁案精审，从而达到满足群众差异化司法需求、提高审判质效的目的）一体化。开展案件繁简分流工作，完善民商事案件繁简分流标准，根据案由、诉讼主体、诉讼请求、法律关系、诉讼程序等要素，确定办案范围。速裁团队共处理案件113件，平均审结天数28.97天。

【接受监督】 2022年，县人民法院坚持做到司法为民、公正司法、服务大局，统筹推进司法审判工作。全面从严治党，把制度执行与作风整顿统一起来，把制度执行和严格治院统一起来，将制度执行情况纳入执纪监督检查范畴。开展警示案例学习15次，观看警示教育片2部，撰写心得体会36篇，发布违反制度规定通报2例，党组书记与班子成员、班子成员与分管部门之间开展交心谈心、提醒谈话4次。持续加强对重点岗位、重点案件、重要节点的监督管理，狠抓防止干预司法“三个规定”的贯彻落实，规范记录报告平台使用管理。强化党员干部的廉政意识，严格执行重大事项报告制度、“一岗双责”制度和保密制度等纪律规定，以党支部“三会一课”、民主评议党员、领导班子民主生活会、党组织考核评价等制度为载体，跟进教育，强化监督管理，确保队伍稳定。深入贯彻执行民主集中制原则，对集体研究的事项，会前充分酝酿，会上充分讨论，凡是事关县人民法院发展的工作思路和重要工作部署、干部推荐任免、奖惩等事项，都由班子成员讨论通过，在讨论决定重大事宜时，注重发挥每位班子成员的积极性和主动性，充分听取每位班子成员的意见和建议，按照少数服从多数的原则，形成决议后付诸实施，使民主集中制原则在领导班子中得到有效贯彻，保证集体领导的全面落实。

（卓　玛）

司法行政

【法治政府建设】 发挥中共江孜县委全面依法治县委员会办公室（简称“县委依法治县办”）职能作用，召开江孜县委全面依法治县工作暨全面依法治县委员会第一次会议。认真落实法律顾问制度，充分发挥政府法律顾问专业优势，围绕江孜县项目建设、服务企业、招商引资等重点工作，精准建言献策，为江孜县经济发展提供优质的法律服务。2022年，政府法律顾问列席政府专题会议39场次，审查关于解除《种植作业合同》《农村土地经营权（转租）流转合同》《青稞种植托管合同》等经济合同4份，完善《江孜县卡若拉冰川系列旅游

4月14日，县司法局驻车仁乡吉瓦村工作队开展“4·15”全民国家安全教育日专题宣讲活动。图为宣讲活动现场

项目承包开发协议书》补充协议1份，就拖欠土地流转费、青稞种植托管费等相关事宜，出具律师函1份。

【**法治宣传教育**】认真实施“八五”普法规划和《法治中国建设规划（2020—2025年）》《法治社会建设实施纲要（2020—2025年）》，为促进江孜县经济又好又快发展提供法治保障。开展“法律七进”活动（法律进机关、进学校、进社区、进乡村、进寺庙、进企业、进单位工作），突出抓好重点对象的法治宣传教育，提高全民法律素质，培育全社会办事依法、遇事找法、解决问题用法、化解矛盾靠法的法治环境。2022年，开展各类法治宣传活动195场次，出动宣传车15辆次，发放各类宣传资料8万余份，受教育3.5万人次，解答现场咨询45人次。

【**公共法律服务体系建设**】升级改造公共法律服务中心，优化公共法律服务功能和资源配置，对江孜县公共法律服务中心进行全面扩容改造、提档升级，实现“一站式、零等待”服务，解决一揽子法律服务需求。推动法律服务窗口入驻县政务服务中心，为企业及群众提供法律咨询、法律援助现场指派受理、法律宣传、公证咨询等更加便捷、优质的服务。聚焦创优营商发展环境，常态化为县域民营企业免费提供“法治体检”服务。2022年，共提供各类免费咨询服务400余人次（其中援藏律师免费提供咨询服务69人次），受理各类法律援助案件39件（刑事29件，民事10件），受援人数39人，为受援人避免和挽回经济损失18万元，代写各类文书334份。

【**人民调解**】充分调动各级人民调解组织的职能作用，推行“村（居）每周一排查、乡（镇）每半月一排查、县级每月一排查”专项矛盾纠纷隐患排查制度，对排查出的不稳定因素进行认真梳理，化解隐患苗头。建立纠纷信息员制度。充分发挥“双联户”户长纠纷信息员的作用，做好矛盾纠纷的信息反馈工作，适时掌握纠纷的变化趋势，实现矛盾纠纷信息的动态化管理。江孜县共建立各级调解委员会187个，其中，行业性、专业性调解委员会8个，企事业单位调解委员会5个；调解员共计1517名，其中专职调解员348名，年均调解率达98%。2022年，各级人民调解组织开展专项矛盾纠纷隐患排查活动186场次，共受理各类民间纠纷61件，调解59件，调处率达96.72%。

【**社矫安帮**】以创新特殊人群管理为抓手，切实加强平安江孜建设。充分发挥监督管理、教育矫正、帮困扶助和衔接安置、帮扶教育等职能作用，加大刑满释放人员安置帮教和社区矫正对象监管教育力度。严格社区矫正对象请销假制度，定期

12月14日，县司法局到卡麦乡开展社区矫正走访调查工作。图为走访现场

组织社区矫正对象参加集中学习教育和社区服务，进行现场纪律整顿和违纪教育。全面落实刑满释放、解除矫正人员在低保、临时性救助等方面的政策，尽可能地对2类人员给予生活、工作上的帮扶。2022年，江孜县在册社区矫正对象8名，在册刑满释放人员105名，无一人脱管漏管。

7月27日，江孜县召开行政执法证件集中发放仪式，县司法局局长袁海恩（中间）出席仪式。图为仪式现场

【队伍建设】 抓好思想政治建设。深入系统学习领会习近平法治思想，在学懂弄通做实上走在前列，组织开展主题党日活动、讲党课活动及日常学习教育等活动30次。江孜县司法局（简称“县司法局”）党组组织干警自行观看中共二十大开幕会，要求干警撰写学习中共二十大报告心得体会10份，切实将党员干部的思想统一到中共二十大精神上来，把力量凝聚到中共二十大确定的各项任务上来，开展各类学习研讨共6次。抓好纪律作风建设，严格按照要求开展进一步改进作风狠抓落实工作，制订《江孜县司法局进一步改进作风狠抓落实工作实施方案》，召开部署会，细化措施，明确职责任务，保质保量完成各项阶段性工作任务。

【行政执法】 在完成2022年行政执法证申领人员综合法律知识培训、考试工作的同时，根据《西藏自治区司法厅关于做好全国统一行政执法证件标准样式工作实施方案》要求，完成24家县直执法主体113名执法（监督）人员身份确认、信息采集、上传等换发和申请工作。严格规范执法人员持证上岗、亮证执法；规范执法文字记录和音像记录，健全执法留痕；严格执行重大行政执法决定法制审核制度，未经审核或审核不通过的，一律不得进入下一阶段程序；规范行政执法自由裁量权，在江孜县行政执法部门普遍建立行政执法自由裁量权适用规则和基准制度，明晰违法情节和执法标准。组织县委依法治县办（县司法局）对6个与企业和群众生产、生活密切相关的重点行政执法部门开展行政执法监督检查活动，促进严格规范公正文明执法。7月5—6日，县司法局组织41名行政执法证和4名行政执法监督证申领人员，参加日喀则市行政执法人员视频培训和执法资格考试，完成各项工作任务。

（王智浩）

经济管理

中國歷史文化名城

发展与改革

【概况】 江孜县发展和改革委员会（简称“县发展改革委”）为经济综合管理部门、政府参谋部门，同时加挂江孜县粮食和物资储备局、江孜县经济和信息化局牌子，承担相应工作职责。

【重点领域改革】 深入推动“放管服”改革工作，不断提高政务服务水平。始终坚持全面实施市场准入负面清单，对各类投资主体同等对待，对民间资本进入法律法规未明确禁止准入的项目，不设置附加条件，不擅自设卡，持续为各类市场主体松绑铺路。优化审批方式、简化流程，提供优质高效的项目审批服务。严格按照上级有关部门关于水利发展专项资金项目以及援藏投资项目最新审批要求，执行投资在3500万元以下的水利发展资金项目由县水利局和县财政局联合审批；对投资1000万元以下的援藏固定资产投资类项目合并审批可行性研究及概算，对非固投类项目实行备案制。重点针对企业项目做到亲自指导、跟进服务，督促指导企业按照《企业投资备案管理条例》完成项目网上备案登记工作确保企业依法依规办理相关手续，同时加强对企业投资项目的监督管理。

【重点项目建设】 实行重大项目领导包保机制，加强项目全生命周期管理系统的使用，定期牵头组织召开项目推进会议，掌握各类项目对接争取及推进情况，确保国家投资项目早开工、早建设、早投产。

坚持以高质量投资推动高质量发展，扎实推进“十四五”时期项目建设工作，抓住中央“适当增加中央预算内投资”“新增地方政府专项债”的重大机遇，坚持多汇报、多衔接、多争取，力争更多项目落地。争取涉及教育、水利、市政建设等多个领域中央预算内投资项目计划16个，涉及资金1.28亿元。争取投资1亿元的江孜县赛马场建设项目。加大地方政府专项债券项目谋划推进力度，争取到江孜县宗山地下停车场专项债券项目，债券资金7700万元。2022年江孜县全社会固定资产投资按形象进度累计完成投资11.28亿元，按统计口径固定资产投资增长76.84%，增速位列日喀则市第四。

【重大风险防控】 加强防范和化解拖欠中小微企业账款，严格落实《保障中小企业款项支付条例》，加大政策宣传及执行力度，加强工程领域项目建设管理，切实做好项目审批环节资金来源把关、规范合同签订及履约执行，严格按照施工进度进行款项拨付，定期开展工程建设领域中小微企业账款拖欠隐患排查及化解工作，全力保障好维护好中小微企业合法权益。2022年县发展改革委负责实施的群体文化

11月16日，县发展改革委主任旦增罗布（右二）实地检查江孜县群众文化体育中心建设项目进展情况。图为检查工地现场

中心、党校教学能力提升等项目均做到保质保量、安全文明施工，并严格按照工程时序进度支付项目款项，没有出现安全事故和拖欠工程款及民工工资等问题。

12月13日，县发展改革委检查工业企业安全生产情况。图为县发展改革委副主任次平（右）与江孜协和太阳能发电有限公司负责人进行谈话

【经济和信息化工作】 2022年，江孜县电子政务外网保持安全稳定运行，综合网络保通率达到98%以上；定期组织各乡（镇）开展通信网络信号覆盖情况排查工作，及时沟通衔接县三大通信运营商，上报通信基站建设或通信网络提升工程项目需求。

推进江孜县民营企业达标后规上企业申报工作。总投资5489.89万元的青稞精深加工项目和青稞精酿啤酒加工项目开工建设。服务企业发展，增强企业发展信心，深入各类中小微企业开展中小企业发展扶持政策宣讲及调研工作，向企业推送各领域利企政策信息和项目申报信息，对接县统计局做好2022年工业类固定资产投资项目入库统计工作。完成市经信局下达的各项数据收集、资料上报任务及农牧民碘盐配送工作。

【价格认定】 2022年，县发展改革委切实维护公共利益，保障纪检监察、司法和行政工作的顺利进行，全年共办理涉案财物价格认定8起，涉及资金7.84万元。

【粮食工作】 2022年，县发展改革委严格落实国家粮食收购政策及市场调控政策。对粮食市场供求和价格变化进行监管，确保粮油市场供需平衡和价格稳定。重点检查市场粮油产品供给情况，避免出现乱抬价格等影响市场正常秩序情况，查看是否存在销售过期商品粮油情况，确保消费者放心购买、放心使用。严格执行国家青稞最低收购价和青稞收购价补分离政策，对粮油企业

8月9日，县发展改革委开展市场价格监测工作。图为工作人员在菜市场开展工作

7月19日，县发展改革委副主任次平（左二）陪同日喀则市发展改革委粮储科副科长程涛（右一）一行人到江孜国家粮食储备库进行粮食安全情况检查。图为粮食检查现场

粮食收购进行监督检查；重点检查是否执行国家粮食质量标准，是否及时向售粮者支付售粮款，是否存在代扣、代缴税费和其他款项，是否及时登记出库、入库台账。同时严格执行最低最高库存制度，认真开展2022年政策性粮油库存检查工作，按时兑现2021年青稞收购价补分离政策补助资金33.97万元。

认真调查统计旺季粮食收购、动态应急储备粮、农户存粮、城乡粮油供需平衡等数据，按时上报各类报表给日喀则市发展和改革委员会（粮食局）。按月度、季度、年度收集江孜县粮食流通数据，开展国家粮食和物资储备局网上直报系统填报工作。

【储备物资管理】 认真履行应急救灾物资储备及管理职责，全力维护江孜县群众生命财产安全和社会和谐稳定，全年共调拨应急物资7642顶（张、条、个、件、盏），为江孜县2022年抗击新冠疫情和防灾减灾抗灾工作提供强有力的支撑。将卡堆乡和日朗乡2个救灾物资储备仓库建设项目（每个乡投资150万元）作为重点储备及申报项目，完成项目所有前期工作。

（王合峰）

自然资源管理

【概况】 根据第三次全国土地调查，形成江孜县国土空间规划阶段性成果，优化国土空间开发保护格局，严格主体功能区布局，资源环境承载能力得到进一步约束，城市开发边界和生态保护红线科学合理。江孜县辖区面积为3849.3平方千米，耕地面积为20881.13公顷，占江孜县辖区面积的5.4%；城市开发边界6.65

5月31日，江孜县召开国土空间总体规划编制暨“三区三线”划定初步成果汇报会。图为会议现场

平方千米，占江孜县辖区面积的0.17%；生态红线61.29平方千米，占江孜县辖区面积的1.59%。

【耕地保护与管理】 利用土地开发项目做到占一补一，达到耕地总量不变、不减少耕地。利用土地整治和高标准农田建设项目提高耕地质量。确保江孜县永久基本农田保护面积，共计19145.13公顷。

【土地资源规划】 2022年，县自然资源局“一书三证”办理情况，共办理乡村规划许可证46个、选址意见书23个、建设工程规划许可证25个、建设用地规划许可证23本。受理私房建设审批表210份，办理不动产规划证明250份和项目用地预审57份，办理不动产产权证书329本、不动产证明89份。

【不动产登记管理】 不动产登记中心设立在江孜县便民服务大厅，针对集中受理江孜县城镇规划区内不动产登记1490宗，颁证323宗。同时以江嘎为试点受理211宗，117宗已完成发证，剩余94宗存在无权属、超占、不符合规划问题。针对存在问题的94宗，进行全覆盖的入户调查，听取江孜镇、江嘎村“两委”和群众意见建议。受理不动产登记证明174宗，全部完成发证。

5月19日，县自然资源局局长达次（主席台左二）带领不动产登记中心工作人员到城镇规划区内组织开展不动产统一登记集中受理工作推进会。图为江嘎村集中受理不动产统一登记工作推进会现场

窗口受理不动产权证书共计450宗，全部完成发证工作。

【矿产资源管理】《西藏日喀则市矿产资源总体规划（2021—2025年）》中，江孜县涉及金属矿保留探（采）矿权7家企业；“十四五”期间拟设立的非金属矿中共有22处建筑类砂岩黏土矿点，其中，砂石18处、石英

3月17日，副县长拉桑桑旦（前排右一）、市自然资源局副局长次旦（前排左一）一行检查西藏方辉矿业得龙矿区生态环境及安全生产工作。图为检查工作现场

岩 1 处、黏土岩矿 1 处、板岩矿 1 处、页岩矿 1 处；共有取土点 35 处，其中，客土用砂质黏土 26 处，陶瓷用黏土点 9 处。

【地质环境管理】 根据常态化开展汛期“三查”（汛前检查、汛中巡查、汛后核查）工作要求，县自然资源局联合第三方专业队伍，开展 2022 年汛期“三查”工作，对江孜县地质灾害隐患点进行排查，新增灾害点进行检查核对、入库，计划邀请水文地质专家，对江孜县乡（镇）自然资源专干及 99 名地质灾害专职群测群防员培训，危险较高隐患点附近群众进行地质灾害避险宣讲，并开展地质灾害避险演练。协助开展江孜县地质灾害普适型监测设备选点、安装设备工作。根据 2022 年“三查”工作，江孜县共有 286 处地质灾害隐患点，其中，大型地质灾害隐患点 14 处，中型地质灾害隐患点 93 处、小型地质灾害隐患点 179 处，共威胁到 1018 户 6771 人的安全，威胁财产约 83928.1 万元。年终联合乡（镇）人民政府，对 99 名地质灾害专职群测群防人员进行监测工作开展考核，并发放 34.65 万元补助资金。

【国土资源资产管理】 按照自治区、市两级《草原承包工作方案》，制订《江孜县草原承包经营权确权登记颁证工作实施方案》，成立江孜县草原承包经营权确权登记颁证工作领导小组。2022 年已完成所有前期准备工作。

6月23日，由县自然资源局、龙马乡牵头开展江孜县2022年地质灾害防治宣传培训暨应急演练活动。图为活动现场

【国土空间生态修复】 根据国家长江流域生态修复工作总体安排部署，“十四五”期间江孜县申报“日喀则市喜马拉雅中段生态屏障区山水林田湖草沙一体化保护与修复工程”项目，涉及年楚河干流生物多样性保护与复合生态修复、河湖与矿山生态修复、

6月25日，县自然资源局利用第32个全国土地日宣传最严格耕地保护制度和最严格节约集约用地制度。图为宣传活动现场

冰湖冰川保护等子项目，共计投资约13880万元。

【土地资源执法监督】县自然资源局主动作为、保证力度、执法到位，2022年累计查处4起私挖乱采行为，给予行政处罚3起，累计罚没违法所得和罚款13.56万元，并均已恢复土地原貌。

【土地资源管理】为进一步落实土地出让收支管理，确保土地出让收入足额缴入国库。2022年收到土地出让金681.22万元，不动产登记费7.07万元，兑现征地补偿3742.16万元。

【宣传教育】充分利用江孜电视台、“江孜发布”微信公众号、“江孜融媒体中心”抖音公众号、政府门户网站等平台，宣传《中华人民共和国土地管理法》、便民服务事项办理、保障重点项目建设、自然灾害防治等内容。到江孜镇、藏改乡、日星乡等乡（镇），召集乡（镇）主要负责人和村“两委”班子成员、群众代表等召开宣讲会，累计200余人参与。5月，结合卫片执法召集19个乡（镇）专干召开培训会议，要求深入村、户把相关政策法规宣传到村、到户，引导农牧民群众参与到打击违规采挖砂石工作中，主动公布举报电话，鼓励群众举报私挖乱采行为。

（次　珍）

审计工作

【概况】江孜县审计局（简称“县审计局”）于2017年11月成立，是县人民政府工作部门，为正科级单位，人员编制3名，科级领导职数3名，在岗干部5名。主管江孜县的审计工作。县审计局紧紧围绕审计工作中心，按照“依法审计、服务大局、围绕中心、突出重点、求真务实”的审计工作方针，全面依法履行审计监督职责。

【合作社审计】县审计局于4月17日至7月30日派出审计组，对3家农机服务专业合作社，涉及扶贫资金领域的26家合作社进行专项审计，对5家农机服务专业合作社进行调研。主要审计合作社2017年1月至2022年6月期间运营、分红情况、资金收支、财务制度、固定资产使用及政策补贴资金的申报、管理等情况，出具3份审计报告，共提出28个问题。

【政府投资审计、固定资产投资审计】对江孜县“十三五”期间政府投资项目进行审计，完成前期项目筛选及统计工作，前期招投标工作已完成，并于10月15日在日喀则公共资源交易平台公布中标结果。

【经济责任审计】县审计局于12月派出审计组，对相关乡党政主要领导进行经济责任审计，审计乡财务收支情况及其相关经济活动的真实性、合法性、效益

4月14日，县审计局局长巴桑卓拉（右侧中间）主持召开江孜县审计局对村集体经济经营农业机械合作社审计进点会。图为会议现场

12月19日，江孜县审计局召开对热索乡党委主要领导经济责任审计进点会。图为会议现场

性，重点关注乡党政领导干部贯彻执行自治区、市、县的重大决策部署、重大任务推进、重大决策、自然资源资产管理和生态环境保护、民生改善以及遵守有关廉洁从政规定等情况。

【专项资金审计】 根据《中华人民共和国审计法》第二十九条规定，6月7—17日，县审计局派审计组对江孜县2016—2021年产业项目运行及管理情况进行专项审计调查，重点关注产业项目盈利、亏损、分红、利益联结机制建立、执行及财务规范情况，对重要事项进行必要的延伸和追溯，出具审计报告1份，发现问题6个。

【寺庙审计】 按照有关规定，7月10日至9月，县审计局派出审计组对江孜县相关寺庙开展财税监管工作，审计调查寺庙在建立健全财务管理制度、执行财务收支规定、管理和处置寺庙资产、开展对外投资和自主经营经济实体等方面的守法守规情况。

（董　雪）

统计工作

【概况】 2022年，江孜县人口80477人，其中，城镇人口15955人，乡村人口64522人。实现地区生产总值29.93亿元，同比增长1.1%；农村居民人均可支配收入达到21251元，同比增长7.5%；实现社会消费品零售总额达7.3亿元。

【统计服务】 江孜县统计局（简称“县统计局”）按照“资源互补、信息共享”的原则，加强与部门联合，围绕经济社会发展目标，共同抓好统计基础工作。调整充实《江孜县固定资产投资统计联席会议制度》、江孜县统计工作领导小组、《江孜县统计工作联席会议制度》，常态化召开统计工作联席会议，研究解决统计资料管理不规范、固定资产投资统计报送入库材料不及时、存在漏统等问题，有效改善统计与部门沟通协作关系，形成相互支持、共同发展的联动机制。召开固定资产联席会议2次，统计工作会议1次。并多次沟通发展改革、住建、商务、水利等各行业部门，核查500万元以上固定资产投资漏统项目，报备入库。

【统计普法】 2022年，邀请日喀则市统计局执法科次旺卓玛以县委理论学习中心组专题讲座形式为江孜县全体公职人员讲授相关知识。参会范围覆盖所有县级领导、乡（镇）和机关主要负责人、统计专干等近100人。通过政府党组会议、一周一专题、培训、周例会等形式，先后开展领导干部学习6批次。把统计相关法律法规、统计业务知识纳入党校培训课程，通过统计业务培训和普法宣传，不断提高依法统计水平，提升社会公众对政府统计工作的公信力。

【普查调查】 2022年是住户调查点五年样本轮换之年［城镇5个，乡（镇）5个］，江孜县住户轮换前期工作得到自治区、市业务部门的肯定，并把相关工作人员评选为市级相关专项工作优秀个人；西藏调查总队和日喀则市调查队按照住户调查日常工作综合绩效评选江孜县藏改乡亚益村调查点作为2022年国家级住户调查大样本轮换宣传拍摄点；5月在此调查点拍摄住户调查工作流程，作为国家、自治区、市住户调查大样本轮换宣传视频。为保障住户调查点五年轮换工作开展，县统计局做好前期工作，向领导汇报，提交专项经费和人员申请，落实好经费、人员保障，开户确定后进行动员部署和业务培训。认真组织县、乡、村统计工作人员，按照《中华人民共和国统计法》及国家统计报表制度的要求，完成各专业月报、季报和年报工作。按照国家统计部门开展月度劳动力调查的有关要求和安排，在上级确定调查样本之后，县统计局业务人员及劳动力调查员走村入户张贴宣传公告，与被调查户沟通讲解，说明此次调查事项的目的意义，了解住户基本情况，对不符合调查要求的样本与调查人员沟通调整换户，保质保量完成劳动力调查各项工作任务，并足额兑现江孜县5个调查点80个调查户及5名指导员调查补助。

3月21日，江孜县统计局局长索朗央宗（后排右三）带队到江热乡指导统计台账规范化建设工作。图为工作现场

【固定资产投资】 优化固定资产投资项目统计工作，坚持召开固定资产投资联席会议，加强相关部门之间的沟通协调，解决固定资产投资统计中遇到的问题，确保江孜县固定资产投资项目统计真实性。2022年，江孜县完成500万元及以上固定资产投资额同比增长76.8%。

（杨　洋）

3月18日，江孜县召开2022年统计工作联席会议。图为会议现场

市场监督管理

【概况】 江孜县市场监督管理局（简称“县市场监管局”）2019年3月挂牌成立，主要负责江孜县食品安全监管、药品安全监管、特种设备安全监管、质量安全监管、医疗器械监管、价格监管、公平竞争、市场主体登记注册、统计、市场监管、流通领域商品监管、反垄断与反不正当竞争执法，消费者权益保护，商标广告发展、服务与监管。下设1个市场监督管理综合执法大队。

【制度改革】 线上利用“互联网+政务服务”继续推进企业登记全程电子化改革，通过“互联网+政务服务”即网上登记全程电子化实现“网上申报、网上受理、网上审核、身份认证、电子签章、电子归档”；线下设置导办、帮办窗口，推广“智能审批”应用，减少人工干预，实现“秒批”，线上线下并行，为企业提供优质服务。

深化登记制度改革，全力优化市场主体准入环境。2022年，江孜县共有市场主体7014户，其中，个体工商户4956户，企业1384户，农民专业合作社674户。食品经营户2163户、食品生产企业9家、基层医疗制剂室1家、单位食堂60家、学校食堂57家、食品加工小作坊162家、药店12户、诊所8家、医疗器械批发2家、医院3家、19个乡（镇）卫生院、155个村卫生室。较2021年同期，江孜县市场主体增加448户，增长率6.82%。

全面落实全程电子化工作要求，普及宣传全程电子化，使群众减少办事流程。2022年实现全程电子化登记设立162户，自主核名162户，核准率达到100%。

完成2021年报告公示工作，2021年度年报率分别为农民专业合作社100%、企业84%、个体工商户96%，企业和农民专业合作社达到年报工作预期目标。

开展整合事项与全国统一的涉企证照事项目录的融合与衔接工作，压缩企业从筹备开办到进入市场的时间。2022年，县市场监管局共发放给市场主体“先照后证”告知函350份，签订市场主体承诺书300余份。

认真落实《日喀则市关于全面推进企业简易注销登记改革的通知》，优化市场主体退出机制，破解创业者“退出难”问题，推行简易注销改革，2022年简易注销296户，其中，企业16户，合作社158户，个体125户；注销食品经营许可证59户。

2022年，县市场监管局开展“双随机、一公开”（随机抽取检查对象、随机选派执法检查人员，抽查情况及查处结果及时向社会公开）特种设备使用单位监督检查抽查任务2户，药品流通领域监督检查抽查任务2户，餐饮服务监督检查定向抽查任务63户，

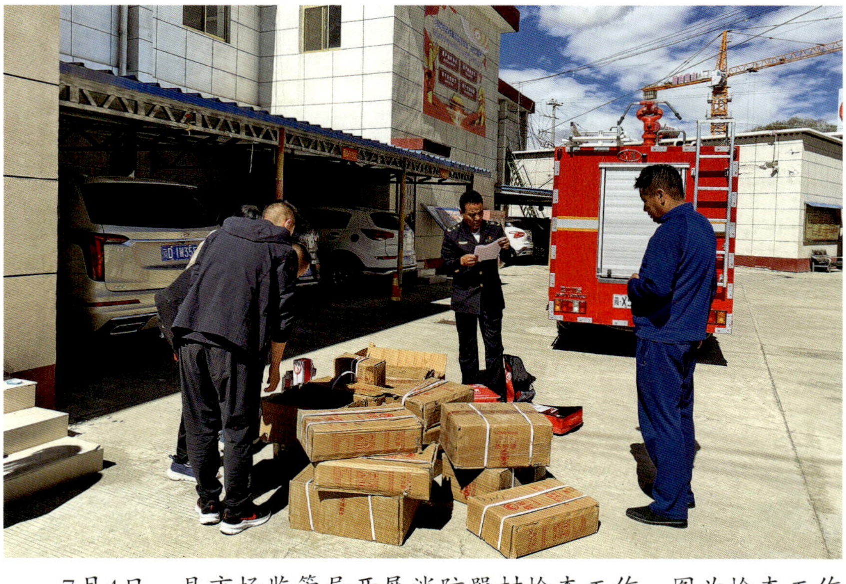

7月4日，县市场监管局开展消防器材检查工作。图为检查工作现场

特殊食品安全监管定向抽查任务1户，食品生产安全定向抽查任务4户，知识产权专利代理监督检查任务3户，获证机动车检验检测机构监督检查任务1户，消防器材交易行为检查任务1户。

1月1日，县市场监管局联合县商务局开展加油站计量检查工作。图为检查现场

【监督执法】 2022年，县市场监管局共办理各类行政处罚案件104件，其中，简易案件101件，一般案件3件（药品案件1件、化妆品案件1件、产品质量案件1件），罚没款15.01万元，全部结案，一般程序案件审核率达100%。

推动产品质量安全事故强制报告制度、重大质量事故调查制度和企业落实质量安全主体责任。开展工业产品生产许可证事中事后监管、危险化学品及其包装物和储存罐体产品质量安全隐患排查、获证企业定期监督检查等工作。组织开展电线电缆质量安全“联查联打联治”专项行动、儿童玩具和学生用品专项整治行动、液化石油气充装罐专项整治行动，对生产企业进行专项监督检查，质量关键控制点管理和出厂检验等。开展辖区电动自行车经营户专项检查，严厉查处销售无证生产、超出强制性产品认证范围生产、不按标准或降低标准生产等行为，共出动执法人员200余人次，检查门店346家，开展宣传活动6次。协助上级单位开展流通领域产品质量抽检63批次（国抽21批次、省抽42批次）。

主动优化工作流程，引导计量器具使用单位到日喀则市市场监督管理局进行定期检定。共组织计量器具使用单位对63个电子秤开展检定；抽查农贸市场及粮食收购点共40个经营户电子秤准确率，均合格。首次自主完成3家加油站12个加油机的计量检测工作。

推动供电供水企业严格执行政府定价、政府指导价，将国家优惠电价红利不打折扣地传导至群众手中。持续加大巡查力度，对不按规定明码标价、虚构原价、谎称政府定价、不履行价格承诺、诱骗消费者交易等行为，做到发现一起，查处一起，确保市场价格稳定。

在“保健”“化妆品”市场领域集中开展专项整治。加大对虚假宣传行为的查处力度。严厉查处以“保健”为名开展的各种违法违规行为。重点查处以中医药、藏医药“预防”“保健”“治未病”等为名，假借医学理论和术语欺骗、诱使、强迫消费者接受非法诊疗，侵害消费者合法权益，谋取不正当利益的行为。严厉查处“保健”“化妆品”市场制售假冒伪劣产品行为。重点查处伪造或者冒用他人的厂名、厂址，伪造或者冒用认证标志等质量标志，以假充真、以次充好，以不合格产品冒充合格产品等行为，一并整治销售“三无”产品违法行为。

开展禁塑专项执法行动，县市场监管局共出动执法车辆15台次，出动执法人员52人次，

1月27日，县市场监管局在县城内各商铺开展化妆品检查工作。图为检查现场

检查各类市场98处、商场超市57家、各类经营户300余户，下架不合格塑料袋近0.2万个，打击销售和提供一次性不可降解塑料购物袋、塑料餐具行为。以农贸市场、超市、水果店和餐饮店等为重点领域，在醒目位置张贴、悬挂禁塑宣传标语10余条，发放宣传资料800余份，引导经营者和消费者依法销售、使用合格塑料购物袋或布袋。

开展扫黑除恶斗争工作，在江孜县农贸市场、大型商超和沿街商铺张贴海报、发放宣传单页，共计发放宣传单页200余份，张贴海报80余张，悬挂横幅40余条，LED显示屏滚动播放标语1条。开展扫黑除恶线索摸排工作，检查农贸市场经营户30余户，市场领域经营户300余家，临时摊位点20余处，规范治理江孜县市场领域安全营商环境，保障人民群众生命财产安全，维护社会治安和市场经济稳定繁荣发展。

开展“红盾护农”相关专项整治行动，严厉打击制售假冒伪劣农资商品。对发现问题或违规行为追溯案源，预防发生重大农资市场问题；县市场监管局定期或不定期督促检查索证索票、进货台账、索要供货商有效证件、质量承诺等自律制度的建立情况，对自律制度不规范或不完善的经营户采取下达限期整改通知书进行规范。

【疫情防控】 县市场监管局发挥市场监管主体责任，组织专门人员深入江孜县各市场、超市、酒店、药店、商铺等，通过张贴宣传单、发放一封信、流动宣传等形式，开展全方位、全地域、全覆盖的疫情防控政策知识宣传。累计发布价格提醒告诫38次，确保市场价格稳定。

严厉打击社会公众关注的哄抬物价、囤积居奇、牟取暴利等扰乱市场秩序的违法经营行为，先后组织270人次摸排辖区内超市、商店、药店等采购情况，每日进行不间断、不定时的巡查检查抽查，督导各商家遵守公平、合法、诚信的定价原则，发现价格异常波动线索，切实做到对市场价格和产品商品质量违法行为早发现、早处置。通过各种渠道接受投诉19起，办结19起，向投诉者反馈举报信息19起，维护消费者合法权益，投诉举报处理率为100%。

为确保复商复市商户能够严格落实疫情防控相关要求，向疫情防控办申请发放商户及从业人员防疫物资，发放统一样式的第一批复商复市商户挂牌67个，藏语、汉语疫情防控宣传帖134张，进店人员信息登记本73本。审核批准符合复商复市要求商户887户，从业人员1468人。

县市场监管局向东郊一级检查站派驻执法人员开展进口冷链食品运输环节专项检查。

【服务发展】 全面推行“一窗受理、一网通办、集成服务、业务协同、互通互认”工作流程。申请人可通过企业全程电子化登记系统，实现一个平台、一次提交、同步办理、信息共享、限时办结。优化窗口服务，提高办事效率，打造“文明窗口”。商事制度改革以及全程电子化以来，县市场监管局本着服务群众，尽职尽责的工作理念，打造群众满意窗口，最大限度降低市场准入门，简化优化注册登记流程。认真贯彻落实企业登记前置许可、后置审批文件规定，严格履行“双告知”（在办理登记注册时，告知申请人需要申请审批的经营项目和相应的审批部门）职责。制订窗口十三项制度，创新工作，设立材料示范区、咨询台、特事特办窗口，分工明确。

【应急安全处置】 制订《江孜县食品安全突发事件应急预案》《江孜县市场监督管理局防控新型冠状病毒感染肺炎疫情工作应急预案》《江孜县市场监督管理局冷链食品疫情防控应急处置预案》，2022年未发生突发事件。

【食品安全监督】 联合县教育局及各乡（镇）对学校食堂开展全覆盖监督检查，严格落实“零容忍”对待学校食品安全问题，共开展校园食品安全专项检查4次，检查学校食堂228家次，对存在食品安全隐患的学校下达责令整改3份，要求学校负责人立行整改。开展春节藏历新年、“五一”国际劳动节、“十一”国庆节等重点时段监管，加大节令食品企业和流通环节的风险监测力度，加强商店、超市、农贸市场、餐饮等消费者购买聚集场所的监管力度，累计出动执法人员320余人次、检查经营户860余户次。组织开展农村假冒伪劣食品专项整治行动，以农村、城郊接合部为重点区域，联合公安、各乡（镇）明确工作任务，认真开展隐患排查。共查获假冒伪劣、超保质期商品共计5.6吨，价值4万余元。组织开展食品安全宣传进寺庙、进企业、进学校活动，累计发放洗漱杯、环保购物袋、围裙等宣传品2万余个，利用食品安全宣传周等集中宣传节点开展现场受理消费者投诉活动，累计受理投诉12条，挽回消费者经济损失1300余元。

【药品安全监管】 开展药械流通环节风险隐患排查整治工作，规范辖区涉药械经营户药械采购、验收、销售、养护和疫情防控物资管理工作。强化药品医疗器械质量安全全过程监管。明确工作重点和要求，突出重点环节和重点品种。共出动执法人员300人次，检查各类药械经营、使用单位130户次。开展2022年药品宣传周和化妆品科普宣传活动，参与活动群众2000余人次，接受群众咨询人数230人次，发放药品、化妆品科普资料2500余份。

【专利管理】 开展知识产权保

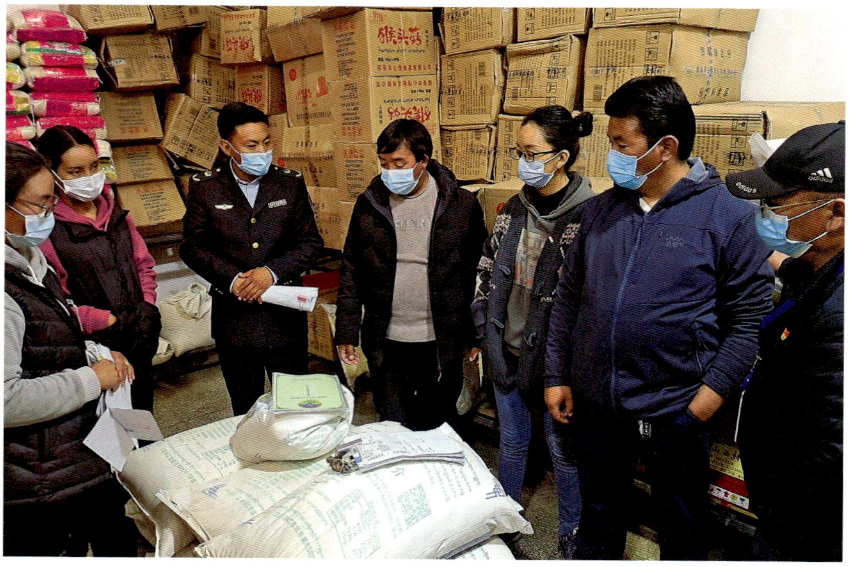

4月27日，县市场监管局联合县教育局开展校园食品安全检查工作。图为检查现场

护“五进”活动，开展法治宣传16次，发放宣传材料1万余份。开展“剑网2022”“蓝天”等知识产权保护专项整治行动，检查市场主体260余户，查获“傍名牌”预包装食品3个种类335千克。江孜县有效注册商标445件（平均15个市场主体拥有1件商标），其中，自治区著名商标3件（宗山、啊香、童嘎）、地理标志商标2件（江孜沙棘、江孜地毯）。完成3件地理标志商标（江孜青稞、江孜藏红花、江孜大蒜）申报前期准备工作。所有注册商标中，农副产品商标占商标总数的80%。

【特种设备监管】 在江孜县范围内开展特种设备安全大排查大整治专项行动，重点检查液化气输送管道、液化气储气罐、电梯、桥式起重机、锅炉等特种设备使用单位，重点关注防泄漏、防爆炸、防倒塌、防坠落等防范措施落实等重点情况。共出动执法人员85人次，检查特种设备使用单位26家，检查设备数量32套，下达特种设备安全监察责令整改书1份，封停设备1套。开展特种设备安全宣传和培训活动1次；开展电梯安全知识进社区宣传活动及电梯安全应急救援演练1场；督促特种设备使用单位加快特种设备定期检测工作，辖区内32套各类设备均完成定期检测，检测达标率100%。

【消费维权】 完善投诉受理制度，发挥“12315”维权联络站点的作用，维护消费者的合法权益，结合“3·15”国际消费者权益保护日，采取悬挂横幅、发放宣传单、设立咨询台、真假识别台等方式一对一讲解《中华人民共和国消费者权益保护法》《中华人民共和国产品质量法》等相关法律法规以及食品、药品、化妆品、农资、建材、电器、家具等产品质量、“三包”政策责任、七天无理由退货等基本知识。建立“12315”维权制度，畅通消费者诉求渠道，受理和依法处理消费者有关服务领域的申诉举报。2022年，通过“12315”投诉举报网站上级流转、“12315”投诉举报电话受理等渠道共受理“12315”投诉举报53件，已办结48件，不予受理5件，办结率100%，共挽回消费者经济损失8万余元。

【队伍建设】 建立行政执法人员学法制度，从强化食品安全监管着手，实施新一轮专业化监管队伍培训。按照上级主管部门的培训计划，每周五下午定期参加相关业务知识的视频学习，先后组织10人次参加食品领域有关培训、参加10余次视频培训会、2次现场执法观摩教学课。

坚持文明执法，塑造队伍形象。在对涉案单位进行执法检查时，坚持依法行政的原则，按法定程序向当事人出示执法证件，说明检查目的，讲清检查内容，告知相应的权利和义

3月15日，县市场监管局在宗山民族团结文化广场开展“3·15”国际消费维权日宣传活动。图为活动现场

务，以法定的形式对所收集的证据加以固定，并将这些内容如实地记录在执法文书中，使现场执法检查的各项活动符合法定程序。检查中发现的问题责令改正，进行教育、处罚，体现出行政执法公平、公正、公开。

（边巴顿珠）

2022年江孜县个体工商户登记管理一览表

表3

行业分类	个体			
	期末实有（户）	比同期增加（%）	本期新设登记（户）	比同期增加（%）
农、林、牧、渔业	109	-6.84	1	-50.00
采矿业	0	0	0	0
制造业	686	0.29	23	-68.92
电力、热力、燃气及水生产和供应业	0	0	0	0
建筑业	17	6.25	2	-50.00
批发和零售业	2123	3.06	174	-32.82
交通运输、仓储和邮政业	372	5.08	30	-50.82
住宿和餐饮业	1103	4.15	101	-55.70
信息传输、软件和信息技术服务业	11	22.22	2	0
金融业	1	0	0	-100.00
房地产业	1	0	0	0
租赁和商务服务业	18	20.00	2	-60.00
科学研究和技术服务业	0	0	0	0
水利、环境和公共设施管理业	6	0	0	0
居民服务、修理和其他服务业	343	5.54	33	-43.10
教育	0	0	0	0
卫生和社会工作	3	50.00	1	-50.00
文化、体育和娱乐业	42	10.53	5	-58.33
公共管理、社会保障和社会组织	0	0	0	0
国际组织	0	0	0	0
其他数据	155	-4.32	0	0

2022年江孜县私营企业登记管理一览表

表4

行业分类	私营			
	期末实有（户）	比同期增加（%）	本期新设登记（户）	比同期增加（%）
农、林、牧、渔业	47	23.68	9	-18.18
采矿业	0	0	0	0
制造业	102	6.25	7	-66.67
电力、热力、燃气及水生产和供应业	3	0	0	0

续表4

行业分类	私营			
	期末实有（户）	比同期增加（%）	本期新设登记（户）	比同期增加（%）
建筑业	832	5.05	48	–66.90
批发和零售业	112	10.89	16	–38.46
交通运输、仓储和邮政业	16	14.29	2	–75.00
住宿和餐饮业	19	35.71	4	0
信息传输、软件和信息技术服务业	2	100.00	1	0
金融业	0	0	0	0
房地产业	4	0	0	–100.00
租赁和商务服务业	87	16.00	13	–59.38
科学研究和技术服务业	9	28.57	2	0
水利、环境和公共设施管理业	5	0	0	–100.00
居民服务、修理和其他服务业	23	21.05	4	33.33
教育	3	50.00	1	0
卫生和社会工作	3	0	0	0
文化、体育和娱乐业	12	–7.69	0	–100.00
公共管理、社会保障和社会组织	0	0	0	0
国际组织	0	0	0	0
其他数据	17	–10.53	0	0

（边巴顿珠）

商务工作

【概况】 2022年，江孜县商务局（简称“县商务局”）在编人员共5名,其中,局长1名、副局长2名、供销合作社事业编2名。

【内部贸易工作】 2022年，县商务局协同相关部门对县域内3座加油站完成年检工作。县商务局组织人员对江孜县企业进行摸排调查，申报限上企业3家，华润光伏电站申报成为规上企业。

【市场体系建设】 2022年，江孜县围绕县域商业体系建设，建立由县政府领导牵头、对口部门参与的专项工作领导小组，“十四五”时期，努力建成一批具有集中采购和跨区域配送能力的冷链物流集散中心、一批县域标准化仓储冷链物流设施，改造一批县域综合商贸服务中心、一批县域农贸市场，培育一批县域商贸流通骨干企业，到2025年底基本实现江孜县有综合商贸服务中心、有冷链基础设施、有标准化农贸市场、有连锁经营，乡村通邮政、快递服务的“四有一通”良好格局，促进江孜县商业领域生产、供给、销售、物流、服务等全流程高效协同，提升市场主体的竞争力和服务水平。

【招商引资】 2022年，县商务局落实强化抓经济、重点抓服务、突出抓项目的工作要求，把招商引资和项目建设作为经济工作的重点来抓，完善机制，强化措施，促进江孜县经济持续快速发展。下达总投资5.6亿元指标任务，由于缺少建设用地指标，导致部分项目无法落地，实际到位资金8600万元，占年度目标的

3月5日，县商务局联合相关部门对南郊加油站开展检查工作。图为检查现场

15.4%,实现转移就业200余人次。

【市场监管】 县商务局制订和完善《江孜县商务局零散成品油管理办法》《江孜县商务局零散成品油加油流程图》《江孜县商务局零散成品油购油证明样板》等相关制度，在购买零散成品油的审批工作中，严格按照“成品油市场安全管理目标”要求，严把购油程序，严审成品油用途，保证危险化学品从源头管控治理。为保证江孜县危险化学品存储销售、大型商超、农贸市场企业安全稳定营业，联合相关部门开展专项整治活动16次，排查整改安全隐患16项，并要求限期整改，帮助各企业建立完善各项安全管理制度和安全检查、运行记录。

【电子商务】 依托江孜县电子商务进农村综合示范项目，江孜县共建设完成1个县级仓储物流分拨中心、19个乡（镇）级电子商务服务站点、78个村级电子商务服务网点，建立完善县、乡、村三级物流配送体系。乡村电子商务服务站点均依托商贸网点而建,实现“多站合一、一点多能”。江孜县物流仓储分拨中心已整合5家本地快递物流企业，包括顺丰、中通、圆通、极兔、壹米滴答物流。1—12月，江孜县通过电商快递物流体系下行件配送共计16875件，上行件发货共计349件。珠峰电商在深入调研江孜县农业特色产品生产销售情况的同时，根据电商平台产品上线要求及规定，对现有农业特色产品进行筛选，将符合上线要求的产品上传至京东·西藏馆、日喀则馆、淘宝店铺、微商城、拼多多店铺及抖音店。在电商的指导下，开设网店8家，其中2022年新增2家。江孜县电子商务公共服务中心具备产品分拣、包装功能，产品溯源系统完成功能模块数据更新维护，对展销厅每个

5月21日，西藏华图职业技能培训学校讲师曲珍（主讲台）在年堆乡人民政府为农牧民进行电子商务基础知识培训。图为培训现场

5月4日，江孜县电子商务公共服务中心工作人员对农产品进行农药残留检测。图为检测工作现场

产品实现一品一码（溯源码），溯源系统中有江孜县农业特色产品15个；农产品检测中心对江孜县4种产品（小白菜、西红柿、青椒、尖椒）进行初级检测。

【供销合作社】 江孜县供销合作社（简称“县供销社”）作为综合改革试点之一，指导试点基层供销社开展“四位一体”综合合作工作，加强组织领导，来推动落实供销改革工作。县供销社注册资金59万元，固定员工7名，转移就业共计25人，严格按照合同于12月为群众兑现流转金，共计人民币30万余元。流转面积2000多亩，在托管土地工作中坚持个人自愿为先，公平公正的前提下，让社员共同出资出力，进行土地托管代耕代种青稞，切实解决群众的急难问题，做到就近就便务工。

【援藏项目】 2022年，县商务局结合扶贫产业规划，有序实施江孜县青稞等农业特色产品消费奖励项目，经排查，符合兑现条件的企业及农牧民专业合作社有6家，依据资金兑现要求，对上海藏日农业科技有限公司奖励9万元、西藏桑旦岗青稞酒业有限公司奖励8万元、日喀则藏研食品有限公司奖励10万元、西藏红河谷藏红花农业科技有限公司奖励4万元、江孜县康桑糌粑加工农民专业合作社奖励10万元、江孜县红河谷蜂业有限公司奖励4万元，组织企业赴沪参展产生交通住宿等费用3.91万元，该项目共计实施资金48.91万元。

（邰飞翔）

烟草专卖

【概况】 江孜县烟草专卖卷烟营销网点（简称“县烟草专卖网点”）人员共12人，其中第三方劳务外包2人，网点下辖江孜县、康马县、白朗县、亚东县4个县，负责4个县的卷烟销售、专卖执法、行政许可、网络建设等工作。持证卷烟零售客户610户，其中，县城客户345户，占比56.56%；乡村客户265户，占比43.44%。

【党建工作】 县烟草专卖网点作为中国共产党日喀则市烟草专卖局（公司）（简称“市烟草专卖局”）党支部第三党小组，按照“内强素质，外塑形象”要求，打造基层网点党建标杆阵地，每月开展“5+N”主题党日活动、党小组学习，开展政治学习和党性教育，全面配合党支部开展好党员的发展和思想教育及汇报工作。为热烈庆祝中国共产党成立101周年和西藏和平解放71周年，喜迎中共二十大召开，结合强边固边工作要求，邀请市烟草专卖局党员代表、组织第三党小组党员和亚东县党员零售户代表到亚东县上亚东乡东嘎爱国主义教育基地开展“铭记革命历史、传承爱国精神”商零共建主题党日活动。开展党员送证上门服务、

11月15日，中共日喀则市烟草专卖局（公司）第三党小组到江孜县卡堆乡长堆村开展党的二十大精神宣讲系列活动。图为宣讲活动现场

驻村点助农秋收、弘扬雷锋精神志愿服务、卡若拉冰川垃圾清扫等主题党日活动。2022年，第三党小组共有正式党员4名，发展对象1名，入党积极分子2名。

【经济运行情况】 2022年，销售卷烟2896箱，增长2%；销售额13317万元，增长7%；单箱结构4.59万元，同比增加0.11万元，增长5%。

12月8日，江孜县烟草专卖卷烟营销网点联合多部门开展市场检查。图为检查工作现场

【打私打假工作】 持续保持打假高压态势，深化“放管服”改革，持续提升行政许可、市场监管和打私打假水平。加强烟草专卖行政许可工作监督，共新办95户、延续148户、歇业91户、停业1户、变更3户。联合江孜县公安一级检查站、康马县公安一级检查站等部门开展路查堵截工作，并建立常态化的合作。截至12月，查获案件1起，查获假、私、非卷烟57条，总案值5.14万元。

【法律法规宣传】 在江孜县城设立烟草法律咨询点，以“维护消费者权益、构建社会主义和谐社会”为主题组织开展法治宣传活动，宣传发放《中华人民共和国烟草专卖法》《中华人民共和国烟草专卖法实施条例》等法律法规的藏语、汉语两种文字宣传材料共300余份，发放“12313”烟草专卖举报电话宣传单300余份，播放藏语、汉语两种语言的相关法律法规宣传片；举办假烟展览会，讲解真假烟辨别知识及法律知识。

（仁　多）

农牧林水

中國歷史文化名城

农业农村

【概况】2022年，江孜县农业农村局（简称“县农业农村局”）有21名干部职工（藏族干部17名、汉族干部4名），其中，副县级干部2名,正科级干部3名，副科级干部1名，技术人员13名（管理岗位3名），公益性岗位人员2名。

【种植业】2022年，共落实农作物播种面积16.19万亩，其中，粮食作物播种面积12.9万亩，经济作物播种面积1.8万亩，饲草料面积1.49万亩；粮食、经济作物、饲料比例为80：11：9。完成10.56万亩推广任务。共调运化肥3846.7吨，有机肥4310.49吨，农药20.98吨。农家肥积造量每亩达到2.73吨，积造总量达到41.36万吨，超额完成积造任务。共建设良种繁育基地8250亩。共实施深松面积3813.02亩，共投入2650台大型机械完成秋收工作。完成县内部调剂种子126吨。向其他县外调青稞良种286.3吨，共实现经济收入194.77万元，县内种子精选率和包衣率均达到100%。

2022年，江孜县粮食产量6.48万吨，其中青稞产量5.77万吨；蔬菜产量1.17万吨；油菜产量0.3万吨。

【畜牧业】按照“基础做强、种群做大、结构做优、机制做全”的思路，通过牛羊养殖合作社，完成调运60只种公羊，完成黄牛冻配10523头，完成牦牛经济杂交冻配1054头。开展春季、秋季防疫工作，春季共免疫牛7.62万头，羊24.31万只，猪527头，鸡3.92万只；秋季共免疫牛7.82万头，羊26.88万只，猪620头，鸡3.91万只，确保防疫密度达100%。严格实行牲畜产地检疫报检制度，做到“三不”，即不见畜禽不出证、不出无把握证、不出不规范证。出具动物及动物产品检疫合格证116张。

牲畜存栏32.69万头（只、匹），新生仔畜10.33万头（只、匹），成活率达85%，成畜死亡数0.7万头（只、匹）；牲畜出栏8.12万头（只、匹），出栏率25.17%，肉类总产量达到2110.46吨；奶类产量19732.55吨；禽蛋产量72.74吨。

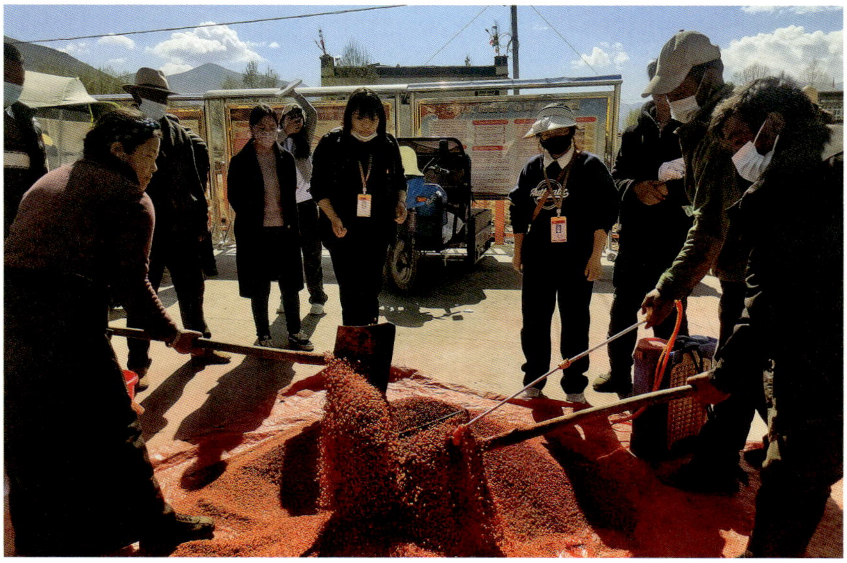

3月6日，农牧综合服务中心技术人员指导种子包衣技术工作。图为指导现场

【特色农牧业品牌建设】县域农业产业化龙头企业达到13家，其中，市级以上龙头企业6家、县级龙头企业7家。农牧民专业合作社发展到676家。开展合作社规范提升工程，完成申报1家国家级示范社、7家自治区级示范社、5家市级示范社的创建工作。

【项目工作】2022年共计划实施项目14个，其中续建项目4个，总投资4814.48万元，分别

4月29日，县长巴桑（左一）在纳如乡出龙村出龙藏鸡养殖农民专业合作社调研养鸡产业发展情况。图为调研工作现场

为江孜县青稞繁育基地建设项目（已完工）、江孜县养牛场建设项目（一期）（已完工）、江孜县藏鸡养殖基地建设项目（已完工）、江孜县养羊附属设施建设项目（已完工，且完成初验）。新建项目9个，总投资19959.35万元，分别为2021年高标准农田建设项目（已完工）、2022年高标准农田建设项目（已完工）、江孜县蜂蜜加工厂二期建设项目（已完工）、江孜县年堆乡黄牛改良扶持项目（已完工）、江孜县农机社会化服务建设项目（已完工）、江孜县喜嘎生态奶牛养殖农民专业合作社饲草料采购项目（已完工）、江孜县肉牛标准化养殖场建设项目（已完工）、2022年江孜县农机合作社农用机械设备采购项目（已完成采购）、日喀则市江孜县农业全程机械化物资采购建设项目（已完成采购）。

【防抗灾工作】 下发《防抗灾应急预案》，给19个乡（镇）发放防抗灾饲草料135吨，防抗灾化肥33.95吨，有机肥0.2吨，防抗灾饲草种子28.4吨；对有需求的乡（镇）发放引水管331根。

【产权制度改革工作】 2022年，全面完成农村集体产权制度改革年度清产核资、成员身份确认、股权量化、成立集体经济组织等各项阶段任务，江孜县共成立152个农村集体经济组织，共确定集体经济组织成员12669户、64358人，资产量化6385.88万元，已完成集体经济组织登记赋码、刻章，并与农行县支行签订协议，开通村集体经济组织专用账户。

【产业扶贫工作】 向市乡村振兴局上报2023年至2025年江孜县巩固拓展脱贫攻坚成果同乡村振兴有效衔接产业扶贫项目13个，研究制订《江孜县扶贫产业项目资产管理实施办法》，对接县乡村振兴局全面启动扶贫产业项目资产确权登记工作，完成25个扶贫项目4.05亿元固定资产的登记工作。制订出台《江孜县扶贫产业利益联结管理办法（试行）》，建立劳动力就业、资产资金入股、产品代销、扶贫产业分红等多种形式的利益联结机制，形成“企业+贫困监测户”“党支部+合作社+贫困监测户”等多种形式的运营模式，提高建档立卡群众现金收入。对江孜县“十三五”期间31个产业项目进行本金偿还评估，并补充签订各项目的扶贫协议和投资合同。

【惠农政策工作】 2022年，江孜县共兑现资金3606.56万元，其中，种植业方面共兑现资金2043.2万元，畜牧业方面共兑现资金1435.96万元，农村“厕所革命”补贴方面共兑现资金2.6万元（2021年13户漏补），产业方面共兑现分红资金124.8万元。

（次仁卓玛）

江孜县红河谷现代农业科技示范区

【概况】 江孜县红河谷现代农业科技示范区（简称“红河谷科技示范区”）作为“西藏与上海现代农业的对接桥梁”，是上海市对口援藏重点项目之一。以高端农业先行的模式，全力打造高原特色农产品深加工基地、高原种源生产基地、高原特色产品直供基地，重点发展绿色优质果蔬和高原特色农产品产业，形成一、二、三产业融合的优势。

红河谷科技示范区位于江孜镇东郊村，海拔4040米，核心区占地183亩。于2013年8月开始规划建设，2022年已实施三期建设，项目总投资9833万元，其中，一期投资3400万元，二期投资4000万元，三期投资2433万元。2022年，红河谷科技示范区有干部职工3人，解决当地大学生就业7人，解决当地农牧民就近就业9人，人均年增收3万元，带动建档立卡脱贫户灵活就业35人，人均年增收1.5万元；有3000平方米智能化育苗温室1座、2000平方米园艺科普温室1座、3800平方米智能光伏温室1座、3500平方米生态餐厅温室1座、连栋塑料大棚1400平方米、新型移动日光温室9座、标准化日光温室12座、集装箱植物工厂2座、制氧站1座。红河谷科技示范区先后被批准为日喀则国家农业科技园区第二核心区、国家食用菌工程技术研究中心西藏基地、自治区及日喀则市科普教育基地。

江孜县红河谷现代农业科技示范区智能温室 （拍摄于2022年）

【人才队伍建设】 2022年，红河谷科技示范区对接县人社局，向7名大学生提供专业对口的就业岗位，为7名涉农专业学生提供生产活动实践机会和专业人才技术指导培训，输出4名优秀乡村振兴专干。对接上海农发集团引进技术总监1人，招聘当地大学生7人和长期工10人，全面负责组织、领导、协调转型升级各项工作。

【产业发展】 2022年，红河谷科技示范区已形成蔬菜、花卉、种苗培育，设施蔬果生产，科普科育，农技培训，休闲观光五项主导产业。

【发展思路】 红河谷科技示范区按照江孜县独特区位、特色产品、广博土地和旅游胜地的有利优势，建设花园式农业园区、生态型生产模式、企业化经营管理、全程化科技支撑的现代农业示范区核心区，通过9年的建设发展已初步发挥出示范带动功能，提升江孜县现代设施农业种植水平，未来红河谷科技示范区将继续通过“园区+企业+农户”“1+19+X”［1个园区、19个乡（镇）、免费提供优质种苗］的发展思路，把示范辐射功能延伸到周边农业设施栽培生产基地，进一步完善园区一、二、三产业融合发展，将农业的高科技生产与当地的休闲观光旅游、学生科普教育、环珠峰旅游、特色产业加工有机融合发展。

【发展目标】2022年，红河谷科技示范区建设成集生产示范、种植加工厂、休闲观光于一体的高科技现代农业综合示范园区，成为西藏地区现代农业园区的学习样板和江孜县“现代农业立县”的重要抓手。

【主要功能区】红河谷科技示范区三期项目建成后，将形成以农业高科技生产示范、特色农产品加工与城郊农业休闲观光相结合的现代化综合性农业示范园区，将基本具备城郊农业休闲旅游功能，形成四大旅游功能分区，拓展互动区、采摘体验区、科普观光区、餐饮配套区。拓展互动区包括有青少年户外活动、拓展设施，可提供亲子互动、学生体能拓展的户外活动区；以高原玫瑰种植驯化为主，结合水生植物池塘、射箭等活动的玫瑰游园；有58个轿车停车位、11个房车停车位的房车基地；为游客提供骑马体验服务的赛马场。采摘体验区有3800平方米智能温室小番茄、黄瓜、羊角蜜、西瓜种植采摘区和2000平方米移动日光温室立体草莓采摘区。科普观光区包括食用菌、藏红花种植示范基地[乡（镇）辐射点]、植物组培中心、集装箱植物工厂、3000平方米蔬菜花卉育苗工厂、2000平方米园艺科普温室、1300平方米鱼菜共生温室。餐饮配套区占地3500平方米生态餐厅，可同时提供200余人团体就餐。

5月18日，红河谷科技示范区工作人员开展种植技术教学。图为教学现场

【培训机构】2018年引进江孜雪域阳光民族传统职业技术培训学校，学校综合楼建筑面积1400平方米，设培训教室4间，办公室5间、食堂2间、寝室40间，各种设备设施齐全，能同时满足200个学员开展培训。学校开设有民族手工艺品加工（藏式服装制作）、中式烹调师、餐厅客房服务员、木匠、藏式绘画、电焊工、钢筋工、装修工、农机修理、蔬菜种植培训等专业技能培训。2022年，累计培训学员98人，就业98人，就业率达100%。

【特色产品】2016年11月底，红河谷科技示范区开始引进藏红花种球培育种植。截至2022年底，藏红花基地占地10公顷，收获种球约100万株，通过“公司+农户”“企业+基地+农户”的合作形式形成新型扶贫模式。2018年6月引进江孜县珠峰红河谷蜂业有限公司，主要经营蜜蜂养殖、蜂蜜加工及销售优质原生态高原蜂蜜，有成员8人，有3个蜜蜂养殖基地、1500箱蜜蜂，年产值达1000万元，每人年工资6万元；2022年，产原生态蜂蜜高原原蜜50吨，纯利润20万元，先后带动建档立卡贫困监测户120户进行分红，每户1500元。

【助力乡村振兴】上海市第九批援藏干部江孜联络小组坚持以产业助力乡村振兴的思路，立

7月28日，上海市第十批援藏干部江孜联络小组到红河谷科技示范区开展调研工作。图为援藏干部参观园区发展规划模型

足示范区的辐射带动作用，通过“公司＋农户”“企业＋基地＋农户”的合作形式，形成3种助力模式。以“有机种养＋”为主的现代农业助力乡村振兴，通过引进藏红花等农业企业为贫困监测户提供就业岗位；打造“1+19+X”的扶贫辐射点，通过红河谷科技示范区这个平台为建档立卡贫困监测户提供免费蔬菜种苗并进行专业种植技术指导；把现代高科技农业精深加工和农耕文化休闲观光相结合，利润投入助力乡村振兴产业。生态餐厅内设立有高原农产品展示展销、唐卡文化展厅、高原特色餐饮等生态观光服务中心，并集中展示12家农牧民专业合作社生产的民族特色工艺品和日用品，在向游客展现江孜千年历史、传承西藏民族文化的同时，从源头上为贫困监测户就业创造新渠道，实现农牧民增收致富。

2022年，红河谷科技示范区三期项目初见成效，共带动上百名农牧民灵活就业，其中贫困监测户80人；向各乡（镇）、部队、学校延伸28个辐射点，向辐射点免费发放优质种苗6万余株并提供专业种植指导，全年培训农牧民68人次。

（格桑央珍）

林业和草原管理

【概况】 江孜县林地面积52500.5公顷，占江孜县辖区面积的13.64%，按林地地类分有林地面积1282.3公顷，占林地面积的2.44%；灌木林地面积47053.87公顷，占林地面积的89.63%；未成林地面积1605.66公顷，占林地面积的3.06%；苗圃地面积68.14公顷，占林地面积的0.13%；其他林地面积2490.53公顷（无立木林地面积13.03公顷、宜林地面积2477.5公顷），占林地面积的4.74%。草场面积320460公顷，可利用面积303893公顷。非林地面积332422.13公顷。

【资源监督管理】 按照林草资源分级巡查工作要求，江孜县林业和草原局（简称“县林草局”）对48个项目建设领域、农村宅基地建设等进行实地核查，办理相关林草资源征占手续25件，整改国家森林督查卫星遥感点位发现问题3宗。加强野生动植物疫源疫病监测及防控，严厉打击乱捕滥猎、非法经营野生动植物违法犯罪行为。认真开展疫情防控及有害生物防治工作，检疫以新疆杨、榆树、江孜沙棘等为主的树种8万余株。2022年未发现野生动物疫源疫病情况及松材线虫病等病虫害。开展“四乱”（乱侵占、乱搭建、乱采挖、乱捕食）整治工作，督促整改乱占乱圈林草地和林草防火隐患点共6件。

【草原保护管理】 全面加强草原禁牧和草畜平衡监管，启动人工种草生态修复，加快退化草原恢复治理。加强草原征占用管理和执法监督，依法查处非法开垦、非法占用草原等违法行为，完善草原管护机制，提高草原保护管理水平。调动林业专业护林员89人、草原监督员57人、生态岗位林业护林岗位人员994人、生态岗位草原监督员岗位745人，对江孜县林草资源进行管护，加大巡护监测范围和巡查密度，分区划片将野外巡护看守责任分解到山头地块。按照各自工作职责，对造林项目和涉林、涉草项目监管，做好每月督导和补审、报批工作，各乡（镇）、各村（居）按照属地管理原则，对辖区内林、草地实行定期自查、资料存档，发现占用林、草地上报。设立县级林长44名，乡级林长143名，村级林长181名。

【森林防火工作】认真部署和安排护林防火工作，把防火工作落到实处，做到时时有人守，坚决不松懈。成立防火领导小组，通过发放宣传单、悬挂森林防火标语等渠道宣传防火责任知识，共发放宣传单700余份。深化火灾隐患排查治理，全面加强应急管理，提高防范和应对森林草原火灾的能力，按照自治区、市森林防火工作会议精神，与19个乡（镇）签订森林草原防火目标责任书，并制订切实可行的林草资源防火应急预案。根据自治区、市两级森林草原火灾风险普查实施方案要求，安排专人负责江孜县森林草原防火普查工作，完成江孜县22个样地森林草原防火普查工作。

【公益林管护】江孜县纳入森林生态效益补偿的公益林总面积57.2万亩，其中，国家二级公益林面积5.31万亩、地方公益林面积51.89万亩。严格按照《中央财政森林生态效益补偿基金管理办法》的要求使用公益林资金，管护资金通过一卡通方式兑现到管护人员个人银行卡上，2022年共兑现管护资金219.59万元。

【林地改革工作】2022年，共完成撒播育苗1822.73万株，其中江孜沙棘1754.8万株，共出圃1319.8万株，销售额达1838.6万元。沙棘育苗基地共带动农牧民450人，实现增收676.5万元。

【造林绿化工程】2022年，实施2021年续建项目先造后补营造林工程12个，造林绿化面积0.71万亩，投入资金7169.43万元；拉萨及周边封山育林工程1个，封育面积8.78万亩，投入资金667.28万元。2021年续建项目先造后补营造林工程和拉萨及周边封山育林工程项目投工投劳全部由当地农牧民实施，带动农牧民3850人次，增收110万元。同时，紧紧围绕县委“名城振兴工程”中心工作，抓好项目储备工作，有序推进沙棘苗木培

4月2日，县林草局技术指导人员到江孜县曲笼生态绿化有限责任公司（原苗圃）开展江孜沙棘种子消毒工作。图为种子消毒工作现场

育基地基础设施功能提升项目、沙棘产业发展规划、城市绿化规划、雅江中上游生态修复治理、沙棘成林管护及采种基地建设6个项目前期准备工作。推进“四旁”植树，将义务植树与乡村“四旁”植树相结合，持续巩固消除“无树村”“无树户”工作成果，完成海拔4300米以下“四旁”植树18.3万株，完成率达到100%，投入资金914.5万元。

【森林督查整改】 严格按照《中华人民共和国林业部林地管理暂行办法》，严格控制江孜县征占用林地情况。根据实际情况对重点工程项目建设占用征收林地进行跟踪检查监督，对江孜县工程领域和砂砖场、采石场、农村宅基地、项目建设领域占用林草资源监管服务分级巡查60余次，办理林草征占手续25件，整改国家森林督查卫星遥感点位发现问题3宗。

【林草科技创新】 加强林草科学技术的推广、应用和研究，重点解决江孜沙棘营养培育，引进先进苗圃育苗技术和管理模式，抓好乡土树种育苗工作。增加林草科技投入，增强林草科技辐射能力，充分发挥科技在林草建设中的作用。

【疫情防控】 县林草局工作人员参与县域网格管控及沿街商铺网格管控组疫情防控工作，开展走访入户摸排、宣传引导、管控、关爱、巡逻，做好群众核酸检测秩序维持、采样，购买物资、滞留人员的排查等相关工作，服务群众7260人次；驻达孜乡加那村工作队人员带头协同村委干部及志愿者做好疫情防控工作；解决管控区域群众的各种困难及问题，保障管控区域居民生活需求。

（群　宗）

6月12日，副县长余锋（前排左一）陪同拉萨南北山项目总技术顾问索朗旺堆（前排右一）到江孜县曲笼生态绿化有限责任公司（原苗圃）进行苗木技术指导。图为指导工作现场

水　利

【项目建设】 2022年，江孜县水利局（简称“县水利局”）争取多种渠道资金，共实施11个新建项目、3个续建项目，总投资9794.93万元。新建项目总投资7053.71万元，分别为江孜县热索乡孜吾普曲防洪堤工程，投资1000万元，完成总投资的100%；江孜县达孜乡应急抢险工程，投资1400万元，完成总投资的100%；江孜县赤门沟治理工程，投资620万元，完成总投资的100%；江孜县日朗乡、热龙乡防洪堤工程，投资302万元，完成总投资的100%；江孜县桑顶水库除险维修工程，投资330万元，完成总投资的30%；江孜县跃进水库除险加固工程，投资318万元，完成总投资的80%；江孜县帕贵新村道路硬化及排水项目，投资311万元，完成总投资的75%；江孜县重孜乡标准化水厂工程，投资900万元，

7月4日，县长巴桑（右三）带队检查热索乡孜吾村孜吾普曲防洪堤工程。图为检查工作现场

完成总投资的 90%；江孜县日星乡节水灌区工程，投资 943.92 万元，完成总投资的 85%；江孜县车仁乡伦巴村防洪堤工程，投资 588.06 万元，完成总投资的 90%；2022 年江孜县高海拔季节性缺水所涉及农牧区饮水维修改造项目，投资 340.73 万元，完成总投资的 10%。续建项目全部完工，总投资 2741.22 万元，分别为江孜县龙马节水灌区工程，投资 952.58 万元；江孜县年楚河防洪堤除险加固工程，投资 174.99 万元；江孜县卡麦乡卡麦沟防洪堤工程总投资 1613.65 万元。

【民生水利】 县水利局从“十四五”时期巩固拓展脱贫攻坚成果同乡村振兴有效衔接第二批资金中申报 2022 年农村供水项目，共 27 个工程点，已完成初设及概算批复。2022 年江孜县高海拔季节性缺水所涉农牧区饮水维修改造项目，总投资 340.73 万元，共涉及 4 个乡（镇）6 个工程点，解决高海拔地区群众季节性缺水困难。分两批下达 2022 年自治区水利发展资金农村供水工程维修养护预算指标通知，江孜县共分配到 93.51 万元，已维修养护 27 处工程，完成投资 100%，提升 1.09 万人口的供水安全，确保安全饮水工程“建得成、管得好、长受益”。

【水资源管理】 建立健全体制机制，调整充实实行最严格水资源管理领导小组，制订《江孜县水资源配置方案》，健全水资源控制指标体系。强化节水管理，2022 年实际用水总量为 26610 万立方米，年度控制目标 26611 万立方米，农田灌溉水有效利用系数提高到 0.466，水功能区水质均达标，重要水功能区污染物总量减排量达到相关指标。开展取水口专项整治工作，7 家砂石企业和满拉水电厂、西藏岗嘎底斯卡偌拉冰川实业有限公司、西藏江孜县吉啦自来水公司已经办

7月13日，日喀则市副市长张云宝（右四）一行到江孜县检查汛期农田受灾情况。图为检查工作现场

理取水许可证；江孜县卡堆南北中型灌区、江孜县金嘎乡嘎吉犏牛养殖农民专业合作社、江孜县曲灿养殖农民专业合作社，已编制完成水资源论证报告，通过审查。加强水价改革和水资源费征管，江孜县268处农村饮水安全工程和77个小型灌区开展编制县域水资源论证评估报告。2022年共计收缴水费10.94万元，征缴水资源费0.56万元。按照江孜县各乡（镇）用水总量控制指标分解表，用水强度有效控制在相关规定范围内。

【防汛抗旱】 落实大坝安全管理责任人和小型水库防汛“三个责任人”（地方人民政府、水库主管部门、水库管理单位相关负责人或具有相应履职能力的人员）11人，加强监测预报，科学分析预判，修订完善各类防汛预案，加强培训演练，加大隐患排查。江孜县4座水库（康背水库、桑顶水库、幸福水库、跃进水库）完成2022年度水库“两案一书”编制工作。投入资金21万元用于山洪防治非工程措施项目运行维护、监测预警和汛前培训演练，落实农业生产救灾资金1400万元用于江孜县达孜乡应急抢险工程，落实3535.65万元实施4个山洪沟整治项目，农村水利公益性维修投保项目100万余元用于防洪堤维修加固。

【工程监督检查】 2022年，县水利局对部分已完工项目的工程资料进行审查，并组织实施项目合同完工验收相关工作，对水利新建项目的质量监督、项目划分和开工备案手续进行把关和审批；按照上级质监站要求，每季度进行不少于3次的监督检查。对2022年在建项目定期开展质量与安全监督检查工作，对质量不合格、安全生产不过关的项目进行通报，并限期整改。

【水土保持】 2022年，县水利局利用“3·22”世界水日、中国水周、水土保持宣传日和法治宣传日等时机，采取悬挂横幅标语、散发宣传单、发放宣传品等形式宣传水土保持法律法规，增强全社会水土保持意识和防治水土流失的责任感和紧迫感。共审批开发建设项目水土保持方案32项（报告书3项、报告表29项），收缴水土保持补偿费58.43万元。

【河湖长制工作】 强化组织领导体系，调整充实河湖长制领导小组，明确220名县、乡、村级河长，7名检察长和40名县乡级警长，形成公正司法与严格执法良性互动，构建责权明确、执法规范、监督有效、协作联动、保障有力的河（湖）管理保护新体系，实现从“多头管”到“统一管”、从“管不住”到“管得好”的明显转变。

强化宣传教育，更新河湖长制公示牌14个，安装宣传牌5个，开展水利安全生产、水资源保护、水法、防洪法、河道管理条例、河湖长制等工作宣传，累

12月14日，县水利局组织召开江孜县2022年水利项目合同工程完工验收会议。图为会议现场

计宣传8次，发放宣传手册600余份，受益群众近千人。

强化水域岸线管控，投入25.7万元完成2条规模以下河流管理范围划定工作，共设立界桩45根；投入30.47万元编制完成9条河流河道采砂规划，5条河流河道清淤方案；投入20万元，完成县级14条河流“一河一策”方案编制工作；完成2个涉河项目（江孜县年楚河流域重要生态功能保护区建设工程、日喀则市江孜县新区道路建设工程桥梁工程）的洪水评价类审批工作，推动河湖长制工作规范化、法治化。

强化执法检查，全面落实“河长+检察长+警长”工作机制，严格压实“三长”工作职责，对江孜县16条县级河流配备7名检察长和16名县级警长，提升河湖执法水平和治理能力。3月，县政府组织河湖长制成员单位对县域内砂厂、砖厂等企业的营业手续进行逐一排查，对存在相关手续过期、手续不齐全的企业采取下发督办单、停工整顿等措施。组织开展西藏“河长制”App巡河软件操作培训，通过短信定期给县级河长提示季度巡河任务，并通过县乡河长工作交流群定期不定期督促乡（镇）落实“河长制”相关工作任务及乡村两级河长巡河率通报等。河长巡河1868人次，巡河中各级河长发现河流“四乱”问题6例，整改6例。

（欧　珠）

西藏自治区满拉水利枢纽管理局

【概况】 西藏自治区满拉水利枢纽管理局（简称“满拉水利管理局”）为西藏自治区水利厅直属单位，正县级全额事业单位编制，人员编制20个；内设机构（正科级）4个，办公室、业务科、满拉水库管理所、冲巴湖水库管理所；主要负责满拉水库、冲巴湖水库的工程安全运行管理工作、西藏满拉水利发电有限责任公司经营管理活动的监督工作和西藏自治区水利厅交办的其他工作。西藏满拉水利发电有限公司为满拉水利管理局直属国有企业，实行董事长负责制。

【科学调度】 满拉水利管理局根据上游来水和水库水位情况，结合气象部门测报数据，科学制订《2022年灌溉用水计划》《西藏自治区满拉水利枢纽管理局2022年防汛度汛应急预案》。加强水资源分配与管理，4月与“三县一区”（江孜县、康马县、白朗县，桑珠孜区）水利负责人召开年楚河流域春灌供用水洽商会议，春灌期间与“三县一区”沟通协调，保证“三县一区”农林牧业用水需求，确保年楚河“三县一区”粮食丰收。

【安全生产】 2022年，满拉水利管理局成立安全生产领导小组，制订《2022年度处置突发

4月17日，满拉水利管理局主持召开年楚河流域“三县一区”第八届春灌供用水洽商会。图为会议现场

9月19日，满拉水利发电有限责任公司开展安全生产大检查。图为检查工作现场

事件应急预案》《满拉、冲巴湖水库安全度汛应急预案》。年初与各科室（所）及满拉水电厂签订《安全生产目标管理责任书》，做到层层落实、责任到人，将安全生产落到实处。加强宣传引导，利用专题学习或各类安全专题教育会议的机会，组织开展安全生产知识学习3次，开展消防安全培训专题讲座2次，组织全局干部职工参与网络知识竞赛3次。开展安全生产月活动，启用安全标语、安全宣传牌5个，悬挂横幅10条，利用LED显示屏滚动播放安全生产相关知识。在西藏满拉水利发电有限责任公司值班室和中控室新增设2处微型消防站，机房增设2处预警器。

【灌溉效益】 至2022年，满拉水库、冲巴湖水库累计向下游供水124.8059亿立方米，确保受益区内“三县一区”23个乡（镇）、171个行政村、近10万人的生活用水。满拉水库建成后新增灌溉面积25.42万亩，其中，农田18.52万亩、林地6.9万亩；有效灌溉面积达57.52万亩，其中，耕地45.12万亩，林草地12.4万亩。

【发电效益】 西藏满拉水利发电有限责任公司是满拉水利枢纽工程的重要组成部分，电厂总装机容量20兆瓦，设计年发电量0.61亿千瓦时。在确保灌溉供水和防汛度汛的前提下，统筹兼顾发电效益，2022年西藏满拉水利发电有限责任公司年发电8061万千瓦时，年供电7576万千瓦时，完成年度发电指标任务。自1999年12月首台机组发电以来，截至2022年底，累计发电14.6亿千瓦时，供电量13.55亿千瓦时，安全运行8408天。

【人才队伍建设】 满拉水利管理局党委始终把严守政治纪律

3月28日，满拉水利管理局在满拉水电厂开展“3·28”西藏百万农奴解放纪念日活动。图为活动现场

和政治规矩放在第一位，以严防“四风”问题反弹回潮为重点，组织召开2022年党建暨党风廉政建设工作会议。召开党员大会8次，支委会23次，中心理论组学习达15次，党员领导干部讲党课2次，支部书记讲党课2次，开展“3·28”西藏百万农奴解放纪念日活动。各支部累计开展支部主题党日活动14次。定期开展学习，坚持“学习＋讨论”的标准不变、力度不减，持续深化研讨交流，累计开展交流研讨40次，特别是在“喜迎二十大、永远跟党走、奋进新征程”研讨交流中，广大党员撰写学习心得39篇。严肃党内政治生活，坚持民主集中制、“三会一课”、批评和自我批评、党员谈心谈话、党员干部双重组织生活会等制度，与各科室（所）、满拉水利发电有限责任公司主要负责人签订党风廉政建设目标责任书、“一岗双责”目标责任书、党员承诺书39份，禁赌承诺书60份。集中观看《扫黑除恶——为国泰民安》《榜样》等专题纪录片。开展《中华人民共和国民法典》《中华人民共和国道路安全交通法》专题讲座；印发《宗教工作应知应会手册》。严格规范党费收缴管理和使用。

【驻村工作】 驻村工作队员开办普通话培训班，组织开展普通话“一对一”辅导教学，针对身患残疾的儿童，驻村工作队开展每月不少于2次的送教上门服务。开展节前结对帮扶慰问、暖冬六送之送温暖活动，做好“结对帮扶、精准帮扶”工作，驻村工作队从满拉水利管理局申请结对帮扶资金，对曲下镇15户建档立卡户开展结对帮扶活动。组织辖区范围内75周岁以上的16名老人开展交流座谈会，并代表满拉水利管理局党委送去节日的祝福和慰问金共计3300元。

（卓玛拉吉）

交通·通信

交通运输管理 >>>

公路管理 >>>

邮　政 >>>

电　信 >>>

移　动 >>>

联　通 >>>

中國歷史文化名城

交通运输管理

【概况】 江孜县交通运输局（简称“县交通运输局”）是县政府工作部门，为正科级，有编制7人（局长1人、副局长3人、执法人员3人）。主要负责统筹推进江孜县综合交通运输体系建设，承担江孜县公路、水路运输市场和建设市场以及安全生产监督管理工作，负责江孜县公路建设、农村公路养护管理和交通综合行政执法等工作，下设办公室、综合行政执法队、项目管理办公室3个职能科室，有干部职工9人。江孜县境内共有2条国道（G349、G562）、2条省道（S303、S512）、4条县道、5条乡道、66条村道、29条寺庙公路。截至2022年底，农村公路总里程为680.608千米，乡（镇）通畅率达到100%；行政村通畅率达到78.07%；农村客运乡（镇）覆盖率为100%，行政村覆盖率为84.86%。

【项目建设】 2022年，江孜县共开工建设农村公路建设项目7个，总投资7372.5万元，分别是江孜县达孜乡加恰线至加那村公路工程，项目总投资716.98万元；江孜县江热G562岔口至江达线岔口公路工程，项目总投资345.68万元；江孜县车仁乡G349岔口至车仁村公路工程，项目总投资693.37万元；江孜县热龙乡浪江线岔口至马玉村公路工程，项目总投资2346.4万元；江孜县龙马乡浪江线岔口至宗卓村公路工程，项目总投资1670.03万元；江孜县江热乡江达线岔口至拉鲁村公路工程，项目总投资1142.4万元；江孜县卡麦乡吉普线岔口至杰麦村公路工程，项目总投资457.65万元。

【公路养护】 建立健全“县道县管、乡道乡管、村道村管”管护模式，不断提高农村公路养护规范化水平。建立路域环境综合整治长效制度，发挥生态补偿农村公路养护员职能，组织岗位人员开展清扫、清淤等工作，打造畅安舒美的农村公路通行环境。鼓励农牧民施工队、合作社、生态岗位等参与农村公路养护，切实发挥农村公路养护工程带动合作社发展、促进群众增收效能。2022年投入155万元实施养护工程3个；投入492.48万元实施2座危桥改造工程和农村公路安防工程；投入792189.73元资金实施10个乡（镇）14次日常小修养护。组织工作人员对乡（镇）、村（居）辖区内县道、乡道、村道交通安全设施需求进行实地调研，建立工作台账，投入资金2.2万元为江孜县农村公路标志标线提升改善。

【综合执法】 加强农村公路路产路权及路政管理工作，开展交通综合行政执法2次，出动执法人员6人次，执法车辆2辆次，对涉嫌非法营运和超限超载车辆3辆进行教育和处理。严格

5月16日，县交通运输局组织开展农村公路日常养护工作。图为养护公路工作现场

6月16日，县交通运输局综合行政执法大队开展现场执法活动。图为执法活动现场

执行公路用地和建筑控制区法律法规，对涉及农村公路用地和建筑控制区内建筑严格执行审批手续。加大对汽修领域的监督检查，督导检查4次，下发整改通知书10份，出动人员8人次，确保汽修行业危险废物的规范化储存和处置工作。

【农村客运】 培育完善农村客运市场，探索发展城区公交服务业，提高客运覆盖范围和服务水平，解决群众出行难的问题。加快推进实施城区公交民生项目。坚持为群众提供优质公共出行服务的原则，通过实地调研，科学规划以城区为中心，覆盖县城行政办公区、商业区、居民区等公共服务的城区公交路线；以城区旅游景点为中心，覆盖县城周边20千米内景区的旅游公交专线；覆盖距县城20千米以内村（居）的城乡公交线路，计划组建江孜县公交公司，设立站台39个，投放公交车6辆，申请援藏资金775万元解决城乡公交一体化发展，2022年已完成相关前期工作。推动客运站场向农村覆盖、向乡（镇）延伸，新建江孜客运站已投入运营。2022年，江孜县农村客运班线17条。为全力做好疫情防控及安全运营、文明管理、服务群众等工作，2022年，县交通运输局多次深入客运站，对疫情防控、客运车辆车况、司乘人员资质等进行督促指导，确保农村客运班车安全文明运营。

（强久卓玛）

4月28日，县交通运输局局长顿珠次仁（中）检查客运站安全生产情况。图为检查工作现场

公路管理

【概况】 日喀则公路分局江孜公路段（简称“江孜段”）管理养护江孜县公路总里程566.89千米，其中，G219线K4993+000至K5108+500（康马县嘎啦乡岔路口至山南市洛扎县与康马县限

界）管养里程 115.5 千米、G349 线 K1268+369 至 K1439+095（卡若拉山至日喀则市）管养里程 170.73 千米、G562 线 K578+630 至 K624+444（江孜县与 G349 线岔路口至康马县与 G219 线岔路口）管养里程 46.81 千米、S512 线 K68+130 至 K264+238（日喀则和平机场至亚东吉汝 219 线岔路口）管养里程 196.11 千米、S303 线 K1882+356 至 K1293+096（江孜县至江孜县日朗乡、仁布县界线）管养里程 40.74 千米。

【公路养护】 加强日常养护，延长公路使用寿命。针对江孜段管养路段地质复杂、气候特殊、自然灾害频繁的特点，制订完善各工区抢险保通预案，推动应急抢险科学化、规范化。以“即阻即抢、即抢即通”为目标，加强应急物资储备及应急队伍建设。丰富社会救助手段，将人文关怀贯彻行业服务和救助全过程。为确保汛期公路安全畅通，做好防汛抢修工作，清理泥石流 6 处共 1825.36 立方米、清理塌方 11 处共 1436.11 立方米、清雪打冰 2141.82 立方米。紫金桥便道修筑铅丝笼挡墙 86.52 立方米，公路沿线备防滑料 52 处共 183.4 立方米、抛撒防滑料 51 袋。

【复工复产】 按照江孜县疫情防控工作要求，在加强干部职工管理和健康监测及做好自身防护的前提下，全面开展部分养护工程的复工复产，为战胜疫情提供良好的公路通行条件。加强巡查重点路段特别是塌方、结冰等安全隐患排查整治。组织人员清理泥石流 18 处共 2250 立方米，清理山体塌方 6 处共 580 立方米，清理泥石流淤泥 360 立方米，国省干线公路巡查 496 人次共 7800 千米，消除安全隐患 14 处，修复安全防护设施（波形护栏）4 处共 16 米，S512（季节性养护路段）11 千米砂石路段路面坑槽填平 19 处共 220 平方米，填补路基掏空 6 处共 330 立方米，清理泥石流淤泥 7 处共 560 立方米，粉刷防护设施 1485.25 平方米，修筑铅丝笼挡墙 248.36 立方米，新修钢筋笼护基墙 747.24 立方米，新修浆砌片石挡墙 78.78 立方米，新修铅丝笼拦挡坝 109.5 立方米。

11月23日，日喀则公路分局工作人员到江孜段管养的沙土路对养护情况进行检查。图为检查工作现场

【安全生产】 江孜段组织所有职工学习安全工作的各类文件与法规，对单位内易发事故类型、重点部位保护、工作薄弱环节、全段人员安全意识与安全技能等方面，开展深入全面的大检查，消除隐患，扎实开展教育和防范工作。根据西藏自治区公路局公路系统下发的“1+10”应急预案体系，江孜养护段开展反恐防暴应急演练、消防应急演练、应急逃生演练、公共卫生安全演练、泥石流应急演练、沙灾应急演练 6 次演练,参与 300 人。开展《公路养护安全作业规程》培训 2 次、安全生产培训和安全生产内业资料培训 4 次。7 月 1 日，江孜养护段组织开展“欢庆七一、喜迎二十大”安全生产知识竞赛

3月14—15日，日喀则公路分局局长程文胜（前一）带领督导组到江孜段检查指导各项工作开展情况。图为检查指导工作现场

活动，并组织各工区的正副工区长和安全员共6个工区18人参加此次竞赛活动。开展“5·26”爱路日、“4·15”全民国家安全教育日、安全生产月、防灾减灾日等各项宣传活动共6次，共出动人员125人、车辆10辆，共有宣传点10处，悬挂横幅15幅，发放宣传手册1250余册，共有咨询人数1500余人。共计召开16次专题研究安全生产工作会。

【机械设备】 2022年，江孜段日常养护机械设备完好率达97%，利用率达52.5%；保通机械设备完好率达97.5%，利用率达15.8%。对段部及各工区车辆年审年检工作，完成40辆车的年检工作，督促驾驶员期限内按时完成相关工作，未出现逾期等不良现象。

（巴　桑）

邮　政

【概况】 2022年，中国邮政集团有限公司西藏自治区江孜县分公司（简称“县邮政分公司”）在职职工总人数为13人，其中，正式职工11人，劳务工2人。江孜县辖19个乡（镇）共有18个乡（镇）邮政所，乡邮员20名，乡（镇）营业员18名。乡村邮路77条，单程邮路达1052.8千米。

【业务发展】 2022年，邮政储蓄余额为14549万元，较2021年同期减少251万元，定活同时比例79：21，储蓄业务实现收入210万元，完成年计划的99.63%。累计新增发卡387张，开通手机银行客户285户。加强邮银协同，宣传贷款业务，在江孜县西郊村累计发放信用村贷款60万元，涉及农户12户。寄递业务实现收入60万元，与2021年相比减少24.86%，完成年度计划的79.32%。乡（镇）网点累计收寄包裹量1020件，实现

5月25日，县邮政分公司到商店进行贷款业务宣传活动。图为向商户宣传现场

收入3.2万元。复印纸、粮油米等分销产品累计销售22万元，完成年预算进度的46%。代收交警罚没款金额累计达到135万元。报刊业务实现收入73万元，完成年预算进度的121.92%，报刊流转额达176万元。报刊投递工作按照江孜县邮运频次“753”（市至县周日班、县至乡周五班、乡至村周三班）要求进行投递，让各单位都能收到党报党刊，提升报纸投递质量。

【通信建设】 2022年，强化科技赋能，服务质量持续提升。监管手段持续完善，“普服监督”“中邮揽投”“藏邮通”等系统作用持续发挥，农村投递真实性得到保障。对乡（镇）营业员签到签退系统进行完善，在网点区域范围内锁定进行签到签退处理，解决以往随处打卡问题。

【农牧区邮政通信】 2022年，江孜县邮政分公司的各项农牧区邮政通信工作与日喀则市同步展开，汽车邮路单程里程达到309.5千米、自行车邮路单程里程达到689.3千米、马班邮路单程里程达到131.5千米。按照江孜县邮运频次“753”政策要求，党报党刊及信函、包裹等各类进口邮件的投递量比往年有极大增长的情况下，做到普遍服务工作保质保量完成。

4月23日，县邮政分公司工作人员给各村委会送报纸。图为送报纸途中

【疫情防控】 8月，县邮政分公司立即启动应急预案，保障全体员工生命安全和身体健康。主动兜底防疫物资、食品药品、生活必需品等民生物资配送任务，开通绿色通道，竭尽全力优先保障机要文件、学生档案、高校录取通知书等特殊邮件的专项投递。共有6人下沉一线开展志愿活动，运输防疫物资及生活必需品7吨，妥投高校录取通知书450件、学生档案50件。

（米玛琼达）

电　信

【概况】 2022年，中国电信集团有限公司江孜电信局（简称“江孜电信局”）有专职财务人员1名，渠道经理2名，政企经理1名，商客经理1名，维护主管1名，维护人员5人，网格智慧家庭工程师14人；自有营业厅2个、乡（镇）合作营业厅7个、合作快递门店营业厅2个。

【市场经营】 2022年，江孜电信局全面落实关于国家5G网络要求，实现西藏自治区首个县城城区5G网络的覆盖和建设开通，落实有线100兆/200兆免费提速到300兆要求，实现智慧江孜、数字乡村全覆盖。全面落实基础服务规范的要求，装维人员全面升级为智慧家庭工程师，全面落实“当日装、当日修、慢必赔”的工作要求，提升装、移、维服务效率和服务水平。全面落实社区清单化改革要求，确保每个片区配备1名智慧家庭工程师和1

名营业人员，提升服务能力和装、移机时效。为全面落实乡村振兴工作，针对性地推广优惠政策活动。落实电子政务外网的维护工作。

【通信网络建设】2022年，江孜电信局在县城新建并开通5G基站18座，实现西藏自治区首个县城城区5G网络覆盖并开通，为农村乡（镇）扩容基站33座，全面提升网络建设及维护能力。推进数字乡（镇）2个，共计安装摄像头200余部，打造示范村10个。增加智慧党建、天翼云播、村务政务公开、人脸识别等功能为基层政府治理更加数字化、智慧化提供有力保障。和各乡（镇）协调沟通，努力打造"智慧江孜——数字乡村"。

【客户服务】建立健全各项服务制度和考核规则，完善各岗位职责和岗位标准，加大对营业员和装维人员的培训工作，严格执行首问负责制相关内容，提高营业员的服务能力和主动意识。开展防范网络诈骗宣传活动。设置专属于江孜电信的投诉电话热线，针对用户的相关疑问进行第一时间的解答以此提高客户满意度。在各营业厅建立爱心驿站，免费为用户提供休息区、网络共享等各种公益性服务，组织开展慰问活动。

10月18日，江孜电信局在党员活动室开展学习中共二十大精神。图为会议现场

【应急保障】开展"双网提升"专项一把手工程，在已有网络的基础上，努力提升网络质量和降低网络故障率。江孜电信局专门成立应急保通小组，在每个乡（镇）区域成立专门区域维护小组，保障所有突发事件得到第一时间的处理和维护，同时成立后端维护团队，主要负责维护专项、主干等重要工作。定期开展特殊时期重要客户网络巡检、主干巡检等工作。落实好特殊时期机房24小时值班制度，按周巡检机房、油机房、配电室等重点通信区域，按月开展全面安全检查，落实安全生产相关制度和要求。组织全员开展消防培训。提前开展重点区域线路排查，确保双网网络质量等运行正常。

（刘　帅）

移　动

【概况】中国移动通信集团江孜分公司（简称"江孜移动分公司"）成立于2005年5月，共计28人，分别为公司经理1名、网格经理5名、网格长1名、全业务支撑1名、综合岗1名、基站维护人员2名、智家工程师6名、服务经理11名。

【市场经营】2022年，江孜移动分公司通信客户数达到25780户，宽带客户达到7892户，集团单位客户达到167家，全年收入完成278万元。集团信息化收入达到289万元。

【通信建设】2022年，江孜移

7月25日，江孜移动分公司为纳如乡日贡布多村学生上网课解决宽带需求。图为建设宽带现场

动分公司共计建设22个基站，解决1000余户使用移动网络的需求；共计建设52个村级家庭宽带资源，解决2890余户家庭宽带需求和互联网电视需求。

【客户服务】 2022年，江孜移动分公司共计开展客户服务调研20次，开展客户服务类活动23次，共计解决80余位客户投诉，客户服务满意度达到96%。

【疫情防控】 8月，江孜移动分公司共计投入8名党员干部职工，成立抗疫防控点临时党支部开展疫情防控工作，服务江孜县英雄南路等4个路段志愿工作，为江孜县24830位客户提供免停机服务，共计投入2万余元开展核酸检测一线网络费用、流调组话费，针对疫情防控工作人员每月赠送10G流量，疫情防控工作人员套餐超出费用减免56.6万元。

【应急保通】 2022年，共计应急保障通信和政府重要会议30余次，无重大通信故障发生，通信保障率和保通率达到100%。

（加　措）

联　通

【市场经营】 2022年，中国联合网络通信有限公司日喀则市分公司江孜县营业部（简称“江孜联通营业部”）坚持以深化改革为动力，坚持聚焦创新合作战略，构建“大服务、大市场、大建维”运营新机制，推进“小而美”战略部署，为构建和谐文明幸福美丽江孜贡献联通力量。2022年，江孜县网格主营收入同比提升11.2%，年预算完成率达110.93%。

【渠道建设】 2022年，江孜联

12月28日，中国联通有限公司日喀则市分公司工作人员到江孜联通营业部检查指导工作

通营业部渠道建设稳中有进。江孜县江虹路综合行政大楼作为县联通营业部最大的实体渠道，发挥营销发展、体验维系、形象口碑、社会关怀等各方面效能，收入占比达86%。依托线上线下立体渠道打造，探索小微商圈、轻触点建设，打破客户接触固有模式，将渠道建设末梢纵深推进，强化便捷服务和社会担当。

12月20日，江孜联通营业部“智”家工程师帮客户修理网络。图为工程师扎西修理网络现场

【通信建设】2022年，拓展网络覆盖范围，江孜县网格移动网络覆盖16个乡1个镇，完成江孜县4G、5G网络设备替换工作，实现县域5G网络覆盖。持续提升网络质量，加快推进5G建设。

【客户服务】2022年，江孜联通营业部坚持践行以人民为中心的发展思想，把人民生命安全和健康放在第一位，时刻以大局意识和全局观念看待问题。复工复产后，按照上级要求认真落实各项防疫工作措施，以“全心全意为客户服务”为出发点，开展生产经营活动。本着“一切为市场、一切为客户、一切为一线”的经营理念，提高服务水平，提升窗口形象，完善服务机制，客户感知有效提升。严格按照用户真实身份登记制度，实现100%实名制。认真做好用户信息保密工作和信息安全工作。响应国家提速降费要求，落实为民服务的理念。

【应急保障】2022年，江孜联通营业部加入日喀则联通建立的通信应急保障专业小组，对光缆传输牵线进行地毯式隐患排除，定期对江孜县范围内的基站及中继站设备开展全面的安全隐患排查及重点通信保障工作，建立值班人员24小时轮流值班机制，随时应对紧急突发情况。完成重要时期通信保障任务，确保各类节日和重大时间段的通信应急保障工作顺畅。

（旦　次）

城建·环保

住房和城乡规划 >>>

城市管理 >>>

江孜县宗城投资实业开发有限公司 >>>

生态环境保护 >>>

县城文明创建 >>>

中國歷史文化名城

住房和城乡规划

【城镇化建设】2022年，江孜县住房和城乡建设局（简称“县住建局”）重点围绕改善城市基础设施，提升城市综合承载力，实施一批重点基础项目。县发展改革委牵头争取到地方政府专项债券资金7700万元实施宗山地下停车场建设项目，投资2374万元的县城供水、排水管网改造建设项目落地实施，投资5000万元的群众文化体育中心项目完成工程量的70%。住房保障体系建设稳步推进，冲萨林棚户区改造工程共投入资金1668万元，公租房建设项目共投入资金2400万元。加快新型城市基础设施建设，推进城市智慧化转型发展。针对公共建筑均未设置公共取暖设施，储备立项日喀则市江孜县县城供暖建设项目，项目估算投资3.5亿元。

6月25日，县住建局工作人员对江孜县冲萨林棚户区改造项目进行验收。图为验收现场

【城建重点工程】2022年，县住建局负责或协助实施的公共基础设施类型续建项目共6个（江孜县宇拓片区2021年棚户区改造项目、宗堆社区老旧小区外配套设施工程、新区道路建设工程、2021年周转房建设项目、吉拉大桥建设项目、2022年冲萨林棚户区改造项目），计划投资15888.69万元，累计完成投资10243.6万元，投资完成率64.47%。

【市政道路建设】2022年，县住建局加快建设综合交通网络，全力提升城市能级品质。重点推进实施新区道路、吉拉大桥等重点市政道路工程建设，总投资达到1.91亿元，项目建成后县城规划区域跨河桥梁将达到3座，可缓解进城拥堵问题。

【建筑市场管理】2022年，县

6月20日，县住建局工作人员对江孜县新区道路建设工程项目桥梁梁板进行验收。图为验收现场

住建局开展建筑领域检查7次、检查项目施工45次，下发整改通知书34份，下发处罚决定书5份、处罚金额25万元，招标报建37个，办理施工许可证56个，工程竣工备案25个，消防工程验收备案3个。对建筑工人实名制工作落实不到位的5家企业进行处罚以及诚信扣分措施。

【村镇建设】 为改善高海拔基层党组织办公环境及广大人民群众的活动场所，2022年实施加克西乡3个村级组织活动场所标准化建设，总投资213.82万元，截至2022年底项目已完成发包程序。开展农村自建房安全知识宣传活动。

【房屋管理】 2022年，兑现城镇低收入家庭租赁住房补贴160户183人，每人每年发放金额3600元（低保户）、2520元（低收入家庭），共46.98万元。共受理47份保障性住房申请，经审核清退不符合要求的申请6份，实际分配保障性住房41套。新开工住房建设项目2个，分别是2021年县直周转房86套和2022年公租房160套建设项目，县直周转房已基本完成建设，公租房项目因受疫情影响进度未达到预期。

5月8日，县住建局组织开展农村自建房安全知识宣传。图为宣传活动现场

【垃圾转运站建设】 2022年，江孜县藏改乡、康卓乡、年堆乡等10个乡生活垃圾转运站竣工验收，正常投入使用。为运维更加规范、资源更加节约，逐步建立城乡一体化运维监督考核工作体系，县住建局负责编制《江孜县生活垃圾无害化收运处置城乡一体管理工作实施方案》，实现江孜县13处生活垃圾处理设施城乡一体收运处置模式，发挥设施效益，确保生活垃圾无害化处理效果。

【污水、垃圾处理设施建设】 江

3月24日，自治区住建厅总工程师罗桑次仁（左二）检查江孜县垃圾处理和污水处理相关工作。图为检查工作现场

孜县生活垃圾填埋场改扩建工程（项目估算总投资 1600 万元），1 月 31 日完成前置手续、可行性研究报告批复，2 月 9 日完成资金申请报告，相关资料已上报上级行业主管部门争取资金。根据县城污水处理厂处理规模小，难以满足县城生产生活需要的实际，储备并申报日喀则市江孜县县城污水收集及处理系统改、扩建工程，项目估算总投资 1.4 亿元，已完成可行性研究报告批复。

（扎西云旦）

4月16日，县城管局组织环卫工人对城区街道开展净化行动。图为环卫工人冲洗街道

城市管理

【队伍建设】 江孜县城市管理和综合执法局（简称“县城管局”）以建设一批“作风优良、素质过硬、能力突出”的城管执法队伍为目标，结合实际，制订考勤、工作、车辆管理等各项制度，科学谋划分工协作机制，加大协管员综合培训力度，提升综合素质和业务水平。2022 年，县城管局从县人民法院、县人民检察院、县公安局、县人武部、县司法局等部门邀请专业教师详细制订培训实施方案，聚焦依法管理、依法执法、文明执法，以理论知识和典型案例相结合的方式，详细辅导相关法律法规及队列和日常仪容仪表。

【城区管理】 以城区内主次干道沿街商户跨门经营、占道经营等行为为重点开展专项整治行动，取缔公司门口、环城路、国防路、迎宾路占道经营行为 67 处，规范治理沿街商户出店经营 480 余处，发放宣传资料 1800 余份，制作专题宣传片 1 部。对城区内沿街建筑施工（含民宿建设）采取“6 个 100% 到位”管理措施，确保备案登记、施工场所围挡、出入口清扫保洁、渣土车辆封闭运输、基础设施恢复、文明标语张贴 100% 到位。累计检查沿街建筑施工共计 63 处，责令整改 23 起；施工围挡提出更高要求，围挡均做到高度统一、外观统一、干净整洁，沿街施工规范整治率达 96.4%；大型工地车辆冲洗台 100% 到位，认真总结经验并以制度的方式固定，建立长效机制。以彩钢结构板房仓库、车库为突破口，有序推进城区内乱建乱搭整治工作。累计城区内共拆除存量小型违建车库、仓库及家院 54 处，1575.2 平方米；拆除英雄北路、卫国路等占用人行道设置供水水池 18 处。组织开展非法小广告清理专项行动，对城区内所有主次干道沿街商户门窗、建筑物、路灯、电线杆等乱贴乱画的小广告进行全面清理，出动执法人员 68 人次，清理 3206 处，清理江长南路、英雄北路等临街人行道乱涂乱画 6 处、面积 82 平方米。累计下发责令整改通知书 360 份，查办行政处罚案件 21 件，罚款 0.49 万元；先行保存登记（扣押）乱堆乱放杂物和占道摆放商品共计 42 个不同品种、1280 余件，取缔道路沿街影响市容灯箱广告牌

120个，拆除上海路龙门架广告牌，拆除破旧横幅436条。

【绿化管护】 强化灌水养护，对城区内园林绿化进行为期75天的春灌、夏灌、冬灌浇水养护，覆盖面达100%；累计出动环卫工人189人次，出动洒水车378辆次，共计浇水量达5670余立方米。强化剪修除草养护，全面开展园林绿化死树、垃圾和堆土清理，覆盖面达100%；剪修平整2305棵行道树、3200平方米绿化带。强化绿化补植补造，幸福水渠周边绿化补植1700平方米，在2个转盘花园及宗山民族团结文化广场周边种植鲜花9062株、假花8630株。强化绿化刷漆美化，对城区内主干道区域2150棵行道树进行刷漆美化，覆盖面达86%。

【城市环卫】 在强化城区主次干道路清扫保洁基础上，紧盯重点领域，全面排查和消除卫生死角，切实提升城市环境卫生质量，累计消除卫生死角68处，清理陈年白色垃圾218吨。江长南路、江虹南路、年河西路、年河东路、工业路等充实专职保洁员10人，在江虹南路足球场等政府储备地、闲置地制作网围栏452米、铁皮围挡630米。县城管局组织排查并清理处置城市规划区域内江嘎搬迁点西侧等乱堆放建筑

5月13日，县城管局开展清理幸福水渠全段白色垃圾和淤泥专项行动。图为环卫工人清理白色垃圾

垃圾16处，垃圾量2.3万吨；责令清理达玛场周边等建筑垃圾7处，垃圾量3050吨。开展清理幸福水渠全段白色垃圾和淤泥专项行动，共出动环卫工人380余人次，清理白色垃圾4.5吨，清理淤泥1306立方米、7500吨。拆除江嘎居委会大门北面幸福水渠旁自建板房公厕1处（粪便直排水渠）。开展“洗街道、迎大庆”环境大提升活动和“净环境、提市容、迎大庆”系列专项整治活动，冲洗主城区车行道、人行道、隔离栏杆、果皮垃圾箱等，累计出动环卫人员956人次、环卫车辆92辆次，道路冲洗面积达58万平方米。

【公共设施】 抓井盖修复，累计修复下水道井盖130个、雨水井盖26个，城市各类井盖完好率保持在99.4%。突出重点区域，修复坑洼道路，完成宗山民族团结文化广场、卫国路、英雄南路、上海路等下沉、破损路面修复共计21处，总面积556平方米。抓路灯维修，共计检修路灯500盏，其中，维修电缆故障97盏、更换灯芯路灯430余盏、加固灯头156个，城市亮灯率保持在87.4%。抓提档升级，投入95万元，对城区内9座老厕所进行全面翻新改造，切实解决公厕外部主体建筑破旧、标识标牌残缺、厕内墙面、地面瓷砖、给排水设施破损、屋顶漏水和无供电问题。

【疫情防控】 2022年，县城管局组建2个终末消杀组，安排4名专业消杀人员承担县城11个隔离酒店终末消杀工作，安排

16名消杀人员承担乡（镇）终末消杀工作；统筹协管、环卫力量，安排12名消杀人员分成4个城区公共区域预防性消杀组，开展城区生活垃圾、环卫设施、公厕、主次干道、背街小巷、核酸采样点的常态化预防性消毒消杀工作；安排2名消杀人员在大桥停车场设立车辆消杀志愿服务点，对进出公务、货运、垃圾清运等车辆进行全面消毒。出动终末消杀人员完成城区固定核酸采样点消毒消杀和城区其他公共区域预防性消杀任务，对垃圾填埋场和转运站进行实时消杀。

（洛　追）

江孜县宗城投资实业开发有限公司

【概况】 江孜县宗城投资实业开发有限公司（简称“县宗投公司”）成立于2016年5月3日，有干部职工10人；公司设有董事会，董事会成员5人，其中，董事长1人，总经理1人，副董事长1人，财务负责人1名，法律顾问1人。2022年，公司总收入1078.29万元。

【资产管理】 根据工作要求，原县工商局、县公安局、县林草局、县电视台、县农牧综合服务中心等7家机关事业单位的房屋租户，作价注资到县宗投公司进行盘活处置。7月1日，县宗投公司管理的所有经营用房划分为两类，即国有企业房屋经营用房和机关事业单位国有房屋经营用房。

8月，根据《日喀则市人民政府关于印发〈关于稳经济若干临时性措施〉的通知》及《江孜县人民政府关于印发〈江孜县稳经济若干临时性措施〉的通知》要求，县宗投公司结合公司资产运营部提交的关于国有房屋租金减免的具体事项，对49家国有企业房屋经营用房减免9个月租金，共计105.41万元；对25家机关事业单位经营用房减免9个月租金，共计58.13万元。此次房租减免工作共涉及租户74家，减免总额共计163.54万元。减免租金后，49家国有企业房屋经营用房实际收缴租金共计43.04万元；25家机关事业单位国有房屋经营用房实际收缴租金共计62.42万元。

【投资管理及项目建设】 江孜县宗城商业大厦项目，总投资5600万元，通过申请强基惠民经费以投资入股方式融资1700万元，完成与100个村（居）的投资协议签订，其余资金为申请商业贷款3900万元，于3月开工，截至2022年底已完成主体建设。

江孜县通信管网建设工程，总投资1348.68万元，已完成设计、招投标等所有前期工作，该项目申请2023年强基惠民经费，通过向3家通信运营商收取租金，并把租金返还给投资入股村（居）作为分红的方式实施本项目。

7月28日，常务副县长达娃次仁（左二）到江孜县宗城商业大厦项目工地开展调研工作。图为调研现场

3月19日，县宗投公司在宗山民族团结文化广场举行2022年拉萨南北山项目组织化劳务输出出征仪式。图为仪式活动现场

【农产品收购与销售】 2022年，公司共计配送5个月，营业总额达到187.91万元，实现江孜县农牧民合作社和个体户收入81.2万元。公司实现盈利38万元。

【普通道路货物运输】 2022年，县宗投公司运输总量19997吨，共发车438辆次，带动农牧民群众74人，实现增收340.92万元，公司收入391.33万元，其中净收入51.01万元。

【劳务派遣工作】 2022年，组织派遣人数500名农民工，输出地为拉萨南北山绿化工程项目，完成兑现民工工资为975万元。对劳务派遣输出工作中务工时间长、表现突出的个人或群体发放奖金17万元，为江孜县域内农牧民群众增收奠定良好基础。

8月17日，县宗投公司组建江孜县防控物资运输车队。图为车队合影

【疫情防控】 8月，县宗投公司在县委、县政府的坚强领导下，响应政府号召，迅速行动，在短时间内立即组织成立由大小不同的22辆货车、22名驾驶员、14名装卸工组成，共计36人的志愿服务车队，分为2个小组轮番作业，坚持“人歇车不停”的理念，每天出动1—3辆挂板运输车，从拉萨市、日喀则市向江孜县运输防疫物资；每天出动6—9辆车从县城向各乡（镇）、村（居）运输防疫物资。从拉萨市出发运输物资共计30次，日喀则市出发运输物资共计98次，向江孜县各乡（镇）运输物资共计415次；共计运输防疫物资3000吨，生活物资800吨，学生教材180吨。

（孙晓捷）

生态环境保护

【概况】 2022年，江孜县生态环境状况总体保持稳定。高原草地、林地的覆盖率均超过2021年，生态修复面不断扩大，生物多样性丰富，植被覆盖提高，水网密度增强，水汽质量稳定，高原植被破坏减少，群众生态保护意识增强，县域生态环境稳中向好。2022年底，日喀则市生态环境局江孜县分局（简称“市生态环境局江孜县分局”）围绕“四件大事”开展各项工作。

3月4日，常务副县长达娃次仁（前排左一）考察江孜县生活垃圾填埋场运行情况。图为考察工作现场

【环境监管】 2022年，对照中央生态环保督察组反馈问题整改清单，制定整改方案，根据2021年执法大练兵精神和《日喀则市生态环境局江孜县分局关于开展生态环境保护执法工作的实施方案》要求，对江孜县重点监管企业，重点建设项目和县城内及周边环境等开展环境监察工作，共计深入一线执法135次，出动执法260人次，下达责令整改通知书20份，填写现场勘查笔录15份，受理信访举报2起，均已办理完成，配合市执法队办理辖区行政处罚案件3起，处罚金额共计40.22万元。

推进三大污染防治攻坚战（蓝天保卫战、碧水保卫战、净土保卫战），专项治理环境“脏乱差”的问题，以11个乡级生活垃圾转运站、2个垃圾填埋点和公路沿线、旅游景点、废品收购站为重点多次开展联合专项督办，发现问题52条，督促清理陈年垃圾和白色垃圾129.8吨，投入资金19.48万元，出动3552人次。江孜县主要排污单位33家，对产废单位日常环境监管工作持续发力，建立产量底数清、处置情况明的良好危险废物环境监管体系，全年危险废物总产量为105.04吨。全面排查废水消杀和处置环节环境风险隐患。为源头治理白色垃圾污染，加大本级财政投入力度，江孜县紫金乡、热索乡等11个乡（镇）生活垃圾无害化处理设施建设项目全部建成并投入运营，从本级财政中支出368.29万元运行费，有力推进江孜县城乡环境治理工作。严把环评执行关，办理环境影响评价登记备案176项，环境影响评价报告表（书）备份3份。无“两高一低”（高耗能、高排放，低水平）和国家明令禁止的企业。

【水气监管监测】 2022年，结合江孜县实际制定环境质量监测方案，并组织每季度环境监测工作，根据4个季度监测结果表明，江孜县环境空气质量满足《环境空气质量标准》（GB 3095—2012）一级标准；江孜县地表水（河流：年楚河）水质的各项监测指标均符合《地表水环境质量标准》（GB 3838—2002）Ⅲ类限值要求；江孜县集中式生活饮用水水源地（地下水：江孜县自来水厂）水质监测指标均符合《地下水质量标准》（GB/T 14848—2017）Ⅲ类标准限值要求；江孜县污水处理厂出水口水质监测项目满足《城镇污水处理厂污染物排放标准》（GB 18918—2002）

限值；江孜县生活垃圾填埋场监测土壤项目满足《土壤环境质量农用地土壤污染风险管控标准（试行）》（GB 15618—2018）限值；江孜县满拉水库农田灌溉用水水质进行水质监测，水质监测满足《农田灌溉水质标准》（GB 5084—2021）的限值要求。开展声环境质量监测，监测项目为城市区域声环境质量监测、城市道路交通声环境质量、城市功能区声环境质量监测，监测项目符合《声环境质量标准》（GB 3096—2008）限值。

【生态文明建设】 2022年，江孜县先后召开生态文明高地建设工作动员部署会、生态文明示范创建培训会、工作推进会共3次，指导各乡（镇）编制报告10余次，共计申报生态文明创建示范乡6个、生态文明创建示范村（居）145个，成功命名西藏自治区生态文明创建示范乡3个、生态文明创建示范村33个。县人民政府解决87.02万元资金，用于购置乡村垃圾分类设施和生态环境宣传栏等环境基础设施。根据上级“三区一高地”（全国民族团结进步模范区、高原经济高质量发展先行区、国家固边兴边富民行动示范区，国家生态文明高地）建设工作要求，结合江孜县实际制定《江孜县关于着力创建国家生态文明高地努力做到生态文明建设走在全国前列的实施意见》《江孜县勇当着力创建国家生态文明高地排头兵2022年工作计划》，分解各项指标任务到相关部门，逐步推进生态文明高地建设工作。共安排生态岗位6779个，其中，建档立卡4931人，低收入群众1706人、防返贫监测户142人，共兑现资金2351.24万元。

【污染防治】 江孜县与各乡（镇）层层签订大气、水、土壤3个领域的目标责任书，制定可行的实施方案加以落实；深入打好三大污染防治攻坚战，全面排查矿产环境风险、建设项目环保措施、黄标车淘汰、汽修行业危险废物固体废物处置、年楚河流域水环境整治、县城排污口设置、集中式和分散式饮用水水源地巡查及监测、医疗废物处置、危险化学品处置、严控农药化肥施用量等工作的开展，推进江孜县大气、水、土壤环境质量的整体提升。加大对项目争取工作力度，争取总投资额8000余万元，实施年楚河流域生态修复一期、二期、三期项目工程，有效促进年楚河流域生态效益、减轻入河水污染负荷，有利于保护江河源头。开展2个土壤重点监管企业（江孜县生活垃圾填埋场、卡堆乡垃圾填埋场）的生态环境监督检查工作。

【督察整改】 2022年，中央第二轮生态环境督察信访反馈问题，涉及江孜县4件，属立行立改，已完成整改销号并长期坚持；

5月12日，江孜县召开2022年生态文明高地建设工作动员部署会暨生态文明示范创建培训会，常务副县长达娃次仁（主席台中间）主持会议。图为会议现场

4月6日，常务副县长达娃次仁（左一）检查年楚河流域生态修复一期工程建设情况。图为检查工作现场

西藏自治区调研暗访反馈问题，涉及江孜县3件，已完成整改销号2件，阶段性办结1件。

（尼　次）

县城文明创建

【概况】 2022年，江孜县创建全区文明城市工作办公室（简称“县创城办”）围绕全国文明城市创建标准全面推进各项工作，抽调3名工作人员，下设2个专项组，即简报信息组和工作督查组。

【自身建设】 县创城办定期组织党员干部认真学习习近平新时代中国特色社会主义思想、习近平总书记关于作风建设的重要讲话等，坚持把集中学习和个人自学相结合，持续提高干部政治思想。坚持把纪律建设作为自身建设的重中之重，定期学习各级各类通报文件，坚持做到自警自省、警钟长鸣，使办公室全体党员干部筑牢思想防线。

【创城工作】 成立江孜县创建全区文明城市工作领导小组，制订完善每周一检工作机制，由县级领导带队，各执法部门参与，对县城范围内的环境卫生、餐饮行业、车辆停放等方面进行检查，确保城市文明工作有效推进。每周五常态化进行环境卫生整治工作，坚持对县城内的环境卫生、主次干道、商场超市、河道沟渠等进行全面督导检查，包括卫生脏乱差、车辆随意停放、占道经营、乱拉电线、门前“三包”（包卫生、包绿化、包秩序）落实不力等问题。检查中，对乱停车等部分问题进行现场整改，县城内幸福水渠人行道拓宽、农贸市场后背街小巷路面破损、卫国路与江长路交叉点附近多户居民门前自来水管占道等问题均完成整改。检查发现住户随意排放生

4月6日，县级领导带队开展环境卫生整治例行检查。图为检查现场

活污水，经与县住建局沟通协商，下水道管网改造列入2023年工作计划，届时将改变沿街住户随意倾倒生活污水的习惯，改善江孜沿路环境卫生。就日常发现的路牌损坏、乱倒垃圾、餐饮从业人员健康证等问题进行协调解决。县创城办按照市级要求，将申报内容逐项分解到各单位并加强督促指导，协助各单位完成申报材料的收集整理，有效保障网上申报工作的高质量完成。

3月23日，县创城办在江孜县上海路开展环境卫生整治例行检查。图为工作人员与商户协调解决路边乱堆垃圾问题

【工作目标】 县创城办将严格落实自治区、市创城工作会议精神，对照《全国县级文明城市测评体系》，继续加强督导检查，强化问题跟踪整改，持续推动江孜县创建工作，力争3年内完成全区文明城市创建工作，争取利用5—10年的时间，全面提升城乡公共服务基础设施，全面提升各族群众的文明素养，早日创建全区文明城市。

（王苗苗）

财税·金融

财　政 >>>

国家税务 >>>

中国农业银行 >>>

中國歷史文化名城

财 政

【财政保障】2022年，江孜县一般公共预算实际财力达到257417万元，同比增长35.67%，其中，地方一般公共预算收入2237万元，上级补助收入199215万元（其中，返还收入352万元、一般性转移支付收入177085万元、专项转移支付收入21778万元），2021年结转50743万元，动用预算稳定调节基金2399万元，地方政府一般债券转贷收入2823万元。

【收入及特点】2022年，县本级财政总收入共2918万元，同比下降56.16%。其中，一般公共预算收入2237万元，同比下降51.86%（税收648万元，占比为28.97%，同比减收1739万元，下降72.85%；非税收入1589万元，占比为71.03%，同比减收671万元，下降29.69%）；县级基金收入681万元，同比下降66.1%。

【支出及特点】2022年，完成一般公共预算支出203112万元，上解支出1113万元，预算稳定调节基金14864万元，结转结余资金35505万元，地方政府一般债券还本支出2823万元，政府性基金支出完成4699万元。

江孜县2022年财政支出总量203112万元，其中，工资福利支出87996万元，商品与服务支出25723万元，对个人和家庭补助支出31761万元，法定、专项及本级配套的各项资金支出57632万元。从全年的支出运行情况来看，工资、法定、专项及本级配套支出依然占较大比重，主要原因为上级各类专项资金投入增多。

【优化支出结构】一般公共预算支出共计203112万元，其中，一般公共服务支出36250万元，公共安全支出10506万元，教育支出37769万元，科学技术支出1002万元，文化旅游体育与传媒支出1701万元，社会保障和就业支出20352万元，卫生健康支出18692万元，节能环保支出3335万元，城乡社区事务支出2298万元，农林水支出45228万元，交通运输支出1588万元，资源勘探工业信息等支出86万元，商业服务业等支出62万元，自然资源海洋气象支出3634万元，住房保障支出9668万元，粮油物资储备支出901万元，灾害防治及应急管理支出765万元，其他支出8942万元，债务付息支出333万元。

【人才队伍建设】县财政局把人才队伍建设作为财政工作一项重要任务来抓，不断创新管理机制，激发财政队伍活力，努力培养一支思想过硬、作风优良、业务精湛、团结和谐、服务一流的财政干部队伍，以适应财政改革和经济发展需要。邀请自治区财

4月26日，县财政局及各乡（镇）会计参加江孜县财政预算管理一体化系统暨业务培训会。图为培训会现场

政厅国库处处长钟萍开展财政预算执行业务知识讲座；邀请市级财政系统李科澄进行财政预算管理一体化系统暨业务培训。

【支持乡村振兴】 严格落实“四个不摘”（摘帽不摘责任、摘帽不摘政策、摘帽不摘帮扶、摘帽不摘监管）要求，统筹整合用于衔接乡村振兴资金16885.87万元，支持优势特色产业发展、小型基础设施建设、乡村振兴示范村建设等，推动巩固拓展脱贫攻坚成果同乡村振兴有效衔接。安排巩固脱贫攻坚生态保护岗位6667个，年人均劳动报酬3500元。助力提升农业发展质量，支持农村集体经济发展、高标准农田建设和美丽乡村建设，推进农村“厕所革命”等。

【支持生态建设】 不断健全完善与生态文明建设任务相适应的投入保障机制，守好生态安全底线。落实资金1015.6万元，推进海拔4300米以下“四旁”植树行动、重点区域造林、森林资源管护。落实1444万元重点区域生态保护与恢复项目，推进江孜县生态文明建设，以实际行动践行“绿水青山就是金山银山”发展理念，落实重点生态功能区转移支付资金1000万元，重点用于保护生态环境和改善民生，支持城乡环境卫生、水污染防治和水生态环境保护、土壤环境风险管控和综合防治等，打好蓝天、碧水、净土保卫战。支持地质灾害防治体系建设和自然灾害风险普查。

【助力“三农”发展】 落实资金81.86万元，加大农作物良种推广补贴力度，提高农民种粮积极性，促进农牧业稳产增收。落实资金1559.21万元，加快农牧业政策性涉农保险，提高江孜县农牧民群众抵御各种自然灾害的能力，加快农牧业生产发展。

【改善保障民生】 预算3077.6万元用于保障性安居工程项目，改善群众居住条件。预算安排残疾人就业保障金473.1万元；落实城镇低保资金142.11万元和农村低保资金258.93万元，保障城乡困难群众基本生活；落实资金244.66万元，用于特困群众集中供养人员补助，各种社会保障体系和救助制度不断得到完善和健全。投入资金58168万元，保障教育事业的优先发展，改善薄弱学校义务教育基础，支持教育事业优先发展。全面实行学前至高中阶段教育农牧民子女补助、“三包”政策和城镇困难家庭子女助学金政策。学前“三包”政策年生均二、三类分别达到3600元、3700元；小学及初中“三包”政策年生均二、三类分别达到4100元、4200元；随班就读生及送教上门年生均6000元，为教育事业蓬勃发展提供有力资金保障。落实医疗卫生机构国家基本药物制度补贴资金377.68万元，有效解决群众看病难的问题。投入资金150万元支持民间艺术团工作开展，支持民间艺术团和电影放映场次补助35.89万元。安排77.77万元用于文化馆、公共图书馆、美术馆以及乡（镇）综合文化站，即“三馆一站”免费开放。

（张静心　王　政）

国家税务

【税收收入】 受疫情影响叠加留抵退税政策和其他减税降费政策影响，江孜县全年税收收入1948万元，税收收入较2021年同期大幅下滑，主要原因为江孜县增值税留抵退税金额较多、减税降费力度大。非税收入完成1783.97万元，较2021年同期增加160.67%，主要原因为2022年新增划转国有土地使用权出让收入、工会经费等非税收入增量明显。社会保险基金收入合计23828万元，较2021年同期增长11.8%。社会保险基金收入稳步增长。

【税收法治】 国家税务总局江孜县税务局（简称“县税务局”）围绕全面依法行政和加强法治税务建设目标，持续强化减税降费常态化管理工作，发挥内控监督平台作用，落实行政执法“三项制度”（行政执法公示制度，行政执法全过程记录制度，重大执法决定法治审核制度），做好配合外部督查、审计、整改督办和现金税费征缴风险排查专项整治工作，推动《关于进一步深化税收征管改革的意见》落实。注重运用调解、和解的方式解决税收执法争议，构建诚信和谐的征纳关系。各项制度体系进一步健全，依法全面履行税收工作职能、规范公正文明执法水平不断提高。

【纳税服务】 县税务局坚持“以纳税人缴费人为中心”服务理念，聚焦纳税人缴费人急难愁盼问题，开展“伴随式办税”“一把手走流程”等活动，排查税费服务过程中的堵点、痛点、难点，依托电子税务局、办税大厅公告栏、LED 显示屏等征纳互动平台精准推送税费信息、回复涉税费咨询，推行前置服务、容缺服务、一事一策等精细化举措，不断优化纳税缴费服务体验，营造舒心、畅心、贴心税费服务氛围，得到纳税人、缴费人和社会各界认可。

【税制改革】 2022 年，国家税务总局新出台 13 项税费支持政策和 20 项延续实施的税费支持政策。减税降费新举措持续在江孜县落实，市场主体活力不断激发。出台 3 岁以下婴幼儿照护个人所得税专项附加扣除、个人养老金有关个人所得税政策、支持居民换购住房有关个人所得税政策、居民换购住房个人所得税政策等各项税费优惠政策，个人所得税改革加速释放江孜县民生红利。在区域税收优惠政策上，执行延续西部大开发企业所得税政策，增强江孜县财政“造血”功能。

4月5日，县税务局在宗山民族团结文化广场开展“税收宣传月”税收政策宣传活动。图为宣传活动现场

【减税降费】 2022 年，县税务局认真落实各项减税降费政策，江孜县纳税人累计享受征前减免税收收入 7119 万元。合计办理新增减税降费及退税缓税缓费 1214 万元。4 月 1 日，财政部、国家税务总局出台大规模留抵退税政策，江孜县全年为 11 户纳税人办理留抵退税金额合计 2021.81 万元。

（王　冠）

中国农业银行

【存贷业务】 截至 12 月 31 日，中国农业银行股份有限公司江孜县支行（简称“农行县支行”）各项存款余额为 226045 万元，比年初净增 49459 万元，增长率 28.01%。个人存款余额为 136042 万元，比年初净增 32342 万元，增长率 31.19%；对公公司类存款 37213 万元，比年初净增 13557 万元，增长率 57.31%；

3月28日，农行县支行行长朗木卓（左二）给客户解读普及金融知识。图为活动现场

对公机构类存款52790万元，比年初净增3560万元，增长率7.23%。

各项贷款余额为150121万元，比年初净增20323万元，增长率15.66%。对公贷款24315万元，比年初净增2493万元，增长率11.42%。个人贷款125806万元，比年初净增17830万元，增长率16.51%，其中，农户贷款92162万元，比年初净增13532万元，增长率17.21%；非涉农个人贷款33644万元，比年初净增4298万元，增长率14.65%。

【金融服务】 为深入贯彻落实“六稳”“六保”，农行县支行下沉金融服务，采取“走出去”的服务模式，成立青年突击队，常态化开展金融服务“六进”活动，活动次数达10余次，不断强化金融服务，助推乡村振兴，充分发挥服务“三农”主力军作用。3月18日，农行县支行联合达孜乡人民政府在恰久村举行“钻石卡村”授牌仪式，活动现场共发放“惠农e贷”415万元。召开10次钻石卡评定会议，共评定472户，授信额度达1.33亿元。累计发放小企业贷款7439万元，小企业贷款余额为2.43亿元；累计发放涉农贷款4.04亿元，涉农贷款余额9.84亿元。开展以“银企联盟”深化互信互惠合作活动。全年累计收到社会各界赠送的锦旗20余面。

【中间业务】 2022年，农行县支行组织全员营销，拓展中间业务收入渠道，提高收益水平，全年累计中间业务收入达213万元。

【人文关怀】 农行县支行认真践行中国共产党的群众路线，充分认识注重人文关怀、关爱基层员工的重要意义，坚持特别关心员工职业发展，特别注重对青年员工的培养，推荐和组织员工参加各类竞赛活动，深入推进青年员工续航力度，中国农业银行日喀则分行从农行县支行选拔1名初级青年英才和1名机关本部员工。让员工参加县委组织的运动会和行内组织开展的各类主题活动。农行县支行班子按季对下属营业所开展慰问和现场指导工作，并落实食堂补贴分发。8月，农行县支行成立疫情防控领导小组，认真贯彻落实防疫相关工作要求，对退休员工在内的全行员工进行慰问，送去急需的防疫物资。

【疫情防控】 农行县支行在岗党员干部主动发挥先锋模范作用，组成“站得出、能作为、敢担当”党员志愿服务者，4名党员投身抗疫前线，协助各级党政部门开展疫情防控志愿工作。农行县支行党员带动全体员工向江孜县慈善协会、“我在西藏有棵树”公益活动等捐款4.57万元。

（扎　西）

教育·文化·旅游

中國歷史
文化名城

教育（体育）管理

【概况】 2022年，江孜县共有各级各类学校76所，其中，高中1所，初中2所，县小学2所，乡小学18所，县级幼儿园3所，乡级幼儿园18所，村级幼儿园32所。有在校生16041人，其中，学前教育3522人，小学生7761人，初中生2777人，高中生1981人。在职正式教职工1168人，其中，专任教师1163人，正式工5人；专任教师1163人中，学前198人，小学490人，初中251人，高中190人，教研室工作人员34人（含教研室编制4人）。学前三年毛入园率96.68%，小学入学率100%，初中毛入学率103.23%，义务教育阶段巩固率100%。

江孜县教育（体育）局（简称“县教育局”）内设局办公室、师资办公室、项目办公室、督导办公室、招考办公室、财务办公室、教研办公室，共45人，其中，行政人员5名，援藏人员1名，事业编制34名，公益性岗位人员2名，临时工3名。

【招生考试】 县教育局通过教学竞赛、课堂改革、校本教研等一系列措施，提升教师教育教学水平，使教育教学工作逐步趋于规范，各学校成绩稳中有升。江孜高中重点本科上线103人，重点本科上线率17.91%；普通本科上线369人，普通本科上线率64.17%；专科以上上线573人，总上线率99.65%。江孜高中录取575人，录取率100%。共有952名初中毕业生参加学业水平考试，共有46名学生被其他省市重点及普通高中录取，718名学生被自治区内重点及普通高中录取，其余学生被自治区内及其他省市职业技术学校录取，升学率达100%。共有79名小学毕业生被其他省市西藏班录取。

【教师队伍】 县教育局坚持强化学校班子建设、教师交流、学习培训，不断提升师资力量，通过在组织、人社、纪委等部门共同监督下，按照考试成绩，完成7名新分小学教师及38名学前教师去向分配事宜，解决江孜县师资力量匮乏问题。结合江孜教师特点开展学习骨干教师培训会、思政教师能力培训会、举办“送教下乡”活动等，提高教师的教育教学能力。教研工作重心向基层、乡村倾斜，结合素质教育评估相关要求，通过蹲点方式，深入各学校进行听课、说课、评课，提升教师的专业素质和业务能力。鼓励和指导更多教师参与课题研究工作，共立项21个县级教育科研课题，申报6个市级教育科研课题。

【教育惠民】 根据《国务院办公厅关于实施农村义务教育学生营养改善计划的意见》，江孜县为农村义务教育学生提供每生每天

3月15日，江孜县召开教育系统思政教师座谈会，县委书记陈昊（中间）出席会议。图为座谈会现场

5元的营养膳食补助（全年按在校时间200天计算）。结合江孜县当地饮食习惯和物产特点，制订科学的供餐方式和食谱，做到供餐形式多样、食品卫生新鲜、食谱科学合理、营养比例均衡，早中晚供餐营养补充到位，保障每天为学生提供新鲜、卫生、可口的蛋、奶、蔬菜、水果和肉，并按照荤素1：3的比例配菜，根据地方饮食习惯提供酥油茶和牛肉等。共使用营养改善经费759.72万元。

“三包”政策经费，按照学前二类区3840元、三类区3940元、四类区或边境县4040元，义务教育二类区4340元、三类区4440元、四类区或边境县4540元，高中阶段二类区4840元、三类区4940元、四类区或边境县5040元，特殊教育学校（含随班就读学生）标准为每生每年6000元的标准实施，“三包”政策学生的学习用品、校服及装备费实行政府采购，使用“三包”政策经费共计3270.14万元。

重视国家资助政策的宣传工作，通过电子屏、宣传栏、班会、告家长书、动员学生等各种方式开展资助政策的宣传工作。兑现自治区级下达资金147.99万元，享受资助学生共计334名；兑现市级下达资金20.31万元，享受资助学生共计195名；兑现县级承担部分资金30.46万元，享受资助学生共计195名。2021—2022学年江孜县脱贫家庭大学生（原建档立卡和农村低保学生）自治区内外共计336名，其中，就读于其他省市院校209人、就读于自治区内院校127名。

【德育安全教育】 县教育局不断加强安全领导小组的力量，强化领导小组的工作职责，明确相关人员的指导、协调、检查、督促职责，切实做到有人管，有人抓，制订安全相关制度和应急预案，确保所有学校的安全稳定。要求各个学校健全以校长为组长的学校治安综合治理及安全稳定领导小组。根据县委、县政府提出的要求与各学校签订安全工作目标责任书，县教育局领导部署，研究工作，组织实施。深入各学校开展检查指导工作。各学校建立健全并认真落实各类应急预案、寄宿制管理制度、食品安全制度、宿舍管理制度等，为学校的安全稳定提供有力的组织保障。各学校结合实际开展安全生产月、学校安全“一月一主题”、校园防欺凌教育等各类安全教育和督查及演练活动，共开展防溺水、交通安全、食品卫生安全、校园防欺凌等5次专项工作督查，应急逃生疏散、消防器材使用等演练20余次。利用“3·28”西藏百万农奴解放纪念日、“六一”国际儿童节等各种节点和班会，结合“四讲四爱”主题教育，开展参观爱国主义教育基地、观看爱国主义教育影片、召开思政教师座谈会、义务植树等活动，对学生进行德育教育，共开展爱国主义教育150余次，“四讲四爱”宣讲实践活动1.5万余次。开展禁毒宣传教育50次、法律进校园活动50次、消防演练24次、民族团结月活动1次、“平安西藏”宣传活动1次。

【制度建设】 修改完善《江孜县教育系统中小学新时代教育综合评价指标体系（试行）》，为全面贯彻中国共产党的教育方针，落实立德树人根本任务，推动形成良好的育人环境，促进素质教育深入实施奠定坚实的基础。

【教育均衡发展】 结合自治区教育督导委员会印发的《关于印发〈西藏自治区县域义务教育优质均衡发展督导评估实施办法（试行）〉的通知》提出的各项指标，针对2021—2022学年教育事业统计数据进行分析，分析发现江孜县在推进义务教育优质均衡发展中存在的问题和不足，并加以完善改进。

印发《江孜县新时代中小学综合评价实施细则》，明确各中小学在校园整体特色化、党务管理标准化、校务管理规范化、教务管理专业化、财务及后勤管理制度化、师资队伍建设科学化、校园安全管理精细化、德育教育全程化和疫情防控管理常态化等方面的工作要求，切实提升校园管理水平。

全面贯彻落实自治区、市两级“双减”工作会议精神和具体要求，切实减轻中小学生过重课业负担，全面实施素质教育，全面提高学生的综合素质和创新能力，努力提高江孜县办学水平和教育质量。

江孜县2022年秋季学期下发入学通知书1294份，保学责任书1294份，整班移交学生907人。成立以县长为组长的控辍保学工作领导小组，分管副县长、县教育局局长分别作为副组长和成员，各乡（镇）党委、政府一把手任领导小组成员，各义务教育阶段学校校长参与全部控辍保学工作。确定以村（居）委为控辍保学重要关口，村主任（驻村工作队队长）、家长、“双联户”户长严格落实控辍保学工作职责，严防控辍保学工作回潮反弹。开展送教上门成效调研活动，根据调研成果，制订和完善送教上门工作举措，确保送教上门工作更加具有科学性、针对性。

4月8日，县教育局组织召开“落实‘双减’政策，提升课堂效率，确保教学质量”——江孜县小学数学骨干教师培训研讨会。图为会议现场

【基础设施建设】 县教育局加强乡村学校建设，稳步推进基础教育和乡村幼儿园办学条件标准化建设。续建项目18个，合计总投资9576万元，其中援藏项目1个，总投资1115万元；学前教育村级幼儿园建设项目4个，总投资1220万元；学校风雨操场建设项目7个，总投资3850万元；学校卫生厕所项目1个，总投资60万元；乡村小学改扩建项目1个，总投资800万元；县城小学改扩建项目1个，总投资为2000万元；乡（镇）学校供暖项目2个，总投资为486万元；乡附设幼儿园改扩建小型项目1个，总投资45万元。完工项目10个，完成投资4926万元。新开工项目9个，总投资3547万元，其中援藏项目1个，总投资1535万元。待开工项目3个，总投资为2680万元。获批高海拔学校供暖项目51个，总投资为10474万元。储备项目8个，总投资为8065万元。

【对口支援】 上海市第九批援藏干部江孜联络小组投入资金830万元新建重孜乡小学女生宿舍，新建女生宿舍楼1171.84平方米，供暖1项，混凝土硬化1410平方米及附属工程。投资657万元新建紫金乡小学及卡麦乡小学运动场，紫金乡小学新建运动场、主席台看台，卡麦乡小学新建运动场、主席台看台项目。投入30万元，邀请浦东专家开展线上讲学活动，江孜县584名学员（教职工），分成学校管理研修班、学校德育研修班和专业发展研修班参加线上培训，每个班级安排7场讲座，同时开展线

3月10日，县委书记陈昊（前排左三）到热索乡小学视察。图为视察工作现场

上交流研讨活动。投入40万元，组织选派28名优秀中小学校师生，到上海市开展为期11天的冬令营参观学习活动。

【教育发展规划】 坚持以学生的全面发展为出发点和落脚点，一切为学生，一切服务于学生，将“以学生为中心”的指导思想落到实处；认真贯彻落实素质教育，让学生全面健康地发展；将教育教学工作作为工作重心，争取实现新突破、再创新佳绩。

做好义务教育阶段控辍保学工作，健全义务教育控辍保学长效机制，将机制纳入乡规民约、村规民约，保住“动态清零”成果，使控辍保学工作从动态化走向常态化；进一步完善家庭经济困难学生资助体系，完成各类资金的兑现工作。

推进义务教育薄弱环节改善与能力提升，重点加强乡村学校建设，稳步推进基础教育办学条件标准化，在确保2022年续建工程及新开工所有项目工程质量的基础上，加快工程进度确保竣工交付使用。

全面落实新时代教师职业行为十项准则和自治区师德负面清单及其处理办法；建立完善教育、宣传、考核、监督、奖励、惩处六大制度，实行师德师风表现“一票否决”制；加大教师培训力度，充分挖掘教师的潜力。

强化安全监管责任、完善安全防范措施，扎实推进“平安校园”建设，确保校园及周边环境内的网络安全、生产安全、道路交通安全、治安秩序稳定；坚持预防为主，加强对学校师生的公共卫生安全、传染病防治和卫生健康知识的宣传和教育；强化学校食品安全管理，做好学校食堂从业人员健康检查、食品原料进货查验、食堂和餐饮具清洗消毒；做好信息研判、议事协调、应急处置和善后恢复工作；重视和加强对学生的安全教育，增强学生安全意识和自我防范能力。

【学前教育】 江孜县共有各级幼儿园50所，其中，3所县级幼儿园，18所乡级幼儿园，29所村级幼儿园，学前幼儿园覆盖率64.47%；共有234名专任教师、260名乡村幼教专干、42名聘用代课教师、52名保育员、50名门卫和炊事员。江孜县适龄幼儿3761人，在园幼儿3522人，学前三年毛入园率96.68%。

【义务教育】 义务教育实行划片招生、免试就近入学，保障进城务工人员随迁子女基础教育阶段无障碍就学。全面实施素质教育，切实减轻学生过重的课业负担，促进学生的健康成长。全面深化课程改革，促进教师专业化发展。加强“三包”政策及营养改善等惠民经费的管理和落实。加快推进学校标准化建设，实施教师暖心工程、幸福工程，完善配套设施建设。开展教育事业统计填报、实地核查和巩固义务教育均衡发展迎检。扎实推进数字化校园建设试点工作。

【普通高中教育】江孜县有高中1所，在校生1981人，专任教师190人。2022年，江孜高中重点本科上线103人，其中，2名学生被中国人民警察大学录取、1名学生被西藏大学思想政治专业优师计划录取。重点本科上线率17.91%，普通本科上线369人，普通本科上线率64.17%；专科以上上线573人，总上线率99.65%。高中录取575人，录取率100%。

【推普工作】为全面提升江孜县干部职工国家通用语言文字应用能力，特向市语委办提交申请函，申请对江孜县没有普通话等级证书或证书丢失、过期等的干部职工及教师等共计132人进行普通话水平测试。为提升江孜县村（居）“两委”国家通用语言文字应用能力，组织各小学语言文字工作负责人在各自所属乡（镇）开展村（居）“两委”国家通用语言文字教育培训，做到一周一节课，每节2小时的课时要求，江孜县共有951人参加培训，培训总课时达117节，共参培4444人次。根据《日喀则市关于组织参加第四届中华经典诵写讲大赛的通知》要求，江孜县各级各类学校、幼儿园开展中华经典诵写讲活动，并将优秀作品推荐、报送至市语委办，作为江孜县代表参赛作品。

【特殊教育】保障特殊儿童享受义务教育的权利，完善送教上门工作机制。按照《江孜县人民政府教育督导委员会关于印发〈江孜县送教上门工作实施方案〉的通知》要求。每月对各学校上报的送教上门简报进行汇总存档，保障江孜县开展送教上门工作有据可查。全年共计开展送教上门工作1500余次，将17名残疾儿童少年送入上一级特校就读，控辍保学工作实现“动态清零”。

【“五个100%”工作】县教育局严格落实“五个100%”（中小学藏语、汉语教育普及率100%，小学数学课程开课率100%，中学数理化生课程计划完成率100%，中学理化生实验课程开出率100%，职业技术学校国家目录规定课程开出率100%）教育目标，成立工作领导小组，指导和督促各学校成立专班，开展专项工作，江孜县上下形成各司其职、齐抓共管的工作格局。中小学藏语、汉语教育普及率100%方面，江孜县学前、小学和初中所有学校均已开齐开足藏语、汉语课程，课程设置比例完全符合自治区教育厅最新出台的课程设置文件要求，并执行“四个统一”（城乡义务教育学校建设标准统一、教师编制标准统一、生均公用经费基准定额统一、基本装备配置标准统一）标准。小学数学课程开课率100%方面，严格按照《关于印发〈西藏自治区义务教育课程设置方案〉的通知》要求，设置小学数学课程，严格执行一类课程计划小学数学一至二年级每周5节，三至六年级每周6节。中学理化生课程计划完成率100%方面，组织县级名师编写中学理化生教案印发给任课教师，江孜一中成立多个与理化生实验教学相关的社团，培养学生对理化生学科的学习兴趣。中学理化生实验课程开出率100%方面，添置小学科学和中学理化生实验器材，对江孜县中小学校实验室进行升级改造，为开展实验教学提供硬件保障，对各学校实验室利用情况进行定期督导，同时加强实验课教师业务培训，每周定期开展教研教改活动。职业技术学校国家目录规定课程开出率100%方面，每年中考报名前，县教育局和2所初级中学组织开展职校招生宣传工作，鼓励更多的学生报考职业学校。同时，为确保江孜县学生能在家门口就近就便学得一技之长，江孜县雪域阳光职业技术学校和杰卡尔孜惠民服务有限公司等，为江孜县“两后生”开设厨师班、唐卡绘画班、汽修班等社会热门专业。

【体育工作】县教育局始终把

发展全民健身事业作为改善民生、促进社会和谐的重要内容，构建亲民、便民、利民的全民健身公共服务体系，认真贯彻落实《全民健身条例》，组织开展各类体育活动，不断丰富人民群众文化生活，满足人民群众日益增长的体育健身需求，努力提高人民群众身体素质、健康水平和生活质量。国家投资3850万元，实施7个学校风雨操场建设项目；援藏投资657万元新建江孜县紫金乡小学及卡麦乡小学运动场建设项目。各学校开齐、开足体育课，认真落实“阳光一小时”活动，每年组织开展2次校园运动会，开展全国中小学生体质监测工作，保障学生健康发展。

（达瓦群培）

江孜高级中学

【概况】 2022年，江孜高级中学（简称“江孜高中”）设有38个班级，1889名学生。在职教师192人，其中，正高级教师1人、高级教师32人、中学一级教师79人、中学二级教师和员级教师79人、工人1人；研究生学历6人，本科学历18人，专科学历1人。校级领导5人，校长助理1人，中层正职10人，其中，正高级教师1人、高级教师9人、一级教师6人。

7月1日，江孜高中组织全体党员到江孜县教育基地开展“喜迎二十大、永远跟党走、奋进新征程”主题教育实践活动。图为全体党员合影

【党建工作】 2022年，江孜高中党总支按照上级的统一部署和安排，围绕“培养什么样的人，怎样培养人，为谁培养人”“办什么样的学校，怎样办”的重大课题，找准制约学校发展的“瓶颈”，寻求突破口，确立发展思路，发挥一个党员一面旗帜的示范效应，不断提高党建科学化水平。本着“真事做真、实事做实”的原则，认真贯彻落实党组织抓基层党建主体责任、班子成员“一岗双责”职责，突出认真查找和解决问题。总支部书记实行校长书记一肩挑，设党建专职副书记，成立党建办，副校长兼总支部委员。每支部安排3名委员，设书记1名、副书记1名；各支部平均17名党员。总支部委员会设委员5名，设书记1名，副书记1名，委员3名。明确各党支部书记的主体责任，建立综合考核评价体系，形成支部党建工作评比达标细则，建立党员激励机制。严格落实党支部书记履行党建工作第一责任人制度，逐步形成党建工作一级抓一级、层层抓落实的格局。根据上级安排开展党建工作的综合考核评价，把党建工作作为干部培养、使用、年度评优评先的重要依据。通过动员普通教师早日向党组织靠拢，要求每位思政教师必须入党，同时每年总支部给各支部下发任务发展党员，坚持把政治标准放在首位，保证质量，规范程序，成熟一个发展一个。总支部牵头安排各支部每季度召开1次党员大会，每

6月5日，日喀则市教育局局长达娃卓玛（前排右三）一行到江孜高中开展检查指导工作。图为检查指导工作现场

月召开1次支部委员会，每周召开1次党小组会、上1次党课、开展1次支部学习，并做好记录。通过各支部党建工作评比、按时检查个人党史笔记、“学习强国”学习情况等不断完善党内生活各项制度及落实。建立健全党建工作制度，如党支部工作职责制度、党员教育管理制度、党费收缴制度、“三会一课”、民主生活会、党员民主评议等党内生活制度。学校党组织采取措施，切实加强教师队伍的思想道德建设，通过参观江孜县第一中学校史馆、党建文化长廊、学校德育室等，引导全体教师用马克思主义指导教学工作，全面推进素质教育，把教书与育人结合起来。通过党员先锋模范作用，在各科室安排优秀党员带动年轻教师，把普通教师发展为骨干教师，把骨干教师发展为党员教师，让全体教师快速成长。健全学校各项制度，落实好校级领导“一岗双责”。通过“三重一大”（重大事项决策、重要干部任免、重要项目安排，大额资金的使用，必须经集体讨论作出决定）事项集体研究决定学校的各项大事和人事调整安排，体现公平、公正、公开的原则。

【教育教学管理】 为保障学校正常的教学秩序，学校实行巡课制度，为保障教学质量，教务处每月对教师教案、作业进行检查。对教师进行年度考核、职称评定、“一考三评”（考业务知识水平，评思想政治和师德素养、评课堂教学能力、评信息技术应用能力）、岗位定级，对教师课时量进行安排，为学生发放教材和作业本。每周四下午为全校教研活动日，高一、高二年级利用周四下午三节课的时间对下周的教学内容进行集体备课，讨论教法、学法及周周清的内容；高三组则利用周四下午一节课的时间讨论教学内容，有效促进教师成长。各学科每周开设一次公开课（新任教师的公开课，轮教、驻村教师的示范课）。为学生安排“小教师”赛课，激发学生学习的激情，促进学生全面发展。针对学校中青年教师所占比例较大的特点，实施师徒结对，要求青年教师和老教师之间多学习、多交流；开展青年教师网络培训学习。培养校内骨干教师，以名师效应带动和影响广大教师，为教师成长搭建平台。举办教师业务考试，促进教师不断学习，提高教学质量。规范考试制度，坚持“周周清”“月月清”制度。结合实际和教学工作需要，做好班主任和辅导员聘任、授课教师调配和课程安排工作，制订教学计划，确保学校按时开课。

对学校实验室安全排查，加强疫情防控，确保校园安全。学校成立以校长为总负责人的毕业班领导小组，使毕业班工作制度化、系统化，毕业班领导小组经常深入年级检查督促此项工作，定期召开领导组工作会议，研究、指导毕业班工作。

【德育安全工作】 通过召开家

长会、创办家长学校等形式，宣传学校德育工作的重要性和必要性。规范学生的着装、仪表、言行等各项要求，制订违纪学生处罚条例，建立重点学生档案，对重点学生实时监控。制订江孜高中关注细节班级管理检查细则，班级的各个部位、各个环节都有明确的责任人。学校定期、不定期地对学校的校舍、电器、门窗、体育设施进行安全检查工作，对学校校园及周边进行多次全方位安全大检查。每个楼层楼道口都装有安全指示标志，并安排各楼层的年级组长、班主任就近值班。课间操时间，要求学生列队进出，安排班主任以及学校政教处人员维护秩序。学校组织大型活动，都有严格的制度和约束，都有领导和教师带队维护秩序。为加强中学生法律意识和安全意识，遵守交通法规，学会消防常识和应急自救方法，学校通过线上和线下主题班会、校会和开展各种活动，对学生进行养成教育，培养学生的文明习惯。强化门卫工作制度，对学生进出校门有严格规定，并对外来人员进行严格审查登记，确保校园和师生安全。学校每天都有1名领导带班，2名中层干部值班，并配备2名专职保安。做到重点部位全天候有人值守，保安和门卫值班人员严格检查和登记外来人员和车辆，确保校园秩序的安全稳定。节假日安排值班领导轮流值班，处理突发事件，各个岗位责任明确，如果出现安全事故或其他问题，都有相应的处罚措施。

【规范总务制度】 江孜高中总务处严格执行收费制度，实行财务公开制度，在校内公布。严格按照上级主管部门要求，按章收费，绝不“搭车收费”。规范学校食堂收支两条线的管理模式，做到账账相投，账实相投，账物相投；学校的收费、支出工作让家长、学生、教师和社会来监督，没有违规收费现象。

【丰富校园文化】 2022年，江孜高中完成上级下达的各项任务和指标，本着“开拓、进取、务实、创新”的原则，完善组织建设和制度建设，举行各项具有教育意义、形式新颖的活动，丰富全校师生的课外生活。开展“三八”国际妇女节慰问活动，举办第五届教师篮球比赛，开展全校爬山活动，开展庆祝中国共产党成立101周年系列活动，举办第38个教师节庆祝活动，发放教师生日蛋糕券。3月，响应江孜县综治委关于开展2022年度综治宣传月活动的号召，校团县委组成12人的宣传队，在宗山民族团结文化广场开展综治宣传活动。4月，带领学生参加江孜县清明节祭奠革命英烈扫墓活动，缅怀革命英烈。5月，举办春季爬山比赛；参加江孜县庆“五四”活动；举办加油学哥学姐文艺会演活动。每月开展校内黑板报评比活动。举办2022年迎接高一新生文艺会演，筹备校庆歌舞表演。开展学期总结表彰大会。每周四

3月19日，江孜高中举行2021—2022学年第一学期总结暨表彰大会。图为获奖学生合影

3月21日，县疾控中心主任次平（左一）在江孜高中主持召开春季学校结核病健康体检筛查启动会。图为会议现场

组织团支书进行“爱心驿站”易拉罐收缴工作，记录并公示。开展“校园广播站”播音员选拔工作。开展体检活动。

学校以培养学生兴趣为切入点，加大力度推行素质教育。开展活力周四活动，促进学生全面发展，从制度层面保证丰富校园文化生活，学校先后开设30个社团，涵盖7个大板块，音乐类、美术类、体育类、信息类、阅读类、书法类、英语类。激发学生对爱好的追求，学生的兴趣得到培养，为学生的发展奠定基础。2022年，江孜高中被评为“西藏自治区美育特色学校”。

【疫情防控】 疫情防控期间，做好学生有序放学、排队就餐，大宗物品统一配送、专人验收，食堂工作人员的衣着、体检，食堂餐具消毒、食品留样等常规管理。每天安排教师到食堂值班，负责指挥学生排队就餐，杜绝意外伤害事件的发生。开展线上工作，设计制订《日喀则市江孜高级中学秋季学期开学工作方案》《日喀则市江孜高级中学疫情防控工作方案》。做好开学前期防疫物资的储备工作，做好疫情防控各项宣传工作。

（尼　仓）

江孜县第一中学

【概况】 江孜县第一中学（简称“江孜一中”）共有27个教学班，110名专任教师，1326名在校生。自2019年开始，教学质量稳步提高，从地区排名12名到2021年第9名。2022年下学期狠抓教育教学质量建设，经校委会研究完善各类制度建设，制订各阶段的复习任务和目标，定期召开毕业会议，使学校、教师、学生、家长目标一致。学校各部门全力支持毕业班工作，抓住机遇，树

6月18日，江孜一中举办庆“七一”暨欢送毕业班文艺会演。图为会演结束后合影

立老牌历史学校的威望。

【学校管理】2022年，江孜一中加大学校创新管理力度，倡导“以人为本”的管理理念，加强学校内部管理，全面提高管理水平。在内部管理中实施校长负责、中层参与、教师监督的民主治校的管理体制。每周五下午召开例会，凡学校重大事情，均要通过校委会讨论，确保决策的准确性，发挥教代会和工会的职能作用，保证学校管理的透明、公开。加强领导班子建设，调整部分学科组长，增强中层主动服务意识，使领导班子成为学校工作的坚强核心。在领导班子建设中，实行参与领导，分工协作，责任到岗，谁主管谁负责，增强校长为中层服务、中层为教师服务、教师为学生服务、一切工作为学校发展服务的主动服务意识。加大依法治校，依法执教力度，实行制度管理。制订新的教师工作考核方案、教师教学质量目标责任书、安全工作责任书、教师师德师风及各项规章制度。

【师资队伍建设】2022年，学校以“争做人民满意教师，办社会满意的教育”为出发点，组织教师开展集中会议学习和讨论，认真学习中国共产党的各项方针政策，学校党支部组织全校党员扎实开展学雷锋主题宣传教育实践活动，结合自身开展“如何做一个人民满意的教师”的讨论，要求全体教师充分利用课余时间勤学，不走过场实学，结合形势活学，用心研读深学。学习形式灵活多样，采用集中学和分散学结合、主题发言和集体讨论结合、自学与辅导结合等，并选择具有代表性的专题组织大家学习。班子成员坚持学习制度，定期召开民主生活会，每周一次行政会，商议学校各项工作，教代会成员参与学校重大决策、充分发挥优秀教师作用和党员先锋模范作用，在优秀教师的影响下，全校师生讲礼仪、比文明，好人好事蔚然成风，精神文明建设得到加强。

【教学教研】按照西藏自治区义务教育课程设置要求，学校制订课程安排表即学校总课表、班级课程表、教师任课表，坚持做到“三表统一”，并上墙。加强校本课程建设，初一、初二年级在每周星期五下午开设书法、阅读、写作及国学经典、藏族民歌、象棋等兴趣小组，并组织教务成员检查学生到位情况。按照上级文件及素质教育课程设置的要求，结合实际情况，继续优化“周五特色教研”“三清”（堂堂清、日日清、周周清）活动。不定期对教师备课情况进行检查，每次检查精心安排、登记、反馈，对检查出来的问题督促教师进行整改。以考促学、以考促教，在考试实施过程中，严肃考风考纪。按照教育部、西藏自治区教育厅“停课不停学、停课不停教”

5月6日，日喀则市教育局局长达娃卓玛（左三）带队到江孜一中检查调研，县教育局局长阿旺洛桑（左一）及学校领导班子成员陪同。图为调研工作现场

4月6日，江孜一中举办2021—2022学年第一学期期末考试质量分析暨表彰大会。图为活动现场

的要求，在自治区教育厅统一安排部署下，启动毕业班学生在珠峰旗云平台线上授课工作，并组织教师推进非毕业班的“线上教学”的工作，组织教务处教研室制订非毕业班线上教学工作计划。班主任利用“钉钉”“微信”进行班级工作安排，各科教师负责在线上进行师生互动。

【创建平安校园】2022年，江孜一中成立以校长为组长的安全领导小组，明确责任，确保学校安全稳定工作落到实处，与学校教师、学生家长签订责任状，把安全工作融入课堂教学活动中。加强学生的安全教育工作，努力增强学生的安全意识和自我保护能力，扎实开展安全教育活动日各项工作，多形式开展学生安全知识教育，以讲座的形式组织开展法治教育活动，让学生知法守法。加强安全管理知识培训，学校定期组织全体教职工学习安全知识，增强教职工的安全责任意识，提高教职工处置突发事故、保护学生的能力。召开学校安全工作会议、安全工作主题班会、召开学生家长会、加强饮食卫生安全教育、传染病预防知识教育、开展交通安全宣传周活动及利用专栏宣传交通规则。加大对校园内执勤制度，组织全体教师分组轮流安排校园24小时值班，并根据上级维稳工作会议精神，依据上级教育行政部门的要求，为确保学校各项工作的开展及全校师生员工的安全，组织护校队，并明确职责。通过全校教师的共同努力，2022年没有安全责任事故发生。

（其美次旺、大拉顿）

江孜县闵行中学

【概况】江孜县闵行中学（简称“江孜闵行中学”）是由西藏自治区教育厅和上海市闵行区各出资300万元兴建的一所希望中学，学校有教职工133人，学生1534人。设有工会、妇委会、团县委、教务处、政教处、学工处、总务处、信息中心、思政办以及各学科教研组。在上级主管部门的支持和援藏省市的援助下，江孜闵行中学教学环境不断改善，学校的硬件设施不断更新。按照教学大纲的要求开足开齐所有科目的同时，开办藏文兴趣班、国学堂、音乐兴趣班、体育兴趣班、藏汉书法兴趣班等10余个社团丰富学生的课余文化生活。

【党建工作】2022年，为贯彻习近平总书记重要讲话精神，落实从严治党，加强干部队伍建设，深化拓展党的群众路线教育实践活动，按照上级部署要求，江孜县闵行中学开展“政治纪律教育”“铸牢中华民族共同体意识”主题教育；开展扶贫结对认亲活动。发展预备党员3名，吸收入党积极分子8人。

【廉政文化进校园】为全面推

进素质教育，全面提升师生思想道德修养，建设清正和谐的校园，学校制订并落实廉政文化进校园活动工作计划，并成立工作领导小组。坚持统筹兼顾，相互配套，全员参与。由党总支牵头，党政齐抓共管，部门各负其责，全校师生共建，形成工作合力，将廉政文化建设纳入学校文化建设的整体之中，将廉政教育纳入学校德育建设的整体之中，推进廉政教育进教材、进课堂、进头脑。

3月11日，日喀则市督导组到江孜闵行中学检查学生食堂食品安全工作。图为检查现场

【工会工作】 江孜闵行中学工会关心教职工的生活，开展送温暖活动，关怀帮扶困难、生病、退休教职工及直系亲属生活，把学校的关心送到每位教师身上。开展职工活动，开办教工食堂给教职工提供方便，以最大的程度满足教职工的需求，始终保持饭菜的干净、卫生、安全。

【德育工作】 江孜闵行中学始终把培养社会主义接班人作为教育工作的根本出发点，为适应新形势的要求，不断改善德育工作的方式方法，专门成立以校长为组长，政教处、教务处、总务处，各教研组长、全体班主任、学生会为成员的德育工作领导小组。充分利用德育室，专门培养德育室讲解员，以班级为单位参观校德育室让同学们了解学校的过去、现在、未来目标，以及国家民族的过去、现在、未来。对不同学段的学生进行分段德育教育，初一年级为基础步，对学生进行爱班级、爱学校、爱集体的入学教育，抓好中小学教育的衔接；初二年级为成长步，重点进行理想、人生观、价值观教育；初三毕业班为发展步，着重进行正确的升学观、就业观及理想教育，使他们能够成为合格的中学生。聘请法治副校长，定期为学生进行法治宣讲和爱国主义教育。

【安全工作】 江孜闵行中学高度重视安全教育和安全防范工作，成立由校长统领全局，分管校长具体抓，以政教处和总务处为中心，各班主任分管和科任教师、后勤工作人员协作的全员安全工作网络和安全工作责任制；建立完善安全教育制度、安全工作责任制及岗位追究制；定期开展消防安全检查、消防演练，重新配备消防器材等设施设备，防止火灾事故发生；加强学校食品安全监督管理工作，消除学校食品安全隐患，有效控制学校食品安全事故发生；定期排查安全隐患，确保师生人身安全，做到防患于未然；经常对师生进行安全常识教育，结合国家法律法规讲安全，结合生活实际讲安全，结合安全隐患讲安全，宣传如何预防食品中毒、防溺水、防电、防交通事故、防意外伤害等安全知识，树立师生安全意识，制订各种应急预案，做到安全工作警钟长鸣，确保学校财产安全、师生人身安全。充分利用防灾减灾宣

3月29日，县长巴桑（左二）、副县长拉桑桑旦（左一）到江孜闵行中学实地考察。图为考察食堂现场

传日、安全宣传周等活动，共举办1次开学第一课、开展1次消防安全知识讲座和1次防火防震疏散演习，35次周假前的安全教育会。完善各类应急预案，加强“三防”（火灾、洪灾、震灾）演练，增强学生的安全知识，增强学生安全防范意识和应急避险能力。根据县委政法委安排部署，学校成立“双联户”工作领导小组，每栋楼设立联户长，2022年各联户长对教师宿舍的安全、卫生等情况检查10次。有效保障“双联户”工作扎实开展，扎实推进“群防群治、共保平安”工作。

【教育教学质量】 2022年，江孜闵行中学教务处继续执行2021年的工作方案，严格按照自治区义务教育阶段相关规定，开齐、开足所有课程。牢固树立“有教无类”“人人皆可成才”的观念，突出学生主体，开展“自主、合作、有效”课堂的探索研究，着力构建符合本校实际、师生自主、生生合作、教有效益的课堂新格局。致力于创造良性教学秩序，力求教学模式与方法创新，实现各班级学科有效均衡发展，加强教学常规检查，促进工作规范有序开展。始终将教育教学工作作为学校工作的中心来抓，将教育教学质量视为学校生存和发展的生命线，进一步进行教学常规检查，组织教学质量检测，提高课堂教育教学效益，加强师资队伍建设。在各年级组长的配合下，学校对教师的履行职责情况进行检查，实行定量和定性打分相结合，督促教师规范教学行为，作业布置适量，批改高效。加强教学管理的精细化、开展实践活动、强化质量意识、把握工作细节、关注学困生等问题。对质量分析会，

5月28日，县公安局网安大队大队长洛桑贡布（中间）到江孜闵行中学开展“共建网络安全，共享网络文明”宣讲活动。图为活动现场

采取自下而上的分析流程，教师个人—学科组—教研组分析，班级质量分析会—年级组的质量分析会。通过“微观分析，具体分析”，直面教师教学和学生学习中存在的问题，找准问题根源，提出解决措施。

【教师培训】 通过线上培训的模式，从培训中找到不足之处，从而不断提高教师的业务能力及水平，把培训中好的教育教学方法运用到实际教学中去，从而不断提高教育教学质量。思政培训、铸牢中华民族共同体意识培训，端正教师的思想，提高教师的政治素养、思想素质和心理素质。信息技术 2.0 培训让教师能适应新的教育教学模式，熟练掌握新的现代化教育教学手段，以便更好地为学生服务、为教育教学服务。

【成果展示】 2022 年，江孜闵行中学学业水平考试考生 499 人，总平均分 520 分左右，最高分 825 分，700—800 分有 43 人，600—700 分有 107 人；考上其他省市西藏班的学生有 37 人，高中上线人数 392 人。在日喀则市实验操作比赛中，物理、化学和生物实验操作获得 2 个第一名和 1 个第三名的成绩。

（索朗次仁）

江孜县第一小学

【概况】 江孜县第一小学（简称“江孜一小”）原为江孜专区小学。西藏和平解放后，中国共产党江孜分工委成立不久，经过多方反复协商，于 1953 年 4 月 26 日在江孜宗山所在地——宗堆平措角杰正式成立江孜专区小学（这是自西藏和平解放以来中国共产党和政府在西藏创办的第 3 所公办小学，亦是日喀则地区第 1 所公办小学）。1992 年正式更名为“江孜县第一小学”。经过近 70 年的发展，学校几经搬迁，占地面积为 40002 平方米，总建筑面积为 8926 平方米，教学及辅助用房 5126 平方米。学校有 20 个教学班，在校生 879 名，其中，享受“三包”政策学生 533 名，营养改善学生 428 名。有专任教师 58 名，其中党员教师 42 名，占全校教师的 72%。学校设有党支部、教导处、办公室、总务处、德育处等组织机构。

【学校管理】 加强学校安全管理，创设良好育人环境。全体师生牢固树立“安全第一，预防为主”的思想，学校与教师签订安全目标责任书，做到时时讲安全、事事讲安全、处处讲安全。紧抓防疫工作不松懈，学校大门口新设测温通道，严进严出，校园内每天进行消毒，全体师生除个别特殊情况外均接种新型冠状病毒疫苗。通过聘请法治副校长开展法律进校园活动、观看安全教育影视、办板报、悬挂张贴安全教育挂画、召开主题班会等多种形

7月1日，江孜一小党支部开展“庆祝建党101周年　迎接党的二十大”暨参观爱国主义教育基地主题党日活动。图为党员合影

式对学生进行安全教育，增强学生安全防范意识。增强网络安全意识，提高网络防范能力，学校与教师签订文明上网承诺书。建立严格的学生交接制度。对学生宿舍坚持夜查制度，确保学生住宿安全。抓好常规，加强食堂的管理，确保师生饮食安全和身体健康。坚持每天对食堂食品的采购、消毒、卫生进行严格检查验收，发现卫生不达标的，责令整改，并根据情节轻重进行处罚。严格执行48小时食品留样制度并做好记录，确保学生食品安全，值周教师、采购领导小组成员、校领导和主管领导经常深入灶房，检查餐具消毒、操作间卫生、采购索证是否规范、是否有缺斤少两现象等。认真落实“三重一大”（重大事项决策、重要干部任免、重大项目投资决策，大额资金使用）制度，合理使用各项经费，计划开支，计划供应，专款专用；推行学校财务公开制度，自觉接受上级主管部门和群众的监督，让财务管理在阳光下运行。

6月30日，江孜一小学校工会在操场上开展党员文体兴趣活动。图为活动现场

【教师队伍建设】 强化队伍建设，不断提升教师专业素养及发展潜能。强化管理人员的服务意识，学校管理人员队伍带头做好学校各项工作。发扬锐意进取的创新精神和奉献精神，增强工作责任心，提高组织管理的潜质。结合深入学习主题教育，完成上级交给的各项工作任务。严格遵守教师职业道德建设的有关规定，全面增强全体教师教书育人的责任感和使命感。通过师德教育和培训工作的开展，使教师逐步构成爱岗敬业、勤学乐教、无私奉献的师德风范。为教育、为学生，教师们在教育的岗位上辛勤耕耘，涌现出一批责任心强、思想素质高的优秀教师和优秀班主任。学校始终注重青年教师的培养，为提高青年教师的师德水平和教学技艺，学校坚持“师徒结对”活动，坚持以老带新，发挥老教师的传、帮、带作用，让青年教师从丰富经验的老教师身上学到授课技巧、备课方法以及良好的思想素质和工作作风，促进青年教师成长。加强班主任队伍建设，通过班主任了解学生思想动态，加强学校、家长、教师、学生之间的沟通，共同培育学生全面发展，建立机制，形成合力。适时召开班主任工作会议，帮助班主任更新观念，提高潜质，并与班主任一起探讨学校德育工作的方法。不断完善班主任岗位职责，工作条例、考核、奖励制度。

【教学教研】 江孜一小认真贯彻落实中国共产党的教育方针，以学校教学工作计划要点为指导，以新课程改革的方向确立新课程标准的基本理念，稳步推进课程改革。围绕教研组的研究问题，转变教育理念，改进教育方法，优化教学模式，逐步提升课堂教学效益，提高教育教学质量。新课程对教师提出更高要求，学校要发展、要生存，必须有一批高素质的教师队伍，同样未来的教师要生存要发展必须具有过硬

5月21日，江孜一小“中央音乐学院乡村音乐教室”挂牌。图为中央音乐学院新时代文明实践日喀则基地宣讲师鲁颐诺（后排左三）、县委宣传部部长仓木决（后排左四）等和学生合影

的本领，在校长指导下，制订以人为本的校本教研计划，通过备课、上课、听课、评课，让全体教师参与到教学研讨活动中来，增强教研活动的真实性，提高教师的课堂教学水平。宣传发动教师撰写论文。制订教导工作方面的有关规章制度和检查考核制度，做好教学工作的常规检查，期中检测和期末检测工作，期末做好教学工作总结，为学校考评教师提供依据。组织全校教育教学研究和经验交流，组织检测及质量分析，领导和指导教研组工作。组织好备课、听课、评课工作，负责指导各教研组工作，组织好教研活动。

【校园文化建设】 营造优美的校园环境，以环境文化熏陶人、感染人。老西藏教学楼、感恩楼、德育楼等开辟学科知识、红色教育、爱国教育、民族团结教育、禁毒教育、名人名言及学生优秀作品展示展板。学校投入资金建设完成科学实验室、科技馆；布置舞蹈室、音乐室、少先大队室、益智游戏室等，努力在齐全的基础上呈现学校亮点。植树、种植花草，科学教师组织学生收集资料为校园内的树木花草挂上“身份证”，使每块绿地都呈现出教育意义。学校为每个班级都配备学校设计的多功能柜，并配备图书架。开展特色班级的评比活动等一系列举措。各学科、各班主任推荐书籍，借阅购买并存，做到班级有书架，办公室有读书角，学校有图书室，为师生阅读提供方便。策划组织周一升旗仪式、入队宣誓仪式、开学典礼、毕业典礼、“3·28”西藏百万农奴解放纪念日活动、“童心飞扬、感恩师恩”活动。

【第二课堂】 结合工作实际，成立以文体活动为主的各类学生

6月1日，江孜一小举办庆“六一”活动。图为五年级1班同学在入场式上表演节目

社团30余个，包括篮球、足球、音乐、舞蹈、信息技术、藏文书法、汉文书法、绘画等方面内容。通过参加课外社团活动，学校学生的综合素质得到较大提升。社团活动始终坚持从学生兴趣出发，结合学校日常教学工作，因势利导，活动经常化、多样化，学校体育、艺术活动蓬勃开展。如扎木念（六弦琴）表演、书法比赛等，为学生提供自我展示的机会。足球是江孜一小传统社团项目之一，苗子的选拔、梯队的建构、训练的落实，都有一系列专门的制度予以保障和实施，成熟的培养机制，得益于学校体育教师的辛勤付出。丰富多彩的特色社团活动，为学校增添活力，促进学生综合素质的提高与发展。

【红色教育】 回顾江孜一小发展历程，学校创办历史具有鲜明深远的红色基因，为培养学生核心素养、家国情怀，缅怀先辈，铭记历史，传承红色文化，江孜一小新建1栋科技楼，2022年已完成建设。科技楼一楼规划为学校记事馆，由百年树人育英才、春风化雨满硕果、前景璀璨谱华章等展厅组成，旨在对学生进行思想政治教育，帮助其树立正确的世界观、人生观、价值观。江孜一小将充分发挥红色教育基地的示范和教育作用，组织开展形式多样、内容丰富、扎实有效的红色教育活动，并争创自治区级红色教育基地及标杆学校。

10月3日，县城管局到江孜一小开展消杀工作。图为消杀工作现场

【疫情防控】 8月，学校深入贯彻指示精神和决策部署，把疫情防控工作作为重要工作抓实抓好，前落实、重督导，以有力的监督保障执行，牢牢守住校园疫情防控安全线。疫情防控期间，要求学生认真学习好市里组织的线上教学，再利用课余时间进行线上培优补困。尽量使教学工作走向学校正常的教学时间安排。并制订线上教学实施方案，筹划线上教学具体步骤，线上教学课程设置等系列工作。为了复课后教学运行正常，做好学校消毒工作，保证"停课不停学"的正常教学秩序。

（宋亦飞）

江孜县第二小学

【概况】 江孜县第二小学（简称"江孜二小"）占地面积3.12万平方米，建筑面积5879.55平方米，绿化面积0.62公顷，劳动生产基地11亩，有塑料温室2座，设立功能房。有44名专任教师，其中，9名高级教师，28名一级教师，6名二级教师，1名三级教师；本科学历29名、大专学历14名、中专学历1名）。1名公益性岗位，8名临时工。有16个教学班，在校生共计596名（含1名送教上门学生，1名随班就读学生），其中，享受"三包"政策学生521名，享受助学金学生74名，享受营养改善学生449名，适龄

6月14日，江孜县第二小学举办2022年毕业典礼。图为毕业班合影

儿童入学率、巩固率和升学率均达到100%。

【学校管理】2022年，江孜二小以“德育贯穿、先学后教、当堂训练”的教学理念为中心。坚持立德树人，以常规管理为抓手，通过多种形式，将管理责任具体化、明确化，要求每一位教师都要把本职工作做到位、尽到职，对工作负责，扎实推行科学化管理。领导班子队伍坚持做到严于律己，宽以待人，各项教学常规带头落实，用实际行动推进学校各项工作高效而有序进行；加强教师的师德学习；全面提高教学质量；重视德育管理，创建和谐校园；加强学校后勤管理，常规工作不马虎，保障学校正常运作，配合各部门做好学校各种教育教学活动和节日活动的后勤服务工作。

【师资队伍建设】2022年，江孜二小致力于建设一支高素质专业化教师队伍。加强领导干部作风建设；加强对班主任的培训工作，建立完善的德育教育队伍；认真组织教职工学习政治理论，加强教职工及党员队伍的思想作风建设；自觉接受学生家长和社会各界的监督，通过召开学生家长代表会、教师代表座谈会等形式，诚恳征求学生家长对学校各项工作的意见和建议；规范收费行为，严格落实政策条例，严格按照物价局核定的收费标准进行收费，设立收费公示栏，公开监督电话，将学校收费完全置于社会的监督之下，避免乱收费现象的发生。

【教学教研】2022年，江孜二小结合工作计划和教学实际，组织实施各项工作，认真落实“五项管理”（中小学生作业管理、睡眠管理、手机管理、读物管理、体质管理）和“双减”政策，以务实的工作作风不断解决教学中的新问题，继续从备课、上课、作业、辅导、评价等环节入手，切实改进教学常规工作，提高教学效率和质量。在教学常规管理

5月30日，江孜县第二小学举行第三十八届田径运动会闭幕式。图为获奖学生合影

中，定期组织检查，查各科教师的教案是否详尽完整，查学生的作业是否批改；学校领导班子随机深入课堂，采用推门听课的形式对任课教师进行检查，并在课后进行点评指导。发挥各学科教师示范引领作用，安排公开课、同课异构等活动。在疫情防控期间，充分利用和发挥“互联网＋教育”优势，巧用“珠峰旗云”“钉钉”“微信”“腾讯会议”等平台开展教学和服务工作。推荐教师参加上级组织的各种培训和学习，尽可能为教师创造条件，提高教师的专业知识和教学技能水平。根据学校教学工作计划，制订切实可行的教研计划，各教研组根据组内的实际情况制订各教研组工作计划，在计划的引领下有序开展教学教研工作，以强化教风学风为目标，扎实开展教育教学工作，严格管理教学常规，促进教师队伍建设。

【文化活动】 2022年，江孜二小注重校园文化建设，以“德育贯穿、先学后教、当堂训练”为办学理念，从实际情况出发，以广大师生为主体，以人才培养为核心，以文化创新为动力，创建丰富多彩、生动活泼、特色鲜明、主题突出的校园文化。制作各种文明礼仪、安全卫生等教育标牌，阅读走廊、班级文化墙等遍及校园每个角落，设置体现社会主义核心价值观、学生行为规范、安全卫生、师生礼仪教育等内容的橱窗和版面。教师始终坚持上课、与学生交流等活动都使用普通话；提倡使用文明礼貌用语，杜绝说脏话、粗话。学校公示牌、墙报等校园文字书写规范；每学期组织开展教师硬笔字、粉笔字书写、学生书写比赛等活动。开展形式多样的思政文化活动，利用爱国主义教育基地和德育室宣传思想，开拓班会活动的教育功能，举办各种形式的庆祝和纪念活动，如“学雷锋活动”“庆祝百万农奴解放日”“祭拜英雄，清明扫墓”“庆祝六一儿童节”“喜迎二十大，吟诗诵读比赛”等系列活动，深化“四讲四爱”与社会主义核心价值观教育。按照课程表开足体育、艺术课，以课堂教学作为抓手，做好体育艺术教育的普及工作，保证学生每天1小时体育活动时间。推行《国家体育锻炼标准》，学校统一安排，坚持两操和两活动，认真组织学生进行体育活动。每学期按照计划开展阳光体育活动和艺术教育活动，包括“田径运动会”“线上眼保健操”等一系列的活动。

（普布旺堆、李玲）

江孜县第一幼儿园

【概况】 江孜县第一幼儿园（简称“江孜一幼”）位于江孜县上海西路13号。园内有小班、中班、大班各2个，西郊村设有2个班。在园幼儿168名，西郊村33名；享受“三包”政策学生有108名，

4月2日，江孜一幼党支部到烈士陵园开展“治陋习、树新风、缅怀革命先烈”扫墓活动。图为教师擦拭英雄事迹碑

西郊村有27名。园内共有37名教职工，专任教师17名；西郊村专任教师3名，乡村幼教专干2名。

【学校管理】2022年学期初开展“强国有我，虎虎生威向未来”开学部署会议以及各班开展“喜迎二十大，强国有我”开学第一课。坚持把安全工作列入工作的议事议程，定期宣传安全工作的重要性，开展“疫情防控，不可松懈”疫情防控应急演练、“防患于未然，我们在行动”消防演练、“快乐五一，安全护航”五一假期安全专题教育、“地震来，我不怕”防震演练、“安全宣传月”活动防雷电应急演练活动、“珍爱生命，严防溺水”防溺水安全教育。采取安全防范措施，来园离园时做到两把关，把晨检关，做到事故隐患早发现；把离园关，和家长签订目标责任书，做到无冒领、无走失。营养工作做到两避免，避免食物中毒，避免烫伤事故。午睡环节做到两注意，注意体弱儿童，注意异常情况。户外活动环节做到三检查，检查场地、检查活动器械、检查人数，幼儿活动时不离教师视线，防止意外事故发生。家园配合，共同对幼儿进行安全教育；教师通过选择适合幼儿年龄的教育内容和方法，有目的、有意识地进行安全教育；利用班级家长会、家长园地等，向家长宣传安全教育的重要性，增强家长的安全防范意识，让家长主动参与到孩子自我保护能力的培养，增强幼儿自我保护意识和应变能力。完善安全制度，使安全工作规范化。签订安全工作目标责任书，将安全工作责任到人。每月定期排查，重点对幼儿园消防安全、视频监控、校园周边环境、各处护角安全、伙房水电安全等进行逐一自查。成立安全领导小组，指定专门负责检查人员。

【师资队伍建设】2022年，江孜一幼开展厨师技能培训、教师职称评定相关文件解读培训、国家通用语言文字培训、幼儿园安全管理培训、PPT制作思路分享、《新时代幼儿园教师职业行为十项准则》和《西藏自治区幼儿园教师职业行为负面清单及师德失范行为处理办法》解读、“倾听记录，发现儿童”线上培训、“健康防疫、保育先行”线上培训、“办好人民满意教育”线上培训等活动和“基于问题”的园本培训，提升教师的教育理念，提高教师的专业能力，确保各层面的教师在专业化发展的道路上，有不同程度的进步。加强教师师德修养和意识培养，开展“治陋习、树新风、缅怀革命先烈”清明扫墓活动。

【教研教学】2022年，江孜一幼以“培育新时代英雄城儿童”为宗旨，坚持“环境中育人 游戏中发展 快乐中成长”的办园理念，以“注重家园共育，优化教育教学”为目标，以“以研促教，教学相长”为载体，开展一

4月7日，江孜一幼开展儿童平衡滑步车课程教学。图为多吉晋美老师（前排）在开展教学

3月28日，江孜一幼组织开展铸牢中华民族共同体意识公开课。图为教师和幼儿一起表演《多彩的中国民族民间舞蹈》

系列活动。教室内以“简约、突出重点”为目标进行环创重设，突出展现教师绘画基本功，使幼儿休息环境干净、整洁、安全，真正做到让每一面墙都说话，还要说儿童的话，让每一处景都育人。充分利用幼儿园外墙，形成以班级为单位的“班级教育教学公示栏”，以园为单位的“教研公示栏”。各班级教师通过图片形式将班级内各项活动展示给家长，旨在提升家长对幼儿园教育教学情况的了解及对教师的信任，使家庭和幼儿园对幼儿实施协调一致的教育，达到家园共育的目的。把“游戏中发展　快乐中成长”作为幼儿园课程建设的重要目标，开设滑步车特色课程，满足孩子们体育游戏活动的需求，让孩子们在丰富多彩的体育游戏活动中发展身体各项技能。“双向互动，助力幼小衔接”江孜二小教师普次到江孜一幼交流互动，加强联系，在幼小衔接工作上形成有效、长效机制，促进成长。“在线相约，用心陪伴”云端线上活动，充实孩子们在家的美好时光，让孩子们的成长不延期。

【文化活动】 2022年，江孜一幼组织开展“铸牢中华民族共同体意识、厚植爱国主义情怀”主题教育公开课、“认识民族”、“新旧西藏对比”、“多彩的中国民族民间舞蹈”等，开展“民族团结之花处处绽放”主题演讲，举办“妈妈，我爱您”母亲节主题活动，开展“幼儿园VS一年级我有，你没有”主题教育、“同心共筑英雄城，喜迎中共二十大”庆六一会演、“爱眼日”活动、“诵写讲”系列活动、“老有所养，幼有所教”共筑英城新未来慰问活动、“那就好好告个别吧”毕业季活动、“家乡月明，灯火可亲”线上中秋节活动、“推广

7月1日，江孜一幼在江孜县特困供养中心举办“老有所依，幼有所教”共筑英城新未来——西藏江孜县第一幼儿园七一主题教育活动。图为活动现场

普通话，小小翻译家”线上推普打卡活动、“祝福祖国生日快乐”主题活动等。

（夏　欢）

江孜县第二幼儿园

【概况】江孜县第二幼儿园（简称“江孜二幼”）位于江孜县城国防中路，于2017年8月正式开园，是一所综合性全日制幼儿园。2022年，江孜二幼有12个班级，在园幼儿371名，其中，回族幼儿8名、东乡族幼儿5名、汉族幼儿3名；农牧民子女144名，享受助学金43名。专任教师25名，其中，本科学历教师21名，大专学历教师4名；高级教师2名、一级教师5名、二级教师16名、三级教师2名。保育员12名，后勤工作人员7名。设有党支部、园务办、德育处、总务处、教务处、工会以及各年级教研组等组织机构。

6月1日，江孜二幼欢庆“六一”国际儿童节。图为幼儿表演节目

【学校管理】2022年，江孜二幼坚持不断健全完善各项重大决策的规则和程序，严格执行“三重一大”集体决策和请示报告制度。在内部管理中实施园长负责、中层参与、教师监督的民主管理体制。加强领导班子建设，调整部分岗位人员，增强中层主动服务意识。高度重视安全教育和安全防范工作，建立由园长统领全局，分管副园长具体抓，以后勤和总务为中心，各班班主任协作的全员安全工作网络和安全工作责任制。在各项工作具体实施过程中实行分工协作，责任到位，谁主管谁负责的制度管理。制订新的教师工作考核方案，增强“一切为孩子，为孩子一切，为一切孩子”的教育理念。

【师资队伍建设】2022年，江孜二幼狠抓教师队伍建设，提高教师的专业素质，加强作风建设

7月1日，江孜二幼开展“七一”主题党日活动。图为党员在江孜抗英纪念馆合影

和师德建设。开展主题党日活动；不断规范管理，实施师德师风出现任何问题“一票否决”制；通过激励机制，鼓励教师自觉提高自身素质；通过竞赛机制，促进教师提高自身素质；通过继续教育措施提高教师的文化素养；通过经验交流和观摩活动提高教师专业技能；注重培养中坚力量，发挥带头作用。加强师德修养，树立正确的人生观、价值观；参加各种形式的学习、培训；树立终身学习理念，加强自我教育；由外出培训的教师回到园内对全园教师进行二次培训，达到一人培训全园学习的效果。由园长对全体教职工进行师德师风培训，从而让全体教职工更加深刻地理解何为师德，做到“学高为师，德育为范”。

【教学教研】 2022 年，江孜二幼教研主任带领全园教职工剖析学习《3—6 岁学习与发展指南》等，在不断解读教学活动的过程中确立自己的育人理念；开展《教师备课学习》《教师手工制作》《幼儿活动的观察与评价》等园本培训；实施“5 + 3 + X”特色课程，在 5 个大领域（健康、语言、科学、艺术、社会）课程教学基础上开设 3 个特色课程，分别是“潜意识”书法课程、“足球之星”课程、“小小播音员”课程，“X”为班班开设特色课程，

6月20日，江孜二幼开展“诵读中国”活动。图为幼儿表演诵读节目

为孩子们搭建“第二课堂”“无限课堂”，让幼儿在课程与活动体验中，实现全面发展。

【文化活动】 江孜二幼始终坚持“环境育人”的教育形式，根据幼儿的年龄特点、发展要点创设丰富的班级文化、走廊文化、校园文化，以孩子们喜闻乐见的形式开展爱国主义教育、民族团结教育、养成教育。开展“六一”“国旗下讲话”“革命歌曲合唱比赛”“诵读中国”等活动，以各种节日和“全国推广

5月17日，江孜二幼开展请家长进课堂活动。图为消防员家长讲述自己的职业知识

普通话宣传周”“读书月”等节点为契机举办形式多样、内容丰富的文化活动。为使幼儿在活动中学到知识，实现玩中学、学中玩，创设舞蹈房、阅览室、建构区、表演区、体验区等功能房。根据幼儿实际情况，创编幼儿体操和室外体育活动。根据幼儿园自身条件，借鉴观摩课中恰当的方法组织和开展本园幼儿教育活动。在课堂活动中，教师采用角色扮演、科学小实验、奥尔夫音乐、区域活动等形式，使幼儿在活动中学到知识，达到寓教于乐的目的。挖掘本土丰富的自然资源、独特的人文资源以及多元的社区资源，并把这些资源融入幼儿园课程中，开展“参观民族体验馆”“糌粑的制作”“酥油的制作”“废旧轮胎”“纸壳飞盘”“瓶子乐器”“纸杯传声筒”等具有民族文化特色、带有操作性的活动。让家长参与到教学活动中，开展“陪伴孩子心灵成长的一次旅行”“播种春天，播种爱”等亲子活动和家长开放日活动。

（扎西卓玛）

江孜县第三幼儿园

【概况】 江孜县第三幼儿园（简称“江孜三幼”）由国家投资2300万元建成，于2020年6月20日开工建设，2022年5月4日正式投入使用。占地面积为1.42万平方米，建筑面积为4309.29平方米，办园规模为9个教学班，可以接收270名幼儿入园就读。全园共有26名教职工，其中，专任教师15名（学前专业教师8名），公益性岗位人员1名，保育员6名，厨师4名；开设6个教学班，在园幼儿146名。班级活动室配设卫生间及洗漱间，集教学、生活、游戏于一体；配备空调、消毒设备、电子白板、钢琴等硬件设施一应俱全。

5月4日，江孜三幼正式开园。图为全体教职工合影

【学校管理】 坚持社会主义办园方向，加强党建工作与保育教育工作的融合，共同推动幼儿园发展，充分发挥党组织战斗堡垒作用，为高质量办学保驾护航，以党建推进幼儿园中心工作。江孜三幼党支部围绕“立德树人”的根本任务，探索党建带团建，携手行政、工会、团支部开展各项工作。以集中学习政治理论知识、主题演讲活动、理论知识竞赛考试等形式，加强教师思想政治工作，增强教职工主体意识及自我管理意识，提高教师职业素养。从一日生活全过程出发，注重从小做起、从点滴做起，将社会主义核心价值观与幼儿园保育教育相融合，坚持五育并举。培养幼儿自我服务能力与感恩意识。通过设置班级值日生、整理床铺、玩具收纳、“周三劳动日”等形式让幼儿学会自己生活，养成自己的事情自己做的习惯。利用“中国节日”系列活动的开展为教育契机，增强发扬优秀传统文化，让幼儿对家乡、民族、国家产生自豪感，增强幼儿爱国主义意识。坚持以游戏为基本活动，秉承“生活即教育”思想。珍视生活和游戏的独特教育价值。坚持儿童视角，重视儿童需求。区域活动尊重幼儿意见，教师减少不必要干预，做到适当放手，容

7月5日，江孜三幼教师在舞蹈房上公开课《春天的电话》。图为公开课现场

许幼儿的“小放肆”；尽可能地提供丰富的活动材料，支持和满足幼儿通过直接感知、实际操作和亲身体验获取经验的需要。健全园务管理监督机制，完善教代会、“三重一大”决策等制度，做到程序规范，园务工作公示公开。建设发掘幼儿园园所文化，围绕“让每一个孩子成为最好的自己”这一办园宗旨，开展幼儿园各项工作，形成具有江孜三幼特色的办园理念与管理模式。改善幼儿园园貌，建设绿色校园。继续洁化、美化校园，创设具备“情趣、野趣、乐趣”的校园环境；推进幼儿园数字化工作建设，提高教师信息技术能力。

【师资队伍建设】 师德师风——加强监督，严守师德。江孜三幼重视教师师德师风建设工作，成立师德师风自查工作领导小组，完善各类师德师风制度的同时，也加强教师的相关学习，避免出现违反师德师风的现象出现。学校协同工会，关心教职工思想状况，加强人文关怀，帮助解决教职工思想问题与实际困难。班级做到两教一保的基本配备，专任教师持证上岗率达100%，保育员受过幼儿保育职业培训，园长具有五年以上幼儿园教师或者幼儿园管理工作经历。根据幼儿园发展需求及教师专业成长需要，合理制订教研计划与园本培训计划，学期中根据具体需要适时调整计划目标。园长一日三巡，了解班级一日活动和师幼互动过程，关注幼儿园在各方面出现的各类问题。以日常保育教育实践成效为重，通过表彰奖励、职称评定积分制、专业支持等多种方式，激励教师爱岗敬业、潜心育人。

【教学教研】 坚持保教结合，教师与保健保育人员加强配合交流；建立健全研训机制，确保教研开展产生实效，以研促教，提高教师保教能力，提升幼儿园教研水平。科学、规范、合理地安排好幼儿园的一日活动。加强幼儿园文明礼仪教育，注重幼儿良好品

6月14日，江孜三幼开展“幼小衔接　我们在行动”参观小学活动。图为毕业班幼儿参观小学后合影

6月1日，江孜三幼举办“童心向党　喜迎二十大”儿童节文艺会演。图为幼儿表演节目

德和行为习惯养成，发挥环境的潜移默化作用，利用环境育人，让幼儿“浸润”式成长。由教研组组织各年级组教师结合本园、班实际，每学期、每周制订科学合理的班级保教计划，并由教研组长对制订内容进行审核。在一日流程中合理分配游戏时间，确保幼儿每天有充分的自主游戏时间。在进行活动时注重对健康、语言、社会、科学、艺术等各领域的有机整合。制订幼小衔接计划方案，从小班开始为幼儿进入小学阶段做好各项准备。大班下学期举办多种主题活动，如参观小学、我理想中的小学、小学哥哥姐姐返校演讲等。以游戏故事的形式，让幼儿通过绘画、讲述等方式对自己经历过的游戏、阅读图画书、观察等活动进行表达表征。协调好幼儿在五大领域的全面发展，不偏不倚，尊重幼儿发展的个体差异，发现每个幼儿的优势和长处，促进幼儿在原有水平上的发展。利用好幼儿园校外宣传栏，向家长提供一些幼儿教育帮助；同时利用好多媒体，利用美篇账号宣传幼儿园工作动态与教育理念，让家长了解幼儿园每日工作。切实发挥家委会的作用，让家长有机会参与到幼儿园的管理工作中来。幼儿园通过家长会、亲子活动等多种途径，向家长宣传科学育儿理念和知识，为家长提供分享交流育儿经验的机会，帮助家长解决育儿困惑。

【文化活动】 2022年，江孜三幼为切实开展好安全防范工作，维护好幼儿园正常的教育教学活动秩序，在4月6日开展“加强安全部署，力保平安开学”安全工作部署会。5月12日，为使全园师幼掌握应急避震的正确方法和逃生路径，提高突发公共事件下的应急反应能力和自救互救能力，组织全园师幼开展“减轻灾害风险，守护美好家园”防震疏散演练活动。以传承优秀文化为契机组织开展“弘扬中华美德，感受母爱亲情”母亲节活动。5月16日开展“播种希望，快乐种植”活动。5月19日，为做好第十一个全国学前教育宣传月活动开展“幼小衔接，我们在行动”宣传活动。幼儿园环境作为一种“隐形课程”，对幼儿的智力、个性、情感有着潜移默化的影响，为给幼儿提供适宜的成长环境，进一步诠释“环境育人”的理念，进行环创评比活动。5月31日开展“浓情端午节，飘香艾叶草”端午节活动。6月1日举行“童心向党　喜迎二十大”六一会演。6月是第21个全国安全生产月，开展“消防安全，人人有责”消防安全系列活动。6月17日开展“喜迎二十大，奋进新征程，永远跟党走”经典诵读比赛。6月29日，为有效预防校园欺凌事件，维护和确保幼儿园的稳定和发展，保障幼儿的身心健康和全面发展，开展“预防校园欺凌，创建平安校园”主题活动。7月7日，开展“绷紧反恐防暴安全弦，谱写校园和谐平安曲”反恐演练。7月8日组织开展“季忆留夏，时光有你”毕业系列活动。

（达娃卓玛）

文化旅游管理

【概况】 截至2022年，江孜县有文化馆1个，乡（镇）综合文化站19个，活动中心1个，行政村文艺演出队155个，村级农家书屋155个。

【文艺事业】 2022年，江孜县、乡、村三级全部建立文化阵地和文化队伍。江孜县艺术团（简称“县艺术团”）开展“喜迎二十大”小品创作工作，创作《茶与酒》等3部相声小品。开展2022年“喜迎二十大　春风进万家”——庆祝西藏百万农奴解放63周年新时代文明实践活动启动仪式暨群众联欢活动等各类文艺下乡活动60场。舞蹈《欢庆丰收》、歌曲《雪山向着红太阳》参选入围第19届全国“群星奖”复赛。组织举办“格桑花开·青稞飘香”歌曲比赛江孜赛区海选，并推送桑珠等8名歌手参加日喀则市海选，其中县艺术团演员普罗杰获日喀则市赛区总冠军，并推送全区赛区。组织人员参加全区文化形象大使评选活动，参赛选手白珍旦增获得首届西藏文化艺术节“雪域霓裳”西藏传统服饰秀优秀奖。舞蹈节目《红色血脉》《欢庆丰收》代表日喀则市参加全区“格桑花开·青稞飘香”舞蹈大赛，获二等奖。县艺术团舞蹈《欢庆丰收》代表日喀则市参加首届西藏文化艺术节民间舞大赛，获优秀奖。县艺术团演员普罗杰代表日喀则市参加首届西藏文化艺术节歌王（歌后）大赛，获最佳表演奖。县艺术团小品《得不偿失》代表日喀则市参加西藏小戏小品曲艺大赛，获三等奖。年初，选派4名文艺编创骨干人员，赴部队开展节目编排工作，为士兵编排文艺精品《安塞腰鼓》《欢迎来美丽的草原》等。1月25日，日喀则市“珠峰讲堂颂党恩　边疆儿女笑开颜”、喜迎北京冬奥会·欢度新春佳节“五下乡”暖冬实践活动正式启动，江孜县文艺志愿服务队参演。1月21—24日，江孜县文艺志愿服务队在亚东县下亚东乡夏日村、岗巴县若木新村举办“送欢乐、下基层”文化润边活动。8月1日，江孜县艺术团参加日喀则市委、市政府主办的日喀则市新时代文明实践“八一”文艺演出。江孜县文艺志愿服务队与驻军部队建立文艺辅导沟通制度。

6月11日，江孜县在宗山公园开展2022年“文化和自然遗产日”宣传展示周系列活动。图为歌舞表演现场

【文化遗产保护】 截至2022年底，江孜县共有各类文物保护点78处（个），其中，国家级文物保护单位3处（白居寺、宗山抗英遗址、帕拉庄园），自治区级文物保护单位12处，县级文物保护单位23处，其他文物保护点40个；全国历史文化名街1条（加日郊老街）；有各级非物质文化遗产项目46项，其中，

国家级3项，自治区级3项，市级6项，县级34项。有国家级传承人1人，自治区级传承人6人，市级传承人6人。

6月11日，江孜县在宗山公园内开展2022年“文化和自然遗产日”宣传展示周系列活动，开展非物质文化遗产展演及宣传活动。县艺术团、卡堆乡藏戏队等为群众带来宗堆洛谐、卡麦谐钦、藏戏等8项非物质文化遗产歌舞表演节目。江孜县文化和旅游局（简称“县文旅局”）在活动现场设立宣传点，为群众发放《中华人民共和国非物质文化遗产法》《西藏自治区实施〈中华人民共和国非物质文化遗产法〉办法》《日喀则市非物质文化遗产条例》等藏文、汉文的法律法规宣传手册，现场共接待群众咨询20余人次，发放宣传资料40余份。此次非物质文化遗产歌舞展演、藏戏展演及宣传活动共计3场次，受益500余人次。

【文化市场管理】 2022年，对江孜县3家网吧（网咖）、5家歌舞娱乐场所、5家星级酒店、4家旅游景区景点进行多次检查，并通过明察暗访的形式，持续加大对重点场所的疫情防控监督力度。督促文旅行业工作人员严格落实各项防疫政策和举措，采取错峰、疏导，提醒出入游客佩戴口罩、主动扫码、测温、落实“一米线”，进行场内消杀登记，工作人员接种疫苗、进行核酸检测。

【文物管理与保护】 邀请自治区文物局鉴定中心专家，完成对加日郊老街内罗措户（原尼泊尔公馆）内保留5处壁画的初步鉴定。2021年实施的帕拉庄园屋面阿嘎项目竣工，2022年底进入申请终验阶段，工程进度达90%，资金拨付率达到90%。全力协调项目前期工作，实施白居寺可移动预防性保护项目，总投资为260万元，截至2022年底工程进度达80%，已拨付工程预付款60%。申报帕拉庄园消防提升项目，总投资为470万元，工程进度达80%，截至2022年底已拨付工程预付款60%。落地实施江孜宗山抗英遗址外围墙、上山步道等维修保护工程，总投资为1080万元，已完工，2022年底申请初验，资金拨付率达到85%。充分运用文物监管云平台，开展各文物保护单位文物消防安全巡查工作及每月定期不定期检查文物消防设施设备。全年文物消防安全巡查36处文物保护单位，出动72人次，开展巡查72次。开展江孜县范围内红色标语类革命文物遗迹专项调查工作，同步推进寺庙财税监管工作。

【旅游基础】 江孜县有AAAA级旅游景区1处（江孜县英雄古城文化旅游景区），AAA级旅游景区3处（卡若拉冰川景区、帕拉庄园、宗山抗英遗址景区），A级旅游景区1处（热龙寺）。6月7日，自治区旅游规划及资源开发质量审定委员会下发《关于拉萨市堆龙德庆区象雄美朵文

1月25日，县文旅局组织召开江孜县文化旅游市场2022年工作安排暨（消防、疫情防控）培训会议。图为会议现场

化旅游景区等4家景区申报国家AAAA级旅游景区的批复》，批复表示江孜英雄城古城文化旅游景区已达到AAAA级旅游景区标准和要求，批准成为国家AAAA级旅游景区。

【旅游经济】 2022年，江孜县接待游客总人数为22.08万人次，同比下降60.9%；实现综合旅游收入7060.89万元，同比下降30.05%。江孜县本地农牧民群众参与旅游业实现转移就业达228人次，其中，月收入1500元以下的有7人，月收入在1500—3000元的有72人，月收入在3000元以上的有149人，共计实现就业收入90万元。

【旅游项目建设】 江孜县旅游基础设施建设（一期）项目为1216.24平方米新建游客中心及景区配套附属设施、设备工程，总投资3200万元，截至2022年底，进度已达到总工程量的87%，主体完工。江孜旅游基础设施建设（二期）项目为改造和提升宗山英雄广场和加日郊老街、入口综合服务中心天之境，新建市政道路相应附属景观设施、设备，已初步完成制订方案。5月，江沅酒店、玉妥酒店申报为三星级酒店。

【旅游市场监管】 2022年，共出动文化旅游执法人员200人次，出动执法车辆35辆，检查经营单位50余家次，排查安全隐患10家，下发疫情督办单14份，口头警告3家，停业整顿3家。

【旅游培训】 2022年，组织1家文化经营单位（爱琴湖纯K）、2家家庭旅馆（康桑旅馆、吉康旅馆）分别赴拉萨市、日喀则市参加业主服务能力提升培训。

（格旦平措）

藏语言及编译工作

【概况】 江孜县藏语文工作委员会办公室（江孜县编译局）人员编制为4人，在职人员3人。主要负责县委、县人大、县政府、县政协交办的各种文字材料、领导讲话及涉农惠农、强农富农、涉僧惠寺等文件的翻译工作；加强学习、使用和发展藏语文文字工作，规范使用藏语文社会用字。

【学习型机关建设】 加强学习，努力提高干部政治素质。为更好推动工作，认真学习领会全区以“改进作风、狠抓落实”为主题的学习活动，参与支部例会，认真做好笔记，撰写学习心得体会和专题研讨，进行交流讨论，提升干部知识理论水平和素质。在抓好政治理论学习的同时，结合工作实际，狠抓业务知识，提高业务水平。

【翻译工作】 紧紧围绕县委、县政府中心工作，充分发挥藏语言文字工作和编译部门的桥梁纽带

6月19日，县编译局工作人员在县城内开展社会用字检查。图为检查工作现场

作用，完成会议材料、各级党委政府系列决策部署和政策性文件及主要领导讲话、发言提纲的翻译任务30余份；完成县直各部门、各商贩有关规范用语文件、资料翻译任务200余份。共翻译各类文件材料230余份；翻译完成《西藏江孜革命史》70%内容；完成江孜县19个乡（镇）155个村（居）地名及32座寺庙、旅游景点藏语文、汉语文名称规范工作。

3月14日，江孜县藏语文工作委员会办公室（江孜县编译局）工作人员在宗山民族团结文化广场开展学习、使用和发展藏语文宣传活动。图为活动现场

【社会用字检查整改】 严抓社会用字，努力构建和谐语言文字环境。为巩固藏语文社会用字检查整改工作成果，确保江孜县藏语文社会用字合理、规范，对县城商户门牌的藏汉文翻译、文字书写、比例布局、名称统一等情况进行4次排查，发放整改通知单7份，全部整改到位。通过整改，不断提高江孜县藏语文社会用字规范化和标准化水平，营造规范的藏语文使用和管理环境。根据网信办、国安办提出的社会用字问题，立即赶赴现场，查找问题，及时整改。

【规范地名】 江孜县编译局对江孜县所有乡（镇）、村（居）、寺庙、旅游景点等区域地名进行多次查漏补缺。通过查阅历史资料和研究地名由来、地名使用情况，开展查漏补缺工作，最终形成《江孜县汉藏对照地名录》。

【宣传活动】 为江孜县各族人民能掌握了解藏语文文字和国家通用语言文字的新术语，发挥桥梁作用，利用2天时间（3月10日和3月14日），在宗山民族团结文化广场宣传《西藏自治区学习、使用和发展藏语文的规定》，发放宣传单200余份。

【业务培训】 为提高江孜县翻译人才队伍培养，切实加强翻译人员业务素质和翻译文件质量，提供优质的翻译作品，更好地服务于党委政府、服务于人民群众。2022年，组织办公室、各乡（镇）专（兼）职4名翻译人员，参加日喀则市举办的国家通用语言文字和藏语文文字翻译骨干培训班。

【疫情防控】 服从组织安排，投入防疫工作，充分发挥党员干部先锋模范作用，江孜县藏语文工作委员会办公室（江孜县编译局）响应各级党委政府号召，认真听从组织安排，履职尽职，服务大局，服务人民群众。翻译新冠疫情相关公告、群众做好个人防护工作的宣传报道等。通过微信群或朋友圈转发宣传报道疫情防控工作中出现的新术语，便于广大干部群众了解疫情防控工作动态。

（次仁潘多）

科　技

科学技术管理 >>>

气象工作 >>>

中國歷史文化名城

科学技术管理

【概况】江孜县科学技术局（简称“县科技局”）是县人民政府工作部门，为正科级单位，行政编制3个，科级领导职数3人，实有干部3人，其中，局长1名，副局长2名。主要职责是贯彻执行国家、自治区、市关于科技工作方针政策和法律法规，拟定并组织实施江孜县科技发展规划；负责科技科普工作；建立健全科技管理服务体系，推动农业科技进步；负责江孜县农牧民科技特派员推荐及管理工作；拟定科技促进农牧区经济社会发展相关政策、措施和办法；指导科技成果转化，组织科技成果应用、示范和推广工作；负责科技项目选项、申报、实施和管理工作；负责归口管理的各类科技、科普经费预决算及经费使用监督管理；优化科技资源配置。

【项目建设】2022年，申报科技项目总计5个，其中2个获批落地，日喀则藏研食品有限公司与江南大学合作的青稞基本功能食品基料生物制造与产品开发项目实现投资484万元；西藏科兴药用资源开发有限公司与热龙乡夏雄村合作的夏雄野生贝母驯化及扩繁示范项目实现投资100万元。日喀则藏研食品有限公司承担的建设市级科普示范基地——青稞奶（植物蛋白饮品）研发项目，于5月申报，实现投资20万元，12月完成研发任务。县农牧综合服务中心承担的江孜县绵羊改良配套技术研究与示范项目（投资50万元）因疫情影响，获准延期至2023年6月；江孜县郑次食用菌农民专业合作社承担的羊肚菌和大球盖菌种选育和优质栽培关键技术研究与推广示范项目（投资129万元），因合作社未按照项目任务书的要求使用和分配项目资金，未按时保质保量完成任务书规定的科研任务，致使项目无法继续实施。科普项目热龙乡科普示范乡建设（投资5万元）因疫情影响，延期至2023年实施。完成江孜红河谷高海拔藏药人工种植示范项目（投资10万元）、农牧民科技特派员蔬菜大棚引进示范创业项目（投资5万元）、江孜县食用菌生产基地改扩建项目（投资20万元）3个项目验收材料初稿，受疫情影响推至2023年验收。

【农业科技】2022年，引进奶牛品种1个、蜂蜜品种2个、葡萄品种2个，保育半细毛羊品种1个，实验种植食药菌新品种3个，推广脱毒马铃薯品种1个，番茄、黄瓜、西瓜、辣椒、白菜、萝卜等蔬菜瓜果新品种均有不同面积的种植。江孜县全面落实藏粮于地、藏粮于技战略，选育出经济效益好、适合江孜县生长的青稞品种3个（“藏青2000”“喜玛拉22号”“13-5171-7”），高产创建示范总面积10.3万亩，同时总结推广高产、高

6月5日，县科技局工作人员指导食用菌栽培工作。图为指导现场

3月22日，县科技局与中国科学院微生物研究所视频连线沟通灵芝人工栽培项目事宜。图为视频连线现场

效的种植模式，普及播种、灌溉、病虫害防治等田间栽培管理的良法。江孜县农机合作社达15家，大中型耕种、收割设备达300余台，农业机械化率达82%。

【科技成果转化】 探索建立与自治区内外优势科研机构和科研团队合作新模式，推进重点科研攻关及科技项目执行，加快科技成果转化步伐，加强科技协同创新。4月与中国科学院微生物研究所联合发表灵芝人工栽培科技学术论文1篇。7月28日，邀请西藏农牧科学院农产品开发与食品科学研究所特色资源加工创新团队负责人张文会及其团队相关成员、日喀则珠峰农牧产业投资集团有限公司农业科技部部长陈延伟，调研江孜县相关企业、合作社，就科研攻关、产品研发、产业培育方面进行指导。7月邀请江南大学、广东省农科院等科研院校专家学者为江孜县科技项目提供技术支撑，就自治区科技厅组织的项目评审工作进行答辩。扶持特色中小企业开展新产品研发和科技成果转化，重点攻关青稞酶解技术、青稞酒酿造技术，持续推动农牧产品的深加工、细加工。2022年，日喀则藏研食品有限公司相继开发出有机青稞米、青稞粽子、青稞酶解乳等青稞新产品，其中有机青稞米获得中国有机认证；西藏桑旦岗青稞酒业有限责任公司先后申报青稞酒酿造2项发明专利、5项实用新型专利、5项软件著作权。培育现代科技型企业，完成西藏桑旦岗青稞酒业有限责任公司、江孜县郑次食用菌农民专业合作社2个科技型中小企业申报评定工作，各获自治区奖励扶持资金15万元。

【科技助推乡村振兴】 立足江

7月28日，西藏农牧科学院农产品开发与食品科学研究所特色资源加工创新团队负责人张文会（右二）指导江孜县青稞深加工产业。图为指导工作现场

孜资源禀赋、区位优势和历史地位，围绕精品农业种植、技术牧业养殖、特色手工艺品三品牌的打造，引进推广食药菌、良种青稞、优质牧草、脱毒马铃薯等新品种20余个，示范推广高原温室控制技术、高产稳产种植技术、科学施药施肥技术、疫病防控技术等优新技术10余项，集成创新青稞酶解技术、青稞酿造技术等一批关键核心技术，基本满足乡村振兴和农业农村现代化对新品种、新装备、新产品、新技术等科技成果有效供给的需求。推动县乡农牧综合服务中心职能提升、效力提升，拓展基层农牧科技服务体系，初步形成以基层农牧综合服务机构为主体的农技服务体系的架构，延伸政企研科技服务交流合作方式和内容。中国科学院微生物研究所、西藏农牧科学院、广东省农科院、西藏农牧学院等科研院校与相关企业共同承担各级各类科技项目3个、科研课题任务4个。打造“大众创业、万众创新”众创空间1个——联赢众创，为中小企业、农民工返乡创业、退役军人创业、指导大学生就业、江孜县有志青年创客提供全方位的创业指导服务，孵化企业10家，指导大学生创业20余人，获知识产权35项，带动就业300余人。2022年，市科技局到江孜县实地考察科技项目3次，县科技局深入有关企业和乡（镇）调研10余次，共同谋划藏药材种植培育、高原食用菌、青稞精深加工、沙棘产业、蜂蜜产业等科技产业项目13个，其中，5个纳入市科技局科技产业项目库，3个通过自治区科技厅专家评审，2个获批落地。依托重点科技项目的扶持推进科技产业基地的建设，发挥红河谷现代农业科技示范园区（藏红花）和江热乡热旦岗村食用菌基地的产业培育和辐射带动作用，打造具备技术研发、科技成果转化、农牧技术应用、科技人才培养等众多职能于一体的农牧业综合产业基地，开展适用新技术、新体制的应用、示范、推广。运用科技力量，全方位帮助涉农重要企业化解疫情带来的消极影响，全年青稞精深加工5000吨。西藏桑旦岗青稞酒业有限责任公司兑现产业分红481户71.89万元，溢价收购青稞1000余吨，带动群众增收400万元，解决江孜县建档立卡贫困监测户及大中专学生就业43人，实现盈利113万元；日喀则藏研食品有限公司溢价收购青稞3000余吨，带动群众增收200万余元，累计带动就业30余人，就业增收110万元。

【人才培养】 2022年，通过村（居）推荐、乡（镇）审核、县科技局审批的方式，解聘工作积极性不高、不在岗、兼职、年龄超过55岁的26名农牧民科技特派员，并进行重新选聘工作，农牧民科技特派员总数为304人；按照“就近就便”原则，分2批招考101名大学生科技专干；从畜牧、农学、气象、林草等基层科技领域选聘6名“三区”科技

1月21日，县科技局组织召开江孜县第三批大学生村（居）科技专干入职仪式暨岗前培训会。图为培训会现场

人才；从基层挖掘4名乡土科技人才进行培养，其中，1人为“三区”科技人才，1人为科普带头人，2人为科普信息员。创新开展大学生科技专干“双向”培养机制，科技专干全员到村驻守开展工作、办理事务，在基层实践中锻炼，13名科技专干分批次在县科技局跟班学习，85名科技专干到乡（镇）跟班学习；将85名大学生科技专干推荐进强基惠民驻村队伍，将7名大学生科技专干作为村（居）后备干部进行培养，推荐1名科技专干进入村“两委”班子成员。发放科技特派员补助资金182.4万元，兑现科技专干的工资及安家费、绩效考核等福利待遇总计435.28万元，发放“三区”科技人才工作经费12万元。

【科普工作】 完成基层科普行动计划先进集体和先进个人申报工作。2022年，江孜县喜嘎生态奶牛养殖业农民专业合作社、江孜县努康村农机租赁农民专业合作社获先进农村专业协会荣誉，宗堆居委会获先进科普示范社区荣誉，重孜乡恰古村尼玛扎西获先进农村科普带头人荣誉，大学生科技专干米玛吉巴和扎西拉姆获先进科普信息员荣誉，奖补资金总计15.5万元。

2022年西藏科技活动周主场设在白朗县，县科技局于5月20日带领江孜县西藏红河谷藏红花农业科技有限公司、西藏桑旦岗酒业有限责任公司、日喀则藏研食品有限公司等5家企业参与相关活动，展出最新科技成果产品11项。

组建江孜县科学普及志愿者服务总队，招募队员22名，组建乡（镇）科学普及志愿者服务分队19支，结合科技活动周、全国科普日、“科技五下乡”，开展科普进机关、进校园、进乡村社区、进合作社、进寺庙活动30余场次，围绕垃圾转运处理、“三高”（高污染、高耗能、高排放）污染防治、消防安全等社会热点和焦点进行科普宣传。拓展线上线下科技服务和科普宣讲活动。张贴防疫知识、卫生常识以及种植养殖技术等各类科普宣传海报200余份，发放知识手册200余册，充分利用微信平台、腾讯视频会议，在线实时交流、转发分享种植养殖技术知识要点，利用江孜县科技特派员服务微信平台转发转载藏语、汉语科普知识1000余条。

【科技实用技能培训】 2022年，开展1次科技特派员专业化培训和2次新聘任科技专干职能技术培训，与县农业农村局协办种植业实用技术培训1次。农牧民科技特派员和大学生科技专干开展科技服务工作，304名科技特派员服务总计1.5万余天，组织参与农牧民技术培训630余场次，受培农牧民达2万余人次，113名大学生科技专干组织参与农牧民技术培训420余场次，受培农牧民达9000余人次。

（杨　雄）

3月19日，县科技局在江热乡开展科技特派员专业化技能提升培训。图为培训现场

气象工作

【概况】江孜县气象局（简称“县气象局”）位于西藏日喀则市江孜县国防路1号，是中国气象局确定的国家基本气象站，是中国气象局直属的正科级单位。单位有12人，其中，2名副研级高级工程师，5名工程师，5名助理工程师。担负江孜县、白朗县、仁布县基础业务工作的同时，承担江孜县、白朗县、仁布县的气象为农服务工作、常规气象服务、防雷执法、人工影响天气作业等服务。

【气候概况】江孜县位于北纬28°30′—29°18′、东经89°06′—90°12′，属于高原温带季风半干旱气候区，夏季雨水充沛集中，冬季干旱少雨雪，太阳辐射强，日温差大，年温差小。年平均气温为6.7℃，与历年同期值相比高1.8℃；年降水量为278毫米，与历年同期值相比少9.3毫米，一日最大降水量为35.2毫米，出现在9月4日；年最高气温为25.6℃，出现在8月26日；年最低气温为-19.3℃，出现在1月29日；出现大风14次，扬沙5次，年最多风向为ESE（东南—东），极大风速为22.0米每秒，出现在2月27日；日照充足，无灾害性天气。冬季江孜县气温偏高，降水偏少，日照时数偏多；春季江孜县气温偏高，降水偏少，日照时数偏多；夏季江孜县气温基本正常，降水基本正常或略多，日照时数偏多；秋季江孜县气温偏高，降水偏多，日照偏多。

【主要气候事件】2022年，江孜县极端天气气候事件和气象灾害频发，出现强降水、冰雹、大风等气象灾害，对交通、水利、电力等基础设施和农牧民生活造成不利的影响。根据气象灾情管理系统，共发生气象灾害4次，其中，连阴雨2次、雪灾2次，据不完全统计直接经济损失7万余元。

6月27日凌晨1时，日朗乡辖区内突降中雨，降雨时间较长，形成泥石流，致使措堆村普龙自然村农田不同程度受损。措堆村普龙自然村塔夏户，共8人，该户青稞绝产1亩，减产0.3亩，经济损失1072.5元；措堆村普龙自然村酒孜户，共4人，该户青稞绝产0.3亩，减产0.2亩，经济损失412.5元。通往普龙自然村的村道2处被冲毁；塔夏户的农田田埂1处被冲毁。此次洪涝灾害致日朗乡经济损失预计2万余元。

9月7日23时，龙马乡出现雨夹雪天气，导致最康村塔热沟至古龙热岗（地名）约10千米路段发生严重泥石流、大面积山体滑坡，严重影响道路通行以及周边村户安全，受灾65户380人。

9月7日凌晨3时40分，热龙乡境内因大雪导致辖区内的农作严重倒伏（青稞、油菜）。果琼村农作物受灾总面积145亩，其中，油菜50亩，青稞95亩，涉及93户437人；曲堆村农作物受灾总面积1090亩，其中，油菜363亩，青稞727亩，涉及119户543人；比萨村农作物受灾总面积570亩，其中，油菜190亩，青稞380亩，涉及63户303人。

9月8日凌晨4时26分，受强降雨天气影响，车仁乡伦巴村、加堆村、吉瓦村、车仁村防洪堤及农作物不同程度受损，经实地核实，伦巴村伦巴冲沟防洪堤，损毁（坍塌）4处，总长200米，路面冲毁100米，估算经济损失10万元。加堆村、吉瓦村、车仁村农作物受灾总面积8.3亩，其中，加堆村青稞中度受灾4.1亩、小麦中度受灾1亩，涉及2户20人；吉瓦村青稞绝收0.8亩，中度受灾2亩，涉及1户6人；车仁村青稞轻度受灾0.4亩，涉及1户7人；估算经济损失5万元。

【气象服务】提升气象服务工作，确保仁布、白朗、江孜3县能够准确地收到气象预警信息，更新相关用户信息，并发布气象服务消息，保证气象防灾减灾“最后一道防线”。2022年，县气象局为保粮增产，利用高科技气象服务手段，开展人工影响天气作业指挥工作，特别是在疫情防控期间开展短临预报，为政府部门决策服务提供科学依据。针对江孜县气候特点与服务需求，通过短信、微信、电视等媒体发布各类常规气象服务产品847期，发布专题专报10期，天气公报5期，地质灾害气象风险预报71期，农业气象服务产品16期，向市政府提供农业决策服务材料16份，获得党委政府领导批示2次。

【疫情防控】 2022年，县气象局按照县疫情防控办的工作安排，从拉萨安全运回人工影响天气防雹弹药，为疫情防控与防灾工作提供保障。

【人工影响天气】 在江孜县政府扶持下，县气象局对江孜县8个人工影响天气作业点进行防雷设施改造，投资60万元，进一步提升防雷措施。按照标准化改造要求，江孜县人民政府投资23万元，对康卓乡人工影响天气标准化作业点进行重建，符合标准化作业场室。5月30日，县气象局联合白朗县开展人工影响天气作业人员培训暨首届安全事故应急处置演练，参加人数达43人。2022年，江孜县人工影响天气共开展105人次作业，发射1163枚高炮弹，投入与产值比例达到1∶37，保障江孜县农业增收增产，成为江孜县农业防灾减灾体系中重要组成部分。

3月23日，县气象局组织开展校园气象科普宣传活动。图为工作人员在藏改乡小学讲解气象科普相关知识

【防雷体制改革】 2022年年初，县气象局牵头，与江孜、仁布、白朗3个县易燃易爆场所法定人签订防雷安全责任书，明确责任到部门、责任到个人。县气象局协同县应急局、县公安局、县消防大队对江孜县易燃易爆场所进行3次防雷安全执法工作，对特殊节点、重大活动加强防雷安全执法检查，并全程做音频视频记录。5月17日，西藏自治区多部门联合检查组、日喀则市气象局局长大罗布一行工作组在江孜县开展2022年度气象灾害防御重点单位防雷安全“双随机、一公开”抽查工作，此次检查工作县气象局全程参与，并做音频视频记录。汛期前，对江孜县8个人工影响天气作业点进行防雷设施整改工作，经第三方检测，均达到要求，8个作业点投入汛期气象服务工作。

【人才队伍建设】 县气象局重视青年人才培养工作，2022年，线上线下参与各项培训15人次，其中1人参加日喀则市第五届气象行业县级综合气象业务职业竞赛，并在日喀则市气象部门行业技能比赛中取得成绩。

【基层组织建设】 2022年，县气象局认真开展党支部“三会一课”、党日活动，坚持组织开展党史学习教育、“不忘初心、牢记使命”主题教育，按照年初工作计划，党员签订4份承诺书。每月开展3次集中学习，每周自学1次，坚持做好每日“学习强国”的学习。在内部开展4次意识形态教育工作。组织干部职工学习中共二十大报告精神，针对气象防灾减灾、应对气候变化等内容开展4次研讨。县气象局支部吸收3名入党积极分子。参与江孜县“名城振兴工程”，开展贫困结对帮扶慰问，主动向灾区捐款捐物。组织干部职工到亚东县曲美雄谷抗英纪念碑和江孜抗英纪念馆参观，举办书画比赛、爬山、拾捡垃圾等，加强党员干部的党性，促进党建引领业务，提升现代化气象发展，推进气象生态文明建设，确保气象事业的稳步发展。

7月7日，日喀则市气象局副局长陈云峰（右三）到县气象局检查职工周转房建设情况。图为检查工作现场

【气象现代化建设】 2022年，县气象局职工周转房建设工程开工，投资637万元，由日喀则市气象局主持建设。建设面积为1304平方米，共有16套职工住房。

【助力乡村振兴】 县气象局按照《日喀则市气象助力精准扶贫自动气象站乡（镇）覆盖能力建设工作方案》，解决当地贫困监测户的就业问题，江孜、白朗、仁布县自动站看护人员35人，每人每年解决4800元。制作网络视频教材，对35名自动站看护人员进行授课，使其掌握自动站故障排除与简易的维护维修能力。组织人员开展爱心捐款工作，捐款8人次，共计捐款4900元。向西藏自治区慈善总会捐款3人次。罗布个人向1号警务站、县农业农村局卡点、玉妥宾馆隔离点捐赠方便面、红牛、矿泉水、冰红茶等物资共计2820元，向车仁乡派出所捐赠矿泉水、红牛、方便面等物资共计610元。江孜县气象局职工通过集资向重孜乡番琼村帮扶对象1户募捐折合人民币3800元。

【片区化管理】 6月1日至9月30日，派业务人员蹲点仁布县，开展汛期气象服务工作与防灾减灾宣传工作。县气象局在仁布县与各成员单位、乡（镇）签订《关于成立仁布县气象防灾减灾指挥部的通知》，与76个行政村签订《气象防灾减灾村级行动计划》；县气象局按照“地域相近、气候相似、种植结构相同”的原则，开展气象服务、综合观测、防灾减灾宣传、灾害防御等工作。根据仁布县的气候特点与服务需求，通过短信、微信、电视等媒体发布各类常规气象服务产品861期，发布专题专报10期，天气公报5期，地质灾害气象风险预报136期，农业气象服务产品16期，向日喀则市政府提供农业决策服务材料16份。

通过短信、微信、电视等媒体发布白朗县各类常规气象服务产品754期，发布专题专报10期、预警信息5期、天气公报5期、地质灾害气象风险预报13期、农业气象服务产品16期，向日

6月2日，日喀则市气象局副局长大罗布（左二）到县气象局检查汛期值班值守情况。图为检查工作现场

喀则市政府提供农业决策服务材料16份。

【维稳综治科普】 召开意识形态专题工作会议，开展“安全生产”“安全生产西藏行”活动，“3·23”国际气象日、“5·12”全国防灾减灾日、“12·4”国家宪法日等节点组织人员开展科普下乡活动，通过进社区、进学校、进寺庙，宣传气象防灾减灾知识。开展网络安全工作与宣传活动，定期检查特种业务、信息网络、人工影响天气作业点情况，强化网络安全防护，构建网络安全体系。

（罗 布）

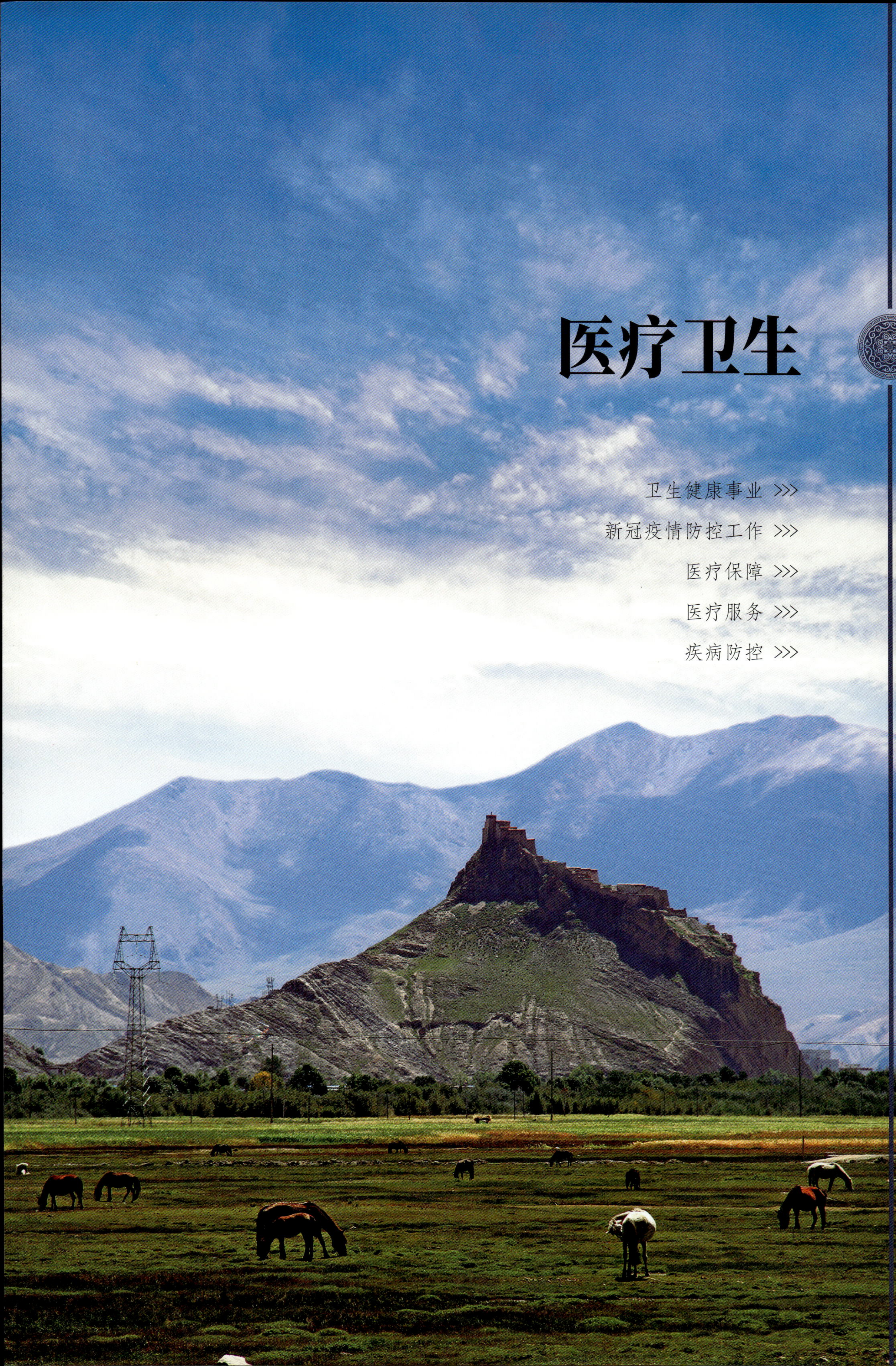

医疗卫生

中國歷史文化名城

卫生健康事业

【概况】 江孜县共有公立医疗机构175个，其中，县级医院1所，乡（镇）卫生院19所，村（居）卫生室155所；民营医疗机构10家，民营医院2家，诊所8家。县、乡、村三级共有医务人员697人，其中，县级医院医护人员204人，乡（镇）医护人员194人，村医299人。

【医药卫生体制改革】 建立以县中心医院为龙头，县、乡、村三级医疗机构联动的组织工作体系，实行院长负责制，逐步推进医共体内部人事、资产财务、业务、绩效考核、药械供应保障、党建6个方面实行一体化管理。统一技术标准、规范临床路径管理、建立质量监控指标体系，县专业公共卫生机构参与医共体建设基本公共卫生服务“两卡制”（居民提供身份认证卡、公卫医生提供绩效卡）、规范慢性病管理，提升基层医疗服务质量及慢性病管理能力。优化分级诊疗和双向转诊机制，制订双向转诊标准，健全家庭医生服务体系，保障双向转诊通道畅通。加大对乡（镇）卫生院和村卫生室高血压、糖尿病等慢性病常见病种收治能力的培训和带教，严格控制慢性病、常见病的向上转诊，重点加强对高血压、糖尿病等慢性病分级诊疗推进工作，逐步形成“基层首诊、双向转诊、急慢分治、上下联动”的就医格局。县级医共体逐步建立县乡共享的统一信息系统，由县中心医院统一建设、运营维护医共体内信息系统，包括行政管理、药品管理、人员管理、电子处方、电子病历等基本医疗信息系统和健康档案、计划免疫、慢性病签约管理等基本公共卫生信息系统，实现互联互通，逐步实现电子健康档案、电子病历的连续记录和信息共享。统一技术标准、规范临床路径管理、建立质量监控指标体系，提升基层医疗服务质量及慢性病管理能力。加强医共体成员单位临床合理用药知识培训与教育，加强药物临床应用管理的检查，加强临床用药评价，定期开展处方点评，规范各乡（镇）分院药物使用情况。采取下派乡（镇）分院院长的方式，实行统一管理，全方面进行协调和帮扶，严格执行医疗技术操作规程，规范医疗服务行为。

2月11日，县卫健委召开县域医共体迎检会。图为会议现场

【基础设施建设】 2022年，江孜县卫生健康委员会（简称“县卫健委”）以项目建设为抓手，全面补齐乡村医疗卫生机构标准化建设短板，通过援藏投资，完成江孜县重孜乡中心卫生院建设项目及其配套建设项目，提升重孜乡及周边乡（镇）医疗卫生健康基础设施水平；通过县级财政自筹，县卫健委共开展15个乡（镇）卫生院附属建设项目，项目总投资680万元。

【人才队伍建设】 落实优质医疗资源下沉制度，每季度开展1

6月26日，自治区对江孜县公共卫生服务体系设立情况进行考核。图为考核现场

次偏远乡（镇）巡诊，每月开展2次优质资源下沉义诊、带教活动，以中长期派驻、流动执业、定期坐诊的方式，落实专家下沉帮扶工作，并且将人才培养、专家坐诊工作等纳入医共体建设考核的重要指标，全面提升基层医疗机构医疗技术和服务管理水平。每月举行1次业务培训，严格落实轮流进修、精准进修、定期培训制度，共计开展线上、线下业务培训120余次，培训医务人员4600余人次，选送住院医师规范化培训在职医务人员3名。

【卫生服务体系】 持续推进“以治病为中心”向“以人民健康为中心”的转变，健全覆盖城乡的医疗卫生服务三级网络。促进医疗业务同质化、规范化管理，强化服务惠民，全力打造优质高效医共体服务体系；统一人员培训，建立专家下沉帮扶工作机制，持续增强基层能力；成立健康管理中心，收集江孜县高血压等慢性病患者、孕产妇及备孕人群等重要公共卫生底数，负责开展江孜县公共卫生管理和服务、健康教育、重点人群健康体检、妇幼保健、免疫规划等工作的指导推进、信息收报，推动公共卫生服务与医疗服务高效协同、医防融合、无缝衔接。

【公共卫生】 始终坚持“预防为主、防治结合”的工作方针，已建立覆盖县、乡、村三级公共卫生事件监测预警报告指挥网络体系，基本医疗及公共卫生服务实现网格化覆盖。有序组织全民健康体检，巩固国家基本公共卫生服务工作成果。扎实开展先天性心脏病筛查工作，明确职责分工，保障江孜县先天性心脏病筛查工作有力、有序、有效开展，切实做到早发现、早诊断，提高患病儿童生命质量。鼠疫疫情的防控和处置能力不断加强，与各乡（镇）人民政府签订鼠疫防控目标责任书，层层签订落实责任，定期对狗和绵羊血清采样送检。开展控烟、合理用药、慢性病防治、合理膳食等健康知识宣传，引导群众养成良好的健康生活方式及行为。通过定点宣传讲解、专题讲座等形式对江孜县外出务工人员及常住居民以及特定人群开展艾滋病防治知识宣传及健康教育讲座。在江孜县155个行政村设立公共卫生委员会，利用各方面力量，最大限度发挥乡村医生等资源优势和作用，引导群众主动关注自身健康。

【组团式援藏】 2022年，继续开展组团式医疗对口帮扶工作，加大医疗援藏力度，利用组团式医疗援藏政策和资源优势，加快推进公立医院高质量发展，依托上海市浦东新区人民医院对口帮扶项目打造内科、外科等优势学科4个，开展“师带徒”新业务新技术、新项目2项，填补技术空白2项。

8月，上海援助医疗队根据疫情防控的实际需求，对县中心

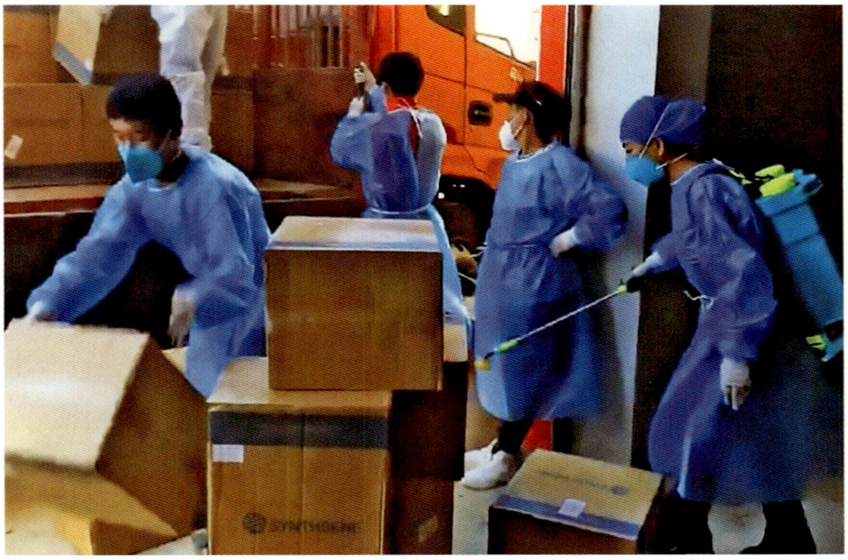

8月12日，县卫健委对捐赠物资进行消杀。图为消杀工作现场

医院、乡（镇）卫生所医护人员开展《新型冠状病毒肺炎防控方案（第九版）》解读、感染控制与个人防控技术指南、院感防控等线上培训6场次，共有619名医护人员参加培训。上海援助医疗队示范采样流程，并邀请江孜县电视台录制详细示范视频，发送给医护人员学习。

【健康扶贫】2022年，县卫健委始终坚持以人民为中心的发展思想，以改善民生、消除贫困为目标，落实国家和自治区的各项健康扶贫政策，坚持中国共产党领导，不断提升农村基本公共卫生服务水平，建立健全医疗资源配置机制，强化县、乡、村三级统筹。全面推进健康乡村建设，提升村卫生室标准化建设；逐步提高基层医疗卫生水平、提升乡（镇）卫生院医疗服务能力。不断加强县域紧密型医共体建设，在脱贫攻坚的基础上不断完善措施举措，努力改善农牧民群众就医环境。

【藏医药工作】2022年，县卫健委加快建设优质高效中医药服务体系，促进藏医药事业稳步发展，充分发挥藏医药在公共卫生及重大、疑难疾病防治方面的作用，推进藏医药产业协调发展。通过发放宣传资料、设立宣传教育栏等方式，宣传常见病藏医药诊疗技术、藏医药预防保健知识，开展"藏医藏药进乡村、进社区、进家庭"活动。

【卫生监督】2022年，卫生监督工作初显成效。县卫健委开展饮用水卫生安全巡查，对学校饮用水、末梢水进行巡查，确保江孜县生活用水安全卫生。开展学校卫生监督，对辖区内学校开展传染病防控工作监督检查，指导学校开展各项防控工作，有效预防传染病的发生，避免学校突发卫生事件。开展医疗市场监督，有效打击医疗市场超范围行医现象，改善人民群众就医环境。

【卫生应急】2022年，实行卫生应急工作江孜县"一盘棋"工作制度，以降低事件可能造成的危害为原则，领导靠前指挥，业务骨干服从调配，第一时间赶到现场，周密部署，科学决策。

【妇幼保健】严格落实兑现农牧区孕产妇住院分娩一次性补助，县乡村宣传落实孕产妇住院分娩和新生儿抢救治疗报销补偿政策。优化整合县乡两级妇幼保健服务资源，构建优质高效、群众满意的妇幼健康服务体系。全面推进婚前保健和国家免费孕前优生健康检查项目，规范开展产前筛查工作，全面落实出生缺陷综合防治措施，农村妇女"两癌"、出生缺陷干预检查等完成率均保持98%。先后实施全面"两孩"和"三孩"生育政策，实施应对人口老龄化国家战略，深入推进医养结合。"两降一升"工作取得重大成效，开展农村妇女免费增补叶酸工作，孕产妇产前检查、增补叶酸、住院分娩率提高，有效降低婴儿死亡率和5

岁以下儿童死亡率。利用各种纪念日和下乡计生技术服务等活动渠道，开展优生优育、避孕节育、生殖保健宣传。

（胡专专）

新冠疫情防控工作

【县城防控】8月7日，在江孜县新冠疫情防控工作会议后，管控组第一时间构建立体防控管理体系，科学精准将县城划分为28个防控单元格，由28名科级党员干部担任组长，132名党员干部担任网格员。防控单元格按照党员人数成立临时党支部28个，全面有序开展疫情防控各项工作。各网格员化身“消杀员”“采购员”“联络员”，为各防控单元格配送防护物资60批次，其中，防护服8580套、防护面具6119个、N95口罩9888个、消毒片222瓶等；配送生活物资12批次，其中，水362箱、饮料232箱、方便面156箱、帐篷37顶、床82张、床褥84张等。与政府食堂对接，每日按时将三餐送到网格员手里，为网格员的生活提供保障。

【农牧区防控】成立江孜县农牧区防控组，建立包保制度，统筹乡干部、村“两委”班子、第一书记、驻村工作队、农牧民党员及滞留党员干部等村级力量5600余名，分片分区包保江孜县农牧区5.4万余名群众，建立网格员微信群379个，有效解决群众各类问题15277件。成立196个临时党支部，组建党员志愿服务队309支，每日分片分区开展防疫工作。

安排部署各乡（镇）党委政府，切实履行属地管理责任，不落一人、不漏一户，切实保障辖区内所有群众生命健康安全，保障老弱病残孕等特殊人群日常生活需求，对特殊人群开展走访探视580余次；为生活困难人员、孤寡老人、行动不便人员、滞留人员等送去生活物资和口罩、消毒液、消毒片等医疗防护物资1683次；为200多名无人照顾的孤寡老人、行动不便人员等清理日常生活垃圾和医疗废物垃圾以及开展消杀工作；为长期病、特殊病患者配送药物162次。

平均每日开展宣传引导730余次，在村（居）设立防控点，参与消毒消杀工作，掌握村（居）民诉求，排查化解矛盾纠纷42个，强化警示教育，并同步通过微信公众号、抖音等平台进行宣传教育。

成立秋收专班组，组织驻村工作队员、乡村科技专干、村“两委”班子、“双联户”组成志愿服务队，为秋收困难的273户群众家庭秋收1710亩。为确保新冠疫情防控、秋收“两不误”，协调县域内9家农机销售企业，不间断为各乡村配送1415台农

8月13日，市人大常委会副主任舒成坤（中）与县委书记陈昊（右一）、县长巴桑（左一）在县维稳指挥部召开疫情防控调度会。图为会议现场

8月19日，县委书记陈昊（前排右三）、县长巴桑（前排左三）在娘曲藏布庄园酒店欢迎上海市浦东新区、黄浦区支援江孜县医疗队。图为县级领导与医疗队员合影

机具，1.4 万个农机具零件。江孜县组织组织各乡（镇）与 14 家农机合作社对接，陆续安排 88 台大型机械分区域分田块进行收割。为保障疫情防控期间畜牧养殖活动正常开展，给江孜县合作社及养殖场配送急需的牛羊饲草料共计 80 吨。

【防疫物资保障】 疫情防控期间，江孜县米、面、糌粑等生活物资充足，截至 8 月底，库存蔬菜 62.6 吨，库存大米 300.89 吨，库存肉类 41.46 吨，库存面粉 212.04 吨，库存食用油 99.88 吨，库存水果 21.7 吨，库存鸡蛋 6331 板，库存牛奶 6105 箱，库存方便面 6 万箱，保障江孜县干部群众生活物资充足。通过多渠道争取医疗物资，N95 口罩、防护服、含氯消毒片等医疗物资比较充足。应急防疫物资库存帐篷 697 顶，使用 426 顶，应急防疫物资充足。

【核酸检测情况】 组织开展核酸检测及防护消杀相关培训，培训江孜县核酸检测工作储备人才。

【医疗废物与环境消杀】 成立工作专班，累计收运处置医疗废物 38.48 吨。其中，转运日喀则市高新、华新水泥厂焚烧无害化处置 27.86 吨，县城垃圾填埋场附近焚烧无害化处置 10.62 吨。高风险区生活垃圾收运处置 89.2 吨，对垃圾填埋场、转运站、污水处理厂进行实时消杀。

【宣传舆论工作】 宣传舆论组发挥党委、政府的“喉舌”作用，打出“线上＋线下”组合拳，发布疫情防控权威信息和政策知识。派出 5 名记者奔赴基层社区等处开展宣传报道。动员和拍摄宣传报道坚守防疫一线工作的艺术团演职人员创作防疫抗疫知识宣传说唱、诗歌、小品、

8月24日，医疗废物消杀组处置隔离酒店医疗废物。图为工作现场

歌曲等节目9个,设置《战“疫”进行时》《守护英雄城有我》《江孜抗疫掠影》等专栏，发布江孜抗疫工作动态、先进典型事迹等180条，被《人民日报》、中新网、《西藏日报》、日喀则新闻中心等上级媒体采纳29条。8月,微信公众号“江孜县发布”在全区1000多个微信公众号中综合排名第37。县融媒体中心通过抖音等短视频平台推送视频179条，视频播放量1416.4万次，点赞量16万次。发动江孜县网红制作《跟着主播学“疫”》疫情防控小知识系列专题作品13个,浏览量达21万次。出动流动宣传车157辆4710次，发放宣传画册2000余份，张贴宣传海报182份，悬挂横幅标语250条，LED显示屏滚动播放1050条次，电话提醒2.48万户，短信提醒2.5万户。通过微信群转发相关防控知识150条次，受众100万余人次，广播每天播放不少于6小时，受众250万余人次。网信办上报舆情分析报告8份，回复网民问题150余条，共发现涉疫舆情线索130条，均妥善应对处置。

【督导检查】 督导检查组采取“四不两直”(不发通知、不打招呼、不听汇报、不用陪同接待，直奔基层、直插现场)的方式，重点围绕疫情防控工作常态化、环境卫生整治、中共二十大期间维稳等重点工作和措施的落实情况，针对发现的问题当场反馈、限期整改，推动相关责任单位或部门进一步规范疫情防控各项工作措施。开展监督检查69次，发现问题128条，提出意见建议94条；收集反映并推动解决群众急难愁盼问题7个，惠及群众90余人；开展“回头看”17次、电话回访9次，督促解决问题30余条；处置问题线索4件。

（王红平）

医疗保障

【医疗惠民】 江孜县医疗保障局（简称“县医保局”）开展筹资工作，强化群众参保意识，提前做好特殊人员摸底工作，通过持续加大医保政策宣传力度，特别在参保缴费和待遇保障方面，采取多形式、多渠道，深入各个乡（镇）和村（居），确保所有医保政策精确到户、精准到人。2022年，江孜县医疗保险参保70593人，其中职工参保4587人(在职3832人,退休755人)，参保率100%。城乡居民参保66006人，参保率达98.24%，完成目标任务。特殊人群参保率达到100%，并进行财政代缴、全额、定额医疗资助，资助金额共计275.43万元。

【“一站式”结算服务】 实现县域内定点医疗机构“一站式”结算服务，开辟贫困人口绿色服务通道，解决贫困人口垫资、跑腿报销难的问题。江孜县参保人

3月30日，县医保局组织成立突击检查工作队，对全县定点医药机构进行专项检查。图为检查工作现场

员到自治区内任何一家定点医疗机构都可直接结算，实现自治区内外就医医疗费用直接结算全覆盖。推动落实农牧区定点医疗机构医保信息化建设，实现乡（镇）卫生院“一站式”结算服务。2021年底，江孜县江热乡卫生院作为试点，开通建设医保联网结算系统，完成试点运营工作。2022年，与19个乡（镇）卫生院均签订定点医疗机构服务协议，开通建设乡（镇）卫生院医保信息系统结算，全面实施完成农牧民群众医疗费用结算业务直接在基层一线办结工作。各乡（镇）卫生院共受理群众各类医疗费用报销8121人次，结算金额18.39万元。

【待遇保障】 县医保局与县民政局、县乡村振兴局等部门动态调整对接，在原有634人基础上新增监测对象210人，并在医保系统中做身份认定，督促未缴费人员缴费，确保监测范围内不漏一人，2022年未发生因病致贫返贫现象。城乡居民基本医保报销6355人次，统筹报销1793.92万元，大病保险赔付84人次，赔付金额38.01万元，医疗救助兜底金额630.74万元。

加强“两定”机构管理，强化监督，严肃查处违规行为。定期不定期逐一排查辖区内定点零售药店及医疗机构的违法行为，发现一起，查处一起，形成强有力震慑，直至整改到位为止。召开打击欺诈骗保专项治理工作召开推进会，通报2022年江孜县打击欺诈骗取医疗保障基金专项治理检查工作情况，部分零售药店负责人对检查当中存在的违反服务协议问题作表态发言，共扣减保障金1.6万元。

【服务管理】 为实现群众医疗报销日清月结，通过政府购买服务方式，与中国人民保险日喀则分公司签订服务协议，聘请保险公司工作人员到江孜县开展医疗报销结算工作，确保群众享受医疗待遇，实现基本医疗、大病统筹、医疗救助“三重保障”机制落实、落地。

【政策宣传】 常态化开展政策宣传工作，有针对性地开展医保政策宣传，开展打击欺诈骗保宣传活动。联合县强基办、县电视台、江孜发布等，持续发布医保政策及电子凭证激活使用方法，提高江孜县城乡居民医保电子凭证激活率，为广大群众看病就医提供便捷。深入寺庙等人群密集的公众场合手把手指导电子凭证激活操作，多渠道推进医保电子凭证的激活和使用，共服务2.48万余人。

（顿　珠）

医疗服务

【概况】 江孜县中心医院（简称“县中心医院”）占地面积5.86万平方米，其中藏医院3.64万

3月14日，江孜县医疗保障局在宗山民族团结文化广场开展打击欺诈骗保宣传活动。图为活动现场

平方米；建筑面积1.37万平方米，其中藏医院3924.34平方米；医院设有150张床位。有职工232名，其中，正式工93名，公益性23名，退休返聘3名，临时工113名；卫生技术人员186名，其中，主任医师2名、副主任医师13名、中级职称36名、初级师级42名、初级士级49名、未取得资格44名。设有党委办公室、中心医院办公室、医务科、护理部、医院感染控制科、总务科、健康管理中心、图书室、资料室、病案室、后勤科、财务室、信息科、医保科、设备科、人事科、科教科、内科、外科、妇科、儿科、五官科、第一病区、第二病区、第三病区、第四病区、第五病区、第六病区、第七病区、藏医科、心电图室、检验室、放射科（包括CT室、DR室）、病理科、体检中心、培训中心、药房、药库、收费室、急诊室、B超室、胃镜室、手术室、供应室、洗衣房、保安科共计46个科室。

【业务开展】 2022年，县中心医院接门（急）诊病人8.04万人次，住院病人3106人次，完成各类手术817台，其中，外科手术555台，妇科手术241台，眼科手术21台。完成4万余人次农牧民健康体检、征兵体检以及575名高考考生体检。开展远端胃癌根治术、双侧甲状腺次全切除术、脑出血小骨窗颅内血肿清除术、普通结肠镜检查技术、有创动脉血压（IBP）监测、5岁以下儿童在腹腔镜手术中的麻醉应用等新项目，提高常见病、多发病和重大疾病医疗救治能力。截至2022年底，能开展脑外手术、腔镜手术、肠梗阻手术、肠切除吻合术、胃大部切除术、腹腔镜胆囊切除术、肝包虫囊肿内囊摘除术、肝脾破裂修补术、泌尿系统结石去除及修补术、各种骨折内外固定术、剖宫产术、白内障囊内摘除术等，各项指标与2021年相比稳中有升，发展态势良好。

【疫情防控】 县中心医院坚持“人民至上”“生命至上”的理念，全院上下高度重视，成立应急领导小组和专家组，提前制订各项应急措施和工作方案，设立核酸采样组、核酸检测组、医疗救治组、消杀组、急诊急救组、院感防控组，物资、后勤保障组及志愿服务组等专业小组，各部门迅速响应，奔赴疫情防控第一线，全面开展疫情防控阻击战、歼灭战、攻坚战，用实际行动保护人民群众的生命安全。

县中心医院响应县委、县政府号召，在院领导统一部署下，全力承担疫情防控工作，先后多次召开会议安排部署、统筹协调疫情防控相关工作。

为保障疫情防控期间孕产妇的正常检查和分娩，确保孕产妇的安全，县中心医院进一步规范疫情防控期间县、乡、村孕产妇绿色通道，完善高危孕产妇追踪机制，全过程服务江孜县孕产妇，共收治100多名孕产妇，其中12名高危孕产妇做剖宫产术。另外为满足疫情防控期间群众基本医疗服务需求，减少人员流动，助力疫情防控，县中心医院开展巡回诊疗及上门送药服务。

8月，县中心医院出动医务人员承担江孜县核酸采样、核酸检测、环境消杀、医务人员培训等疫情防控各项工作；出动医务人员支援日喀则市疫情防控工作。

【创建三级乙等综合医院】 2022年，县中心医院召开“创建三级乙等综合医院”动员大会、推进会，对创建“三级乙等综合医院”进行全面安排部署，对照《三级医院评审标准（2022年版）实施细则》，完善各类规章制度，推动县中心医院综合能力持续提升，不断满足县域居民基本医疗服务需求，有序推进“三级乙等综合医院”创建工作。

【医疗设备】 2022年，县中心医院先后投资3273.83万元，购置数字化移动式医用X射线机、压力蒸汽灭菌器、麻醉机、救护

6月7日，县中心医院（原江孜县人民医院）召开创建三级乙等综合医院动员大会。图为大会现场

车等设备。拥有64排螺旋CT机、彩色多普勒超声诊断仪、DR机、16排螺旋CT机、500毫安X光机、全自动血液生化分析仪、全自动血液分析仪、全自动尿液分析仪、全自动电解质分析仪、全自动凝血分析仪、牙科治疗仪全套、B型超声诊断仪、心电图机、除颤心电多参数监护仪、胃镜、激光治疗仪、眼科手术显微镜、裂隙灯显微镜等一大批高科技精密医疗设备。

【无假日门诊】 县中心医院从2月19日开始推行“无假日门诊”（包括双休日）诊疗服务，并逐步完善具体举措，合理配置医疗资源，科学引导患者就医，以优质的服务、规范的管理，让患者在节假日也能享受到优质的诊疗服务。

【信息化】 2022年，中国农业银行日喀则分行与县中心医院联合举办“智慧医院”上线发布会。“智慧医院”的上线，标志着县中心医院信息化建设进入全新阶段，是县中心医院“互联网+医疗”推出的惠民举措。为方便患者就诊，县中心医院在门诊、住院楼（包括藏医院）配置8台自助机，可以实现自助挂号、门诊缴费、住院缴费、费用清单查询、物价查询、打印报告单、互联网取票等功能，并提供支付宝支付、微信支付、银行卡支付等多种缴费方式，可以在就诊过程中直接实现诊间付费。同时，县中心医院专门建立“掌上医院”服务系统，能轻松获取智能预约挂号、门诊、住院缴费及清单查询、价格查询、住院预交记录、来院导航、医院简介以及满意度评价等全流程医疗服务。投资49.2万元对信息安全等级保护进行整改加固，完成医院信息系统（HIS）、实验室（检验科）信息系统（LIS）、医学影像信息系统（PACS）信息安全等级保

3月31日，中国农业银行日喀则分行与县中心医院（原江孜县人民医院）联合举办“智慧医院”项目上线发布会。图为双方工作人员合影

护第二级认证，建立核酸自动上报、新医保结算、核酸手机采集等系统。

【人才队伍培养】 2022 年，县中心医院采取“送出去、请进来”的方式加强人才培养，先后派出 6 名骨干医护人员分别到上海市浦东新区人民医院、自治区人民医院、自治区藏医院等上级医院进修骨科、普通外科、消化内科、呼吸内科、儿科、口腔科、妇科、藏医、高压氧舱治疗等业务，并邀请上海市浦东新区人民医院、自治区人民医院等专家教授进行坐诊、讲学、查房等工作指导。注重院内学习，开展骨干医务人员进修汇报讲座，科内每月开展 1 次集体学习，组织全院理论知识考试 300 余次，并组织各乡（镇）卫生院管理人员共 16 人培训。召开新聘任护士长任前集中谈话，旨在引导年轻护士长转变思想、转换角色、提升管理能力，适应护理管理岗位，更好地推进科室护理工作的开展。

【巡诊惠民活动】 2022 年，县中心医院继续将服务基层、服务群众作为重点工作，结合“我为群众办实事”主题活动，组织开展贫困监测户结对帮扶慰问。组织业务骨干医护人员利用春节、“3・28”西藏百万农奴解放纪念日、“七一”建党节等节假日，开展以“中华民族一家亲、同心共筑中国梦”“服务百姓健康行动”为主题的送医送药、大型义诊活动 10 余次，走访贫困家庭活动 2 次，送去价值 4 万余元的药品及生活用品，为江孜县寺庙僧尼及农牧民进行免费健康体检。

【职代会】 2022 年，县中心医院召开职工代表大会，围绕中心议题对重大问题进行审议，为规范、科学实施医院“三重一大”制度奠定良好基础。

【紧密型县域医共体】 2022 年，县中心医院充分发挥县域医共体的带动作用，加强医疗服务共同体建设，通过落实落细医院管理、信息化建设、人才培养、特色科室建设、完善医防融合公共卫生服务体系、加强家庭医生签约服务内涵建设等举措，着力构建优势互补、利益共享的县、乡、村医疗卫生服务一体化格局。推动优质医疗资源下沉，完善医防融合公共卫生服务体系，医院签约医师团队进行健康管理、入户随访、健康宣传教育，慢性病门诊进行日常门诊诊疗管理，公共卫生办进行慢性病健康指导，实现精细化管理，县域医共体建设取得明显成效。

【药事管理】 2022 年，县中心医院特邀自治区医保局采购处领导开展药品、医用耗材、体外诊断试剂等采购政策讲解及实际操作培训，规范县中心医院药品、医用耗材、体外试剂采购、使用工作，提高药房、药库及各临床科室的业务综合素质，提高工作效率，将集中采购工作进一步规

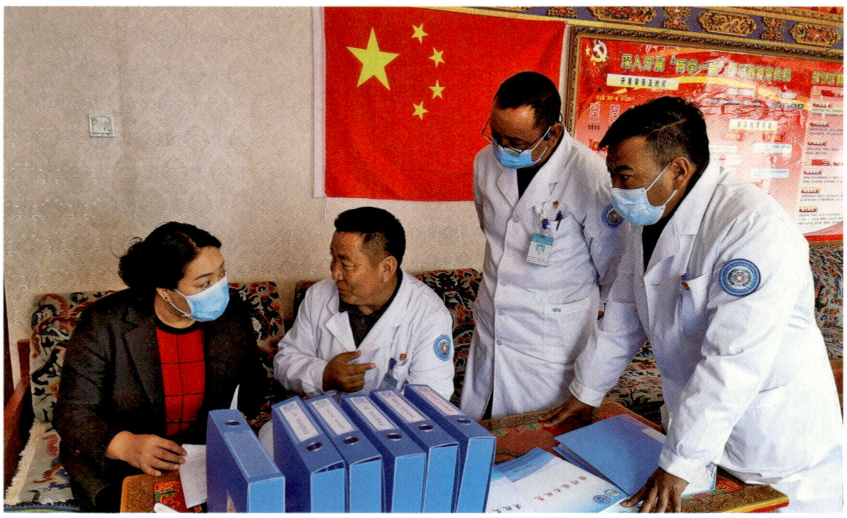

3月6日，日喀则市副市长尼玛普赤（左一）到县中心医院检查指导医共体建设工作。图为检查工作现场

范化、科学化。

【对口帮扶】2022年，通过上海组团式援藏精准技术支撑，把静脉血栓栓塞症（VTE）、胸痛中心、远程医疗、品管圈等医疗技术项目作为下阶段对口帮扶工作重点，推进县中心医院学科建设、疾病诊疗和医政管理等医疗服务能力提升。中国人民解放军联勤保障部队第九二三医院专家团帮扶县中心医院加强人才培训和学科建设、健全科室制度、实施专科发展计划、举办专题医疗讲座，为县中心医院提高服务能力水平和管理水平，提高常见病多发病和重大疾病医疗救治能力奠定坚实基础。由自治区人民医院“万名医师下乡”专家全面指导县中心医院护理工作，多次开展护理人员培训及考核，着力提升县中心医院、各分院护理质量工作及患者满意度。

【藏医藏药】2022年，县中心医院藏医院医生7名、护士4名、药浴理疗师4名、制剂师4名、药剂师2名、收费1名，共计22人。开展全部特色疗法，门诊就诊1.09万人次，住院376人次，特色理疗4.9万人次，已备案44个医院制剂药品品种，接收培训进修、实习、见习生32名。组织开展藏药材实地普查培训暨鉴别活动，为培养医院藏医药人才和普及基层乡（镇）卫生院藏医药知识奠定基础。

【项目建设】2022年，县中心医院新建传染病房、布置电源电缆线、重孜方舱和院内各病区“三区两通道”改造、手术室布置电缆线以及建设产房洁净系统，总投资3472.61万元。

【医师节、护士节活动】8月19日，在第四个“中国医师节”来临之际，县中心医院以“‘医’心向党、踔厉奋进”为主题，不分昼夜义无反顾冲在抗疫最前沿，同时间赛跑，与病魔较量，用实际行动阐释“白衣天使”的誓言。

5月12日，县中心医院围绕“关爱护理队伍，护佑人民健康”主题，举办护士节系列活动暨表彰大会。展示医院护理队伍良好的道德风尚和职业风范，激励全体护士爱岗敬业、积极进取、甘于奉献，继续弘扬南丁格尔精神，全力推动优质护理服务的开展，继续为县中心医院发展做贡献。

（达瓦桑布）

疾病防控

【卫生应急保障工作】江孜县疾病预防控制中心（简称“县疾控中心”）按照各项工作要求，建立应急领导小组和制订一系列相关规定；从行动上扎扎实实，逐一做好相关业务准备，把卫生应急作为一项特别重大工作，摆在突出的位置来抓。成立以县疾

5月12日，县中心医院举行第111届护士节系列活动暨表彰大会。图为县中心医院护士合影

控中心负责人为组长的应急队伍，建立鼠疫等突发公共卫生事件防治工作预案，做好人员、设备、物资、消毒药品的各项准备，应对各种事件。

【传染病防控工作】2022 年，江孜县共发生 490 例传染病，分别是艾滋病（AIDS）、细菌性痢疾、结核病、手足口病、水痘、流行性腮腺炎、慢性乙型病毒性肝炎、新冠病毒等，发病率为 720.5/10 万。县疾控中心严格按照上级业务部门的要求加强传染病疫情报告工作，实行常规疫情和鼠疫疫情每日报告制度，疫情信息报告率保持在 99%，报告疫情信息准确率达到 100%，处置率达到 100%，没有发生疫情人员死亡和扩大疫情蔓延情况。

加强鼠疫疫情监测工作，按照上级业务部门统一安排部署，完成江孜县鼠疫监测工作任务，县人民政府与各乡（镇）政府签订目标责任书，落实“三不三报”（不私自捕猎疫源动物，不剥食疫源动物，不私自携带疫源动物及其产品出疫区；报告病死鼠，报告疑似鼠疫病人，报告不明原因的高热病人和急死病人）制度，完成江孜县鼠疫敏感区域野狗和绵羊血清检测任务，共完成 60 只野狗和 40 只羊血清采样送检，经检测没有出现阳性结果。县域内不同乡（镇）不同村（居）出现 4 次动物间鼠疫疫情，发现自毙旱獭 4 只，检测结果为阳性；县疾控中心成立应急队伍，立即赶赴现场开展一系列处置工作，县、乡、村三级卫生人员和各级党委政府通力协作实施保护性灭獭等工作，灭獭总面积 255 公顷，发放宣传材料 231 份，保质保量完成各项工作任务，确保避免发生人间鼠疫疫情的情况。

5月10日，县疾控中心在纳如乡开展鼠疫防控监测工作。图为工作人员与群众合影

根据上级安排，对县城内的高危人群和暗娼人员开展干预和健康教育宣传活动，发放宣传艾滋病宣传资料、安全套等，面对面进行防治艾滋病宣传教育。现场共计有 83 人参与，发放安全套 120 余只、宣传材料 89 份。每年 2 次随访艾滋病感染者，每 3 个月随访 1 次艾滋病病人，每月上报高危干预情况及检测情况。

【卫生监测工作】2022 年，采集丰水期水样 50 份开展江孜县饮用水监测工作，监测点共 31 个，其中，城市水监测点 6 个，农村学校监测点 6 个，乡（镇）学校监测点 19 个。经检测，热龙乡小学水样砷超标，经市级要求重新采样复测后，检测结果达到指标要求。对 5 个乡 20 个监测点 100 个监测户开展江孜县农村环境监测工作，完成 20 个监测点的土壤取样、100 份入户问卷调查以及 5 所学校校园环境卫生基础资料的收集。

【地方病防治工作】对江孜县 200 名学生及 100 名孕妇的食用碘盐进行全定量检测，经检测居民食用碘盐合格率达到 98%，同时将采集的 300 名学生及孕妇尿样送到日喀则市疾控中心进行检测。按照《尿中碘的砷铈催化分光光度测定方法（WS/T107）》检测后将盐碘含量、尿碘含量、甲状腺容积结果录入中国疾控中心系统。对以上人群开展碘缺乏病问卷的同时开展健康教育工作。对200名学生进行甲状腺容积测量。“5・15”全国碘缺乏病宣传日开展宣传碘缺乏病防治知识活动，提高碘盐使用率，推动碘缺乏病防治工作。

【结核病综合防治情况】 2022年，县中心医院共登记结核病人56例，其中，新涂阳11例，复治涂阳1例，涂阴43例，结核性胸膜炎1例，无肺外结核病例；系统管理率100%，非结核死亡1例，完成疗程36例，无丢失、无失败病例，不良反应8例，转入耐多药治疗2例。网上追踪病人39例，追踪到位35例，追踪率89.74%。重卡（同一人建立两个接种卡）2例，住院2例。

县疾控中心对县中心医院共督导12次（每月1次），主要督导内容为结核病管理信息系统及登记等情况；对乡（镇）卫生院主要督导结核病人随访管理及结核病管理云平台录入情况。

【严重精神障碍工作】 2022年，在管精神障碍患者99人，规范管理31人，规范管理率30.1%，面访患者数16人，体检2人，失访3人。8月，为提升江孜县严重精神障碍患者确诊和管理工作，上海精神卫生中心专家到江孜县进行1次严重精神障碍患者筛查活动，共筛查人数46人，确诊人数为5人。

【免疫规划工作】 “4・25”计划免疫宣传日、“7・28”世界肝炎日，县疾控中心开展计划免疫工作的宣传，取得成效，接种率提升。为进一步提高乡村医务人员对免疫规划工作的认识，县疾控中心开展2次免疫规划系统培训及免疫规划基础知识培训，并对疫苗的使用及保存、冷链管理工作进行严格培训。开展多次计划免疫自查工作，推动计划免疫工作的全面进展。认真检查冷链设备的运转情况，每天记录冷冻、冷藏室温度。如有损坏及时修理，报废的立即更新，确保冷链运转，一次性注射器按时销毁处理。

2022年，江孜县新出生儿童886人，建卡、建证率100%。

2022年江孜县儿童基础免疫报告接种情况一览表

表5

疫苗种类	应接种人数（人）	实际接种人数（人）	接种率（%）
乙型肝炎疫苗	2516	2434	96.74
乙型肝炎疫苗首针	925	863	93.30
甲型肝炎疫苗	770	623	80.91
卡介苗	885	853	96.38
脊髓灰质炎疫苗	2974	2655	89.27
百白破疫苗	2578	2299	89.18
白破疫苗	1014	806	79.49
麻腮风联合减毒活疫苗	1521	1367	89.88
A群流脑疫苗	1256	1087	86.54
A+C流脑疫苗	1786	1389	77.77

2022年江孜县疫苗分发及下发情况一览表

表6　　　　单位：支

疫苗种类	入库	出库
乙型肝炎疫苗	920	2090
甲型肝炎疫苗	730	782
卡介苗	1800	2500
脊髓灰质炎针剂疫苗	1020	1283
脊髓灰质炎糖丸	360（粒/瓶）	270（粒/瓶）
百白破疫苗	2196	2627
白破疫苗	215	325
麻腮风联合减毒活疫苗	1650	2925
A群流脑疫苗	650	320
A+C流脑疫苗	2730	2760
四价流感裂解疫苗	5000	3487
双价人乳头状瘤病毒疫苗（毕赤酵母）	907	872

【健康教育宣传】 县疾控中心对江孜县高危人群开展针对性宣传，以新冠肺炎防控知识、结核病防治知识、鼠疫防治知识、艾滋病防治知识等内容为重点，开展15期活动，共发放宣传单2.3万余份，发放安全套2000余只，各乡（镇）、各村卫生服务人员也在各自辖区针对性开展一系列的健康教育和宣传活动。

（顿珠扎西）

社会事业

民政工作 >>>

人力资源和社会保障 >>>

退役军人事务 >>>

民族宗教事务 >>>

江孜藏毯 >>>

中國歷史文化名城

民政工作

【概况】 截至2022年底，江孜县有城乡低保户549户908人，其中，城镇有130人，农村有778人。全年发放最低生活保障金370.19万元，其中，城镇最低生活保障资金175.03万元，农村最低生活保障资金195.16万元。江孜县特困人员集中供养服务中心（简称“县特困中心”）位于江孜镇西郊村，占地1.5公顷，2000年建成使用，共有床位102张。县特困中心配备管理人员1名（县民政局工作人员兼任），医护人员1名，护理人员5名，厨师2名；建有综合住宿楼1栋，服务用房1栋，功能用房1栋，日间照料中心1栋。

【社会福利】 江孜县共有留守儿童83名、困境儿童140名、事实无人抚养儿童9名。按照每乡1名儿童督导员、每村1名儿童主任的工作要求，共配备乡（镇）儿童督导员19名、村（居）儿童主任155名。兑现事实无人抚养儿童基本生活保障金6.33万元，兑现残疾儿童助学金3万元，开展留守儿童摸底排查1次，开展儿童福利政策集中宣讲活动2次。

【婚姻登记】 江孜县婚姻登记处入驻县政务服务中心，配备专职（兼职）婚姻登记员2名。开通政策服务咨询电话，来电咨询100余人次；开展政策宣传和婚姻调解，政策宣讲20余次、婚姻调解100余次；全面实现在线联网登记，融入全国婚姻信息平台，婚姻档案实现100%电子化。截至2022年底，共办理结婚登记529对，补领结婚证47对，离婚登记55对。

4月27日，县民政局在县委宣传部一楼会议室召开江孜县民政干部业务培训会议。图为会议现场

【基层政权建设】 修订完善村规民约，印发《关于进一步修订和完善村规民约的实施方案》，制订《江孜县村规民约示范文本》，明确修订内容，规范修订流程，截至2022年底，江孜县155个村（居）村规民约（居民公约）均修订完成。持续做好全国基层政权信息系统信息录入和村（居）统一社会信用代码证书颁发（更换）工作。

【区划地名】 县民政局牵头完成“江孜县—康马县”第六轮行政区划联检工作，配合完成“浪卡子县—江孜县”“桑珠孜区—江孜县”第六轮行政区划联检工作。持续做好国家地名信息库信息录入工作，持续做好不规范地名清理整理工作，持续做好街路巷标识牌管理修复工作。

【慈善基金管理】 建立政府救助与慈善帮扶有效衔接机制。研究制订《关于组织实施“建立政府救助与慈善帮扶有效衔接机制，推进‘救急难’工作”的社会救助领域创新实践活动实施方案》，实施慈善专项救助。通过主动申请、实地调研等方式，对

7月27日，县民政局组织集中供养特困老人过林卡。图为集中供养特困老人合影

江孜县18名大病患者和5名困难大学生发放慈善救助金107.34万元；捐赠104.19万元抗疫物资用于江孜县疫情防控工作。

【“双集中”工作】 持续巩固江孜县特困人员集中供养和孤儿集中收养工作。截至2022年底，县特困中心集中供养39名有集中供养意愿的特困老人，48名孤弃儿童在市儿童福利一院、二院集中收养，“双集中”率达100%。

【流浪乞讨人员救助管理】 通过电视台、微信公众号等媒体发布流浪乞讨人员救助倡议书，动员群众、商铺、饭馆、环卫等热心人士提供流浪乞讨人员求助线索，扩宽线索面、救助面。指导各村（居）将流浪乞讨行为纳入村规民约禁止范围，从道德层面加以约束。联合公安干警加强街道巡逻，对存在困难的流浪乞讨人员进行临时救助，对7名其他省市流浪乞讨人员进行生活救助，发放救助金2.27万元。

【城乡村（居）建设】 为统筹基层治理力量，提升基层社会治理水平，着力打造共建共治共享的社会治理格局，印发《关于全面推行“五社联动”工作机制的实施意见》，推进江孜县村（社区）、社会组织、社会工作者、社区志愿者、社会慈善资源“五社”有机整合、协同发展。加大社工人才培育力度，向市民政局争取下派2名专业社工人才，开展儿童、老人、残疾人等各类社会服务工作。

【残疾人工作】 完善困难残疾人生活补贴和重度残疾人护理补贴制度，严格落实残疾人“两项补贴”标准动态调整机制。实现残疾人福利保障制度与农村低保、扶贫政策的有效衔接。共发放残疾人“两项补贴”政策资金

12月12日，江孜县残疾人联合会第一次代表大会召开。图为会员代表在党政综合楼前合影

357.37 万元，惠及 1856 名残疾人。实施残疾人家庭无障碍改造工程，完成 51 户残疾人家庭无障碍改造工作，发放残疾人无障碍改造补贴资金 17.85 万元。12 月 12 日，召开江孜县残疾人联合会（简称“县残联”）第一次代表大会，健全完善江孜县残疾人事业组织体系和工作制度。副县长余锋主持会议，县委副书记张宏东到会致辞，县人大常委会副主任班久出席大会，各残工委成员单位代表列席会议。各乡（镇）设立分会场，部分残疾人代表、残疾人亲友代表参加会议。会议听取并审议通过《江孜县残联五年工作报告》；选举产生县残疾人联合会第一届主席团县委员和出席日喀则市残疾人联合会第二次代表大会代表，以及江孜县残疾人联合会第一届主席团主席、副主席；聘请县政协副主席、慈善协会会长扎塔为县残联第一届主席团名誉主席；推举产生县残联第一届执行理事会理事长、副理事长、理事。

【县特困中心欢度藏历新年】 3 月 3 日，藏历新年大年初一，市政协党组书记、主席土旦次仁及县委书记陈昊、县长巴桑、县委副书记张宏东、县政协主席拉巴仓决等到县特困中心看望慰问江孜县集中供养特困老人，为老人们送去节日祝福和关心慰问，和老人们一起欢度藏历新年。

3月3日，县委书记陈昊（左一）在县特困中心和老人欢度藏历新年。图为活动现场

【无障碍改造】 6—7 月，县残联按照“因地制宜，因人而异，因需改造”的原则，结合残疾人居住环境、居住状况、残疾程度和个人意愿，对江孜县 51 户残疾人家庭实施无障碍改造工作，每户补贴资金 3500 元，共计 17.85 万元，提高残疾人生活质量，改善残疾人居家和出行条件。

【慈善协会捐赠防疫物资】 8 月 20 日，江孜县慈善协会与县相关部门、专班组沟通对接，了解紧缺的抗疫物资种类和数量需求。8 月 24 日，江孜县慈善协会采购的医用防护口罩、医用乳胶手套、一次性隔离衣、医用连体防护服、新型冠状病毒抗原检测试剂等价值 104.19 万元的防疫物资抵达江孜县，捐赠给江孜县疫情防控一线。

（张小磊）

人力资源和社会保障

【企业职工养老保险】 2022 年，江孜县企业单位有 42 家，企业职工养老保险参保人数 1780 人，完成目标任务 1030 人的 172.82%。

【机关单位社会保险】 截至 2022 年底，江孜县机关事业单位共有 128 家，在职参保人数 2804 人，完成全年任务 2755 人的 101.78%；工伤保险在职参保人数 4277 人，完成目标任务 4185 人的 102.2%；失业保险在职参保人数2642人，完成目标任务2640人的100.08%。

【城乡居民养老保险】2022年，江孜县参加城乡居民养老保险参保总人数41408人，参保率98%。城乡居民养老保险享受待遇8086人，每月通过社银平台足额发放。

【养老待遇调整】根据《西藏自治区财政厅西藏自治区人力资源和社会保障厅关于提高城乡居民基本养老保险基础养老金标准》的通知要求，从2022年1月1日起，城乡居民基本养老保险基础养老金标准由月人均205元提高到月人均215元。2022年，社保卡激活并发放65035张。

【人才培育】根据干部管理权限，开展江孜县事业单位工作人员的各类年度统计、年度考核、干部调配及日常管理工作。结合各乡（镇）各单位实际和编制空缺情况，报送紧缺型急需型人才需求。2022年，上报需求岗位92个，分配55名事业干部，其中，部队定向生2人，专招生3人，公开招聘40人，医学定向生10人。

推进事业单位岗位设置和岗位定级工作。根据市人社局专技科《关于优化事业单位专业技术岗位结构比例的通知》要求，对江孜县94家事业单位（不包含教育系统）专业技术岗位结构比例进行优化，初、中、高级职称总体比例由1∶3∶6调整为2∶4∶4，相同类型岗位按照行业分类由行业主管部门统一制订岗位设置方案，实行统一“打包”设岗。江孜县除教育系统外所有事业单位岗位设置优化方案全部完成上报，12月市人社局下达批复。

严格按照各行业各专业评审细则和相关文件要求审核事业专技人员的职称申报材料，共审核

7月28日，县人社局举办2022年江孜县合作社“会计员”定岗式培训班结业典礼。图为结业学员合影

7月25日，江孜县人社局召开江孜县服务性事业单位岗位设置工作推进会。图为会议现场

100余名事业干部的申报材料。在岗高级职称事业专技2人，副高级职称事业专技21人，中级职称事业专技81人，初级事业专技385人。

落实试用期满考核定职和“双定向”（定向评价、定向使用）职称政策。江孜县5名事业干部通过定向评审取得职称，其中，3名中级职称、2名副高级职称。配合县委组织部做好县级以下事业单位管理岗位职员等级晋升相关工作。2022年1人符合职员等级晋升条件，完成岗位等级晋升。开展江孜县岗位设置方案优化调整工作，根据各行业和各单位实际合理设置事业管理岗。

【工作福利】 根据工作要求，上报江孜县机关、事业单位在职事业专技、工勤人员（含援藏干部）和离休人员754人2022年2月的调标增资标准、2018年7月至2022年2月每月的调整西藏特殊津贴标准增资应发金额以及差额补发工作。填报江孜县事业单位工作人员和机关工人调整基本工资标准清算表和完成补发金额兑现工作。兑现完成2021年720人晋升和新标准执行工作，上报各类统计工作，发放2022年事业工勤701人年终一次性奖金。常态化落实各项工资福利政策，共完成103人的职称变动工资执行工作（71名新聘初级和24名中级、2名副高、6名工勤技能岗位技师）以及23名一线医务工作者的岗位等级认定结果批复的执行；落实2022年新参工事业干部55名和10名单位调整人员以及19名“三支一扶”工作人员绩效工资、12名“三支一扶”人员发放一次性安家费及28名“三支一扶”人员休假包干等待遇发放工作。重新测算10名2018年退休人员的工资待遇并报送2022年江孜县事业工勤提前退休人员28人（含教育系统）。

【农民工管理】 按照“谁执法谁普法”的原则，采取执法办案与普法宣传相结合的方式，深入江孜县工程建设领域项目工地开展执法检查及普法宣传活动4次，受众1200余人，发放宣传资料260份。严格落实工资保证金制度，江孜县76个项目缴纳民工工资保证金，均为参加担保公司担保，担保金额为2831.89万元。强化劳动保障监察执法，对在建项目进行4次专项排查，对排查中发现的问题，提出整改要求，限期责令整改。依法依规处置民工工资拖欠问题，接到投诉案件87件，涉及民工389人次，金额652.28万元，已解决44起，解决金额310.78万元，剩余43起已达成支付协议。

【农牧民就业】 2022年，实现农牧民转移就业24978人，创收3.1亿元，组织化劳务输出15373人，其他省市转移就业152人，分别完成年度目标任务的103%、106%、106%、85%。

5月18日，县人社局工作人员到中铁十二局项目部调解拖欠民工工资事宜。图为调解现场

2月18日，江孜县人力资源和社会保障局召开2022届大学生就创业政策宣讲会。图为宣讲会现场

开展3次点对点保姆式组织化转移工作，涉及400余人，分别输出到拉萨、那曲、阿里等地。劳动力外出务工规模保持稳定2.51万人次，占比81.4%。产业、项目带动就业698人。建立江孜县转移就业基地共8家。持续打造“集体施工队+劳务输出合作社+劳动力+高校毕业生”的转移就业品牌。县转移就业工作领导小组表彰6个先进乡（镇）、5家先进劳务输出合作社、4家先进企业、1家优秀派遣单位、9名优秀工作者、3名优秀高校毕业生、14名优秀农民工，兑现奖励资金14.6万元。县人社局全面摸底农牧民劳动力培训需求，精准确定培训对象，采取集中培训与送教下乡培训相结合，将技能培训和群众个人意愿、市场需求紧密结合，抓好实用技术、就业技能等各类培训，确保培训效果和就业成果。在易地搬迁点先后开展3次集中宣讲活动，对农牧民转移就业、高校毕业生就业创业、技能培训等政策进行系统性宣传。江孜县3个易地搬迁安置点总劳动力1175人，实现转移就业978人，劳务创收1057.3万元，实现6个月以上转移就业人数561人，占外出务工总数的57.3%。有劳动力且有就业意愿的搬迁家庭525户，实现1户至少有1人就业。

开展6期农牧民技能培训，参加培训1462人（建档立卡脱贫人口207人，实现订单定岗253人），其中，参加装载机培训59人，参加挖掘机培训72人，参加中式烹调培训52人，参加畜禽养殖培训1078人，参加民族手工艺品加工培训26人，参加会计员培训125人，参加创业培训50人。

【大学生创业就业】 2022年，江孜县应届高校毕业生621人，自治区内院校201人、其他省市院校420人。截至2022年12月31日，就业605人，未就业16人，就业率97.42%，其中，公职岗位就业117人，市场就业467人。稳岗就业率60%，灵活就业率40%。为30名高校毕业生兑现各类创业资金123.19万元，创业经营范围有种植业、养殖基地、装饰装修、建筑施工、青稞加工、家政服务、车辆美容、文化传媒、餐饮、酒店、超市等，经营状况良好。2022年线下搜集提供岗位370余个；组织27名通过笔试的“四类人员”［乡村振兴专干、村（居）科技专干、医务人员、农业农村工作专员、乡村幼教］大学生体检上岗；组织45名应届毕业生参加援藏四省市（上海市、山东省、吉林省、黑龙江省）2022年事业单位专招日喀则籍高校毕业生考试。

（普　珍）

退役军人事务

【概况】 2019年3月22日，江孜县退役军人事务局（简称“县退役军人局”）正式挂牌成立，为政府工作部门正科级单位，下辖江孜县退役军人服务中心。县退役军人局共有干部职工 6 人，其中，正科级领导干部 1 名，副科级领导干部 2 名，事业编制 3 名。

【自主择业】 2022 年，接收退役士兵士官、政府安排退役军人、逐月领取退役金退役军人、军休干部；兑现 2021 年入伍新兵家庭优待金。对 2021 年接收的退役士兵士官和消防改革人员，发放一次性退役军人就业补助金及家庭优待金。

【教育培训】 2022 年，县退役军人局深入贯彻落实中共二十大精神及习近平总书记关于治边稳藏和退役军人工作重要论述精神，按照自治区、市、县三级党委、政府要求，强化责任担当，主动履职尽责，依托“发扬红色传统、传承红色基因、铭记光辉历史”主题，充分发挥江孜县红色教育基地抗英纪念馆作用，组织乡（镇）、党政机关、学校、驻军部队等单位参观红色教育基地 20 余次，受教育 5000 余人次。

【政策保障】 2022 年，县退役军人局结合江孜县实际贯彻落实《中华人民共和国退役军人保障法》《退役士兵安置条例》《军人抚恤优待条例》《烈士褒扬条例》等相关政策，对全县重点优抚对象进行核实和数据更新，并对个人档案进行汇编。

7月30日，县委书记陈昊（左二）走访慰问驻军部队。图为慰问工作现场

【双拥优抚安置】 2022 年，完成退役军人和其他优抚对象的建档立卡信息采集和优待证申领工作，确保江孜县优待证办理不漏一户、不落一人；对接县人武部接收退役军人现存档案，并制订档案管理条例，实现全县退役军人档案统一集中管理；足额兑现重点优抚对象抚恤金；

7月19日，副县长余锋（中）组织召开双拥工作推进会。图为会议现场

7月19日，县长巴桑（左一）指导调研烈士陵园修缮项目。图为调研工作现场

"三大节日"对全县优抚对象走访慰问，发放慰问金；"三大节日"、八一建军节慰问驻军部队；市退役军人局慰问优抚对象并发放慰问现金；采购慰问品，慰问三等功退役军人。

【英烈设施保护】 5月对接上级部门，争取资金132.91万元对江孜县烈士陵园内外环境进行全面修缮。

（白玛塔杰）

民族宗教事务

【概况】 2022年，江孜县常住民族17个，其中，藏族人口占江孜县总人口数96%，其他民族人口占江孜县总人口数4%。

【民族团结进步创建活动】 县委、县政府始终把民族团结进步创建工作作为重要议事日程，与县委中心工作同部署、同落实。成立由县委书记担任组长的创建工作领导小组，设立创建工作专班，制订工作计划，出台实施意见，保障相关经费。县委主要领导定期听取民族团结进步创建工作专题汇报，出席部署会、推进会、表彰会等重要会议。县政府在每年预算10万元的基础上按实报实销保障创建工作经费。

充分利用"3·28"西藏百万农奴解放纪念日、民族团结进步宣传月等节庆点，在民族团结文化广场、村（居）、学校、部队、寺庙进行以"中华民族一家亲、同心共筑中国梦"为主题的系列宣传活动，集中宣传达180余场次。利用各类LED显示屏、广播电视等媒体，传播有关民族团结进步的正能量。通过江孜发布、移动彩信分段推送《西藏自治区民族团结进步模范区创建条例》相关内容，制订印发《西藏自治区民族团结进步模范区创建条例》藏语、汉语版宣传手册7000余册。

按照上级提出的民族团结进步创建"九进"工作全覆盖和实现两个80%的目标任务，在成功创建第一批江孜县民族团结进步模范单位80家的基础上，进一步提升创建第二批江孜县民族团结进步模范单位73家，提升创建民族团结文化广场、民族团结示范街、全国民族团结进步教育基地（宗山抗英遗址），利用资源优势，动员江孜县各族各界干部群众开展"民族团结一家亲"系列活动，开展"珠峰道德讲堂"、全民健身体操、民族团结公益造林、文艺会演、革命歌曲比赛、体育比赛、书法比赛、知识竞赛、环保卫生、走访慰问等各类活动。充分发挥江孜县被命名为第九批全国民族团结进步示范县的作用，扎实有效开展民族团结"五个起来"创建工作，"五个起来"是江孜县创建工作的一个重要载体和抓手，也是创建工作亮点。

【宗教事务管理】 依法管理宗教事务，有序推动藏传佛教寺庙财税监管工作。根据工作要求，完成热龙寺等13座寺庙的法人推选、网上赋码及场所登记证换证、固定资产登记、法人登记、开立银行结算账户工作。“利寺惠僧”政策得到有效落实。争取政府配套维修资金38.75万元，全部维修施工完工僧舍61个；申报国家“十四五”项目资金242万余元，用于龙马乡加热寺、卡麦乡查珠寺危房维修项目。

开展宗教界国家意识、公民意识、法治意识教育活动。结合江孜县实际，研究制订《江孜县关于在宗教界开展“国家意识、公民意识、法治意识”教育的实施方案》，成立领导小组和工作专班。成立以涉宗部门主要领导为组长，相关单位领导为副组长，县司法局、寺管委会、寺庙指定专人为成员的宣讲团。开展专题巡回宣讲，江孜县“三个意识”教育宣讲团共开展巡回宣讲12次，受教育600余人次。

【疫情防控】 疫情防控期间，时刻关注寺庙僧尼生活情况，摸底统计困难需求。到访日喀则市、白朗县的2名尼姑因药物短缺而病情加重，江孜县民族宗教事务局（简称“县民宗局”）安排人手把药物送到尼姑手中，病情得到缓解。林布寺拉尊活佛和重孜寺生钦活佛等宗教界代表人士带头以个人名义捐款，白居寺等21座寺庙以集体名义捐款捐物，为江孜县抗疫工作贡献宗教界力量，捐款捐物价值共计37.93万元。

（姚西林）

江孜藏毯

【概况】 江孜县有“藏毯之乡”的美誉，被列为世界三大名毯之一的藏毯，以其独特的民族风格和地方特色成为世界民族工艺美术宝藏中的“明珠”。江孜藏毯文化发展有限责任公司（简称“江孜藏毯公司”），总占地面积1万平方米，主要经营各种3D或平面效果的艺术藏毯、挂毯、地毯、卡垫、毛毯等藏毯产品。2022年，江孜藏毯公司申报江孜县第一个进出口贸易资质。

【产业创新】 江孜藏毯公司在申报的国家发明专利“看照片纺藏毯的纸样使用技术”与“五高传发”手工藏毯编织技艺的应用下，实现传承与发扬并走的技术新突破，实现高质量、高效率、高道数、高效果、高效益的藏毯手工生产模式。将藏毯与历史、宗教、建筑、绘画、书法等文化元素灵活地结合起来，纺织生产多种文化融为一体且具有3D效果的藏毯产品，突破藏毯产品花色单一的“瓶颈”，实现“私人订制”。

6月11日，江孜藏毯公司车间员工纺织藏毯一角。图为员工纺织藏毯现场

江孜藏毯公司用“五高传发”手工技艺编织的藏毯测试品

（摄于2022年6月5日）

【产业助力乡村振兴】 截至2022年，江孜藏毯公司带动26名脱贫户劳动力就近就业，年人均增收达6万元。结合当地群众的春耕、秋收等农忙时节与不同家庭的人员结构不一样的实际问题，采取“公司＋合作社＋培训＋灵活就业”的创新模式，累计吸收42名贫困群众就业，年人均增收4200元至3万元。在给贫困群众提供就业岗位的基础上，采取无偿分红的方式，帮助无劳力贫困家庭实现脱贫增收，已向358名无劳力贫困群众分红共计57万元。

2022年，江孜藏毯公司结合“五高传发”手工藏毯编织架子与技术的应用，培育技术工人不断提高编织技术水平，提升产业效率，在人才带动与培训模式基础上，充分结合周边合作社、家庭作坊以及个人群众代加工与原材料供应合作的模式，帮助周边比较分散的中小型合作社完善销售体系，间接带动50多名群众实现可持续性就业，让他们通过一技之长实现增收致富。

（旦增称来）

乡（镇）概况

江孜镇 >>>
江热乡 >>>
紫金乡 >>>
车仁乡 >>>
年堆乡 >>>
热龙乡 >>>
龙马乡 >>>
康卓乡 >>>
重孜乡 >>>
达孜乡 >>>
卡麦乡 >>>
卡堆乡 >>>
纳如乡 >>>
热索乡 >>>
加克西乡 >>>
藏改乡 >>>
日朗乡 >>>
金嘎乡 >>>
日星乡 >>>

中國歷史文化名城

江孜镇

3月5日，江孜镇各村（居）开展春耕备播活动。图为活动现场

【概况】 江孜镇系江孜县人民政府驻地，位于北纬28°55'、东经89°36'，地处年楚河中游北岸，平均海拔4040米，全镇总面积48.84平方千米。下辖3个居委会，4个行政村，31个自然村；镇党委下辖党支部11个、党总支2个，共有党员342人，其中，农牧民党员267人，机关党员58人，企业支部党员17人。截至2022年底，辖区有3876户11258人，其中，男性5103人、女性6155人；江孜镇户籍2215户6490人，其中农民1391户5030人，城镇居民824户1460人。

【经济发展】 2022年，江孜镇国民经济总收入达15081.26万元，同比增长15.93%，年人均收入达2.24万元。第一产业总收入达3493.36万元，其中，农业收入达2065.24万元，牧业收入达1329.19万元，林业收入达98.93万元；第二产业总收入达5525.78万元，其中，工业收入达1208.15万元，建筑业收入达4317.63万元；第三产业总收入达6062.12万元，其中，交通运输业收入达945.44万元，商业餐饮业收入达1684.29万元，服务业收入达868.52万元，其他政策性收入达2563.87万元。

【农牧业】 2022年，江孜镇耕地面积682.8公顷。农作物种植面积10241.5亩，其中，青稞种植面积7676亩，小麦种植面积895亩，豌豆种植面积215亩，油菜种植面积291.5亩，饲草料种植面积922亩，蔬菜种植面积242亩；土地流转托管种植面积3210.13亩。年粮食产量达5265.7吨，其中青稞产量4577.95吨。推进高标准农田项目建设7381亩，投资资金6825.18万元。

牲畜存栏达7510头（只、匹），其中，绵羊3369只，山羊234只，犏牛68头，黄牛和改良牛3642头，马197匹。良种覆盖率达14.3%，牲畜免疫密度达到100%；黄牛改良任务数1499头，完成1405头；牦牛经济杂交任务数29头，完成21头。产奶量1204.5吨，产奶渣48.2吨。产绵羊毛8.3吨，山羊毛0.35吨。召开春季、秋季动物防疫工作动员部署会2次，安排7个村（居）防疫人员对辖区内动物进行疫苗注射等常规防疫措施，保障畜牧业良好发展。

【项目建设】 不断提振高原经济高质量发展质效，持续推进辖区电网改造、道路提升、“棚户区”改造等工程。2021年的加日郊、江嘎岗中央扶持资金集体经济项目相继建成并投入运营，2022年增收20万余元；申报2023年度上海援藏项目1个，投入资金将达250万元，着力打造江孜镇“社区化管理服务试点

9月27日，江孜镇党员干部“红马甲”志愿者为群众解决基本生活物资难题。图为志愿者为群众送去粮食

项目”示范性、样板化效果。

【产业发展】 2022年，江孜镇组建牛羊养殖合作社，东郊、宗堆、西郊牛羊养殖合作社均投入生产；以城乡一体化建设为契机，推动基础设施建设。劳务输出、转移就业稳步推进，累计新增转移就业1000余人次，组织输送农牧民参加技能培训80余人，常年在外务工人员1200余人。辖区内登记在册各类合作社31家，其中，国家级示范社1家、自治区级示范社3家、市级示范社3家、县级示范社1家；入社社员达5169人，其中，村（居）“两委”班子成员41人，乡村振兴专干7人；注册资金达3599万元；主要以种植加工业、养殖业、生态、农机、民族手工业、餐饮业为主，实现总收入1293.75万元。

【疫情防控】 8月，江孜镇应对疫情防控，坚决维护人民群众生命健康和社会安全稳定。认真贯彻县委、县政府各项安排部署，从严从实落实社区“片区化”“网格化”管理，32名机关干部、21名驻村干部、13名医护人员、数十名村（居）干部、200余名农牧民党员、300余名“双联户”户长、50余名民兵、130余名大学生志愿者齐心合力，坚持奋战在疫情防控一线，协助江孜县打赢疫情防控阻击战，推动并巩固社会面清零、高中风险区清零、动态清零等各项疫情防控阶段性成果，并持续做好疫情防控常态化工作。

【教育事业】 江孜镇有3所幼儿园（东郊村幼儿园、西郊村幼儿园、江嘎岗村幼儿园）。东郊村幼儿园距离县城3千米，学校有正式教师6人，聘用职工1人，乡村振兴专干4人，保育员2人，厨师1人；学生109人，其中，小班26人、中班37人、大班

6月1日，江孜镇江嘎岗村新时代文明实践站组织辖区幼儿园开展“我们的节日”儿童节主题亲子活动。图为获奖幼儿合影

46人，享受“三包”政策106名。西郊村幼儿园距离县城3千米，学校有正式教师3人，聘用职工7人，保洁员2人，厨师1人，学生33人。江嘎岗村幼儿园距离县城1千米，学校有正式教师3人，聘用职工5人，保育员1人，厨师1人，学生33人。义务教育阶段入学率和巩固率均达到100%，有序推动“三包”政策落地，启动实施营养餐计划，全镇4366名学生享受营养餐。组织开展送教上门、送政策上门等工作，做到控辍工作责任层层压实，控辍任务全面落实，实现全镇义务教育适龄儿童少年“一个不能少”的目标，使辖区适龄儿童少年入学率达到100%。宗堆居委会以“惠民十四件实事”为依托，合理使用村集体经济，为小学毕业后进入其他省市西藏班的学生和高中毕业后考上其他省市的大学生发放500—1000元的奖励资金，已为9名学生发放奖励资金共计8600元。

7月21日，江孜镇举行“唱响民族团结喜迎二十大、再创佳绩建功和谐英雄城”首届农牧民运动会，县级主要领导出席。图为开幕式现场

【医疗卫生】截至2022年底，江孜镇有卫生院1所和村（社区）卫生室7所，镇卫生院配备医卫工作人员17人。实际开放床位3张，年门诊量为1万余人。院内有治疗室、注射室、产房、药房等科室，配备105种常用药品，救护车、手术器械、消毒仪、电脑等常规诊疗设施设备和信息化设备。每村（社区）设2名乡村医生，共12人。所有村（社区）卫生室均配备常用药品和基本诊疗设施。镇卫生院对农牧民群众开展健康体检活动1次，覆盖6715人次，开展结核病、慢性病等疾病防控宣传活动15次。普及生育科学知识，完善孕妇信息档案，实行动态管理，孕产妇分娩率稳定在99%。加大对全镇辖区内公共卫生监督，对饮用水水质进行采样及协管监测，跟进江孜县学生及新生儿疫苗接种情况。各卫生医疗机构担当疫情防控工作主体责任，监测筛查其他省市返藏人员身体状况，协助做好集中隔离、居家隔离体温监测、日常消毒防疫、宣传宣讲等，疫情防控期间帮扶群众1万余人次。

【文化事业】2022年，江孜镇共有市级非物质文化遗产保护项目1个，县级非物质文化遗产保护项目9个，农家书屋7个；文化站工作人员共有14名，设1名站长；设7个行政村（居）文艺队，共计102名文艺队队员；完善成立镇级党员志愿服务队伍1支，成立村（居）志愿服务队伍7支。7月，江孜镇“唱响民族团结喜迎二十大、再创佳绩建功和谐英雄城”首届农牧民运动会在江孜县上海公园举办，江孜镇7个村（居）300余名农牧民群众参与运动会歌舞表演、特色运动项目比拼；运动健儿、文艺表演者、基层党组织先进工作者、工商界民族团结代表99人获得赛事奖项及相关表彰；江孜县各族干部群众、社会各界代表3000余人观看运动会。以文化站为服务平台，结合“3·28”西藏百万农奴解放纪念日、“七一”建党节等重大节庆活动开展群众性文化活动和民俗文体活动21场次5000余人次。

4月13日，江孜镇新时代文明实践所开展“大力植树造林、建设绿色江孜”主题文明实践活动。图为活动后志愿者合影

【社会保障】2022年，江孜镇应参保人数3410人，实际参保3279人；全镇城乡居民养老保险参保率96.5%。60岁以上领取基础养老金的老人602人。完成发放一级、二级残疾人补助88人，补助金31.68万元，三级、四级128人，补助金15.36万元。发放城镇低保120万余元，农村低保30万余元；发放社会救助11户5.6万元。实施危房改造，确保辖区群众住房安全，完成危房改造修缮2户，发放危房改造补贴10万余元。帮助高校毕业生就业创业，落实“4321”结对帮扶工作，往届高校毕业生就业率均达100%，2022年高校毕业生就业工作稳步推进。

【生态环保】2022年，江孜镇“河长制”工作共设立镇级总河长2人、镇级河长3人、镇级警长1人、村级河长6人、村级河湖巡查员83人、“河长制”专职工作人员1人，设计制作“河长制”公示牌6个，宣传栏2个。结合实际制订《江孜镇全面落实“河长制”工作方案》，镇级总河长每月1巡、村级河长每月3巡。全面推动社区城乡环境卫生网格化治理工作，共开展200余次，发动群众1万余人次。抓好时间节点，全面动工实施农村“厕所革命”整村推进工作、“人畜分离”攻坚行动等，补齐全面小康短板。推动植树造林行动，“四旁”植树兑现2021年资金29.1万元；2022年植树任务6800株，实际种植4100株，补栽1680株。

【乡村振兴】2022年，江孜镇辖区内实现转移就业人数2420名，实现创收2041.1万元，其中，组织化输出990人、其他省市转移就业8人。保障基本医疗，扎实推进卫生工作，做到摘帽不摘政策，全镇基本医疗保险参保率达到100%。对各村（居）群众住房进行安全隐患排查，针对存在问题整改，确保户户有安全住房。组织技能培训13人，其中，参加挖机、装载机培训8人，参加会计培训5人。对辖区内群众饮水质量进行检查，江孜县同步实施高标准安全用水提升工程，建立供水动态监测机制，7个村（居）安全饮水保障率达100%，供水点水质检测实现全覆盖。

镇党委政府召开乡村振兴专题研讨会共1次及专题部署推进会3次，开展针对性调研10余次，统筹谋划巩固提升、研究推进有效衔接，同时将相关工作纳入各村（居）年底考核范围，完善奖惩机制，将责任落实到村级。

【自然灾害】2022年，江孜镇

党委政府协调辖区7个村（居）完善自然灾害应急处置机制、预防协调机制、处置完善机制，开展防灾、减灾、救灾知识宣讲教育15场次，宣讲覆盖率达100%。组织开展灾情隐患排查和处置工作22次。在全镇上下共同努力下，江孜镇无灾情发生。

【返贫监测】2022年，江孜镇脱贫户共206户627人，监测11户28人。健全防止返贫动态监测机制；通过促进就业、促进增收和加强教育培训等方式，激发建档立卡户和其他低收入人群的内生动力，增强“造血”功能，切实聚焦防止返贫致贫。

【对口支援】2022年，江孜镇东郊村村村通道路2千米建设项目竣工，总投入资金600万余元。江嘎岗村实施供水系统阀门装配项目314户，总投入12.85万元。

【特色产业】2022年，江孜镇把握自身资源优势、地理位置优势，发展以农牧业、民族手工业、加工业为基础的特色产业，产业规模水平继续壮大提升。东郊农民养牛专业合作社、年麦黑青稞加工农民专业合作社、康桑糌粑加工农民专业合作社、奇宁农畜产品加工农民专业合作社、拉则种植业农民专业合作社、孙康民族手工家具制作农民专业合作社等特色产业发展成较大规模且收益良好。

（庆绕罗拉）

江热乡

【概况】江热乡位于年楚河南岸，G349（日亚线）穿境而过，东南部与康马县接壤，西南部与康卓乡毗邻，北部与紫金乡接壤，东北部与江孜镇隔河相望，距江孜县城5千米。全乡辖区面积153.73平方千米，平均海拔4050米。下辖13个行政村、18个自然村。乡党委下设16个基层党支部、31个党小组，共有432名党员，其中，农牧民党员357名，女性党员171名，预备党员19名，光荣在党50年的老党员8名，“三老”（老干部、老党员、老劳动模范）人员30名。全乡共有在编干部职工59名，领导班子成员11人。江热乡地势平坦、土地肥沃，灌溉条件便利，以农业为主，兼营农区畜牧业，农作物有青稞、小麦、豌豆、油菜、土豆等，牲畜有牦牛、黄牛、山羊、绵羊、马、猪等，禽类有藏鸡。境内有西藏唯一保存完整的旧西藏贵族庄园——帕拉庄园，具有较高的地方历史研究价值和旅游开发价值，1994年12月被西藏自治区定为全区社会主义教育基地。

【经济发展】2022年，江热乡国民经济总收入13769.58万元，同比增长0.11%；农牧民年人均收入1.86万元，同比增长0.1%；现金总收入11886.73万元。第一产业经济总收入4375.17万元，其中，农业收入2606.97万元，牧业收入1764.01万元，林业收入4.19万元；第二产业经济总收入4116.59万元，同比增长0.2%，其中，工业收入318.24万元，建筑业收入3798.35万元；第三产业经济总收入5277.82万元，同比增长0.23%，其中，运输业收入2047.99万元，商业收入412.2万元，服务业收入1246.84万元，其他收入1570.79万元。

【农牧业】2022年，江热乡耕地面积为1018.5公顷，草场面积2.19万公顷。粮食作物种植面积为11623亩，其中，青稞10786亩，小麦492亩。豆类345亩。经济作物种植面积3654亩，其中，蔬菜种植1184亩，油菜1327亩，饲草种植1143亩。

牲畜存栏牛4506头、羊14679只、马521匹，出栏牛748头、山羊3018只，新增牛1931头、羊4362只、马32匹。推广畜牧业改良工作，着力提高牧业产量，实现绵羊改良1179只、黄牛改良1583头。

【项目建设】2022年，完成班觉伦布村300亩高标准农田建设项目，共申报项目10个，资金规模8830万元，其中产业发展类项目5个，资金规模5500万元。扎西岗—拉鲁村农村道路改造项目实现农村道路村村通。争取驻村工作经费项目2个，涉及农产品初加工、养殖等领域，隆桑村等11个村入股县宗投公司通信网络管道工程项目，促进村集体经济增收。驻村项目共计投入资金226.2万元。

【产业发展】2022年，为开展自种自养的224户脱贫户，发放特色种养业补助资金65.2万元。实施就业扶贫，在岗公共服务岗位人员685人。全乡组织劳务输出2094人次，创收2549万元，其中脱贫户568人，创收716.63万元；政府组织化劳务输出1414人，就业培训14人。乡党委推动建立“党建+合作社+农户”的发展模式，采取自身发展和投资入股的方式，培育发展壮大村级集体经济，村集体经济总收入达291.2万元，集体经济纯收入136.3万元，其中分红42万元，集体经济带动就业人数共348人。

【教育事业】2022年，江热乡共有1所小学和4所幼儿园，全乡共有教职工57人，学生974人（幼儿239人，其中，乡幼儿园111人，隆桑村幼儿园37人，加堆村幼儿园41人，帕贵新村幼儿园50人；小学生735人）。全乡义务教育阶段适龄儿童1241名，义务教育阶段学生入学率、巩固率均达到100%（义务教育阶段6名残疾学生送教上门）。按照相关政策，全乡普及15年免费教育政策，从小学到高中都享受国家“三包”政策，义务教育阶段学生营养计划实现全覆盖。

【医疗卫生】江热乡有1所卫生院，医护人员11人，病床位3张；村卫生室13个，村医26人。乡卫生院主动出击，对全乡贫困监测户进行健康管理，建立贫困监测户健康档案，全面预防贫困监测户“因病返贫”，采取集中体检、下乡体检、入户签约服务等多种形式为贫困人口开展免费体检，全年累计体检4992人次。全面落实家庭医生签约责任制，与全乡882户群众进行签约结对。疫情防控期间，消毒235次，测量体温2358人次，保证群众日常就医的高效便利。

【文化事业】江热乡坚持以习近平新时代中国特色社会主义思想为指导，深化党史学习教育，结合新时代文明实践所（站）建设，开展“喜迎二十大、建功英雄城”庆祝中国共产党成立101周年系列活动，强化责任担当，加强阵地建设，开展志愿服务，开展理论政策宣传和中共二十大精神宣传，严格落实意识形态工作责任制，研究和探索新形势下意识形态工作的特点和规律，发挥思想引领、志愿服务、舆论推

11月12日，江热乡乡长巴顿（主讲台）到包村点让康村开展学习贯彻党的二十大精神宣讲会。图为宣讲活动现场

11月10日，江热乡班觉伦布村党支部书记达娃曲培在日喀则市首届“珠峰百姓名嘴”决赛上发表演讲并获得二等奖。图为演讲现场

动、精神激励的重要作用，促进意识形态工作高质量发展。组织人员参加日喀则市首届“珠峰百姓名嘴”比赛。江热乡在江孜县“五星户”评比活动中获得第一名的好成绩。

【社会保障】 江热乡将6户19人纳入低保供养范围，兑现低保金2.34万元。将无劳动力、无生活来源、无法定抚养义务人的人员纳入特困人员救助供养范围，实施临时救助18户，兑现临时救助金6.3万元。特困人员帮扶1名，兑现帮扶资金8940元。

【生态环保】 江热乡人民政府层层落实环保工作责任，着力引导社会共治，环境保护合力明显增强，工作基础有力夯实。将环保工作纳入年度目标任务考核重要指标，执行一票否决制，强力推进环保工作。按照“党政同责、一岗双责”落实“大环保”工作格局，成立以乡党委书记为组长，乡长为第一副组长，政府班子成员为副组长，各村级相关单位负责人为成员的环境保护工作领导小组，强化环保工作领导，统筹协调环境保护各方面工作。建立健全网格化队伍，落实网格化日常监管机制，固定2名专职工作人员，各村配备保洁员、道路养护员等生态岗位694人，环保队伍不断壮大，网络不断延伸。为深入贯彻落实习近平总书记在中央第七次西藏工作座谈会上“保护好青藏高原生态就是对中华民族生存和发展的最大贡献”的重要讲话精神，加快推进全县生态文明建设进程，进一步巩固扩大绿化植树造林成果，3月30日，江孜县党政机关、企事业单位新时代文明实践志愿者，驻军部队官兵，各人民团体群众830余人在亚吾塘村开展“军地共建”义务植树造林活动，并举行“军民共建林”揭牌仪式。开展环境保护宣传教育，组织村“两委”负

3月30日，江孜县在江热乡亚吾塘村开展“军地共建”义务植树造林活动，并举行“军民共建林”揭牌仪式。图为仪式活动现场

责人和乡村干部学习和执行环保法律法规，强化环境保护主体责任，全社会共同参与生态环境保护的合力逐步形成，全民环保意识明显增强。

【乡村振兴】2022 年，江热乡坚持以习近平新时代中国特色社会主义思想为指导，深入贯彻落实习近平总书记关于巩固拓展脱贫攻坚成果同乡村振兴重要论述，按照中央、自治区、市、县的统一部署，严格落实主体责任，围绕“三落实一巩固”（责任落实、政策落实、工作落实和巩固拓展脱贫攻坚成果）、“九个聚焦”，坚决守住返贫致贫底线，持续巩固拓展脱贫攻坚成果，推进乡村振兴。

【返贫监测】江热乡印发《江热乡 2022 年度防止返贫监测帮扶集中排查工作方案》，对标对表县乡村振兴局对于防返贫监测帮扶集中排查工作的每个步骤、每个环节的时间节点和工作要求，组织全体驻村工作队、帮扶干部以及乡村两级干部全程参与到集中排查工作中去，切实提升工作效率，确保集中排查和信息采集工作有序推进，分别开展 2 次防止返贫监测帮扶集中排查工作，排查确定脱贫监测户 3 户 12 人。

【特色产业】江热乡班觉伦布

2月23日，县委书记陈昊（右二）视察江热乡班觉伦布村农机服务农民专业合作社管理运行情况。图为视察工作现场

农机服务农民专业合作社有机械设备 22 台，总价值 236 万元，承担 980 余亩地的机耕、机播任务，推动实现江热乡农业机械化、规模化、集约化，提升产业效益，助力群众增收，带动 28 人实现就业增收，全年总收益达 180 万余元。

（边丹曲达）

紫金乡

【概况】紫金乡位于江孜县西北部，距离县城 7 千米，平均海拔 4050 米，辖区面积 4911.4 公顷。下辖 7 个行政村（居），总人口 3923 人。乡政府部门在编干部职工 41 人。有 1 所卫生院，卫生技术人员 7 名。有 1 座寺庙，在编僧人 16 人。

【经济发展】2022 年，紫金乡生产总值 11270.51 万元，农村居民人均可支配收入 2.15 万元，其中建档立卡脱贫户人均纯收入 2.1 万元，没有出现返贫现象。

【农牧业】2022 年，紫金乡耕地面积 820 公顷，林地面积 185.33 公顷，草场面积 7233.33 公顷。粮食播种面积 9989.86 亩，粮油产量达 5325.4 吨。农机合作社土地托管面积 4152.8 亩，涉及 155 户 826 人。落实各项惠农政策资金，兑现 2021 年耕地地力保护与质量提升（粮食作物）补贴资金（10%）2.74 万元，兑现 2022 年流转区域翻耕作业补贴资金 22.87 万元，兑现耕地和种粮补贴共计 83.12 万元。

2月3日，紫金乡努堆村举行年楚永发农机农民专业合作社分红仪式。图为仪式现场

开展动物防疫工作，集中开展春季、秋季动物免疫注射疫苗工作。接种春季免疫疫苗牛3943头、山绵羊1.02万只、猪15头、家禽1311只，覆盖率达100%；防疫密度均达到99%。确保黄牛改良工作持续高效推进，成立领导小组，把畜牧业工作开展较好的努堆、格西2个村作为推广黄牛改良示范村。

【项目建设】 2022年，紫金乡农牧民安居工程覆盖率达到100%，农村人居环境覆盖达到100%。坚持以“名城振兴工程”为抓手，创建嘎西村、努堆村县级生态文明建设基层党组织示范点，申报孜庆夏村和孜庆努村“美丽宜居村”建设项目。

【产业发展】 2022年，紫金乡34家合作社经营性资产549.31万元，经营收入总额730.53万元，纯收入272.23万元，带动就业人数79人，就业人均增收1.03万元，分红755户295.42万元，切实带动群众增收致富。国家向年楚永发农机农民专业合作社（自治区级示范合作社）投入资金25.5万元，经营性资产485万元。

【疫情防控】 结合实际成立专班实施网格化管理，严格落实乡干部包村，村“两委”、驻村工作队包联户单元，党员包户制度，做到“人在格中管、事在网中办”，人员配备保障有力。防疫物资发放迅速，结合各村人数实际，做到“人人有口罩、户户可消杀”。利用广播、一村一群、志愿者推送移动音响、张贴宣传标语等方式，宣传疫情防控知识。截至2022年底，共播放700余条防疫知识，微信群转发防疫知识1200余条，张贴疫情防控宣传标语400余条，出动志愿者311人。坚持群众利益无小事，在生产生活上服务到户为模

4月15日，紫金乡自治区级宣讲员普琼（中）开展疫情防控知识宣讲活动。图为宣讲现场

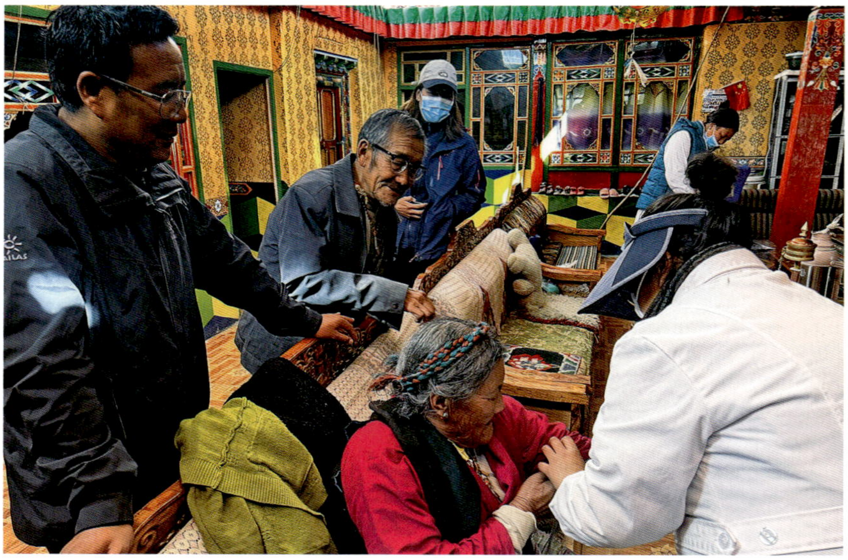

5月5日，紫金乡开展为60岁以上老人接种疫苗志愿服务活动。图为医护人员为老人接种疫苗

式，实施乡采购、村分配原则，确保群众生活物资保障有力。

【教育事业】2022年，紫金乡有1所完全小学，在校学生589人，送教上门学生1人，“两后”生17人，入学率和巩固率达到100%；建档立卡大学生28人。签订2022年控辍保学目标责任书，巩固全乡义务教育阶段入学率、巩固率，不断推进全乡义务教育优质均衡发展。全面提高入学率、抓好控辍保学工作，加大宣传力度、加大教育力度、加大管理力度、加大惩罚力度。根据上级控辍保学工作要求，对存在辍学情况的学生开展上门宣传、劝学等工作，实现复学、入学、在校率均达到100%。

【医疗卫生】2022年，紫金乡城乡居民医疗保险参保3932人，其中，160元档次2585人、350元档次677人、特殊身份392人（政府代缴）、不在本村缴费278人。医疗报销7次316户。

【社会保障】2022年，紫金乡纳入城乡最低生活保障对象7户14人（其中城市低保1户1人），分散特困3户5人，残疾114人，建立低保档案7份，共发放低保对象最低生活保障资金4.2万元；临时救助1户0.2万元，解决群众突发性、紧迫性、临时性基本生活困难，切实兜住民政底线。

【生态环保】2022年，紫金乡开展“大整治、大清扫、大清运”活动12次，乡机关单位坚持每周一卫生大扫除；开展“四旁”植树活动；开展环保工作宣传5次，发放宣传单150张，张贴标语7条；整治乱堆乱放建筑垃圾和私搭乱建牛棚2处。对辖区内年楚河道、康卓普曲河道巡河14次，清理河道55次1680人；乡人民政府与村、学校、卫生院、寺庙等签订安全生产责任

4月12日，紫金乡党委组织新时代文明实践站志愿队开展义务植树活动。图为植树活动现场

书 11 份；在汛期期间，成立应急领导小组在全乡范围内开展汛期排查。

先后召开部署会议 4 次、推进会 12 次，参加清理整治活动 624 人 130 余次，乡党委、乡政府不定期进行督导检查和批示督办 12 次，有效推动“河长制”工作。对 156 名水生态岗位人员开展业务提升培训并签订岗位履职协议书，出勤管护率每周 1 次，做好河道长效管护工作。加大非法采砂监管力度，严格按照《日喀则市河道采砂管理条例》联合派出所对年楚河段定期开展非法采砂执法检查工作，同时将非法采砂行为列入村规民约，有效遏制非法采砂行为。开展宣传教育 16 次 1000 余人，增强群众环保意识；在显眼位置设立“河长制”公示牌 8 个，主动接受社会监督。

【乡村振兴】 2022 年，紫金乡以“名城振兴工程”为总遵循，开展壮大村集体经济、鼓励创业、转移就业、防返贫监测等一系列乡村振兴工作。全面摸底排查农牧民技能培训意愿，共参加各类培训 100 余人次；农民专业合作社 18 家；发展村集体经济 14 个，重点为农机合作社、牛羊鸡养殖、劳务输出、沙棘大蒜种植、粮油加工等乡村产业，总收益实现 667.09 万余元，带动脱贫人口及

7月1日，紫金乡党委书记卓拉（后排左三）慰问困难党员。图为慰问活动现场

农户 1237 人，分红 283.1 万元。围绕群众“两不愁三保障”（稳定实现农村贫困人口不愁吃、不愁穿，保障义务教育、基本医疗、住房安全）及饮水安全情况开展定期走访，持续落实巩固拓展脱贫攻坚各项政策，脱贫户年人均纯收入达到 2.28 万元，同比增长 11.4%。合理规划申报乡村振兴项目，共申报 5 个项目，分别为年楚河源头生态功能保护区建设项目，总投资 3000 万元，已竣工；香普村村道改造提升工程，总投资 410 万元，已竣工；年楚河流域江孜段水污染防治综合治理项目一期工程，总投资 2236.91 万元，已竣工；努堆村村级道路维修项目，总投资 61.7 万元，已竣工；高标准农田建设项目（努堆村、格西村、香普村），总投资 851.41 万元。

【民生改善】 为有效防止养老重领、冒领等问题发生，再次对 2021 年数据专项治理中 361 人数据疑点全面核对，核查相关佐证材料进行查漏补缺。2022 年共开展 2 次大排查。组织各村干部、专干、“双联户”户长等力量，深入各村通过“西藏社保卡”微信公众号开展城乡养老待遇领取人资格认证工作，383 人认证完成。对 34 名高校毕业生和 3 名“4321”高校结对帮扶学生进行详细了解，宣传就业创业政策，鼓励高校毕业生转变就业观念到其他省市和各大企业就业。为纳入 2022 年城乡最低生活保障对象建立低保档案，分门别类，更加有效地、有针对性地开展低保救助工作。发放低保对象最低生活保障资金 4.2 万元，发放特困人员供养金 3.87 万元，发放个人临

时救助2000元。为退役军人采集优待证信息。危房改造3户，均为C级危房改造；拆旧1户建设及验收工作全部完成，2户外出务工因疫情无法返乡，截至2022年底未能改造。西藏金塔建设集团有限公司董事长给紫金乡3名困难大学生、2名残疾人、1名重病患者送去慰问金0.67万元；为1名残疾人新建12平方米的独居房屋，建房投资1.6万元，切实为紫金乡困难群众排忧解难。

（米玛玉珍）

车仁乡

【概况】 车仁乡位于江孜县东南部，北纬28°51′、东经89°41′，东与龙马乡交界，南与康马县南泥乡毗邻，西接年堆乡，北与日朗乡相交，平均海拔4100米，辖区面积138.8平方千米。下辖8个行政村，594户3172人。党员共计316人。

【经济发展】 车仁乡经济总收入9781.26万元，较2021年增长174.74万元，同比增长7.2%，其中，第一产业产值3373.15万元、第二产业产值3225.19万元、第三产业产值3182.92万元，农村居民可支配收入达2.29万元，人均增长1538元。

【农牧业】 2022年，车仁乡耕地面积537.87公顷，草场面积1.27万公顷。青稞种植6980亩，其中“喜玛拉22号”894亩（热定村293亩、车仁村296亩、扎西林村305亩）。粮油产量3902.6吨，其中，青稞3737.8吨，小麦117.9吨，豌豆14.7吨，油菜32.2吨；蔬菜产量956.3吨，其中，土豆733.6吨、其他蔬菜222.7吨；饲草料产量547.5吨。农资调运方面，分发尿素43.83吨、二铵29.17吨、复混肥130吨、氯化钾4.9吨。

深化畜牧业发展，全乡牲畜存栏12808头（只、匹），出栏3868头（只、匹），新生成活4585头（只、匹）。

【项目建设】 2022年，启动车仁村、扎西林村、吉瓦村、热定村高标准农田建设项目，项目投资2110万余元，涉及土地平整3750亩、克土改良2648.9亩，新建新修机耕道1.03万米、水渠2万米。投资470万余元新建新修伦巴冲沟防洪堤2000米，带动就业30人次。

【产业发展】 2022年，在巩固养殖、种植等传统优势产业的基础上，深挖农民专业合作社发展潜力，多渠道努力，助力合作社规范化再上台阶，实现农牧民群众增收致富。完成扎西林村扎苏仓蜜蜂养殖农牧民专业合作社“思慕姑秀”商标注册，规范创新合作社运营模式，开拓线上线下销售，经济收入实现翻番。争取中央财政扶持资金50万元，助力伦巴村养羊合作社升级改造。截至2022年底，全乡19家

2月25日，车仁乡吉瓦村杂往农机租赁农民专业合作社节前慰问活动仪式举行。图为慰问困难群众活动现场

农牧民专业合作社实现年收入585.5万元，纯收入352万元，实现分红180.6万元，带动就业122人。

【疫情防控】 成立由干部职工、村“两委”、专干、民兵、党员先锋队等组成的疫情防控专班，做深做实做细服务保障工作，充分发挥驻村工作队、党员志愿服务队作用，通过微信群、应急广播、音响喇叭等宣传防疫小知识，讲解疫情防控工作重要性；先后5批次为群众代买代购价值30万余元的生产生活物资，切实保障好群众生产生活。

【教育事业】 2022年，车仁乡小学、车仁乡幼儿园和加麦村幼儿园共有教职工48人，其中，教师26人（高级职称教师7人、一级教师12人、二级教师7人）、乡村幼教专干16人、临时工6人；全乡共有小学生、幼儿456人。车仁乡扎实推进教育教学工作，充分发挥驻村工作队、村“两委”力量，对适龄儿童进行入户了解、建档，适龄儿童入学率100%。对乡小学毕业班学生情况进行持续跟进，3名学生考取其他省市西藏班。每月组织乡干部、完全小学教师为3名残疾儿童（1名初中生、2名小学生）进行2次送教上门。持续跟进应届高校毕业生就业，组织专人对接29名2022届高校毕业生就业情况，持续推送就业、创业信息，并拓展至往届未就业学生群体。

【医疗卫生】 车仁乡卫生院有医护人员10人（正式干部8名、公益性2人）；有8个村级卫生室，村医17人。2022年，全乡城乡基本医疗保险参保人数3016人，参保率达99.98%。

【文化事业】 围绕学习宣传贯彻中共二十大精神，利用理论中心组学习、支部学习、专题学习、个人自学等形式，多措并举开展中共二十大精神进机关、进学校、进寺庙、进农村活动，累计开展20场次宣传宣讲。在春节、藏历新年、“3·28”西藏百万农奴解放纪念日、民族团结进步日等重要节点，结合“我们的节日”开展“升国旗、唱国歌”“文化文艺振兴喜迎藏历新年”“端午粽香情民族一家亲”“文化下基层”等各类文化文体活动，开展新旧西藏对比、感党恩教育、“三个意识”教育、中华民族共同体意识教育，不断增强群众争做神圣国土守护者、幸福家园建设者的思想和行动自觉。

【社会保障】 2022年，车仁乡城乡基本医疗保险参保人数3016人，参保率达99.98%。开展农村低保、残疾人两项补贴、老年人两项补贴、“寿星老人”、特困供养人员等特殊群体动态调整以及临时救助工作，共计向113名残疾人员（重度残疾55人、困难残疾58人）兑现残疾人补助资金23.71万元；向26名“寿星老人”兑现1.3万元补助资金；

11月3日，县级包乡领导在车仁乡开展“紧跟核心感恩党，坚定坚决跟党走”党的二十大精神主题宣讲活动。图为活动现场

进行民政临时救助5户共计3万元，切实保障渡过难关。全乡参加职业技能培训207人，转移就业1155人，创收1382万元，实现组织化劳务输出691人，17人长期在外务工，实现每月增收6000余元。

【生态环保】 始终贯彻“绿水青山就是金山银山，冰天雪地也是金山银山”理念，着眼“做神圣国土守护者、幸福家园建设者”，组织开展“共建清洁家园喜迎二十大”主题活动，集中整治农村人居环境，全年累计开展宣讲27场次，受教育群众6000余人次；张贴宣传标语、横幅等120条；组织开展100余次环境卫生大整治，整治房前屋后乱堆乱放、乱搭乱建24处，卫生死角29处；清理农村生活垃圾16.37吨、白色垃圾2.18吨，清理水塘3处、沟渠15.2千米、河道15千米。开展“植树种绿”活动，组织乡干部职工、村民开展“四旁”植树，累计完成8400株苗木种植。以“四个创建”为契机，创建西藏自治区生态文明建设示范乡（镇），玉西村、加堆村、加麦村、车仁村、伦巴村、扎西林村、吉瓦村、热定村着力创建自治区级生态文明建设示范村（居）。

【乡村振兴】 立足“产业兴旺、生态宜居、乡风文明、治理有效、生活富裕”方针，探索符合车仁乡的乡村振兴发展思路，努力实现全面振兴。推动车仁乡高标准农田建设项目落地实施；对接县农业农村局争取农机机械设备，培育建强江孜县杂旺租赁农民专业合作社；推广优质青稞良种种植，“喜玛拉22号”二级种子田规模达894亩；结合各村实际，制订车仁乡村（居）项目储备库。结合车仁乡区位优势及村级特点，初步制订《车仁乡乡村旅游发展规划》，努力争取和推动农业旅游融合；深挖车仁乡藏纸非物质文化遗产传承相关技术，对接上海市第十批援藏干部江孜联络小组，初步谈成投资意向500万元。厚植新发展理念，着力推进示范社创建；对全乡合作社进行梳理，注销7家空壳合作社，对剩余19家合作社进行整治规范。实现年收入50万元以上合作社2家，年收入20万元以上1家，年收入万元以上3家，其他村（居）集体经济收入均高于1万元。

6月13日，车仁乡召开2022年“四个创建”基层党组织示范点创建现场推进会。图为会议现场

【返贫监测】 严把“两不愁三保障”及饮水安全等基础条件，按照不漏一户、不落一人的原则，每月进行防返贫动态监测管理，对存在潜在返贫风险的4户监测户进行动态跟踪掌握，按照潜在返贫风险，对接上级部门，进行结对帮扶2次、医疗救助1次，开展慰问2次，将车仁村1户因病致贫户重新纳入监测范围，对接县慈善协会、县民政局等进行相应帮扶，切实做到应纳尽纳。

（秦　岭）

年堆乡

【概况】 年堆乡位于江孜县城东部，距江孜县城7千米，与江孜镇、车仁乡、日朗乡接壤，平均海拔4150米，是纯农业大乡之一。辖区内共9个行政村，24个自然村，13个党支部，3个直属单位（卫生院、完全小学、派出所）；70个联户单元；共有789户，户籍人口3868人。

【经济发展】 2022年，年堆乡第一产业总收入达3163.05万元，其中，农业收入2153.94万元，林业收入17.7万元，牧业收入991.41万元；年堆乡有5个公司、15个施工队，第二产业总收入达3990.26万元，其中，工业收入199.66万元、建筑业总收入达3790.6万元；第三产业总收入达4886.46万元，其中，交通运输业收入1597.7万元，商业餐饮业收入达886.22万元，服务业收入达979.63万元，其他政策性收入达1422.91万元；农村居民人均可支配收入达2.33万元。榜果村斯雄仁牧农机租赁农民专业合作社分红资金达57万余元，懂布村斯雄劳务输出农民专业合作社分红3.36万元，热定新村劳务输出合作社分红9.5万元，达热村村集体经济分红27万元，一家亲岗巴羊养殖农民专业合作社分红5.12万元。村集体经济4万元以上村9个，30万元以上村2个，50万元以上村1个。

【农业】 2022年，年堆乡耕地面积818.8公顷。粮食作物播种面积为9480亩，经济作物播种面积2115亩，饲草料作物面积687亩。完成农作物良种推广面积262亩。

【项目建设】 完成索盖村村道硬化项目、乡小学职工宿舍及体育场项目，共计投资6000万元；争取上级工会资金、村级组织经费投资，各村完成村级村史馆建设，共计投资17万余元；争取县农业农村局资金，扩大榜果村斯雄仁牧农机租赁农民专业合作社；投入强基惠民资金54万余元、产业帮扶资金30万元，建成懂布垭堆家政服务有限责任公司。

【产业发展】 建立完善合作社与农户的利益联结机制，培育发展壮大切合年堆乡实际的特色产业，拓展全乡农牧民群众致富增收新渠道，巩固拓展脱贫攻坚成果同乡村振兴有效衔接。2022年合作社总收入达到1025.54万元，合作社纯收入达到264.16万元，合作社分红资金共61.27万元，196户农户享受分红。实现转移就业1486人，创收2037万元。各村村道硬化里程达35千米，就地就便就业人数80余人。

【疫情防控】 年堆乡坚持以习近平新时代中国特色社会主义思想为指导，切实提高政治站位，深入贯彻落实上级疫情防控工作部署，全体党员干部始终冲在抗疫一线，坚守岗位，履职尽责，加强政策宣传引导；以张贴通告、LED显示屏滚动播放、播放小喇叭等方式宣传400余次，受众达3000余人；乡党委组织工作组入户慰问30余次，受众达148人。

【教育事业】 年堆乡基础教育不断巩固，学前教育逐渐完善，义务教育阶段入学率达到100%。在校学生数568人，其中，小学生435人、幼儿园133人；教职工71人，其中，正式教师41名，女性16名。扎实推进双创清零工作，引导未就业大学生进行创新创业，应届高校毕业生35人；往届高校毕业生稳定就业率达98%，临时就业率2%。

【医疗卫生】 年堆乡共有1所卫生院和9个村（居）卫生室。乡卫生院配备9名医务人员，其中公益性岗位2名；9个行政

3月17日，年堆乡机关党支部联合乡小学党支部开展年堆乡第一届“年雄团结杯”干部职工运动会。图为参赛运动员合影

村各配备1名村医和1名兽医。所有村卫生室均配备170多种常用药品和基本诊疗设施。组织农牧民群众学习基本医疗知识，卫生知识宣传20余次，增强群众健康意识。组织农牧民群众进行健康体检工作，农村居民健康体检率达到90%。加强妇幼卫生和优生优育工作，保证孕妇在分娩周期得到有效保障，做到优生优育。

【文化事业】 2022年，年堆乡党委、乡政府探索发展文化事业和繁荣文化事业的新路子。充分发挥乡村文化活动中心作用，举行中国共产党成立101周年暨行政村文艺队文艺演出活动和干部职工运动会；6月中旬集中举办党史演讲比赛；结合“四个创建”活动组织农牧民党员开展锅庄比赛；充分利用新时代文明实践站（所）举行各类宣讲活动，共组织开展150余次宣讲会，受众人数达3000余人。

【社会保障】 2022年，年堆乡农牧民医疗保险参保人数3355人，参保率达100%，缴费金额84.69万元；新型农村养老保险参保1990人，完成率97%。60岁以上领取养老金454人；农村最低生活保障5户23人；特困人员共3户4人；享受民政局医疗救助128人。

【生态环保】 年堆乡日朗普曲河流经杂益、达热等行政村，河流长度共15千米，总流域面积70平方千米。建立完善乡、村两级河长责任体系，明确河长工作职责、管护目标；定期组织开展河道清洁40余次，参与群众600余人次。开展林业知识宣传活动，宣传森林草原防火知识，开展宣传20余场次，受益400余人。年堆乡植树任务共计1.7万株，总投资78万元；2022年植树任务1.5万株已

6月15日，年堆乡党委结合“四个创建”活动组织农牧民党员开展锅庄比赛。图为比赛活动现场

完成，兑现集体管护资金6.26万元。

【乡村振兴】 乡党委、乡政府高度重视合作社规范化运行和管理工作，引导农民合作社完善章程制度、健全组织机构、规范财务管理；组织各行政村、驻村工作队学习国家富农政策、合作社法、示范章程等内容；选派合作社会计参加市、县两级培训班，8名乡村振兴专干及合作社会计参加市级农民专业合作社财务培训，各行政村负责人、合作社理事长参加自治区、市、县组织的合作社培训达到12人次。完成33家合作社年度工商部门年报登记，注销经营不善或作用发挥不明显合作社5家。针对部分村（居）村规民约内容不突出、不切合实际，甚至缺失的现象，按照有关要求，立足实际，对村规民约进行认真梳理，并要求各村召开村民代表大会，发动群众参与到修改完善村规民约工作中，将社会治安、宗教和谐、思想健康、安全生产、移风易俗、邻里关系、婚姻家庭、疫情防控等内容全面纳入村规民约。

【返贫监测】 加强防止返贫致贫动态监测，落实帮扶政策宣传教育工作，提高全乡干部群众对政策的知晓率，树牢底线思维，持续压实责任，精准施策，补齐短板，做到早发现、早干预、早帮扶，切实防止返贫致贫，坚决守住防止规模性返贫的底线。针对返贫监测户致贫原因，对症下药，纳入产业分红对象、合理安排生态岗位、协调就业岗位、开展多对一的结对帮扶，确保易致贫户早日解除动态监测。2022年，返贫监测户14户48人，其中，6户24人已消除致贫返贫风险，8户24人未消除返贫风险。

3月21日，年堆乡党委组织开展学习解读“中央一号文件”专题党课，乡全体班子成员和干部职工参加会议。图为会议现场

【对口支援】 年堆乡党委、乡政府对接上海市第九批援藏干部江孜联络小组，争取资金400多万元，修建曲乃村村道、曲乃村温室大棚；争取资金100多万元，修建索盖村塔堆自然村村道。

【特色产业】 年堆乡以联户单位为基础发展特色产业，组建年堆乡片多氆氇编制加工厂、索盖卡垫加工农民专业合作社、德庆曲果纺织农民专业合作社、索盖村拉章藏香加工农民专业合作社等民族特色产业，先后拉动群众就近就业20余人，人均增收5000余元；江孜藏毯文化发展有限责任公司（尼玛藏式卡垫加工农民专业合作社）被命名为自治区文化产业示范基地，确定为全国民贸民品定点生产企业等。

（索　朗）

热龙乡

【概况】 热龙乡位于江孜县东部，与浪卡子县交界，离县城

50千米，平均海拔4600米。下辖7个行政村，其中，3个村为半农半牧村，4个村为纯牧村。全乡共有470户2250人，其中，劳动能力1231名，残疾人65人，60岁以上178人；流散僧尼5人。热龙乡根据“双联户”工作要求，已成立51个联保组。

【经济发展】 2022年，热龙乡总产值5003.28万元，其中，第一产业1538.16万元，第二产业1545.48万元，第三产业1919.64万元。人均纯收入1.63万元。

【农牧业】 2022年，热龙乡耕地面积137.53公顷，草场面积44094.08公顷。粮油总产量579.4吨，其中，青稞562.4吨、油菜17吨。共调运有机肥47.33吨，积造农家肥3713.4吨。组织科技特派员进行种子包衣、施肥用肥和田间管理（除草）等方面的教学指导，确保农业技术指导到位，科技推广服务到位、责任到位。落实农机购置补贴政策，与县级相关部门协调沟通，统计农机具需求数量，在农忙到来之际保质保量运送到群众手中，为群众的农牧业生产提供便利。

牲畜存栏2.45万头（只、匹），其中，大畜7850头（匹）、小畜1.67万只；出栏大畜640头（匹）、小畜3951只。按照春季、秋季动物防疫工作要求，利用20天时间对7个行政村的牲畜依次进行春季疫苗注射，各类疫病防治率达到100%。按照“优势资源、优势区域、优势品种、优先发展”的原则，发展养殖类合作社，比龙村、曲堆村、夏雄村、比萨村农牧民养殖合作社，每年收入均破10万元。

召开农牧工作部署会，安排部署全年农牧业工作，签订各项目标责任书。结合春耕备播和接羔育幼时机，深入农牧区一线宣传农业农村工作会议精神和强农惠农政策。组织乡农牧业技术人员、各村“两委”班子、“双联户”及科技特派员开展青稞良种推广、施肥及农药使用和动物防疫等技术指导培训共7次，培训人员达1000多人次；开展宣传活动4次，受教育人数达800余人次。

【产业发展】 2022年，热龙乡重点抓好牛羊养殖农民专业合作社等产业，通过“党支部＋能人带动”等方式，充分发挥各产业的带动能力，发动群众加入合作社，实现稳定脱贫致富。共筹建合作社25个，其中，私营合作社4个，村集体合作社21个；养殖类合作社7个，产品加工类合作社4个，劳务输出类合作社7个，生态类合作社7个。25个合作社共有注册资金470万元，覆盖全乡471户。产生经济效益合作社5个，年户均分红1500元，涉及贫困监测户30户、边缘户10户。充分利用本地自然、人力和技术等资源，发展劳务输出合作社、马玉村体验旅游等产业，同时服务和支持卡若拉冰川第三方运营公司（带动就业22人）。

【疫情防控】 热龙乡深入贯彻落实县委、县政府关于疫情防

5月4日，热龙乡卫生院工作人员到卡若拉冰川景区宣讲疫苗接种的重要性。图为宣讲活动现场

控工作的决策部署，全面落实严防严控措施，压紧压实主体责任，阻断疫情传播渠道，确保群众生命健康安全和社会稳定。安排专人同乡卫生院工作人员下村以及通过各村微信群开展疫情防控宣传，宣传疫情防控知识，解读防控政策以及入户宣传新冠疫苗接种，入户开展新冠疫苗接种工作。

【教育事业】2022年，热龙乡成立以乡党委书记为组长、政府乡长为副组长的教育工作领导小组，并制订实施方案，派出联络员，与各村签订目标责任书。经过多次筛查摸底核实工作，全乡各类适龄儿童及青少年中无辍学学生，入学率达到100%。截至2022年底，热龙乡总学生277名，其中，建档立卡学生10名、大学生12名。引导乡完小进行教学环境建设，并联合乡、村两级力量，加强对学校周边环境整治。

【医疗卫生】2022年，热龙乡有1所卫生院，7个行政村均设置医务室，共配备19名医务人员。结合贫困监测户实际情况和当地医疗机构，对贫困监测户进行医疗救助相关政策宣讲98场次，医疗参保率达到100%。重点关注建档立卡监测贫困群众，排查患病人员，进行救治，针对监测贫困群众实际困难，热龙乡落实慢性病签约管理一批、大病集中救治一批、重病兜底保障一批的“三个一批”健康扶贫措施，贫困监测户签约医生全覆盖。

【文化事业】热龙乡文化站以乡党委、乡政府工作为中心，结合实际，组织开展节日文体活动，促进农村文化事业发展。成立行政村文艺演出队，通过演出、比赛等方式，力争打造多支能传承、留得住、用得上的本土文化队伍，提高群众的文化活动参与度。

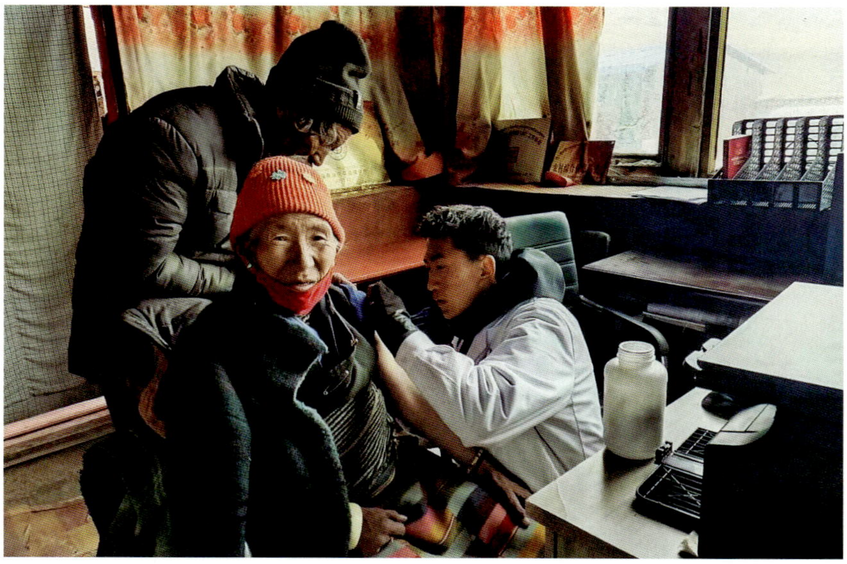

7月22日，热龙乡组织开展新冠疫苗接种工作。图为医护人员为老人接种疫苗

【社会保障】为实现户户通自来水，彻底解决饮水困难和不安全的问题，热龙乡扶贫办一直致力于饮水工程的申报和施工。2022年，7个行政村饮水安全均有保障，四季有水喝，饮水安全达到自治区农村饮用水安全评价标准，并由西藏中科监测技术有限公司为7个行政村出具农村饮用水安全调查报告。

【生态环保】热龙乡认真贯彻落实《中华人民共和国草原法》等法律法规，最大限度减少破坏草原和耕地问题的发生。以环境优先为本，科学、合理、适度开发自然资源，没有破坏草场和耕地的行为。通过加强管理，严禁滥挖草场、破坏植被等行为，加大原生态环境保护投资力度，贯彻落实草场平衡奖励与生态补偿等相关政策。7个行政村原生态高原草场、河流等生态敏感区得到有效保护。

【乡村振兴】热龙乡党委立足实际，制订乡村振兴目标发展规划，融入长远与短期、局部与全局、整体与部分的发展思想，一步一步走实、一点一滴累积起乡村振兴的基石。全力支持村集体经济发展，做大做强村集体经济，为乡村振兴厚实物质基础。始终坚持“加强民族团结、建设美丽西藏”为目标，推进美丽乡村建设，建设宜居宜业、宜住宜人的美丽乡村，实现乡村生活环境干净整洁、自然环境美丽清新。开展文明乡风、良好家风、淳朴民风大评比大展示活动，推进乡风大转变，营造村村支持新风建设、人人融入乡风文明的浓厚氛围。开展乡村基层治理政策大学习大宣传，推进乡村基层治理新思想、新思维、新方式、新办法融入村“两委”班子的脑中、心中。

【返贫监测】 热龙乡严格按照上级有关部门的指示精神，开展脱贫攻坚巩固提升各项工作，按照“四个不摘”工作要求，加强组织领导，建立健全体制机制，深化加强责任落实，做到全乡脱贫攻坚工作力量只增不减，2022年主要开展自查自纠、国家脱贫攻坚普查、防止返贫致贫监测预警和帮扶工作等各项重点工作。

【特色产业】 热龙乡通过调查和研究，挖掘本地自然、文化、历史等特色资源，开发马玉村景点旅游产业，吸引外来游客和学生前来观光、学习，从而创造经济价值，带动热龙乡农牧民群众发家致富。

【党建工作】 2022年，热龙乡新时代文明实践所根据自治区、市、县工作计划并结合乡实际情况制订工作计划，并把国家通用语言学习、疫情防控及疫苗接种、生态文明创建、家政服务志愿服务队等内容纳入热龙乡新时代文明实践站日常工作内容。乡新时代文明实践所所长、副所长，学校教师，乡干部等组成国家通用语言文字志愿服务队，每周周二、周四、周六为“两委”班子进行志愿授课。组织实践站志愿者成立疫情防控志愿服务队，利用2周时间徒步到放牧点巡回宣讲新冠疫苗接种工作重要性。8月，新时代文明实践所出动23名志愿者，各实践站共出动303名志愿者，全面履行疫情防控各项工作，每次出动志愿者到各实践站进行核酸检测与消杀工作。各新时代文明实践站发挥优势，成立生态文明创建志愿服务队，由7名优秀群众担任队长，实施“三五”生态保护行动，将每月5日、15日、25日定为生态环保日，每月参加人数达614人，同时把热龙乡境内G349沿路划分为7个段，由7名队长负责每天清扫。

【综治维稳工作】 严格按照县综治办维稳工作要求强化重点领域及重点物品管控。协助乡派出所认真履行职责。着力落实“7+1”维稳防控工作，结合实际，制订各类综治维稳相关方案预案，做好风险隐患排查工作。重点落实乡村两级值班、巡逻制度等，加强对外来人员车辆、外出人员的管理力度，

4月18日，热龙乡组织开展普法宣传工作。图为宣传活动现场

实行日见面、日汇报制度，杜绝漏控失管现象发生。

强化宣传教育，做好普法宣传工作。把各类法律法规、中国共产党的各类惠民富民政策等作为宣传教育的重要内容进行宣传，让群众明白惠从何来，充分调动广大农牧民群众参与维护稳定、综合治理和平安建设。各类宣传共开展30场次，发放刊物资料86份，受教育群众达3500人次。

做好做实做深养老诈骗、矛盾纠纷、“双拖欠”、各类风险隐患等相关摸排整治工作。联合乡派出所加大对打击养老诈骗专项行动工作、“双拖欠”等事件、六类排查清单、矛盾纠纷的排查力度。县信访局转办热龙乡18起“双拖欠”事件，其中，17起“双拖欠”资金已追回，1起转交法院；矛盾纠纷大排查和大走访30余次，对7个问题进行整治；调解群众矛盾纠纷2起，群众满意率达100%。

【人大工作】 2022年，热龙乡在市、县人大常委会的指导下，在县委和乡党委的领导下，以程序规范为抓手，有序推进人大工作规范化建设。乡人大主席团紧紧围绕全乡中心工作，组织两级人大代表主动融入参与其中，充分体现代表的先进性。10月30日，热龙乡召开乡第十四届人民代表大会第四次会议，听取和审议乡政府工作报告、修改完善乡规民约并对政府工作提出4点意见建议。

（旦增罗布）

龙马乡

【概况】 龙马乡位于江孜县东部，北纬28°08'、东经89°09'，东与热龙乡交界，南与康马县接壤，西与车仁乡相邻，北与仁布县德吉林镇接壤，辖区面积479.56平方千米，平均海拔4500米。乡内有锑、水晶等矿藏和受国家保护的藏野驴、野羊、雪鸡等动物。特色产业有光伏、藏鸡养殖、绵羊短期育肥养殖等。共有10个行政村（包括2个纯牧村），17个自然村，学校、卫生院、农业银行营业室各1所，有2座寺庙。全乡有352户2006人。全乡共有干部职工52名，其中，借调7名、村专干1名、乡村振兴专干10名、科技专干8名、“三支一扶”人员1名、农业农村专员1名；村“两委”班子52名，其中，乡村振兴专干2名、下派支部书记2名。

【经济发展】 2022年，龙马乡总收入4124.8万元，其中，第一产业收入1072.8万元、第二产业收入1467万元、第三产业收入1585万元，人均收入1.53万元。

【农牧业】 截至2022年底，龙马乡种植业完成农作物播种面积2238亩，其中，青稞播种1359.86亩，油菜播种216.35

1月17日，龙马乡召开党委理论中心组2022年度第2次学习（扩大）会。图为会议现场

亩，豌豆播种416.15亩，蔬菜瓜果播种76.5亩，饲草料播种169.14亩。粮油总产量691.4吨，其中，青稞产量575.2吨，油菜产量41.3吨，豌豆产量74.9吨；蔬菜瓜果产量77.6吨。

畜禽存栏数共22234头（只、匹），其中，牛3080头，羊16591只，马、驴106匹，鸡2457只。畜禽出栏数共7017头（只、匹），其中，牛463头，羊6547只，马、驴7匹。牛肉产量46.66吨，羊肉产量74.69吨，奶产量606.45吨，禽蛋产量1.06吨。春季重大动物疫病注射牛（牦牛）3581头，注射绵羊（山羊）23428万只。秋季重大动物疫病注射牛（牦牛）3553头，其中幼畜598头；绵羊（山羊）23243只，其中羔羊5956只。全面完成春季、秋季禽流感免疫任务，春季接种鸡843只，秋季接种鸡2544只，免疫密度100%。

【项目建设】 2022年，龙马乡申请3个项目，分别是加热村农村人饮新建机井水源点项目、西堆村农村人饮新建截浅流水源点项目、最康夏列自然村农村人饮新建光伏机井水源点项目。

【产业发展】 5月14日，龙马乡农副产品销售合作社正式设立运营，引进辖区内10个行政村农牧民群众家庭特色产品，通过统一销售、统一分红的形式，收入达7.1万元。其他运营合作社共计16家，收入总计219.48万元，其中，纯收入78.34万元，分红28.79万元，支出112.35万元；带动124人就业。西堆村、萨拉村光伏扶贫产业项目于2020年落地投产，2022年实现第一笔收益分红，收益共67.48万元，其中，3万元作为全乡卫生评比奖励资金，3万元作为产业发展和道路维护资金，4.3万元作为86户建档立卡脱贫户分红资金（每户分红500元），57.18万元作为西堆村、萨拉村集体经济和发展经营资金，同时用作产业管理人员和技术人员误工补助（奖励）。

【疫情防控】 按照自治区、市、县疫情防控工作具体要求开展疫情防控工作。向农牧民群众宣传疫情防控相关知识，引导群众配合；引导群众做好自身及家人的防护工作，做好重点部位的消杀工作，对乡小学、各村委会、寺庙、乡便民服务大厅、会议室、食堂等场所定期消毒；做好后勤保障，采购口罩、消毒液，为各村委会、驻村（驻寺）、卫生院提供生活物资，如蔬菜、鲜肉、饮料等；做好常态化疫情防控工作，乡小学定期对教室、食堂等进行消毒，乡卫生院及村医定期对乡政府、寺庙、农业银行营业所进行消毒；全面落实新冠疫苗接种工作，夯实群体免疫“保护墙”，通过集中宣讲、入户走访等方式对新冠疫苗接种进行宣传。

【教育事业】 2022年，龙马乡有1所小学、2所幼儿园。教职工33名（小学16人、乡幼儿园9人、加热幼儿园8人），其中，在编教师21人（小学16人、乡幼儿园3人、加热幼儿园2人）；学生258人，其中，乡小学182人，乡幼儿园48人，加热幼儿园28人。

【医疗卫生】 龙马乡卫生院有医务工作者10名，10个行政村各2名村医。龙马乡全面推行新型农村合作医疗项目，群众参合率达到100%，儿童疫苗接种率达到100%。在上级卫生部门的协调下，逐步充实龙马乡卫生院医护力量，配齐常用药物。乡卫生院实行村医轮换培训制度，每期2人，培训周期1个月。建档立卡户家庭医生签约率达100%，上门服务率达100%。乡卫生院医务人员和村医定期对高龄、高血压等人群开展体检工作。

【文化事业】 组织全乡干部职工、各新时代文明实践站开展120余次中共二十大精神宣讲活动。组织20名西藏自治区宣讲员宣传纪念“3·28”西藏百万农奴解放63周年宣讲提纲、“四讲四爱”群众教育实践活动、乡村振兴、新旧西藏对比教育等，共开展44次宣讲志愿服务活动。组织各新时代文明实践站举办“喜迎二十大春风进万家——龙马乡庆祝西藏百万农奴解放63周年文艺演出、龙马乡热烈庆祝中国共产党成立101周年”活动。各新时代文明实践站文艺演出队开展新旧西藏对比演讲比赛、文艺会演、歌唱比赛、拔河赛、接力赛等各种文体活动，10个新时代文明实践站共开展41次文体志愿服务活动。3月28日，组织各新时代文明实践站开展“争做神圣国土守护者、幸福家园建设者”践行活动，利用各村村史馆为载体开展“讲村史谈变化”群众大讨论等实践活动。

【生态保护】 乡级河长每月巡河1次，村级河长每周巡河1次。乡级巡河150余次，发现问题15条，均整改完成；村级巡河560余次，发现问题13条，均整改完成。开展全乡村庄水环境清洁夏季行动，乡河长办调动全乡范围内的水生态岗位人员，特别是龙马河沿线村的水生态岗位人员，定期对龙马河进行垃圾清理。建立生态文明高地示范点（西堆村），动员群众参与到环境治理、植树浇树的“添绿”行动当中来。开展村环境卫生整治超500余次，各村委会制订卫生清扫制度、卫生评比制度、卫生宣传制度。党员志愿服务队每月至少1次对G349至斯米拉段进行清扫，共出动人力60批240人，清运垃圾8吨；G349沿线村，每周组织生态岗位人员、党员先锋队、村民对辖区内的公路沿线、水渠水沟、村主要干线和村内环境卫生进行大排查，开展环境卫生整治活动650余次，清理垃圾25吨。公路沿线村均设有垃圾掩埋场，所有清理的垃圾均放到垃圾掩埋场，60%的生活垃圾得到有效处理。乡环保办对各个村开展白色污染治理活动情况进行定点、随机抽查，督促落实相关责任，总结工作经验，在全乡范围内推广，形成长效工作机制。

【自然灾害】 2022年，降雨时间空间分布不均，龙马乡局部发生内涝和干旱。通过有序调度、科学防控、合理调配，虽然局部有旱有涝，但未发生较大灾情。龙马村由于冰雹降雪导致部分农牧民群众农田损失，副县长边巴赴龙马村实地查看受灾情况，受灾补助资金均兑现完成。

【返贫监测】 持续做好防返贫动态监测工作，各项工作统筹推进，严防致贫返贫底线。经排查，5月新识别收入低于6500元的监测户9户41人，11月新识别收入低于6500元的监测户4户18人。

【基层人大工作】 在县人大常委会和乡党委的正确指导下，认真履行人大监督职能，组织

9月8日，县级主要领导赴龙马乡龙马村实地察看冰雹、雪后受灾情况。图为察看现场

乡人大代表宣传法律法规，学习贯彻乡党委的中心任务，组织学习相关法律法规5次，5月对学校、食堂及周边的商店、餐馆进行食品安全检查7次。认真履行法律法规赋予的各项职权，围绕群众身边的热点难点问题，组织人大代表围绕疫情防控、义务教育均衡发展、宗教领域以及村规民约，下村调研2次、征求意见建议，发现问题6条并反馈。在工作中坚持与政府工作同向的工作思路，正确处理支持与监督的关系，抓住龙马乡发展中的问题，抓住农牧民群众普遍关注的热点难点问题，提出意见建议，推进政府工作开展。与县人大常委会工作安排相结合，制订乡人大年度工作计划并做好沟通衔接。

【“双联户”工作】2022年，乡综治办按照“双联户”考核考评办法开展考核工作。评选县级先进“双联户”户长1名（加热村巴桑）、乡级先进“双联户”户长3名、村级先进“双联户”户长13名，先进“双联户”集体3个（西堆村、最康村、龙马村）。真正做到将纠纷化解在基层，解决在萌芽状态，开创乡村基层发展稳定新局面。

（拉巴顿珠）

康卓乡

【概况】康卓乡位于江孜县西南部，北纬28°08′、东经89°04′，距离县城17千米，平均海拔4300米，辖区面积254.27平方千米，东部与紫金乡、江热乡交接，南部与康马县相邻，西部与金嘎乡、日星乡接壤，北部与重孜乡、热索乡相接。下辖8个行政村，25个自然村，人口共548户2989人。

【经济发展】2022年，康卓乡经济总收入5465.14万元，其中，第一产业1602.79万元，第二产业1890.7万元，第三产业1971.65万元；人均可支配收入达18098元，同比增长7.2%。8个村村集体经济纯收入66.32万元，分红39.8万元。其中，4个中央扶持村集体经济项目纯收入7.7万元。

【农牧业】2022年，康卓乡耕地面积370.6公顷，草场面积16146.67公顷。农作物播种面积5559亩，其中，青稞4120.05亩，油菜387亩，小麦49.95亩，豌豆468亩，饲草料351亩，蔬菜183亩。粮油产量2195.85吨，其中，青稞1971.4吨，油菜95.4吨，豌豆102.5吨，小麦26.55吨。

牲畜总数为19550头（只、匹），其中，大畜2170头（匹），小畜17380只；年末出栏5200头（只、匹），其中，大畜436头（匹），小畜4764只。全乡共有科技特派员16名，兽医10名。开展牲畜疫病的预防工作，疫苗注射率达到100%。

【项目建设】2022年，康卓乡实施查龙村乡村振兴美丽宜居示范村建设项目，助推建设美丽宜居乡村。截至年底，完成项目建设内容的10%。

【疫情防控】成立疫情防控领导小组，设立防疫宣传等9个专项小组。张贴宣传标语24条，集中开展防疫知识宣讲36场次、应急演练1次。坚持落实各项常态化疫情防控措施。在国务院出台优化疫情防控措施之前，康卓乡无一例本土感染新冠疫情病例。

【教育事业】康卓乡有1所小学、3所幼儿园，共49名教职工，其中，正式教师26人、乡村幼教专干13人、后勤工作人员10人；学生448人，其中，小学生298人，幼儿150人。认真落实“两免一补”政策，严格管理“三包”政策经费，乡政府与学校共同开展宣传九年义务教育均衡发展政策，确保适龄儿童和初中生入学率达到100%，巩固率分别达到99%和98%。乡政府时刻关注学校动态，明确责任，并与各村签订目标责任书，坚决遏制辍学问题。

【医疗卫生】2022年，康卓乡农村合作医疗参合率达100%，儿童疫苗接种率达100%。享受“一孩双女”政策23户，兑现“一孩双女”资金2.21万元。特殊扶持3人，特殊扶助资金2.12万元。创造条件，完善基础设施，规范业务建设，鼓励广大妇女优生优育、住院分娩。

【文化事业】按照每季度一次大型活动、每个月一次主题活动、每周全程免费开放服务的形式，形成“4+12+N”（传技课程、修艺课程、弘文课程、新时代文明实践课程4个大板块，职业技能、创业本领、子女成长、文体休闲、健康生活、家教家风、“非遗”传承、文化传播、社会融入、传播思想、志愿服务、移风易俗12个大门类，设置N个满足所有群体不同需求的线下和线上课程）的文化服务格局。实行包村（室）责任制，乡文化站下派8名专（兼）职人员包村指导文化工作，明确文化站室内各功能室开放管理责任人，切实提高文化服务质量和效率。开展“喜迎二十大　夏阳耀初心”、民歌搜集成果会演等系列文体活动。国家通用语言文字结对帮学活动230余场次，受训村干部860余人次，达标率95%。依托乡文化站充分发挥新时代文明实践所（站）“五大平台”（理论宣讲平台、教育服务平台、文化体育服务平台、科技科普服务平台、卫生健康服务平台）作用，举办季度群众文化活动2场。充分利用新时代文明实践志愿服务队组织开展疫情防控、人居环境整治、“学雷锋”志愿服务、养殖技能科普、“我

6月29日，康卓乡开展“喜迎二十大　夏阳耀初心”行政村文艺队广场舞比赛暨庆“七一”系列文体活动。图为获奖选手合影

4月2日，康卓乡开展文化服务志愿者培训暨民歌搜集成果会演活动。图为节目表演现场

们的节日”送爱心服务、国家通用语言演讲比赛、民族团结进村、健康服务门口送、农村交通劝导、增收技能比赛、理论政策大补课等12次主题突出的文明实践活动。

【社会保障】2022年，康卓乡参加技能培训人员11人，劳务输出1075人，全年总收入达1856.7万元。养老保险参保1436人，参保率达97%；60岁以上领取养老金266人；发放养老保险金70.46万元。

【生态环保】2022年，康卓乡开展“清洁村庄助力乡村生态振兴”主题活动，着力解决村庄环境脏乱差问题，全面推进农村人居环境整治工作。建成垃圾转运站1座，配备转运车辆4辆、垃圾分类箱27个等配套设施，按照“户投放、村收集、乡转运”的模式处理生活垃圾。利用河道乱堆乱放的建筑垃圾加固防洪堤坝125米。推行人居环境“月月评”，颁发“美丽乡村”流动红旗12次，发放奖励资金0.96万元，代取罚金2000元，罚金全部用于购买环卫用品。实施人畜分离、厕所改造，常住户共426户，完成厕所改造412户，厕所改造率达96.71%。在查龙村组织完成“四旁”植树1.13万余棵，成活率达70%，已兑现植树资金61.9万元。

12月29日，康卓乡邀请江孜县消防救援大队在卓普村进行消防应急演练活动。图为演练现场

【返贫监测】2022年，康卓乡持续开展防止返贫致贫动态监测工作，共监测对象11户42人。5名领导干部与11户返贫监测户结成帮扶关系，做到监测户全覆盖，送帮扶资金3600元。设立424个生态岗位，兑现生态岗位资金148.4万元。通过教育引导、政策扶持、转移就业、产业带动等多种举措，7户26人消除返贫致贫风险。

【平安建设】2022年，康卓乡平安创建工作稳步推进，“点、线、面”结合“打、防、控”一体的社会治安管理机制全面提升，社会治安防范管理体系日趋完善，违法犯罪活动、非法宗教活动和黑恶势力受到严厉打击。疫情防控期间，乡执法工作人员发挥持续作战精神，严格落实疫情防控主体责任，强化日常防疫管理，维护广大群众的生命安全和身体健康。开展交通安全、消防安全、林草防火安全教育和安全生产教育活动，未发生重特大事故。

（强巴旦增）

重孜乡

【概况】重孜乡地处江孜县西南部、年楚河南岸，东部与紫金乡交接，西部与热索乡接壤，南部与日星乡相邻，北部与藏改乡接壤，距离县城20千米，平均海拔3960米，辖区面积120.35平方千米，G349横贯乡境。下辖9个行政村、18个自然村，总人口1147户5182人。主要以农业生产为主，农作物主要有青稞、小麦、豌豆、油菜等，经济作物有土豆、蔬菜等，家庭饲养黄牛、山羊、绵羊、马、骡、猪、鸡等，民族手工业产品有卡垫、氆氇等；广播、电视覆盖率达100%，通信覆盖率达100%。各自然村通电、通路、通广播。

【经济发展】2022年，重孜乡经济总收入达到15873.28万元，同比增长9.94%；农牧民人均可支配收入达到23906元，同比增长5.4%。重孜乡辖区有50家合作社，塔杰村农机服务农民专业合作社、鲁顶村农机服务农民专业合作社得到超100万元的农牧项目农业机械扶持。重孜乡以经济发展为重点，狠抓各项措施的落实，全乡经济指标呈上升趋势，农村经济总收入15873.28万元，其中，第一产业3970.64万元，第二产业4297.26万元，第三产业7605.38万元，纯收入12072.53万元。

【农牧业】2022年，重孜乡耕地面积1132.67公顷，草场面积9086.67公顷。粮食播种面积14179.08亩，其中，青稞13035.68亩，小麦696.95亩，豆类446.45亩；经济作物播种面积1087.52亩；粮油产量为8004.5吨。共完成农家肥积造2.1万吨，发放有机肥595.99吨、单肥437.85吨。发放扑力猛种衣剂443瓶，爱秀

5月24日，重孜乡农牧专技人员和科技专干陪同县农业农村局工作人员到央白村有机肥梯度试验田数基本苗。图为数苗现场

除草剂大小箱44箱，千里寻79箱，大骠马除草剂21箱，高效氯氰菊酯杀虫剂9箱，叫停杀虫剂18箱。与广大农牧民签订种植目标责任书，将粮食品种及播种面积落实到村、户、田，引导和鼓励群众多种粮、种好粮。

牲畜存栏数1.55万头（只、匹）。牲畜疫苗接种牛5809头、羊9276只、羔羊1338只，禽流感疫苗注射共2929针。对168条家犬进行犬犬投药、月月驱虫，有效阻止动物性疫病传播。有效落实黄牛改良工作，完成改良配种871头。

【项目建设】2022年，按照“抓项目、促发展”的总体思路，在县委、县政府支持下，落实建设2个项目，分别是鲁顶村高标准农田建设项目，总投资达259.08元，项目建设面积735亩，受益农户57户315人；康庆村斯布普曲防洪堤坝建设项目，总投资1050万元，2022年底竣工。

【产业发展】2022年，重孜乡紧扣“名城振兴工程”战略发展目标，坚持统筹兼顾，突出关键，加快推动产业发展，以特色产业带动群众增收，发展优势、特色产业和农产品加工业，着力打造集“产、加、销”于一体的特色产业体系，重点发展以青稞、油菜、小麦、苜蓿等为主的种植业，以生态养鸡、牛羊短期育肥等为主的养殖业，推进全乡产业发展格局初步形成。组织各级力量持续引导和鼓励群众参与产业发展，拓展“党支部＋合作社＋农户”运营模式，为群众提供全方位

的服务，加快推动乡村振兴高质量发展，通过集中探讨、走村入户方式调研全乡已注册合作社运行情况，严格推进“5个100%”（村“两委”班子、党员、建档立卡贫困监测户、边缘户、残疾人入股率100%）等制度落实，帮助实现合作社标准化运行。

5月23日，重孜乡塔杰村驻村工作人员对家禽注射疫苗情况进行统计。图为统计工作现场

【疫情防控】 重孜乡开展常态化疫情防控知识宣传150余次，覆盖群众7000余人次；精准掌握辖区“定期就诊服药人、孤寡老人、孕产妇、婴幼儿、行动不便人员”等信息，解决农牧民群众急难愁盼问题60余件。65岁以上总人口326户388人，建立“五本台账”（低保户、特困户、残疾人、突发严重困难户、返贫监测户台账），完善各类特殊人群及重点人员健康状况；全乡设置村级道路值守点；开展全覆盖式环境消杀工作；防疫物资发放数量累计达23.44万件，共筹集防疫款项12.58万元；为群众上门服务累计达65次，助农秋收工作累计开展27次，受益群众达870人；复商复市商铺41家，复工复产2家建筑工地，复课复学师生人数73人次。

【教育事业】 2022年，重孜乡有1所完全小学，4所幼儿园（教职工81人，学生743人），适龄儿童入学率100%。对个别确因身体疾病等原因无法正常上学的适龄儿童，采取联系学校进行送教上门的方式让其接受基本义务教育，送教上门学生3名。

【医疗卫生】 2022年，重孜乡卫生工作人员深入各村开展宣传工作，并统计参保情况。全乡共有3781人参保，上缴保费61.25万元，参保率达到100%。共确定重特大疾病患者43人。开展为老年人等特殊群体测量血压等活动。共协助办理医疗救助人员

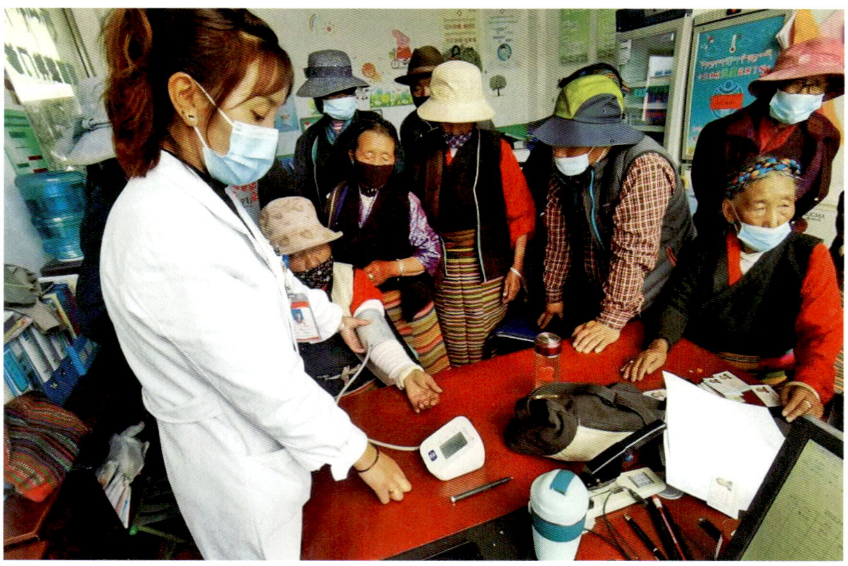

5月22日，重孜乡医护人员为鲁顶村老年人测量血压。图为测量血压现场

29名。全乡共有113人符合享受“一孩双女”政策扶助，23人符合享受特别扶助（小孩残疾、去世）。

【社会保障】 2022年，重孜乡新型农村社会养老保险应参保2074人，实际参保2074人，缴纳养老金41.48万元，参保率达到100%。对17户农村低保32人，累计发放最低生活保障金6.49万元；分散特困人员11人，累计发放特困人员救助金6万元；县慈善协会对3户突发重特大病农户发放救助慈善金25万元；乡政府对5户突发困难户实施临时救助，救助资金共3万元；实施医疗救助12人次，其他救助6人次，落实救助资金16.5万元。实现农牧民转移就业1878人，其中，组织化转移就业1543人，脱贫户318人，跨省就业17人。实现创收2610万元；组织中式烹调师、挖掘机、装载机、民族手工艺品加工、会计员、合作社会计员、SYB（“开始你的创业”英文单词首字母缩写）创业培训等技能培训，参训人员共48人；高校毕业生共42人，就业30人。

【生态环保】 2022年，重孜乡进行环保政策、法规宣传，发放宣传单19份，宣传手册1162册，受宣传、教育群众覆盖率100%。

5月24日，重孜乡党委书记崔国禄（中）到番琼村走访察看“四旁”植树林木生长情况。图为林木察看现场

结合乡村人居环境调查、农村人居环境整治和村庄清洁行动专项整治工作，每周五定期进行卫生大扫除，各村生态岗位人员按照岗位职责要求不定期对包片领域进行打扫卫生。通过党员志愿活动，每月至少一次清理农户家中、路面、河塘、沟渠、河道卫生，整治乱堆乱放、私搭乱建、占道经营等现象。添置18个垃圾分类箱，专人管理垃圾转运站垃圾清运工作。开展“四旁”植树活动。落实“河长制”工作，设乡级总河长2名、乡级河长5名、村级河长12名，设立12个公示牌，定期开展巡河和河道清理维护工作。

【乡村振兴】 2022年上半年共安排生态岗位人数309人，兑现资金54.08万元；下半年安排生态岗位人数291人，兑现资金50.93万元。对脱贫人口开展产业分红，分红35人，共兑现资金3.89万元（已消除风险监测户家庭成员2人，每人1300元；一般脱贫户家庭成员33人，每人1100元）。318名脱贫户实现转移就业，解决群众就业难的问题。建设自来水厂，满足乡辖区群众用水需求，提升供水能力，扩大供水覆盖率。

【返贫监测】 2022年，持续建立健全巩固拓展脱贫攻坚成果同乡村振兴有效衔接机制。在全乡范围内集中开展排查监测对象工作，经核查有997户5049人，建立“五类人群”台账，其中，低保户17户32人、特困户14户、残疾124人、突发严重困难户3户、返贫监测户1户4人。对返贫监测户实施“一户一策”，防止出现致贫返贫现象。严格按照危房改造审批程序确定危房改造对象2户。针对自建房安全隐患排查发现9户群众自建房存在安全隐患并现场提出整改意见，精准实施21户重点对象完成农村危房改造。严格按照岗位条件，调整生态补偿岗位，将符合条件的贫困监测户与低收入人群全部纳入生态补偿岗位。

【对口支援】 重孜乡卫生院由上海援藏投资建设并已投入使用，总建筑面积达4311平方米，院内共设住院床位60个，在疫情防控期间设为江孜县方舱医院之一。重孜乡小学改扩建项目及修建学校女生宿舍楼项目，改扩建项目已完成验收工作，女生宿舍修建工作仍在推进中，修建学校女生宿舍楼项目修建面积为1700平方米，总投资达830万元。自来水厂项目设计供水量每天1300立方米，因受疫情影响暂未完成施工，项目竣工验收后将带动813户4055名群众获益，满足辖区群众用水需求，提升供水能力，扩大供水覆盖率。

【特色产业】 重孜乡发展特色产业，继续培育壮大塔杰村农机服务农民专业合作社、鲁顶村农机服务农民专业合作社，直接带动31人实现就业，间接带动189人实现就业，283人实现分红，人均分红900元。全乡共有农民专业合作社50个，从事农畜产品加工10个、养殖业8个、种植业2个、民族手工业6个、农机服务4个、旅游业1个、生态合作10个、劳务输出8个及其他1个。全乡合作社入社人数达4216人，其中脱贫户161户218人，入社注册资金达2072.74万元，带动511人就近就业。

【综治维稳】 2022年，重孜乡整合村“两委”班子、驻村工作队员和“双联户”单位的力量加强管理，加强各村治安巡逻。成立以乡党委书记为组长、乡长和主管领导任副组长、相关干事为成员的扫黑除恶打非治乱专项斗争活动领导小组，领导小组下设办公室，负责扫黑除恶打非治乱专项斗争活动日常工作及部门协调，各村成立以村支部书记为第一责任人的工作小组。通过悬挂横幅、微信群等方式深入宣传，向全乡群众发放宣传资料共2000余份，播放视频广播40余次，设立11个扫黑除恶打非治乱举报信箱。开展“7+1”专项工作，围绕“7+1”专项工作开展大排查20余次，大走访10余次，大整治10余处，大服务20余次。

（片　多）

达孜乡

【概况】 达孜乡位于江孜县境西北部，年楚河下游，距县城25千米，辖区面积479.56平方千米，平均海拔3950米，下辖9个行政村，有658户3164人。学校、卫生院、农业银行营业室各1所，有2座寺庙。

【经济发展】 达孜乡主要收入来源以传统种植业为主，主要种植青稞、小麦等，同时发展畜牧业，转移剩余劳动力外出务工，2022年经济总收入9555.63万元，人均收入2.28万元，同比增长6.74%。3月18日，恰久村获县农行支行授牌“钻石卡村”，县农行支行向15户群众发放“钻石卡贷款证”，发放惠农贷款415万元。

【农牧业】 2022年，达孜乡耕地面积692.47公顷，草场面积4818.1公顷。用2021年良种补贴资金9.49万元从江热乡亚吾村购买“喜玛拉22号”二级种子14.85吨，发放给9个行政村。实施高标准农田建设项目，涉及3个行政村（达比村、仁青岗村、德吉村），包括建设水渠、土地平整、客土改良、修建机耕道及新建防洪堤坝等。加大

3月18日，达孜乡举办恰久村“钻石卡村”授牌仪式。图为县农行支行工作人员与群众合影

农业科技推广力度，健全基层科技特派员管理机制，开展科技特派员及大学生科技专干理论培训和农业技术现场演示活动6次。

牲畜存栏共计10914头（只、匹），其中，牛存栏3148头，绵羊5955只，山羊1459只，马299匹，猪53头。

【产业发展】 截至2022年底，达孜乡共有农民专业合作社26家，入股448人，成员出资总额21.3万元，经营收入总额21.3万元，分红金额9万元。达孜乡恰久村普拉尔农机租赁农民专业合作社，对58户农牧民群众进行分红，分红金额5.8万元。通过摸底了解，最终成立以9个行政村（居）为单位的1家联合劳务公司，取代运行不畅的村（居）劳务输出合作社，有效解决“僵尸社”“空壳社”问题。

【疫情防控】 8月，达孜乡党委认真贯彻落实县委、县政府关于疫情防控工作的各项部署安排，组织驻村工作队、“双联户”户长、民兵、村干部、医护人员、派出所民警、乡政府工作人员等力量开展各项疫情防控工作。成立由驻村工作队、村干部、党员等组成的乡、村两级疫情防控志愿服务队，共成立志愿服务队10支，开展疫情防控日常物资采购、志愿服务、消杀等工作，乡、村两级志愿服务队每天开展辖区内巡逻。强化舆论宣传，加大防疫宣传力度。按照分批、分散、有序的工作要求，开展助农秋收。

【教育事业】 2022年，达孜乡共有1所小学和2所幼儿园。全乡共有教职工40人；学生463人，其中，恰久村幼儿园42人，乡幼儿园94人，小学327人。

【医疗卫生】 2022年，达孜乡完成2773人城乡居民医疗保险收缴工作，参保率达到95.85%，脱贫人口全部纳入基本医疗保险、大病保险医疗救助范围。

【文化事业】 组织全乡干部职工、各新时代文明实践站多种形式观看二十大报告精神、学习宣传中共二十大精神，开展100余次二十大精神宣讲志愿服务活动。组织开展学习宣传纪念“3·28”西藏百万农奴解放63周年宣讲提纲、“四讲四爱”群众教育实践活动、乡村振兴、新旧西藏对比教育等宣讲志愿服务活动。组织各新时代文明实践站举办“喜迎二十大春风进万家——达孜乡庆祝西藏百万农奴解放63周年文艺演出、达孜乡热烈庆祝中国共产党成立101周年”活动。各新时代文明实践站文艺演出队开展新旧西藏对比演讲比赛、文艺会演、歌唱比赛、拔河赛、接力赛等各种文体活动。3月28日，组织各新时代文明实践站开展“争做神圣国土守护者幸福家园建设者”践行活动，利用各村村史馆为载体开展“讲

3月28日，达孜乡加纳村开展庆祝西藏百万农奴解放63周年文艺演出。图为演出现场

村史谈变化”群众大讨论等实践活动。

【社会保障】 2022年，达孜乡累计转移就业1175人，完成率100.17%，创收1728.27万元。完成系统实名制登记和“4321”结对帮扶对接工作，需就业24人，已就业24人，就业率100%。完成2022年全乡城乡居民养老保险收缴工作，缴存金额24.88万元。开展临时困难救济，向县民政局争取临时救助资金，发放临时救助2.5万元，涉及生活困难5户。开展人饮水源环境整治和水源保护工作，提升群众饮水安全，提升水源地和水质保护成效，全乡水质监测报告均达标。

【生态环保】 建立健全乡、村两级书记首责制，将农村人居环境提升工程列为乡村振兴工作的一项重点任务，层层压实责任，探索环境整治积分兑换模式，配齐配强人员力量，包村领导定期下村带头开展环境整治工作；充分利用达孜乡垃圾中转站配套设施设备及人员力量，发挥新时代文明实践站平台作用，组织生态岗位人员、“双联户”户长、党员干部等人员力量定期开展环境卫生大检查、大清扫、大清理整治行动，逐步打造“生态宜居、乡风文明”的美丽乡村。共开展环境整治工作200余次，村（居）整体环境卫生显著改善。

【自然灾害】 强化应急处突能力、保证人民群众人身财产安全。2022年，降雨时间空间分布不均，达孜乡局部发生内涝和干旱。通过有序调度、科学防控、合理调配，虽然局部有旱有涝，但未发生较大灾情。对于各村（居）农田水渠组织驻村工作队、村“两委”和农牧民群众进行加固维修，确保对农田进行有效灌溉。

【返贫监测】 结合实际，细化完善防止返贫动态监测和帮扶机制实施方案，制订《江孜县达孜乡人民政府防止返贫监测和帮扶机制工作落实实施方案》；开展防返贫监测集中排查工作，坚持识别标准，落实监测方式，规范监测程序，做到监测对象应纳尽纳，防返贫监测户9户28人。聚焦核心指标，全面找准、补齐“两不愁三保障”存在的短板和弱项，逐条逐项排查解决，全乡所有群众稳定实现不愁吃穿。

（巴桑罗布）

卡麦乡

【概况】 卡麦乡位于江孜县城西北部，北纬29°07′、东经89°29′，距县城35千米，东部与卡堆乡交接，南部与达孜乡接壤，西部与白朗县相邻，北部与日喀则市南木林乡相接，全乡面积17043.5公顷。下辖10个行政村，总人口785户4867人。卡麦乡共有82个“双联户”单位，其中，村级联户77个、机关5个；“双联户”户长82人。寺庙4座，分别为那吾村尼布寺、甘丹曲林寺、加比村查珠寺、曲杰村达修拉康寺。

【经济发展】 2022年，卡麦乡农村经济总收入为11969.19万元，人均可支配收入达17902元。

【农牧业】 2022年，卡麦乡有耕地765.6公顷、草场面积13666.67公顷，主产青稞、小麦、油菜等。农业实播面积11484亩，其中，青稞8878.5亩（“喜玛拉22号”2750亩、“藏青2000”2200亩、“藏青320”3928.5亩）、小麦185亩、油菜705.07亩、蔬菜684.15亩（土豆344.6亩）、饲草料1031.28亩。粮油总产量达4117.4吨，其中，青稞3857.7吨，小麦100吨，油菜159.7吨；饲草料产量1289.1吨；蔬菜产量1232.4吨。

牲畜存栏14894头（只、匹），其中，黄牛3434头，牦牛620头，犏牛324头，绵羊9285只，山羊1054只，马116匹，骡45头，驴16头。完成春季动物口蹄疫及五号病防控工作，共1.49万头（只、匹）；完成动物棘球蚴病防疫工作，共1842只羔羊；完成三联四防疫苗工作，共6725只羊；完成动物羊痘病防控及治疗工作，共1.38万只羊；完成禽流感防疫工作，共2775只家禽；完成家犬棘球蚴病防控工作，犬犬投药、月月驱虫。

3月26日，卡麦乡组织乡、村两级兽医开展春季疫苗接种工作。图为疫苗接种现场

【项目建设】 完善储备衔接乡村振兴项目20个，其中，产业类项目6个，基础设施类项目9个，人居环境整治类项目4个，其他类项目1个；项目估算总投资8971.6万元。结合朗嘎村、嘎益村、那吾村陶器产业基础，江孜县卡麦乡陶器加工厂建设项目纳入江孜县“十四五”产业项目规划。

【产业发展】 卡麦乡坚持大抓产业的鲜明导向，立足资源禀赋，因地制宜制订产业发展规划，壮大村级集体经济，促进群众增收。推进粮食稳定发展，推动传统农业向现代农业转型，发展农机合作社。杰麦村和亚杰村农机合作社，共托管亩数8700亩，带动就业19人，人均工资达1.5万元；经营收入79.36万元，分红资金10.83万元，参与分红197人。杰麦村、岗玉村、麻恰村、加比村、塘麦村、普夏村种植养殖合作社助力扶贫产业；亚杰村藏鸡养殖合作社已正式投入使用，塘麦村私人养鸡合作社与村集体经济结合起来创建藏鸡养殖合作联社。杰麦村和亚杰村农机合作社，岗玉村党支部推进建筑工程有限责任公司与劳务输出合作社、纺织合作社协调发展工作机制，共带动56名群众就业，总收入达234万元，分红资金70万元，岗玉村集体建筑公司已办理三级资质（水利、市政、交通）。杰麦村（蔬菜、酥油、羊）、岗玉村（绵羊）、麻恰村（酥油）、加比村（藏鸡蛋）、塘麦村（藏鸡蛋）、普夏村（酥油）、

3月28日，卡麦乡杰麦村举办农机合作社分红仪式。图为参与分红群众合影

亚杰村（藏鸡蛋）、那吾村（绵羊）种植养殖合作社助力产业发展，经营收入38.9万元，分红资金31.02万元，参与分红796人；嘎益村、那吾村陶器合作社，共销售9500件，带动74人就业，实现销售额70万元。

【疫情防控】2022年，卡麦乡共召开2次疫情防控工作动员部署会，召开疫苗接种推进大会，在乡辖区内悬挂疫情防控宣传横幅35条，LED显示屏滚动播放110条，通过微信群推送疫情防控知识800余条，每日通过各村应急广播播放疫情防控相关知识。落实“三包”政策责任制度，即乡领导班子包村、村包联户、户长包户。

【教育事业】卡麦乡有完全小学1所，教师47人，小学生、学龄前儿童750名。成立以乡政府乡长为组长、副乡长为副组长、各村委员会主任为成员的教育工作领导小组，落实责任。签订2022年控辍保学目标责任书，每月通报情况，对存在的辍学生开展上门宣传、劝学等工作，已实现复学，入学率、在校率均达到100%。开展义务教育阶段因病、因残适龄少年儿童常态化送教上门服务，每月不少于3次送教上门服务，送教上门学生3人，实现覆盖率100%，切实保障因病、因残适龄少年儿童接受义务教育的权利。认真执行义务教育控辍保学动态监测制度，对全乡适龄上学学生进行再摸底、再排查，健全完善适龄儿童少年数据库、建立0—15周岁人员信息台账，0—15周岁1374人。

【医疗卫生】做好人口计生工作，加大宣传及落实相关配套政策，认真落实“一孩双女”政策，做好妇保、儿保工作，始终把人的生命安全和健康放在第一位。开展爱国卫生健康运动。按时完成医保工作，对2020—2022年医保报销单据进行收集，完成90人的住院报销工作。完成2022年养老保险参保缴费工作，缴费人数2123人，达到系统应缴人数的97%。

【文化事业】2022年，卡麦乡先后召开4次大型宣讲活动，宣讲中共二十大精神和自治区第十次党代会精神，驻村工作队进行95次走访入户宣讲活动。10个行政村每周最少举行1次村级宣讲活动，每个行政村至少进行2次巡回宣讲，共开展宣讲135场次，受益群众5000余人次。开展“喜迎二十大　建功英雄城”活动、“新旧西藏对比”文艺演出活动、“喜迎二十大　夏阳耀初心”活动、“疫情有我志愿同行”志愿活动、联合宣传、巡回宣讲活动等，共开展志愿活动100余场次，受益群众2500余人次。卡麦乡联合乡小学组织开设村“两委”班子学习国家通用语言基础班和强训班，受教育村“两委”班子成员56人，共授48课时，受益达2600余人次。

卡麦乡有1个综合文化服务中心、11个农家书屋，安排专人管理，每日开放8小时，覆盖率100%。各村健身广场建成，设施不断完善，农村文化健身广场覆盖率100%。组织文艺活动32次、观众8万余人次；举办各类培训10余班次、培训1380余人次，其中对业务文化队伍开展培训5人次，参观890余人次；开展戏曲进乡村活动2次，惠及4500余人次。文化站藏书量2800余本，计算机5台，接受培训5人次；乡文化服务中心指导群众业余文艺团队10个。

7月1日，卡麦乡在新时代文明实践所开展“喜迎二十大　建功英雄城”文艺演出活动。图为表演节目现场

【社会保障】2022年，卡麦乡完成征兵任务。做好社会救助工作，享受残疾困难生活补贴186人，发放临时救助2户10人，享受低保18户40人，享受特困供养4户4人。全乡转移就业1820人，实现群众增收2525.3万元。完成10个行政村养老保险金缴纳工作，满足参保条件2890余人，参保2864人，低保户、残疾人63名，缴费金额23.45万元。通过摸底调查，全乡有劳动力1600余人，其中选择外出务工人数1450余人，包括建档立卡262人。

【生态环保】2022年，卡麦乡开展各村人居环境整治评比活动4场次，兑现奖励资金4800元；各村开展环境卫生整治活动20次，1200余人次参与，消除卫生死角7个，清理生活垃圾30吨。发挥生态岗位人员作用，组织生态岗位人员全力参与环境卫生整治；优化调整安排生态岗位，面向脱贫户、低保户、农村低收入人群统筹安排生态岗位260人。3月7日乡党委班子会议决定，卡麦乡垃圾转运站运维事宜交由麻恰村生态合作社负责，3月20日正式投入运行，麻恰村生态合作社组织专人定期对各村的垃圾箱进行统一清运。组织开展“四旁”植树活动，种植品种为杨树、江孜沙棘、榆树、竹柳，截至2022年底，累计种植40963株，其中，2021年种植11663株，补栽8874株，2022年种植11426株，补栽9000株。开展宣传，制作宣传标语8个，宣传政策5次，悬挂宣传标语8条，带动农牧民群众增强环境保护意识。

【乡村振兴】严格落实“四个不摘”要求，认真落实防返贫动态监测帮扶机制，强化动态监测和跟踪帮扶。扎实开展防返贫监测集中排查，全面排查返贫致贫风险点、风险因素、风险群体，2022年新识别监测对象6户13人，做到应纳尽纳。根据自治区有关文件精神，监测收入标准由6500元调整到7000元，常态化实施监测。持续开展“回头看”，紧盯“两不愁三保障”、饮水安全等情况，精准落实工作措施。动员全乡脱贫户、监测户参加城乡居民基本医疗保险。与各村（居）签订控辍保学目标责任书，坚守控辍保学底线。坚决保障住房安全，完成10户危房改造。针对麻恰村1户监测户住房改造存在资金困难的问题，向县工商联申请资金，为监测户住房改造提供帮助。补齐安全用水短板，针对普夏村水塔破损、人畜存在安全用水问题，与县水利局沟通衔接，实地查看，消除问题隐患。

【自然灾害】 严格落实“党政同责、一岗双责”安全生产责任制，认真落实“安全第一，预防为主，综合治理”方针，加大隐患排查整治力度，特别是针对地质灾害、森林防火、道路交通、危险化学品等重点行业，加大整治力度，消除隐患，切实堵塞漏洞，从源头上遏制各类事故发生。组织“双联户”户长治安巡逻共480余次，排查登记外来人员200余人，排查道路、火灾安全隐患15次；对各村餐馆、商店、酒馆等重点领域开展15次大型安全隐患排查，在排查中发现6个问题，全部整改到位。

（仓　琼）

3月14日，卡麦乡联合乡派出所开展安全隐患排查工作。图为排查工作现场

卡堆乡

【概况】 卡堆乡地处江孜县西北部，全乡总面积约151平方千米，下辖11个行政村，39个自然村，乡党委下设14个党支部、1个党组，共有334名党员。全乡有13个共青团组织、13个工会组织和13个妇联组织，共青团团员178名，工会会员（含农牧民会员）1732人。2022年卡堆乡人民政府实有干部职工51人，其中，在编人员22人，各类专干等编外人员29人；乡派出所有5人；乡卫生院有7人；市、县驻村队员有12人；村“两委”班子有58人，监督委员有21人。

【经济发展】 2022年，卡堆乡地区生产总值为14077.69万元，其中可支配收入11385.84万元，同比增加10.89%。组织化劳务输出2次，带领群众参加各类招聘应聘活动4次、协助开展技能培训和以工代训等6次、开展勤劳致富典型人物宣传10余次、帮助群众理清发展思路40余条。

【农牧业】 2022年，卡堆乡耕地面积1505.1公顷，草场面积11940公顷。农作物种植面积15992亩，其中，青稞种植面积10961.5亩、小麦种植面积1976亩、经济作物种植面积1082.5亩、饲草料种植面积1972亩。粮食产量5795.05吨，其中，青稞产量4740.85吨，小麦产量1054.2吨；经济作物产量1282.3吨；饲草料产量2465吨。牲畜存栏1.97万头（只、匹）。

【项目建设】 2022年，卡堆乡完成乡政府和乡文化综合服务中心主要电路改造任务，建设资金3万元；在卡堆乡小学门口打造616平方米全民健身场地，建设资金22万元；白定村建设新时代文明实践场所，建设资金15万元。

【产业发展】2022年，申报4个行政村的强基惠民村集体经济建设（壮大）项目，其余6个行政村的强基惠民项目资金全部入股至江孜县宗城网络管道建设项目中。各村集体经济总收入达到60万余元。

【疫情防控】8月，卡堆乡动员330余人投入疫情防控工作；定期为群众代购物资40余次；开展慰问60余次，发放价值5万元的生活物资；发放物资价值10万元;4名干部参与上级防疫，在外11名干部投身当地志愿服务。截至2022年底，卡堆乡未出现本土病例和外来病例。

【教育事业】2022年，卡堆乡有教职工72人,其中,小学49人,幼儿园23人。儿童节和教师节分别为小学、幼儿园送去3000元慰问金，并为考录其他省市西藏班的学生每人发放1000元助学金，为困难残疾大学生资助3000元。

【医疗卫生】2022年，卡堆乡城乡居民医疗保险应缴5390人，已上缴5388人，参保率99.96%。先后4次排查群众中就

6月30日，卡堆乡开展“喜迎二十大　奋进新征程”主题文艺会演活动。图为演员表演节目

医但未报销情况，并组织工作人员帮助完成医保报销任务。

【文化事业】卡堆乡依托新时代文明实践所（站）平台，组织开展“喜迎二十大　奋进新征程”系列文艺活动，组织开展乡土特色文化活动10余次、卡堆藏戏演出36场次，村级文艺演出训练累计132场次。

【社会保障】完善全乡9户低

4月8日，卡堆乡组织青年志愿服务队开展“四旁”植树活动。图为植树活动现场

7月17日，团县委组织返乡大学生志愿者赴卡堆乡开展“逐梦新时代，奋进新征程”社会实践活动。图为活动现场

保户的户档资料，并兑现低保金共3.89万元，低保一次性补贴1.26万元；清退残疾人55人，完成122名残疾人员信息采集，兑现资金17.1万元，发放燃料补贴共计2.01万元；为11个特困户发放特困补贴6.39万元，特困一次性补贴6600元；无人抚养儿童资金兑现1.93万元；临时救助6户，兑现临时救助金3万元。

【生态环保】 每月5日、15日、25日为村庄清洁日活动，党员、青年志愿服务队和生态岗位人员齐上阵，常态化开展环境卫生整治工作；完成并验收通过6个行政村392户的农村“厕所革命”工作，11个行政村成立公共卫生委员会；完成“四旁”植树1.47万株，成活率达70%；开展农田抛荒撂荒排查工作，宇卓村50亩、加措村560亩抛荒撂荒农田全部种植饲草料，并在规定的时间内完成整改。

【乡村振兴】 卡堆乡严格落实责任、政策、帮扶、监管“四个不摘”要求，将政策延续、优化、调整，做到帮扶政策因地制宜，继续加大对224户脱贫户和3户返贫监测户的帮扶工作。2022年组织劳务输出2次，带领群众参加各类招聘应聘活动4次，协助开展技能培训和以工代训等6次，开展勤劳致富典型人物宣传10余次，帮助群众理清发展思路40余条。协助开展返乡大学生志愿者赴卡堆乡开展“逐梦新时代，奋进新征程”社会实践活动。

【返贫监测】 2022年，卡堆乡采取“敲门行动”，通过“问情况、看产业、算收入、讲政策”四步骤，坚持每月1次监测排查，对所有农户进行集中式、全覆盖排查，详细了解村民情况，建立防返贫监测相关台账。召开专题会

12月4日，卡堆乡召开2022年“空壳社”清理工作推进会。图为会议现场

议4次，建立健全网格化监测体系，坚决做到村不漏户、户不漏人，通过线上线下同步宣讲的方式，从根本上解决政策宣传不深入、帮扶措施针对性不强、风险消除不准确等问题。

【特色产业】 增麻村腾飞农机服务农民专业合作社，总投资100万元，拥有各类农用机械10台，能满足春耕、秋收、秋翻等全面的农业耕作，且建有较大厂房，配备有专业的操作技工，各类管理运行机制均已健全，2022年实现经济收入14万元。长堆林下养鸡专业合作社，占地面积1000平方米，2022年继续投入资金30万元，总投资110万余元，采用集中圈养的形式饲养藏鸡1200余只，各类硬件设施一应俱全，并由乡政府下派1名专业素质强的事业干部具体负责管理，2022年实现经济收入6万元。2022年，卡堆乡召开“空壳社”清理工作部署会，解决“空壳社”“僵尸社”问题。

（谷　检）

纳如乡

【概况】 纳如乡位于江孜县东北部的通曲上游，卡卡沟境内，北纬28°09′、东经89°09′，距县城50千米，平均海拔4200米，辖区面积295.9平方千米，下辖10个行政村、63个自然村，共有782户4556人。乡政府驻地为吐如雄村，属半农半牧乡。有2座寺庙。

【经济发展】 深入落实“1+2+4”工作思路（以中国共产党的建设为统领，着力强基础、固根本；以乡村振兴和转移就业两项重点工作为中心，着力保民生、促发展；以培育产业发展、完善基础设施、开展环境整治、社会综合治理四项具体工作为抓手，着力强经济、展新颜），全乡经济社会平稳发展，2022年全乡农村经济总收入14156.87万元，同比增长13.06%；农村人均可支配收入2.35万元，同比增长6.5%。

【农牧业】 2022年，纳如乡耕地面积584.07公顷，草场面积26253.33公顷。粮食播种面积5725亩，其中，“藏青2000”播种2700亩，“喜玛拉22号”播种2200亩，“藏青320”播种400亩，当地青稞75亩，小麦350亩；油菜910亩；饲草料播种面积为663亩。粮油总产量3424.35吨，其中油菜产量175.6吨。

年末，牲畜存栏29564头（只、匹）；牲畜出栏9441头（只、匹），其中，大畜963头，小畜8478只（绵羊7053只、山羊1425只）。

充分发挥农业保险效能，为农牧业生产保驾护航，帮助受损失群众规范申请农保赔偿，共帮助挽回经济损失782710元，其

2月16日，县委书记陈昊（左二）到纳如乡实地察看产业发展情况。图为察看工作现场

中，理赔青稞70亩15960元、理赔野生动物肇事3750元、理赔牛68头34万元，理赔羊846只42.3万元。

【项目建设】完成7个行政村"厕所革命"整村推进工作，涉及改厕户数431户，实际"厕所革命"户数365户；完成赤门水库改扩建工程，投资1956万元，水库建成后可蓄水16.5万立方米，项目验收交付后将解决3025亩土地灌溉问题，有力保障群众生产需求；对接县交通运输局，先后实施日贡布多、恰曲、恰巴、仲措、日括5个村农村公路养护和应急保通项目，解决因天气原因造成公路、桥梁被毁坏的难题，保障农牧民群众出行通畅。协调县交通运输局投入资金80万余元实施日贡布多村公路挡墙建设项目，提高公路抗灾能力。投入资金20万余元对炯堆寺道路进行整修，保障正常通行。

【产业发展】2022年，纳如乡共有合作社39家，注销"空壳"合作社10个，实现总收入42.72万元，村集体经济实现总收入112万元，达到"5个100%"入股要求，共带动就业53人。实施专业合作社组织规范提升行动，开展村集体经济薄弱村提升行动，将带动能力强、品牌效益好的3家合作社（出龙藏鸡养殖合作社、恰巴邦炯糌粑加工合作社、日括村色错氆氇加工合作社）推荐为市级示范合作社。

【疫情防控】8月，纳如乡迅速投入疫情防控各项工作。为保障疫情防控工作需求，多方争取防护物资，共下发N95口罩5761只、医用口罩5.74万只、体温计34支、医用检查手套4910副、防护服4614件、消毒液2461瓶、免洗手消毒液1027瓶、隔离衣2150件、消毒片779瓶，有效保障防控工作需求。为保障群众在疫情防控期间的生活，向生活困难群众发放糌粑20袋、饮品145箱、矿泉水226箱、方便面335箱。帮助群众代购大米331袋、菜籽油106瓶、面粉348袋、午餐肉763罐、红烧猪肉803罐、奶粉580袋、糌粑45袋、煤气751罐，有效保障群众基本生活需求。抓好新型冠状病毒疫苗接种宣传工作。

【教育事业】2022年，纳如乡共有1所小学和4所幼儿园，全乡共有教职工67人，学生674人，小学入学率100%，初中入学率100%，巩固率100%。通过"乡财政补贴一点、社会爱心人士捐助一点"的方式，乡党委、乡政府在能力范围内，在儿童节、教师节等节日期间对学校开展慰问资助活动。多措并举开展控辍保学工作，通过检查督导、思想教育、建立控辍保学双向目标责任制等措施，确保入学率。乡党委指定专人指导规范小学的党建工作，校园基础设施建设逐步完成并投入使用，教学质量稳步提升，教育设施逐步改善。

3月25日，纳如乡人民政府联合乡卫生院开展入户为60岁以上老人接种疫苗工作。图为医护人员在为老人做接种前体检工作

9月16日，纳如乡党员志愿服务队为特困户送菜上门。图为活动现场

【医疗卫生】2022年，纳如乡10个村卫生室全部建成使用，并按照要求配备基本诊疗设备及2名专职村医，开展家庭医生服务，并将符合条件群众纳入大病签约统筹治疗。新型农村合作医疗参保工作由乡工作人员和乡卫生院工作人员、村干部、村医、乡村振兴专干、驻村工作队共同参与，深入各村开展宣传工作并统计参保情况。截至2022年底，全乡共有4311人参保，其中，特困人员14人、孤儿3人、低保户66人、低保边缘户65人、“6065”（60岁、65岁）人员402人、重残人员50人，参保率达95%。进行“一孩双女”政策扶助和特别扶助人员信息核对，全乡共有82户享受“一孩双女”政策扶助，21人享受特别扶助；协助办理医疗救助5人。

【文化事业】依托新时代文明实践所（站）建设，整合资源，组建村文艺演出队10个，落实每个村文艺演出队补助经费5万元，在节日、纪念日等重要节点开展文艺活动，不断丰富群众的业余文化生活。10个行政村均完成村规民约修订完善工作，建立健全村民议事会10个，红白理事会10个，老年人协议会10个，道德评议会10个。组建乡级志愿服务队16支，村级志愿服务队80支，覆盖常住人口90%，开展志愿服务活动1000余场次。纳如乡基层农牧民宣讲员宗吉、扎西次仁在日喀则市首届“珠峰百姓名嘴”选拔大赛中均获得一等奖。村妇女干部扎西普赤在“中华民族一家亲、同心共赢二十大”日喀则市村（居）妇联干部国家通用语言文字演讲比赛中获得优秀奖。

【社会保障】全乡共有农村低保23户68人，累计发放城乡低保金16.15万元；共有特困供养人员15人，其中，分散供养12人，集中供养3人；发放特困供养金6.82万元；共有持证残疾人171人，兑现困难残疾人生活补贴171人5.13万元，兑现重度残疾人护理补贴49人2.94万元。对32户特殊困难群体发放生活物资，糌粑64袋、大米32袋、面粉32袋、粮油32桶、白砂糖64袋、奶粉128袋，切实保障人民群众基本生活。

【生态环保】2022年，纳如乡完成“四旁”植树任务1.05万株，按照每株45元计算，共带动增收47.25万元。为推动“四旁”植树，乡党政主要领导多次深入各村反复劝导，并进行试点、试种，发挥示范引领作用。为提高树苗成活率，乡里安排专人多次进行督促、察看，并对树苗的成活率、网圈、管护等进行全面验收，树苗成活率平均达90%。推动恰巴、出龙、仲措、吐如岗、日贡布多5个村创建自治区生态文明创建示范村；为迎接中央环保督察，配合县直部门对乡境内1处沙场、4处砖厂进行关停处理，相关设备均已拆除，场地均已平整。制订《纳如乡乡村环境综合整治实施方案》，在全乡范围内集中开展整治“七乱”（垃圾乱扔、广告乱贴、摊位乱摆、车辆乱停、工地乱象、河道乱污、违规搭建），开展农村环境整治，解决白色垃圾满地飞的问题。截至2022年底，共开展环境保护宣传活动6场次，受众4000余人次，发放宣传资料400余份；开展乡村环境整治行动100余次。

4月2日，纳如乡党员干部志愿服务队到吐如雄村开展“四旁”植树活动。图为植树活动现场

【乡村振兴】 成立以乡党委书记任组长的乡村振兴工作领导小组，全面启动实施乡村振兴战略，谋划实施具体项目，扎实推进特色现代农业农村建设，推动农牧业全面升级、农村全面进步、农民全面发展。产业振兴、生态振兴、文化振兴、组织振兴、人才振兴同步推进。共整合村级组织党建经费135万余元，完成各村活动场所阳光棚搭建项目并投入使用。开展国家通用语言培训63次。按照《江孜县乡村振兴专干管理办法》，加大对乡村振兴专干的管理力度，共召开乡村振兴专干例会9次，2名专干已发展为村党支部书记，2名专干已发展为村委会主任。

【自然灾害】 6—7月，受汛期暴雨冲刷，纳如乡农作物受灾总面积3050.89亩，涉及5个村，220户1389人，乡党委、乡政府对接上级相关部门，按照1人374.98元的标准，共计发放救助补助52.08万元。

【返贫监测】 纳如乡186户已脱贫，年人均纯收入持续稳定达到7000元。实行动态调整，抓好问题整改，保障基础资料完善准确。将排查发现的4户20人边缘易致贫户按照程序纳入监测系统，并依托全国扶贫开发信息系统对监测对象进行动态管理并给予帮扶，有效防止返贫现象发生。通过乡村核查发现14户56人监测对象，通过统筹资源力量，采取县级

4月22日，纳如乡人民政府工作人员对乡政府大院内阳光棚进行修整维护。图为修整大棚现场

领导结对帮扶、产业帮扶、健康帮扶、公益岗位帮扶、综合保障施策等措施开展精准帮扶后，其中，9户34人已消除风险、5户22人未消除风险。

【对口支援】2022年，在纳如乡安排结对帮扶任务的所有县级领导均开展结对帮扶工作，县委书记陈昊、县长巴桑亲自深入纳如乡最偏远村进行走访慰问，详细了解帮扶户家庭生活、生产情况，并共同谋划家庭出路帮助寻找就业岗位。在中国共产党成立101周年庆祝活动之际，上海市第九批援藏干部江孜联络小组在纳如乡开展浦东—江孜“携手兴乡村”结对帮扶慰问活动，慰问困难群众60户316人，发放慰问物资60台酥油机、60台牛奶分离器、60台电压力锅。

【特色产业】2022年，纳如乡扎实推进犏牛与安格斯牛“三元杂交”工作，完成103头杂交，实现经济收入30.09万元。邀请县产业办实地指导，支持鼓励出龙村“两委”、驻村工作队拓宽思路，帮助出龙藏鸡养殖合作社在县职工食堂销售藏鸡、藏鸡蛋，帮助解决销售难题，扩大规模，提高效益。

（杨川茜）

热索乡

【概况】热索乡位于江孜县西部，距离县政府驻地25千米，东连重孜乡，西邻白朗县洛江镇，北靠达孜乡，南与白朗县杜琼乡毗邻。下辖7个行政村，共有760户3796人；共有基层党组织10个，党员344人。低保户9户25人，特困户3户4人，“三老”人员33人。有1个派出所，民警4人；1所卫生院，医务人员7名；2座寺庙。

【经济发展】2022年，全乡经济总收入达12882.1万元，其中，第一产业收入6008.71万元，第二产业收入1728.63万元，第三产业收入5144.76万元；农牧民人均收入2.39万元，比2021年增加5.3%。全乡建成运行农牧民专业合作社33家，发展村集体经济22个，实现收益4852.06万元，带动就业953人，分红237.6万元。特色产业合作社有江孜县努康农机租赁农民专业合作社、江孜县热索乡德洛养鸡农民专业合作社、江孜县果帮庆绵羊短期育肥农民专业合作社、江孜县努康村富民养牛农民专业合作社等。

【农牧业】2022年，热索乡耕地面积809.6公顷，草场面积4680.67公顷。农作物播种面积12144亩，其中作物良种推广面积8600亩（“喜玛拉22号”播种面积7350亩、“青稞5171”播种面积1250亩）。粮油总产量达到5151.6吨，其中青稞产

6月27日，热索乡农牧办工作人员入村查看黄牛改良配种情况。图为检查工作现场

量4688.45吨；经济作物产量668.25吨。使用化肥312.95吨。

牲畜总数为9974头（只、匹），其中，大畜4727头（匹）、小畜5247只；年末出栏2584头（只、匹），其中，大畜622头（匹）、小畜1962只。完成黄牛改良任务1306头；开展牲畜疫病的预防工作，疫苗注射率达到100%。对努康村二级种子田305亩（“喜玛拉22号”）连片种植以及春琼村百亩示范360.49亩（“藏青2000”）片区种植开展防治除草工作。按照2021年种植面积与产量及2022年计划种植面积与产量指标，兑现一次性种粮补贴，第一批10.56万元、第二批1.65万元、第三批4.85万元；兑现2021年第二次耕地地力保护补贴7.13万元，2022年耕地地力保护补贴38.77万元；兑现土地流转区域深松翻耕补贴（每亩50元）共计25.48万元。

【项目建设】 孜吾村防洪坝维修项目已竣工，共计投资1000万元；孜吾村5千米道路平整项目已完工。向县相关单位申请和争取帮日、乃萨等乡村振兴示范村建设及人居环境建设项目。

【产业发展】 2022年，热索乡共有33家合作社，其中，村集体合作社26家（养殖业7家、农业机械类合作社3家、民族手工业2家、劳务输出合作社7家、生态合作社7家），个人合作社7家；4家村集体建筑公司。共计带动419人就业，实现收入合作社共计9家，收入总额达447.9万元；实现分红合作社5家，实现分红金额44.24万元。

【疫情防控】 热索乡研究部署全乡疫情防控工作，成立以乡党委书记为组长的疫情防控工作领导小组，形成全面联控机制。印发防护知识宣传手册1万余份，通过入户宣传、大喇叭循环播放、微信群转发等方式进行宣传。对重点场所（村委会、餐馆、超市等）工作人员进行疫情防控知识培训1场次。各驻村工作队充当“统计员”“宣传员”“保障员”“消杀员”。乡政府制作“便民服务爱心卡”，专门安排工作人员负责滞留人员服务保障工作。

【教育事业】 2022年，热索乡有1所小学，3所幼儿园，共有教职工35人，学生362人，学前教育180人；送教上门学生4人；适龄儿童入学率达到100%，巩固率100%。六年级学生考上其他省市西藏班7名。建档立卡大学生19名，其中，其他省市大学生14名，自治区内大学生5名。就“发展教育”进行政策宣讲15次。乡小学举办儿童节活动1次，对贫困儿童进行慰问，发放慰问金、书本、民族服饰等。对学生就餐及用餐食品安全进行监督，每月入户家庭至少3次，主要了解学生是否在校、学习情况以及存在的困难等。

【医疗卫生】 2022年，热索乡按照年初目标，完成各项工作任务，妇幼保健方面，建册44人，产前检查256次，增补叶酸发放45盒，活产数44人，产后访视176次；儿童保健、新生儿家庭访视44人154次，1岁以内儿童健康检查190人次，1—2岁儿童健康检查97人132次，3—6岁儿童健康检查245人188次，0—6岁疾病管理37人；预防接种683人，每月29日定时间、定地点进行接种。慢性病管理方面，高血压314人，随访次数1256次；糖尿病5人；精神病5人。就诊人数2971人，建档立卡167户634人。享受“一孩双女”政策共计41人，共享受资金3.94万元；“寿星老人”共22人，其中90岁以上3人，共享受健康补贴资金7200元。

【文化事业】 成立以乡党委书记为组长，乡长、分管领导为副组长，文化、宣传主要负责人为成员的热索乡群众文化活动领导小组；各村成立以村党支部书记为组长，村委会主任为副组长，妇女主任、村文艺负责人为成员的村文化工作领导小组，以及文艺队伍。全年研究文化工作1次，并将文化工作纳入乡目标考核，相关文化资金做到专款专用，每周定期开放文化场所，文化站保障电子阅览室和多功能活动室每周免费开放时间不少于35小时。召开2次村级文化工作会；组织举办村“两委”国家通用语言文字应用能力培训班；本着“贴近现实，贴近生活，贴近群众”的要求，以节日为契机组织开展文化活动23次。定期对2个文物保护点进行巡查，并确定文物保护员。

【社会保障】 加强低保管理，定期召开低收入人群及低保户排查部署会，办理增发或停发手续。2022年，热索乡低保户9户25人，特困户3户4人，发放县级临时救助资金5万元、乡级临时救助备用金4万元，受益群众达到52人。持证残疾人共104人（2022年新办证2人，变更1人），其中，享受困难残疾补贴40人（每人每月100元）、享受重度残疾补贴33人（每人每月200元）。为2名肢体残疾人发放燃油补贴760元。对12户困难户发放县级合作社分红资金1.2万元。

【生态环保】 制订《热索乡2022年环境保护与环境治理工作方案》《热索乡生态补偿岗位管理办法》，签订《生态补偿岗位履职协议书》，“定人、定岗、定责、定区域”开展工作，对周边国道两侧、村（居）巷道、房前屋后、河道水渠等区域进行全方位、无死角清理垃圾，共清理60余次。利用“河长制”App定期（乡级每月1次、村级每周1次巡河）进行巡河，共计完成巡河任务乡级20余次、村级300余次。定期不定期对年楚河流域白色垃圾、漂浮物进行清理。完成7个行政村生态文明创建示范村工作方案及佐证材料的准备工作。

5月6日，热索乡组织举办2022年村“两委”国家通用语言文字应用能力培训班。图为培训现场

【乡村振兴】 2022年，热索乡生态岗位人员212人，兑现生态岗位资金74.2万元；向12户困难户发放县级合作社分红资金1.2万元；为全乡4户监测对象帮扶物资折合资金共0.4万元；落实2021—2022学年建档立卡大学生19名（其他省市大学生14名、自治区内大学生5名）帮扶资金13.88万元。

【自然灾害】 热索乡辖区内山丘较多，村（居）多在山脚下，农田多在年楚河南侧，乡党委、乡政府对易发泥石流、洪涝地段排查到位，重视预警预防预测工作，相关机制完善到位，有效应对各类各项自然灾害。2022年，贡斯村内遭遇强降雨出现积水现象，导致农作物淹没及受灾害严重。据统计农作物受灾面积共计27.33亩，其中，青稞受灾14.05亩（其中6.63亩最严重），小麦受灾1.32亩，油菜受灾4.14亩，

4月3日，热索乡环保办开展垃圾清理工作。图为工作人员清理小广告

饲草料受灾6.42亩，土豆受灾1.4亩。青稞绝产0.5亩、饲草料绝产2.35亩、土豆绝产1.2亩，经济损失0.5万元。此次受灾涉及12户78人，无人员伤亡，无垮塌房屋。

【返贫监测】 健全防返贫监测帮扶机制，坚决守住防止规模性返贫的底线。制订《热索乡关于健全防止返贫致贫动态监测和帮扶机制的实施方案》《热索乡监测户帮扶台账》，定期对辖区内农牧民群众生产生活情况进行逐户排查摸底。针对风险消除的监测对象2户4人以及未消除风险的监测对象2户8人，通过产业帮扶、就业带动、致富带头人帮扶等方式进一步巩固帮扶措施。以防止返贫监测排查和测算群众收入为契机，组织召开2轮排查防返贫致贫监测对象工作部署会。按照脱贫户和监测对象信息采集和动态调整工作要求，组织驻村工作队、村“两委”班子、乡村专干等力量，开展入户走访，全面摸清脱贫户、监测对象、一般户人员增减和收支测算等工作，将脱贫户和监测户收支，以及帮扶人员、人员增减等信息在防返贫监测信息系统中更新，并对系统中存在问题进行集中排查和整改，确保按时完成动态调整工作。

【特色产业】 江孜县努康农机租赁农民专业合作社成立于2019年7月，由努康村120户599人共同出资成立，合作社成立实现“5个100%”，以“村委会+科技特派员+户长+村小组”管理模式运行；共有22台农机具。2022年，江孜县努康农机租赁农民专业合作社土地全托管3569亩，半托管5936亩；本村流转亩数1495亩，全乡流转亩数为5095亩；收入225.69万元，分红23.84万元。江孜县热索乡德林村德洛养鸡农民专业

12月8日，县委副书记张宏东（左一）慰问热索乡德林村监测户。图为慰问现场

合作社成立于2020年4月，由德林村50户57人共同出资成立，合作社成立实现“5个100%”；共有3000多只鸡，孵化机9个，其中，零线孵化机6个，三线孵化机3个；收入65万元，分红5万元。

（达娃普赤）

加克西乡

【概况】 加克西乡地处江孜县西南部，距县城90余千米，总面积1.78万公顷，东连康马县雄章乡，南邻亚东县吉如乡，西濒白朗县东喜乡，北靠江孜县金嘎乡，平均海拔4750米。地理位置偏僻，气候环境恶劣，全年大风，故名加克西，藏语意为“铁都能被吹走的地方”。下辖3个行政村，共129户643人；党员102人（乡机关党员22人）。

【经济发展】 2022年，加克西乡国民经济总收入为1291.43万元，同比增长3.4%，第一产业收入594.71万元，第二产业收入178.46万元，第三产业收入518.26万元；可支配收入为1122.11万元，人均可支配收入为1.76万元，同比增长7%。

【农牧业】 2022年，加克西乡草场总面积1.61万公顷，人工种草面积为87.98公顷，其中34.68公顷为饲草料。牲畜存栏1.23万头（只、匹），共出栏大畜188头（匹）、小畜4195只，肉类产品共53.8吨，实现经济收入334.27万元。

作为江孜县唯一的纯牧业乡，加克西乡以推进生态畜牧业为抓手，持续巩固脱贫攻坚成果，教育引导牧民群众转变观念，打通产业“瓶颈”，力促传统粗放型牧业生产经营模式向集约型转变，在发展壮大原有的3个绵羊短期育肥合作社的基础上，整合第十一批强基惠民资金成立绵羊短期育肥联合合作社，加大发展产业力度，解放剩余劳力外出务工，拓宽群众增收渠道。在保护草场方面，加克西乡将保护天然草场、保护生物多样性和优化生态环境齐抓共管，将保护生态环境纳入村规民约，严格遵守和执行草畜平衡制度，保障畜牧业可持续发展。加克西乡严格落实相关惠民政策，2022年共向纯牧户116户兑现奖励资金76.33万元。

【产业发展】 加克西乡坚持党建引领，发挥牧业资源优势，因地制宜，精准施策，把壮大村级集体经济作为各村党支部书记和其他村“两委”班子的第一工程，加大对合作社成员的培训力度，推进村级集体经济规范化管理和发展。年初，加克西乡党委做好前期摸底调研，在认真研究、推敲论证的基础上，协助多根村申报中央财政资金扶持壮大村集体经济项目，

3月10日，县委书记陈昊（右三）一行到加克西乡指导产业发展工作。图为指导工作现场

用于发展壮大多根村绵羊短期育肥农民专业合作社。截至2022年底，全乡共有各类合作社10个（绵羊短期育肥合作社4个、劳务输出合作社3个、生态保护建设农牧民专业合作社3个），共计收入35万元，向辖区内129户分红共计28.93万元。

【疫情防控】 8月，加克西乡动员全乡干部职工、医务工作者和党员群众投身到疫情防控阻击战之中，常态化落实疫情防控各项措施，共开展各种形式的健康宣传教育38场次，覆盖全乡干部群众2.57万人次；向群众发放医用口罩、消毒液、酒精洗手液等防疫物资共16次，发放糌粑、米面、蔬菜等生活物资15次。

【教育事业】 加克西乡小学仅有学前班与一年级，共5名教师。2022年，加克西乡在全乡范围内持续加强义务教育、控辍保学宣传力度，与学生及家长进行沟通，加强思想教育引导，确保适龄儿童入学率保持100%。

【医疗卫生】 加克西乡有1所乡卫生院、3个村卫生室，卫生院共有医务工作者5名。截至2022年底，全乡640人建立电子健康档案，覆盖率达98%；定期对重点人群进行随访，慢性病签约60人，精神病签约4人，糖尿病签约1人，签约率达98%；实施家庭医生签约服务及农牧民健康体检共621人，为全乡42名65岁以上老年人开展健康体检签约服务。慢性病管理率、儿童系统管理率、孕产妇系统管理率均达到要求，切实完成健康教育和传染病防治以及卫生监督协管工作。加克西乡卫生院认真落实国家基本药物制度，严格执行新型农牧区合作医疗政策，严格按照执业许可范围开展基本医疗服务工作，牧民群众参保率达95%，开展普通门诊、特殊门诊和住院治疗等相关费用的报销工作。

【文化事业】 2022年，加克西乡文化站组织开展以“喜迎中共二十大,砥砺奋进新征程”“喜迎二十大　夏阳耀初心”为主题的各类群众性精神文明创建活动7场次，覆盖干部群众2000余人次；采取“唱、讲、演、赛”等形式，宣传中国共产党的创新理论53场次，覆盖干部群众1万余人次，实现中国共产党的创新理论宣讲线上线下、台上台下、文艺文化互补融合；全面开展“五星户”“五星村（居）”评选活动，以文明户创建为引领，引导群众以“星”为荣，自觉弘扬文明新风，推动精神文明建设向纵深发展。在意识形态工作方面，乡党委切实提高政治站位、夯实工作责任，将意识形态工作的各项指标纳入年度目标责任制考核，形成意识形态工作上下联动、齐抓共管的工作格局，并聚焦理论教育、阵地管理、文明创建等

6月21日，加克西乡举办“喜迎二十大　夏阳耀初心”文艺演出活动暨2022年上半年牧业总结大会。图为活动现场

具体工作，理清工作思路、树牢忧患意识，意识形态工作各项任务落到实处、取得实效。

【社会保障】 加克西乡在县人社局的精心指导下，全面贯彻中国共产党的社保方针，强化服务理念，提升服务水平，着力打造基层标准化社保平台。持续开展就业政策宣讲8场次，覆盖群众2500余人次，做到形式灵活、宣传全覆盖。2022年加克西乡合作医疗应参保622人，实际参保622人，参保率达100%，新增参保人11个；农村养老保险应参保404人，实际参保403人，参保率达99.75%，2022年无新增参保人员。在原有的1户特困户、6户低保户之上新识别1户低保户，确保群众最低生活得到保障；对3户实施临时救助帮扶，发放临时救助金共1.2万元。

【生态环保】 加克西乡贯彻落实上级关于加快生态文明建设、推进绿色发展、加强生态环境保护的各项决策部署，牢固树立绿色发展理念，坚决扛起生态文明建设和生态环境保护的政治责任，切实改善环境质量，保障生态安全。2022年，加克西乡组织干部职工、群众学习各级生态环保工作要求和部署，传达学习习近平生态文明思想11场次，受教育干部、群众1700余人次；开展生态环境问题排查整治工作7场次；组织1000余人次开展人居环境整治50余场次，抓好生态环境排查反馈问题整改任务落实，为巩固拓展脱贫攻坚成果同乡村振兴有效衔接奠定坚实的生态文明基础。

【乡村振兴】 2022年，加克西乡按照“产业兴旺、生态宜居、乡风文明、治理有效、生活富裕”总要求，坚持党建引领促发展，夯实基层党组织基础，提升党组织凝聚力、战斗力、执行力和服务力，探索创建党建引领牧业发展共同体体制机制，以组织振兴力促乡村振兴。以实现牧业高质量发展为主线，以增加群众收入为核心，以壮大村级集体经济为突破口，以推进人居环境整治为着力点，全面巩固脱贫攻坚成果，推进实施乡村振兴战略，坚持“四个不摘”原则，组织干部职工对脱贫户开展结对帮扶，入户宣讲惠民政策，转变群众思想观念，激发群众内生动力；对全乡群众实施动态管理，做到惠民政策应享尽享；组织群众多次开展环境整治行动，不断提升乡村治理能力，推动乡村有效治理。

【自然灾害】 加克西乡坚守安全生产基本职责，加强组织领导，形成工作合力，健全责任体系，强化监测预警，防范化解隐患风险，夯实基层基础，提升应急处突能力，完善各项制度，开展实地演练和宣传教育，提升群众安全意识和自救互救能力。2022年，进入汛期以来，加克西乡遭遇连续降雨

6月27日，加克西乡党委、乡政府组织夏吾村开展防汛抗灾工作。图为防汛抗灾工作现场

伴随大风、冰雹等极端天气，辖区内强村、夏吾村、多根村遭受不同程度灾害，造成经济损失7万余元。面对灾情，乡党委组织应急、农牧等相关工作人员常态化开展受灾情况实地察看工作，组织人力、物力，发放编织袋500余个，有序开展相关灾情抢救工作，无人员伤亡、无垮塌住房。另向县水利局申请编织袋3000个、8卷铅丝笼，相关受灾情况上报至县政府、县水利局、县应急管理局等部门。

【返贫监测】 加克西乡坚持防返贫监测动态管理，持续加强防返贫动态监测工作督察监督力度，着眼于政策宣传、入户排查、问题整改等各个工作环节，将任务细化到人、责任落实到人，对相关工作人员开展集中培训2次，全面扎实开展排查工作2次。加强对群众的宣传引导，采取不事先确定对象、只设认定条件、入户精准核查收入的方式，识别3户返贫监测户，并结合实际实施临时救助、医疗救助、安排生态岗位、安排结对帮扶等措施进行帮扶，确保帮扶举措精准化，风险消除规范化，督导检查常态化，帮扶工作有效化。

（央金卓玛）

藏改乡

【概况】 藏改乡位于江孜县城北部，距离江孜县城14千米，与江孜镇、达孜乡接壤，平均海拔4085米。下辖7个行政村、23个自然村，共有593户2888人。有10个党支部，3个直属单位（派出所、卫生院、完全小学），3座寺庙（年堆吉布寺、藏琼寺、迪吾寺）。

【经济发展】 2022年，藏改乡经济总收入8376.6万元，相比2021年增长738.23万元，年均增长率9.7%；农村经济纯收入6113.74万元，比2021年增长549.42万元，增长率为9.9%；农民人均纯收入2.19万元，比2021年增长1764元，增长率为8.8%。

【农牧业】 2022年，藏改乡耕地面积443.07公顷，草场面积1.02万公顷。农作物总播种面积6646.2亩，其中，粮食播种面积5535.45亩（青稞良种繁育基地、“藏青2000”二级种子田375亩）、经济作物播种面积1110.75亩；农业种植机械化种植面积达6646亩。粮油产量2846.2吨。

牲畜存栏1.33万头（只、匹），出栏4150头（只、匹）。切实做到“以防为主、以治为辅”，定期定时按县农牧中心的任务要求，开展春季动物防疫工作，共对2697头牛、1万只羊注射口蹄疫疫苗，防疫密度100%；对1264只家禽注射禽流感疫苗，防疫密度100%；对1万头羊注射小反刍兽疫疫苗，防疫密度100%，做到防疫不留死角，无重大动物疫情发生。

【产业发展】 2022年，藏改乡共有农民专业合作社22家，其中，种植业合作社2家，养殖业合作社1家，农产品加工合作社5家，农机服务合作社4家，劳务输出合作社1家，旅游服务合作社1家，其他合作社8家；创建自治区级示范合作社1家。全乡合作社入股416人，22家合作社注册资金达到859.2万元；2022年经营收入达到244.1万元，社员人均收入达到2.1万元，实现分红109.4万元。22家合作社均完成工商部门年报登记。

【疫情防控】 藏改乡深入贯彻落实中共二十大和中央第七次西藏工作座谈会精神，深入贯彻落实自治区党委十届三次全会和市委二届八次全会精神，坚决捍卫“两个确立”、做到“两个维护”，坚定不移落实“疫情要防住、经济要稳住、发展要安全”的要求，

9月3日，藏改乡党委、乡政府将县级援助蔬菜分发给各村生活困难户。图为蔬菜分发现场

团结依靠群众，将“无疫乡（镇）”称号坚守到底。藏改乡党委、乡政府获得县委通报表扬为先进单位，10名干部职工获得先进个人表彰。

【教育事业】2022年，藏改乡有1所小学，2所幼儿园（藏改乡幼儿园、其吾村幼儿园），学生总数272人。宣传自治区九年义务教育“三包”政策、15年免费教育等政策，免除困难学生的学杂费用，提高义务教育普及率，适龄儿童入学率、巩固率达到100%。与县教育局、乡派出所对接，筛查教育系统内失学儿童，严格落实控辍保学，与各村委、与乡小学签订“五级”控辍保学目标责任书，全面形成从上至下、齐抓共管的工作机制，保障藏改乡适龄儿童、少年在义务教育阶段无辍学情况；通过入户宣讲《中华人民共和国义务教育法》《中华人民共和国未成年人保护法》等方式，确保适龄儿童入学率100%。

【医疗卫生】2022年，藏改乡卫生院共完成门诊工作量1983人次，为全乡1745人进行物理体检，为131名高血压病人、4名精神病病人、3名糖尿病病人、155名老年人、3名结核病人建立个人健康档案，做到每月随访1次。

【文化事业】2022年，藏改乡扎实开展新时代文明实践工作，高标准组建党员先锋、政策宣讲、文化艺术等志愿服务队，持续开展“联户学习、联户宣讲、联户看新闻”活动，共开展集中宣讲168场次，分散宣讲266场次；每天坚持通过微信群调度机关党员干部利用“学习强国”平台开展学习，下派7名科级干部包村指导群众思想教育工作；先后6次听取新时代文明实践所（站）建设工作汇报，开展各类

6月10日，藏改乡卫生院医生到各村开展健康检查工作。图为乡医院医生为老人测量血压

7月28日，藏改乡党委组织返乡大学生和各村主干开展国家通用语言文字教育“大手拉小手”主题活动。图为活动现场

活动35场次，受益群众4000余人次；组建志愿服务队伍14支，开展志愿服务活动120余场次。充分发挥乡文化站和群团组织联系群众、服务群众的作用，紧跟时政热点、借力重大节庆节点，用群众喜闻乐见的方式，共开展各类文体活动和庆祝活动14场次，受益群众2000余人次。全年共开展各类宣传教育14场次，入户宣传140余次，开展宗教标志物排查8次。持续开展社会主义核心价值观教育，全年共开展集中宣传教育8场次，利用横幅宣传各类标语100余条，受益群众900余人次。推行意识形态“季季推”、文明实践“月月行”机制，充分发挥新时代文明实践所（站）平台作用。组队参加江孜县行政村文艺演出队文艺比赛、舞蹈比赛、短视频大赛，获得文艺比赛第二名和短视频大赛第三名的成绩。组织开展人居环境评比、“学雷锋”志愿服务、国家通用语言演讲比赛、民族团结进村（居）等21次文明实践活动。

【社会保障】2022年，藏改乡做好各类政策宣传，做好养老金领取人员情况统计。强化就业引导，与人社就业平台对接；组织群众参与技能培训，督促农牧民群众开展技能培训；实现劳务输出人数共计1742人，务工方式以自发转移为主，部分由个体商户或农村施工队吸收，所有输出去向均分布在自治区内各地市，累计创收达770.65万元，人均创收达0.44万元。全年共有26名应届大学毕业生，就业率95%。完成职业技能培训2人，已全部实现就业，其他省市就业2人，共计创收14.7万元；基础设施逐步完善，包括村道硬化及亮化工程；开展帮扶救助，共申请兑现临时救助资金2.5万元，帮助困难群众23人。

【生态环保】推进“四旁”植树，全面建立林长制度，巩固好

7月22日，藏改乡党委书记、乡人社专干组织开展2022年应届高校毕业生座谈会。图为会议现场

消除“无树村”“无树户”成果，各村在路旁、水旁、宅旁、村旁种植各类树木1.39万株。持续开展环境卫生治理，对土石乱堆乱放、垃圾随处可见、填埋场运行不规范等问题进行清理整治。严格落实“河长制”，组织乡村两级河长巡河93次，针对枯水季节河道垃圾成堆的问题，组织发动群众集中清理56次，以实际行动保护年楚河藏改段的生态环境。

【乡村振兴】 2022年，藏改乡征集农牧民群众意见，完善修订乡规民约、村规民约，推动基层自治向文明化、制度化、规范化发展。完善乡村振兴专干培养和管理，加大从乡村振兴专干中发展党员力度，为村“两委”储备后备干部；完善乡村振兴专干跟班学习制度，提升乡村振兴专干的业务能力水平。

【返贫监测】 2022年，藏改乡共有建档立卡脱贫户111户523人，其中，防返贫监测户15户61人、已消除风险户9户34人、未消除风险户6户27人。江嘎易地搬迁安置13户50人，跨县易地搬迁安置2户10人，建档立卡脱贫户中特困人员5户5人、低保户15户50人。生态补偿岗位233人，其中，建档立卡175人，低收入群众31人，防返贫监测27人；一家亲岗巴羊养殖农民专业合作社入股47户。

【特色产业】 2022年，藏改乡党委结合夏尔岗村实际情况，地理优势，在上海市第九批援藏干部江孜联络小组的扶持下，成立年麦生态旅游农民专业合作社。重新改造生态旅游休闲区，从原先传统的园林升级改造为基础设施完善、环境优美、提供特色餐饮的综合规范休闲区。合作社注册总资金11.6万元，其中，夏尔岗村入股5万元，52户群众共同入股5.2万元，其余6个行政村及夏尔岗村乡村振兴专干各入股0.2万元（共计1.4万元）。合作社营业额37万元，解决9名（包含1名边缘户、2名脱贫户）村民就业，工资8万元，净收入6.1万元。

（德　吉）

日朗乡

【概况】 日朗乡位于江孜县境中部偏东的山谷地带，距县城约20千米，平均海拔4300米，北接卡堆乡，南与年堆乡相邻，西与江孜镇接壤，东与纳如乡、仁布县查巴乡毗邻。乡政府驻地措麦村，下辖4个行政村、19个自然村，共有241户1293人。

【经济发展】 2022年，日朗乡经济总收入2677.75万元，同比增长8.61%，其中，第一产业763.99万元，第二产业999.59万元，第三产业914.17万元，年人均收入1.63万元。发放各类惠民补贴共618.22万元。

【农牧业】 2022年，日朗乡耕地面积175.8公顷，草场总面积为2.06万公顷，其中草场承包面积2万公顷。粮油总产量1034.55吨，同比增长74.1吨。牲畜存栏1.17万头（只、匹）。推进良种种植，推广种植“藏青2000”面积1200亩、“喜玛拉22号”种植面积500亩、“藏青320”种植面积100亩；下发各类肥料53.44吨，完成农家肥积造量达4500余吨；实行乡农牧业技术人员包村包片指导农业技术工作，技术人员与各村签订目标责任书，确保农业技术指导到位、科技推广服务到位。

日朗乡党委、乡政府高度重视农牧业发展，召开农牧业工作部署会、推进会，全面落实农牧业各项工作。通过召开农牧业工作部署会和农牧业技术培训等，加强惠农政策学习，培训种子清选、施肥、农药等农业种植知识；在春季疫病防疫工作开展时，宣传防疫防治相关法律法规、知识，病死畜禽无害化处理等知识；组织乡技术人员对村“两委”班子及科技特派员等，开展种子包衣、农药使用方法等培训，宣传农业相关知识和惠民政策等；开展各类农牧业知识宣传培训、疾病防治、送科技上门等活动 10 余次，受益群众达 700 余人次；组织开展高素质农牧民群众培训 10 人。扎实开展牲畜防治工作，按照春季动物防疫工作要求，组织乡农牧技术人员，全面加强棘球蚴病、口蹄疫等疫病排查，按照“户不漏畜、畜不漏针”的原则，对发现病变的上报治疗，对死亡的动物按要求进行深埋，各类疫病防治率达到 100%。

【项目建设】 2022 年，日朗乡完成措堆村、卡尔村新建防洪坝项目，总投资 300 万元，防洪抗洪能力增强。日朗乡争取江孜县高标准农田和现代高效节水农业项目，完成 3 个行政村高标准农田 1400 亩，高效节水农业项目 1363 亩。完成 2 个行政村人畜饮水维修项目，农村基础设施持续完善。

【产业发展】 2022 年，日朗乡以“党支部＋合作社＋脱贫户”的发展模式，“走出去”学习其他县、乡村集体经济先进经验，“请进来”1 名市级温室种植专业技术培训员，发展藏式手工制陶、温室种植、藏鸡养殖、绵羊养殖和农机服务等特色产业。全乡共建成农民专业合作社 17 家、村集体经济项目 1 个。全乡村集体经济收入达 400 万元，实现带动就业 60 余人。组织全乡 93 人参加温室科学种植、农牧业种植养殖科学技术等各类实用技能培训，提升农牧民群众科学种植养殖能力。

【疫情防控】 8 月，日朗乡党委、乡政府组织全乡党员干部群众全力投入疫情防控中，成立疫情防控工作领导小组，先后制订日朗乡应对奥密克戎病毒方案、应急预案和秋收工作方案等，落实乡级领导包村、村干部包片和党员包户的党员“三包”政策制度要求；组织各级志愿服务队人员，通过广播、微信群和流动音响等方式，播放和转发疫情防控、疫苗接种等各类宣传资料。强化人员培训力度，组织开展线上核酸检测培训和疫情防护知识培训。充分发挥各级志愿者服务队作用，为全乡群众免费发放 N95 口罩、一次性口罩、医用护目镜、消毒喷雾等各类防疫物资；为全乡群众完成 20 余轮生活物资采购，协助滞留市、县外人员解决生活困难 30 余件；开展困难群众送医送药、送菜等帮扶活动 50 余次，将 3 名孕妇、2 名伤病人员送医；针对在外滞留人员和缺少劳动力群众，开展助农秋收 35 亩。

【教育事业】 2022 年，日朗乡有 1 所小学和 1 所幼儿园，全乡共有教师 19 人，学生 179 人。日朗乡小学教学楼、教师宿舍、校内硬化道路和幼儿园设施等建成并投入使用。儿童节期间，为日朗乡小学送去慰问金 2000 元。深入 4 个行政村宣传义务教育“三包”政策和 15 年免费教育等政策，转变农牧民群众认识，提高义务教育普及率，全乡入学率、巩固率达 100%。

【医疗卫生】 2022 年，日朗乡有 1 所卫生院、9 名医务人员，4 个行政村均完成配备医务室和医务人员。开展卫生常识宣传，结合各类宣传活动，组织日朗乡卫生院医务人员向广大群众宣传卫生医疗、疫情防控等常识，严格做好疫病预防控制工作，儿童疫苗接种率达 100%。推进群众应保尽保，加大农牧民群众农村新型医疗保险宣传引导工作，参加新型农村医疗保险 1297 人，参保率达 100%。

【文化事业】 2022 年，日朗乡以新时代文明实践站为依托，全面加强组织领导，成立日朗乡精神文明建设领导小组，细化群众宣传工作方案、计划和制度等，明确乡、村各级责任分工。利用好各村文艺队，在各大节日期间开展文艺演出活动，组织各村党员群众开展中共二十大精神宣讲、“神圣国土守护者、幸福家园建设者”主题演讲和美丽乡村清洁等活动，开展通读习近平新时代中国特色社会主义思想、重温入党誓词等活动，提升广大农牧民群众精神文明意识。开展各类宣讲教育活动40余次，参与群众达1000余人次；开展各类文体活动10余次，参与农牧民达800余人次。打造村级微信群、村史馆、新时代文明实践站、村级综合服务中心和“新时代夕阳乐”老年人活动中心等线上线下阵地，提升各村老人、青年精神文化生活。持续完善各村村规民约，建立各村村规民约执行台账，不断改善全乡群众精神文化面貌，努力打造“幸福日朗”。

【社会保障】 2022年，日朗乡党委、乡政府以广大农牧民群众急、难点问题为出发点和落脚点，教育引导全乡599人参加城乡居民养老保险，共缴费11.98万元。为改善农牧民群众生产生活条件，日朗乡通过向县民政局申请临时救助，为5户突发困难群众申请临时救助资金2.2万元；为1户困难群众申请县慈善协会救助资金5万元。共计发放最低生活保障资金2.32万元，为4户低保人员增发一次性生活补贴1.02万元，为65名残疾人员兑现两项补贴共计7.35万元。

【生态环保】 2022年，日朗乡深入贯彻习近平生态文明思想，全力推进生态保护工作。开展“绿水青山就是金山银山、冰天雪地也是金山银山”、习近平生态文明思想等生态环保宣传9次，发放宣传资料600余份，受教群众达1200余人次。通过开展“河长制”，把各级领导纳入河长中，加大对乡境内普曲河的巡查整治力度，减轻因水灾、河流污染对农牧民群众造成的损失。扎实开展“四旁”植树工作，组织村“两委”班子和辖区内劳务输出合作社带动群众投工投劳，共种植沙棘2600余亩，“四旁”植树4000余株。投入资金36.36万元，建成日朗乡生活垃圾转运站并投入使用，完善各村垃圾箱、转运车、压缩机等设施，实现群众生活垃圾集中转运处置。

7月1日，日朗乡开展“喜迎中共二十大”、庆“七一”党员群众文体活动。图为党员群众在进行拔河比赛

【乡村振兴】 2022年，日朗乡党委、乡政府全面推进乡村振兴战略各项工作，成立日朗乡巩固拓展脱贫攻坚成果同乡村振兴有效衔接工作领导小组，制订《日朗乡巩固拓展脱贫攻坚成果同乡村振兴有效衔接工作方案》和产业兴旺发展规划，明确分管人员、指定具体负责人员，确保事事有人抓、有落实。以学习贯彻习近平总书记关于“三农”工作重要讲话精神和上级乡村振兴战略相关文件精神为重点，开展集中学习10余次，群众集中宣讲20余次；将乡村振兴工作纳入支部书记例会重要内容，集中听取、指导各村乡村振兴工作开展情况和存在

10月21日，县委常务副书记、常务副县长胡发炜（右二）到日朗乡调研乡村振兴工作。图为调研工作现场

不足，并研究部署下一步工作，推动全乡乡村振兴工作落地见效。

建强村级集体经济组织，建立合作社明白人制度，加强日常监督指导，强化项目前期论证，完善股权分配、量化、记录、账务等工作，建立“党支部＋合作社＋脱贫户”的发展模式，引导广大群众入股入社，努力打造制陶、藏鸡、绵羊等“一村一品”产业，实现村村有产业、户户有增收；申请中央扶持村集体资金50万元，设立措堆村新建温室大棚项目；加大劳务组织化输出力度，发挥致富带头人、劳务输出合作社等优势，组织劳务输出440余人次，增加收入530万元。选取生态岗位人员204人，落实岗位人员考勤和考核规定，兑现岗位资金70万余元；共完成农村厕所改造179户；新建通信基站2个，解决全乡4个行政村70余户通信弱问题。以打造卡尔村市级高原经济高质量发展示范点为抓手，强化组织领导，规范产业发展，共建成5个合作社和1个集体建筑公司，2022年卡尔村集体经济收入达300万余元。

【自然灾害】 2022年，日朗乡制订自然灾害预警制度，完善乡、村自然灾害紧急避难场所和农村应急广播系统，全乡自然灾害处置能力得到提升。落实“河长制”、自然灾害信息员等制度，组织专人每月定期开展巡河、各类风险点巡察等工作，减轻各类自然灾害对农牧民群众造成的损失。做好群众受灾救助工作，安排专人协助各村办理受灾统计、保险报销等工作。兑现农牧民群众受灾救助资金约38.83万元。

【返贫监测】 2022年，日朗乡

12月30日，日朗乡卡尔村举办达昂劳务输出农民专业合作社民工工资发放仪式。图为获得工资发放民工合影

持续巩固脱贫攻坚成果，严格落实好帮扶政策，保持兜底救助类政策稳定，集中开展安全饮水、义务教育、15年免费教育、新型农村医疗保险和城乡居民养老保险等宣讲10余次。健全防止返贫动态监测和帮扶机制，细化完善《日朗乡防止返贫动态监测和帮扶机制实施方案》，成立动态监测工作领导小组，组织开展专项部署会和培训会1次，成立4个排查工作小组，利用4天时间共排查197户1154人，识别标注防返贫监测户1户5人，累计识别12户50人。结合各户实际情况，为每户制订帮扶措施50余条，通过开展“4321”干部结对帮扶20余次，申请临时救助共6.7万元，落实产业带动12户；截至2022年底，共消除返贫致贫风险11户。

【对口支援】 2022年，日朗乡申请援藏资金扶持，完成卡尔村达昂生态种植农民专业合作社新建10座温室大棚并投入使用，主要种植沙棘、小白菜、青椒、萝卜、黄瓜等经济作物和常见蔬菜。卡尔村达昂生态种植农民专业合作社收入约43.03万元，实现分红7.3万元，带动该村3人实现就业，共增加收入7万余元。

【特色产业】 2022年，日朗乡为提升农业机械化水平，解放农牧民群众劳动力，通过申请上级各类扶持资金，持续壮大卡尔村农机服务农民专业合作社；该合作社有联合收割机、打包机、深耕机、播种机和拖拉机等各类农业机械。为切实解决疫情防控期间全乡农牧民群众秋收难题，日朗乡充分发挥农机服务合作社优势，通过邀请群众代表观看集中收割，解决群众心中顾虑，完成卡尔村青稞、油菜等作物收割，并实现农机服务覆盖周边乡（镇）、村（居）。卡尔村农机服务合作社收入41.43万元，实现分红17.17万元，带动该村6名群众实现就业，共增加收入16万元。

（胡　波）

3月6日，日朗乡卡尔村举行2021年度工作总结表彰暨合作社分红仪式。图为分红群众合影

金嘎乡

【概况】 金嘎乡地处江孜县西部偏南区域，离县城47千米，平均海拔4300米，东与康卓乡交接，南与康马县为邻，西与白朗县接壤，北与日星乡相接。地形属藏南高山宽谷地貌，气候常年干燥寒冷、昼夜温差大。下辖8个行政村、17个自然村，共有601户2801人。是江孜县半农半牧的乡（镇）之一。有1所小学、1所卫生所、1个派出所3个下属单位；有2座寺庙，嘎西查珠寺、拉瓦普巴寺；在运营温泉4座，金嘎温泉在县域内具有一定知名度。

【经济发展】2022年，金嘎乡农村经济总收入8098.62万元，其中，第一产业收入1985.63万元，第二产业收入达3005.88万元，第三产业收入3107.11万元；农牧民人均收入达2.19万元，同比增长7.1%。成立专业合作社21家，包含种植类、牲畜饲养类、农产品加工类、经营类等，涉及犏牛养殖出售、粮油加工、温泉理疗等，全年共计收入100万余元。

【农牧业】2022年，金嘎乡耕地面积280.6公顷，草场面积3.46万公顷。农作物总播种面积4724亩，其中粮食播种面积4209亩。粮食产量达到1391.3吨，蔬菜产量达605.7吨。

牲畜存栏25192头（只、匹），牲畜出栏6049头（只、匹），经济增收725.88万元。严格执行动物内脏、死畜等无害化处理，严禁放牧员踏入邻乡、邻县草场；严格执行牲畜收购相关程序，按照农牧民补助奖励机制，共兑现补助奖励资金104.57万元。以自治区、市、县三级开展重点项目牦牛经济杂交为基点，与本地犏牛产业良性结合，投入大量本地牛种进行配种，在改良牲畜品种的同时，对123头母牛进行人工授精，共培育73头“安格斯”犊牛，实现农牧民增收12万元。

【项目建设】2022年，金嘎乡坚持以推动特色亮点产业为抓手，以保障基本民生提高群众收入为目标，申报具有本乡特色的项目。各村利用强基惠民资金及群众自筹资金，发展拉热村牦牛经济杂交改扩建项目、嘎西村犏牛养殖改扩建项目等多个项目。通过“党支部引领+群众自筹+入股企业+分红”形式，利用强基惠民经费及群众自筹资金共计52.2万元，入股到本乡民族特色服装产业、本地建筑工程企业。

【产业发展】2022年，金嘎乡党委、乡政府按照“一村一品”，加快产业结构调整，打造具有金嘎特色的产业模式，充分发挥上级拨款资金效益。依托各村强基惠民经费17.4万元，开展2次项目集中审批会，重点审批各村2022年强基惠民项目，涉及牛羊养殖、农产品加工、温泉改造等多领域，预计收入达40万—80万元。打造金嘎乡温泉旅游品牌，实施嘎西村温泉旅游项目，投入100万余元，已投入运营。持续推进“两牛两羊”产业稳步发展，嘎西村、岗坡村犏牛养殖合作社扩大，新建牛舍1座，购买母牦牛12头，出栏80余头犏牛，增收30万元。新建成拉瓦村绵羊养殖合作社，投入资金25万余元。

【疫情防控】金嘎乡动员乡机关、村“两委”班子、驻村工作队、“双联户”户长等全体干部职工，严格落实属地责任，以户为单位，建立对重点人群健康服务结对机制。开展入户巡访，把结对乡村干部、医务人员信息及联系号码名片全部送到重点人群手里；通过医务结对人员巡诊，乡村结对人员巡访、上门走访等方式，了解重点人群身体和生活状况及服务需求。保障疫情防控期间的生活物品的供给及物价的稳定。在疫情防控期间，组织人员与上级沟通，联系采购渠道，由乡政府出资3万余元购买日常必需品，以市场最低价到各行政村出售。通过排查、询问等方式，了解大宗商品价格，保证价格稳定不变，杜绝因疫谋财、哄抬价格等情况出现。

【教育事业】金嘎乡共有1所小学，2所幼儿园，在校学生326人，教师40人，适龄儿童入学率和初等教育完成率均在90%。年初，金嘎乡党委、乡政府联同学校领导对金嘎乡教育事业发展提出一系列措施，规范办学行为，牢固树立教育优先的原则，宣传教育政策和重要性，加强适龄儿童入学排查工作。加大基础设施建设力度，新建教学楼、采购教学设施，总投资达100万余元，有效改善乡小学教学设施及教学条件。完善控辍保学工作机制，形成乡政府与学校齐抓共管、同向发力的工作局面。组织人员进行集中宣传，共计入校宣传5次，受众2000余人次。通过实地走访调研、掌握辖区内学生家庭基本情况，解决因家庭原因导致上学难等问题；对不便上学的学生每周开展送教上门活动。开展师德师风建设和安全教育活动，联合乡、村两级和乡派出所加强校园周边食品、道路、设施等安全工作。教师节、儿童节，对学校师生进行慰问，对优秀的教育工作者进行表彰。

7月1日，金嘎乡举办庆祝中国共产党成立101周年暨“七一”表彰大会。图为活动现场

【医疗卫生】 2022年，金嘎乡党委、乡政府开展医疗卫生事业。扩充医师队伍，新入职医生5人；为乡卫生院配备专业医护车1辆，新建医疗场。乡政府和卫生院开展大病救助、慢性病签约和重病兜底工作。慢性病家庭医生签约实现全覆盖，定期开展上门随诊服务。开展医保政策宣传工作，参保人数2690人，参保率99%。开展卫生政策宣讲和知识宣讲5390人次。

【文化事业】 2022年，金嘎乡把握西藏文化发展新形势，推动文化振兴作为实施乡村振兴的重要内容，切实与产业振兴、组织振兴、人才振兴、生态振兴相结合，繁荣发展乡村文化事业和文化产业，不断提高乡村社会文明程度。深化文明村（居）创建，以自治区、市、县三级文化村创建为目标，金嘎乡党委、乡政府组织各村“村庄美、村风美、庭院美”的“三美”评比活动，树立典型，打造示范点。金嘎乡各村在各大节日以农牧民群众喜闻乐见的方式组织开展文艺活动，共组织开展文艺活动10余场次。组织乡文艺演出队参与县级举办的各类活动，兑现活动补贴、误工补贴等各类资金，切实保障文艺演出队员个人利益，确保全乡文化事业、文化产业的良性发展。

【社会保障】 2022年，金嘎乡党委、乡政府根据农村最低生活保障管理办法制订每年动态管理制度，并严格按照上级部门收支核算管理办法，年度动态调整后，确定低保11户20人，特困13户15人；完成特困人员供养、残疾人员、退伍军人、医疗救助、临时救助、教育救助，以及特殊时段的灾情上报等日常工作。通过联合驻村干部、社保专干等，集中下村开展门诊票据收集整理报销等一系列手续。按时完成2022年养老保险缴费任务，金嘎乡农村居民养老保险缴纳1366人，完成率100%。鼓励青壮年劳力在农闲时节外出务工，加大劳务输出力度，乡人民政府对群众加强引导，鼓励青壮年劳力在农闲时节外出务工，传达招聘信息，转移就业643人，组织化劳务输出200人，务工总收入达到1600万余元。全乡高校毕业生均已实现就业，就业率达100%。通过动员辖区内群众参加技能培训，共3名群众参加驾驶、焊工、厨师、电工维修等培训，就业率达90%。

【生态环保】 2022年，金嘎乡全面推行“村级抓、乡级督导”的环境治理方法，全年组织开展环境整治督导12次，开展户旁、村边、河道等环境整治40余次，投入3万余元。严格落实乡村“四旁”植树工作，在全乡范围内种植竹柳和沙棘共9500株，压紧压实管护责任，成活率达85%。全面落实“河长制”工作，乡、村两级河长全年共巡河134次，开展河道垃圾清理工作35次。落实生态文明建设示范村（居）的申报工作，在县环保局的指导下，采取实地调研、撰写相关材料措施推进生态文明建设示范村（居）申报事宜。乡机关全体干部职工每周一对乡政府大院和周边街道进行卫生清理，各村每周对村委会、道路及公共场所进行环境整治，向各村发放环卫工具，要求养殖户边放牧边清理，培养农牧民群众环保意识，确保全乡干净整洁。严厉打击非法采砂行为，切实明确责任，坚持常抓不懈，源头治理，不定期、不间断对河道巡回检查、整治。

5月5日，金嘎乡组织党员志愿服务队开展旧经幡清理工作。图为党员志愿者合影

【乡村振兴】 2022年，金嘎乡通过坚持“产业兴旺、生态宜居、乡风文明、治理有效、生活富裕”为总要求，巩固拓展脱贫攻坚成果同乡村振兴有效衔接。在强化组织领导的基础上，坚持贯彻落实《中国共产党农村工作条例》，开展专题培训2次。根据上级关于乡村振兴相关实施方案办法，做到规划先行，执行适用于本乡的乡村振兴实施细则，确保振兴工作有序开展。年初通过实地察看、调研、学习等方式，策划大小项目10余个，重点项目1个，总投资150万余元。围绕农村人居环境治理，制订环境整治方案，通过改善乡村道路、农村厕所改造、生活垃圾治理、农村污水治理、工程建筑垃圾治理等方式，切实提升各村环境治理能力，补齐短板，提高全乡整体环境水平。

【自然灾害】 2022年，金嘎乡党委、乡政府对自然灾害预警预防预测工作重视到底、排查到位，逐步完善自然灾害应急处置机制、预防协调机制、处置完善机制，有效应对各类各项自然灾害。金嘎乡全年未发生自然灾害。

【返贫监测】 为持续巩固拓展脱贫攻坚成果同乡村振兴有效衔接，确保全乡不发生任何返贫致贫问题。对全乡68户脱贫户、4户监测户，建立健全防返贫致贫监测和帮扶机制，对脱贫户、脱贫不稳定人口，边缘易致贫人口和监测户，全面进行排查、测算及整治等工作，常态化开展防返贫监测。上半年共计进行2次入户收入核算，紧盯农牧民群众收支状况。持续巩固“两不愁三保障”及饮水安全等成效，切实保障农村

12月30日，金嘎民族服装农民专业合作社向金嘎乡农牧民群众发放入股分红资金。图为分红发放仪式现场

基础设施效用。在前期开展排查整治的基础上，争取各项资金对各村出现问题的基础设施，集中进行翻修。依托结对帮扶、临时救助、社会捐助等措施，结合脱贫户、监测户自身特殊原因及返贫风险点，因人因户因策开展帮扶救助工作，对其余脱贫户开展结对帮扶、捐献物资，折合资金共计1.07万元。依托各村村集体经济及特色产业发展，统筹将全乡留守妇女、残疾人、老年人等监测群体纳入产业帮扶中，以分红、慰问等形式，提高基础收入，保障基本生产生活。对完全丧失劳动能力的监测对象，依托农村低保、城乡居民基本养老及特困人员救助等政策性保障，将符合条件的对象纳入其中，做到应纳尽纳、应保尽保。

【特色产业】2022年，金嘎乡进一步推动开展特色产业发掘工作，乡党委先后通过多次实地调研，发掘一部分具有本乡鲜明特色的产业项目，如金嘎温泉、金嘎犏牛等，其中金嘎温泉为重点开发的特色产业。金嘎乡着力打造一座包含理疗、娱乐、住宿为一体的温泉娱乐场所，形成标杆型产业，2022年项目已建成，正处于试运营阶段，收益明显，年收入达20万余元。

（旦增却朗）

日星乡

【概况】日星乡位于江孜县西南部，距江孜县城76千米，总面积156.48平方千米，平均海拔4111米，下辖8个行政村、25个自然村，共有人口2465人。13个党支部，2个直属单位（卫生院、完全小学）。

【经济发展】2022年，日星乡实现经济总收入达6563.72万元，其中，第一产业1385.59万元、第二产业2360.83万元，第三产业2817.3万元，农村居民人均可支配收入达2.05万元，同比增长13.93%。

【农牧业】2022年，日星乡耕地面积548.44公顷，草场面积1.49万公顷，林地面积为2120公顷。加大农业科技推广力度，健全基层科技特派员管理机制，开展科技特派员定期讲座和农业技术现场演示活动8次；运用2021年良种补贴资金3.48万元从江热乡江热村购买“喜玛拉22号”二级种子5.4吨，按一亩3千克的量发放给8个行政村1740亩地，优化种植业结构。

牲畜存栏17845头（只、匹），其中，黄牛、奶牛、牦牛共存栏1982头，绵羊12480只，山羊3154只，驴224匹，骡5匹。牲畜出栏4549头（只、匹）。

【项目建设】2022年，实施日星干渠节水灌渠工程项目，涉及4个行政村，总投资944万元，项目包括建设水渠长度6386.1米，管道长度为5255米，农用桥27座，盖板221个，有效解决杂达、擦布、卡吾和吹美4个行政村3500亩农田灌溉问题。实施总投资609.79万元的高标准农田建设项目，该项目涉及4个行政村，包括建设水渠5141米、土地平整1279亩、客土改良968亩、修建机耕道1925米、新建防洪堤坝1960米。旁孜村投资360.62万元实施渠系配套水利工程建设水渠6.11千米，客土改良、土地平整和深松深耕1091.34亩，发放商品有机肥58.11吨。卡吾村投资249.83万元建设防洪堤坝332米和农田灌溉水塘1座，客土改良、土地平整和深松深耕150亩，修建主管道3046米，发放商品有机肥7.9吨。央嘎村实施高效节水项目，新建农田灌溉水塘1座和主管道2795米，共投资149.43万元。

【产业发展】 截至2022年底，塔巴村成立养牛合作社，塔巴奶牛合作社带动全村83户，分红4.1万元；旁孜村光伏电站分红7.6万元；擦布村成立养羊合作社，养羊规模为600只，2022年项目配套设施已竣工；吹美村京美饲草料加工农民专业合作社，2022收入达10万余元。乡装载机收入持续稳定，为下辖8个行政村分红10.3万元。

【疫情防控】 2022年，根据县委、县政府工作部署会议精神，以及县疫情防控办具体要求，日星乡党委、乡政府通过微信群转发、悬挂宣传条幅、公众号转发倡议建议、大喇叭播放宣传音频、宣传入村等多种方式，在辖区开展全覆盖、无死角的疫情预防知识宣传工作，增强群众自我防控意识，号召动员全民参与，加强正面引导。全乡悬挂宣传条幅20余条、出动宣传60余次。指导各村使用消毒酒精、84消毒液、次氯酸钠消毒液等对所有场所进行彻底消杀，最大限度降低疫情风险。要求各村准备充足的口罩、消毒液等防控物资并进行点验，向县疫情防控物资保障组申请测温计、口罩、酒精、消毒水等，按需分配，优先保障一线。

【教育事业】 日星乡有1所完全小学、2所幼儿园。小学教师14名，小学生247人；幼儿园教师8名，乡村幼教专干9名，幼儿110人。按照“优先保障、民生先行”的原则，推进民生事业工作，狠抓落实政策，主动作为。通过宣传教育引导，全乡基础教育不断巩固，义务教育阶段入学率达到100%，学前教育逐渐完善。推进双创清零工作，引导全乡未就业大学生进行创新创业，提供就业信息和拓展就业渠道解决未就业大学生的就业问题，2022年日星乡毕业大学生22人，均实现稳定就业。

【医疗卫生】 2022年，日星乡农村居民健康体检率达到90%，

4月下旬，日星乡干部职工到央嘎村田间宣传医保政策。图为宣传工作现场

应参加城乡居民养老保险 1235 人，实际参保 1199 人，参保率 97.09%；应参加城乡居民医疗保险 2442 人，实际参保 2393 人，缴费金额 35.74 万元，参保率达 97.99%。

【文化事业】 日星卓舞起源于日星塔巴雪巴庄园贵族时期，该舞是贵族们平常必看的演出舞之一，已有 800 多年（9 代）的历史。日星卓舞为日喀则市级非物质文化遗产之一，是日喀则市代表性民间舞之一，有 19 名传承人，19 名传承人给村里的小学生进行传授。

【社会保障】 2022 年，日星乡特困人员共有 6 户 8 人，均为分散供养，兑现资金 7.74 万元，保障特困对象人员的基本生活保障。发放农村“寿星老人”生活补助 300 元，共兑现资金 600 元。困难残疾人生活补助共 33 人，共兑现资金 3.96 万元；重度残疾人护理补贴 21 人，共兑现资金 5.04 万元。收到 1 人生活困难救助申请，资金 2000 元。

为 60 岁、80 岁以上老人兑现养老保险资金共 88.4 万元，“一孩双女”政策补助资金发放 2.62 万元，低保补助发放 1.76 万元（9 户 22 人），特困人员补助资金共发放 4.8 万元（6 户 8 人），57 名残疾人员补助资金共发放 9.07 万元，临时救助资金共发放 5.94 万元，为 365 人兑现生态岗位补助资金 136.89 万元，结对帮扶共兑现资金 3.3 万元，金塔集团为全乡 60 岁以上老人发放生活补助 33.6 万元，教育补助资金兑现 4.14 万元。

【生态环保】 2022 年，按照市、县安排部署，日星乡党委、乡政府增措施、加力度、压责任，开展农村人居环境整治村庄清洁活动，实行乡干部包村、村干部包片、户长包户，将每月 5 日和 10 日定为环境整治日，开展环境卫生整治活动 140 余场次，3800 余人次参与。日星乡辖区共有擦曲河 1 条河流，为县级河流，全乡共有水生态管护员 68 人，组织开展河道巡查 32 次，共 160 余人参加。对擦曲流域的 3 个砂石厂的环境卫生共检查 12 次，不存在乱采乱挖的问题。开展无树户清零宣传活动 3 次，共植树 2.1 万株，兑现乡村“四旁”植树资金 32 万元。

3月28日，日星卓舞传承人在庆祝西藏百万农奴解放纪念日活动上表演日星卓舞。图为日星卓舞表演现场

【乡村振兴】 按照实施乡村振兴战略统一部署，将 8 个行政村划分为 3 种发展模式，第一组吹美村、卡吾村实施沙棘种植发展模式；第二组擦布村、白林村、央卡村、塔巴村实施牛羊养殖合作社的发展模式；第三组旁孜村、杂达村实施农机联合社的发展模式。2022 年各村集体经济稳步发展，村集体经济收入稳步提升，村集体经济总收入 186.68 万元，产业项目累计分红 28 万元。农牧民实现

3月4日，日星乡塔巴村举行养牛合作社分红仪式。图为仪式现场

转移就业996人。

【自然灾害】 2022年，夏季防洪抗险工作中，日星乡人民政府和8个行政村本着抢险预防为优先的处理突发事件措施，组织全乡群众义务投劳958人次，调用乡装载机、筹集各村铁丝笼37卷等措施，抢险加固6处地质灾害隐患点防洪堤坝452米，有效保护人民群众生命财产安全。

【返贫监测】 日星乡8个行政村全面实现脱贫，持续跟踪收入变化和“两不愁三保障”巩固情况，严格落实“四个不摘”的要求，紧盯已脱贫人口，健全返贫动态监测和帮扶机制，对3户监测户继续实施帮扶，时时监测，全力做好扶贫产业、稳岗就业等工作，防止脱贫人口返贫，做到不稳定不松手。2022年，日星乡101户533人建档立卡贫困监测户人均纯收入超过监测线，实现“不愁吃不愁穿”。

（邢尧坤）

荣誉录

个人荣誉 >>>

集体荣誉 >>>

中國歷史文化名城

个人荣誉

自治区（部、委）级个人荣誉获得情况一览表

表7

姓名	性别	民族	工作单位	获奖称号	授予单位	表彰时间
旦增称来	男	藏族	江孜藏毯文化有限公司	第21届全国青年岗位能手标兵	共青团中央委员会、人力资源和社会保障部	2022年9月
西洛	男	藏族	西藏自治区江孜县气象局	2022年全国保夏粮丰收气象服务工作通报表扬	中国气象局	2022年7月
扎塔	男	藏族	政协江孜县委员会	2022年度“光彩之星”	中国光彩事业促进会	2023年2月
米玛央吉	女	藏族	国家税务总局江孜县税务局	西藏自治区民族团结进步模范个人	中共西藏自治区委员会、西藏自治区人民政府	2022年9月
扎西卓玛	女	藏族	江孜县第二幼儿园	西藏自治区民族团结进步模范个人	中共西藏自治区委员会、西藏自治区人民政府	2022年9月

市（厅）级个人荣誉获得情况一览表

表8

姓名	性别	民族	工作单位	获奖称号	授予单位	表彰时间
普旦	男	藏族	达孜乡仁钦岗村	2022年自治区售粮大户称号	西藏自治区发展和改革委员会	2023年3月
巴桑顿珠	男	藏族	江孜县公安局冲萨林派出所	三等功	西藏自治区公安厅	2022年12月
杨修贤	男	汉族	江孜县公安局科技信息化大队	嘉奖	西藏自治区公安厅	2022年12月
白玛塔杰	男	藏族	江孜县退役军人事务局	西藏自治区2022年度示范型退役军人服务中心创建工作优秀主任	西藏自治区退役军人事务厅	2023年3月
李志清	男	汉族	江孜县教育（体育）局	全区教育督导先进个人	西藏自治区教育督导委员会、西藏自治区教育厅	2023年3月
次片	女	藏族	紫金乡小学	优秀班主任	西藏自治区教育厅	2022年9月
吉律	男	藏族	卡麦乡小学	西藏自治区乡村从教25年终身成就奖	西藏自治区教育厅	2022年12月
尼玛次仁	男	藏族	年堆乡小学	西藏自治区乡村从教25年终身成就奖	西藏自治区教育厅	2022年9月
边巴平措	男	藏族	江孜县气象局	2022年重大气象服务优秀个人	西藏自治区气象局	2023年2月
仁增片多	女	藏族	达孜乡德吉村	自治区“最美家庭”	西藏自治区妇女联合会、西藏自治区民族事务委员会	2022年5月

续表8

姓名	性别	民族	工作单位	获奖称号	授予单位	表彰时间
达仓	女	藏族	江孜县公安局治安大队	“五一劳动奖章”	西藏自治区总工会	2022年4月
次旦卓嘎	女	藏族	江孜县委宣传部新时代文明实践中心	新时代文明实践工作先进个人	西藏自治区精神文明建设指导委员会	2022年8月

县（区、局）级个人荣誉获得情况一览表

表9

姓名	性别	民族	工作单位	获奖称号	授予单位	表彰时间
德庆措姆	女	藏族	江孜县融媒体中心	2022年度珠穆朗玛新闻奖优秀新闻工作者	中共日喀则市委宣传部	2022年11月
次旺加措	男	藏族	江孜县融媒体中心	2022年度珠穆朗玛新闻奖优秀新闻工作者	中共日喀则市委宣传部	2022年11月
白加	男	藏族	日星乡白林村	2022年优秀市级宣讲员	中共日喀则市委宣传部	2023年3月
益西加措	男	藏族	江孜县公安局出入境管理大队	先进工作者	中共日喀则市公安局委员会	2022年2月
唐运学	男	汉族	江孜县公安局办公室	先进工作者	中共日喀则市公安局委员会	2022年2月
格桑达娃	女	藏族	江孜县公安局政工纪检室	先进工作者	中共日喀则市公安局委员会	2022年2月
巴桑旺堆	男	藏族	江孜县公安局特警大队	先进工作者	中共日喀则市公安局委员会	2022年2月
次仁达瓦	男	藏族	江孜县公安局冲萨林派出所	侦查办案能手	中共日喀则市公安局委员会	2022年2月
多吉次仁	男	藏族	江孜县公安局刑事侦查大队	侦查办案能手	中共日喀则市公安局委员会	2022年2月
扎西旺拉	男	藏族	江孜县公安局刑事侦查大队	嘉奖	日喀则市公安局	2022年5月
洛桑平措	男	藏族	江孜县公安局交通管理大队	先进个人	日喀则市公安局交通警察支队	2022年2月
次仁卓玛	女	藏族	江孜县闵行中学	民族团结模范个人	日喀则市教育局、日喀则市民族事务委员会	2022年11月
多郑	男	藏族	车仁乡扎西林村党支部	民族团结模范个人	日喀则市民族事务委员会	2022年5月
普潘多	女	藏族	国家税务总局江孜县税务局	三等功	国家税务总局日喀则市税务局	2022年5月
巴桑罗布	男	藏族	江孜县年堆乡小学	“中国梦 · 劳动美”全区职工演讲比赛日喀则分赛优秀奖	日喀则市总工会	2022年5月
次仁旺姆	女	藏族	江孜县气象局	日喀则市第五届气象行业县级综合气象业务职业竞赛应急观测数据处理单项第一名	日喀则市总工会、日喀则市人力资源和社会保障局、日喀则市气象局	2022年4月
次仁旺姆	女	藏族	江孜县气象局	日喀则市气象行业业务技术能手	日喀则市总工会、日喀则市人力资源和社会保障局、日喀则市气象局	2022年4月

续表9

姓名	性别	民族	工作单位	获奖称号	授予单位	表彰时间
次仁旺姆	女	藏族	江孜县气象局	日喀则市第五届气象行业县级综合气象业务职业竞赛综合业务理论单项第一名、个人全能二等奖	日喀则市总工会、日喀则市人力资源和社会保障局、日喀则市气象局	2022年4月
张柯	男	藏族	江孜电信局	119消防工作先进个人	日喀则市消防安全委员会	2022年11月
多布杰	男	藏族	日星乡白林村	2022年市级先进双联户先进个人	中共日喀则市委平安日喀则建设领导小组	2023年3月
索欧	男	藏族	县委政法委	日喀则市扫黑除恶斗争先进工作者	日喀则市扫黑除恶斗争领导小组	2023年3月
次仁扎西	男	藏族	江孜县公安局警务保障室	通报表扬	日喀则市反腐败协调小组办公室	2022年12月
吴书强	男	汉族	江孜县公安局特警大队	通报表扬	日喀则市反腐败协调小组办公室	2022年12月
余杰	男	汉族	江孜县人民检察院	日喀则市“最美志愿者”	日喀则市志愿服务联合会、日喀则市新时代文明实践中心建设领导小组办公室	2022年12月
达瓦桑布	男	藏族	江孜县中心医院	日喀则市抗击疫情最美志愿者	日喀则市志愿服务联合会、日喀则市新时代文明实践中心建设领导小组办公室	2023年3月
白玛央珍	女	藏族	江孜县中心医院	抗疫先锋	日喀则市人民医院	2023年3月
宗巴	女	藏族	日朗乡人民政府	抗疫志愿者	中共桑珠孜区委员会、桑珠孜区人民政府	2022年10月
贡觉宁布	男	藏族	江孜镇人民政府	抗疫志愿者	中共桑珠孜区委员会、桑珠孜区人民政府	2022年10月
杨秀梅	女	汉族	江孜县人民政府	疫情防控工作先进个人	中共江孜县委员会、江孜县人民政府	2022年10月
刘崇尧	男	汉族	中共江孜县委办公室	疫情防控工作先进个人	中共江孜县委员会、江孜县人民政府	2022年10月
郝宇航	男	汉族	中共江孜县委宣传部	疫情防控工作先进个人	中共江孜县委员会、江孜县人民政府	2022年10月
旦增	男	藏族	中共江孜县委政法委	疫情防控工作先进个人	中共江孜县委员会、江孜县人民政府	2022年10月
次仁欧珠	男	藏族	中共江孜县委督查室	疫情防控工作先进个人	中共江孜县委员会、江孜县人民政府	2022年10月
索片	女	藏族	中共江孜县委党校	疫情防控工作先进个人	中共江孜县委员会、江孜县人民政府	2022年10月
米琼	男	藏族	老干部第三支部	疫情防控工作先进个人	中共江孜县委员会、江孜县人民政府	2022年10月

续表9

姓名	性别	民族	工作单位	获奖称号	授予单位	表彰时间
孙健	男	汉族	江孜县人民代表大会	疫情防控工作先进个人	中共江孜县委员会、江孜县人民政府	2022年10月
拉巴旦增	男	藏族	江孜县人民政府办公室	疫情防控工作先进个人	中共江孜县委员会、江孜县人民政府	2022年10月
王旭	男	汉族	江孜县人民政府办公室	疫情防控工作先进个人	中共江孜县委员会、江孜县人民政府	2022年10月
潘涛	男	汉族	江孜县机关后勤服务中心	疫情防控工作先进个人	中共江孜县委员会、江孜县人民政府	2022年10月
边巴次仁	男	藏族	江孜县机关后勤服务中心	疫情防控工作先进个人	中共江孜县委员会、江孜县人民政府	2022年10月
米玛顿珠	男	藏族	江孜县机关后勤服务中心	疫情防控工作先进个人	中共江孜县委员会、江孜县人民政府	2022年10月
拉尊久美吴坚赤列显片努布	男	藏族	江孜县政协委员	疫情防控工作先进个人	中共江孜县委员会、江孜县人民政府	2022年10月
生钦旦巴热杰	男	藏族	江孜县政协委员	疫情防控工作先进个人	中共江孜县委员会、江孜县人民政府	2022年10月
达桑	男	藏族	江孜县政协提案经济法制专门委员会	疫情防控工作先进个人	中共江孜县委员会、江孜县人民政府	2022年10月
次仁旺姆	女	藏族	江孜县纪委监委	疫情防控工作先进个人	中共江孜县委员会、江孜县人民政府	2022年10月
次旦	男	藏族	江孜县纪委监委	疫情防控工作先进个人	中共江孜县委员会、江孜县人民政府	2022年10月
宗吉	女	藏族	江孜县民政局	疫情防控工作先进个人	中共江孜县委员会、江孜县人民政府	2022年10月
泽旺罗布	男	藏族	江孜县民政局	疫情防控工作先进个人	中共江孜县委员会、江孜县人民政府	2022年10月
张小磊	男	汉族	江孜县民政局	疫情防控工作先进个人	中共江孜县委员会、江孜县人民政府	2022年10月
索朗次旦	男	藏族	江孜县财政局	疫情防控工作先进个人	中共江孜县委员会、江孜县人民政府	2022年10月
米玛次仁	男	藏族	江孜县财政局	疫情防控工作先进个人	中共江孜县委员会、江孜县人民政府	2022年10月
李秀云	女	汉族	江孜县发展和改革委员会	疫情防控工作先进个人	中共江孜县委员会、江孜县人民政府	2022年10月
扎西顿珠	男	藏族	江孜县教育（体育）局	疫情防控工作先进个人	中共江孜县委员会、江孜县人民政府	2022年10月
边巴欧珠	男	藏族	江孜县教育（体育）局	疫情防控工作先进个人	中共江孜县委员会、江孜县人民政府	2022年10月
向红灯	女	汉族	江孜县人力资源和社会保障局	疫情防控工作先进个人	中共江孜县委员会、江孜县人民政府	2022年10月

续表9

姓名	性别	民族	工作单位	获奖称号	授予单位	表彰时间
米玛仓决	女	藏族	江孜县人力资源和社会保障局	疫情防控工作先进个人	中共江孜县委员会、江孜县人民政府	2022年10月
德央	女	藏族	江孜县农业农村局	疫情防控工作先进个人	中共江孜县委员会、江孜县人民政府	2022年10月
达瓦措白	男	藏族	江孜县农业农村局	疫情防控工作先进个人	中共江孜县委员会、江孜县人民政府	2022年10月
孔金秋	男	汉族	江孜县农业农村局	疫情防控工作先进个人	中共江孜县委员会、江孜县人民政府	2022年10月
索片	女	藏族	江孜县农业农村局	疫情防控工作先进个人	中共江孜县委员会、江孜县人民政府	2022年10月
格桑旦增	男	藏族	江孜县住房和城乡建设局事业干部	疫情防控工作先进个人	中共江孜县委员会、江孜县人民政府	2022年10月
卓玛次仁	女	藏族	江孜县卫生健康委员会	疫情防控工作先进个人	中共江孜县委员会、江孜县人民政府	2022年10月
普卓嘎	女	藏族	江孜县卫生健康委员会	疫情防控工作先进个人	中共江孜县委员会、江孜县人民政府	2022年10月
穷达	男	藏族	江孜县卫生健康委员会	疫情防控工作先进个人	中共江孜县委员会、江孜县人民政府	2022年10月
米玛顿珠	男	藏族	江孜县疾病预防控制中心	疫情防控工作先进个人	中共江孜县委员会、江孜县人民政府	2022年10月
索朗央宗	女	藏族	江孜县疾病预防控制中心	疫情防控工作先进个人	中共江孜县委员会、江孜县人民政府	2022年10月
顿珠扎西	男	藏族	江孜县疾病预防控制中心	疫情防控工作先进个人	中共江孜县委员会、江孜县人民政府	2022年10月
尼玛潘多	女	藏族	江孜县疾病预防控制中心	疫情防控工作先进个人	中共江孜县委员会、江孜县人民政府	2022年10月
群宗	女	藏族	江孜县林业和草原局	疫情防控工作先进个人	中共江孜县委员会、江孜县人民政府	2022年10月
顿珠	男	藏族	江孜县医疗保障局	疫情防控工作先进个人	中共江孜县委员会、江孜县人民政府	2022年10月
拉巴卓玛	女	藏族	江孜县文化和旅游局	疫情防控工作先进个人	中共江孜县委员会、江孜县人民政府	2022年10月
桑姆	女	藏族	江孜县文化和旅游局	疫情防控工作先进个人	中共江孜县委员会、江孜县人民政府	2022年10月
格桑卓嘎	女	藏族	江孜县文化和旅游局	疫情防控工作先进个人	中共江孜县委员会、江孜县人民政府	2022年10月
普布	男	藏族	江孜县司法局	疫情防控工作先进个人	中共江孜县委员会、江孜县人民政府	2022年10月
赵丙郁	女	汉族	江孜县司法局	疫情防控工作先进个人	中共江孜县委员会、江孜县人民政府	2022年10月

续表9

姓名	性别	民族	工作单位	获奖称号	授予单位	表彰时间
格桑曲珍	女	藏族	江孜县退役军人事务局	疫情防控工作先进个人	中共江孜县委员会、江孜县人民政府	2022年10月
多吉桑布	男	藏族	江孜县自然资源局	疫情防控工作先进个人	中共江孜县委员会、江孜县人民政府	2022年10月
扎西曲培	男	藏族	江孜县自然资源局	疫情防控工作先进个人	中共江孜县委员会、江孜县人民政府	2022年10月
杨雄	男	汉族	江孜县科学技术局	疫情防控工作先进个人	中共江孜县委员会、江孜县人民政府	2022年10月
王龙	男	汉族	江孜县水利局	疫情防控工作先进个人	中共江孜县委员会、江孜县人民政府	2022年10月
王文浩	男	汉族	江孜县交通运输局	疫情防控工作先进个人	中共江孜县委员会、江孜县人民政府	2022年10月
罗玉江	男	汉族	江孜县交通运输局	疫情防控工作先进个人	中共江孜县委员会、江孜县人民政府	2022年10月
白玛曲珍	女	藏族	江孜县应急管理局	疫情防控工作先进个人	中共江孜县委员会、江孜县人民政府	2022年10月
索朗曲珍	女	藏族	江孜县行政审批和便民服务局	疫情防控工作先进个人	中共江孜县委员会、江孜县人民政府	2022年10月
巴桑顿珠	男	藏族	江孜县信访局	疫情防控工作先进个人	中共江孜县委员会、江孜县人民政府	2022年10月
次仁	男	藏族	江孜县城市管理和综合执法局	疫情防控工作先进个人	中共江孜县委员会、江孜县人民政府	2022年10月
尼平	男	藏族	江孜县环卫工人	疫情防控工作先进个人	中共江孜县委员会、江孜县人民政府	2022年10月
拉巴罗布	男	藏族	江孜县民族宗教事务局	疫情防控工作先进个人	中共江孜县委员会、江孜县人民政府	2022年10月
达娃次仁	男	藏族	江孜县广播电视局	疫情防控工作先进个人	中共江孜县委员会、江孜县人民政府	2022年10月
德庆措姆	女	藏族	江孜县融媒体中心	疫情防控工作先进个人	中共江孜县委员会、江孜县人民政府	2022年10月
格桑朗杰	男	藏族	武警日喀则支队机动三大队中校	疫情防控工作先进个人	中共江孜县委员会、江孜县人民政府	2022年10月
扎西达瓦	男	藏族	江孜县公安局	疫情防控工作先进个人	中共江孜县委员会、江孜县人民政府	2022年10月
尼玛平措	男	藏族	江孜县公安局	疫情防控工作先进个人	中共江孜县委员会、江孜县人民政府	2022年10月
贵桑	男	藏族	江孜县公安局	疫情防控工作先进个人	中共江孜县委员会、江孜县人民政府	2022年10月
肖德华	男	汉族	江孜县公安局特警大队	疫情防控工作先进个人	中共江孜县委员会、江孜县人民政府	2022年10月

续表9

姓名	性别	民族	工作单位	获奖称号	授予单位	表彰时间
达瓦塔杰	男	藏族	江孜县公安局交警大队	疫情防控工作先进个人	中共江孜县委员会、江孜县人民政府	2022年10月
普旦增	男	藏族	江孜县公安局交警大队	疫情防控工作先进个人	中共江孜县委员会、江孜县人民政府	2022年10月
次仁旺堆	男	藏族	江孜县公安局网络安全保卫大队	疫情防控工作先进个人	中共江孜县委员会江孜县人民政府	2022年10月
扎西旺拉	男	藏族	江孜县公安局刑事侦查大队	疫情防控工作先进个人	中共江孜县委员会、江孜县人民政府	2022年10月
白玛斯达	男	藏族	江孜县公安局指挥中心	疫情防控工作先进个人	中共江孜县委员会、江孜县人民政府	2022年10月
强巴旦增	男	藏族	江孜县公安局政工纪检室	疫情防控工作先进个人	中共江孜县委员会、江孜县人民政府	2022年10月
陈鹏	男	汉族	江孜县公安局东郊一级公安检查站	疫情防控工作先进个人	中共江孜县委员会、江孜县人民政府	2022年10月
贡布顿珠	男	藏族	江孜县公安局西郊便民警务站	疫情防控工作先进个人	中共江孜县委员会、江孜县人民政府	2022年10月
李小龙	男	汉族	江孜县公安局西郊便民警务站	疫情防控工作先进个人	中共江孜县委员会、江孜县人民政府	2022年10月
索朗白珠	男	藏族	江孜县公安局江嘎便民警务站	疫情防控工作先进个人	中共江孜县委员会、江孜县人民政府	2022年10月
洛桑旦增	男	藏族	江孜县公安局城关派出所	疫情防控工作先进个人	中共江孜县委员会、江孜县人民政府	2022年10月
次仁多吉	男	藏族	江孜县公安局白居派出所	疫情防控工作先进个人	中共江孜县委员会、江孜县人民政府	2022年10月
达娃罗布	男	藏族	江孜县公安局车仁乡派出所	疫情防控工作先进个人	中共江孜县委员会、江孜县人民政府	2022年10月
达扎西	男	藏族	江孜县公安局卡堆乡派出所	疫情防控工作先进个人	中共江孜县委员会、江孜县人民政府	2022年10月
次仁平措	男	藏族	江孜县公安局金嘎乡派出所	疫情防控工作先进个人	中共江孜县委员会、江孜县人民政府	2022年10月
扎西平措	男	藏族	江孜县公安局金嘎乡派出所	疫情防控工作先进个人	中共江孜县委员会、江孜县人民政府	2022年10月
普潘多	女	藏族	国家税务总局江孜县税务局	疫情防控工作先进个人	中共江孜县委员会、江孜县人民政府	2022年10月
达娃穷达	男	藏族	江孜县人民检察院	疫情防控工作先进个人	中共江孜县委员会、江孜县人民政府	2022年10月
桑吉卓玛	女	藏族	江孜县人民检察院	疫情防控工作先进个人	中共江孜县委员会、江孜县人民政府	2022年10月
余杰	男	汉族	江孜县人民检察院	疫情防控工作先进个人	中共江孜县委员会、江孜县人民政府	2022年10月

续表9

姓名	性别	民族	工作单位	获奖称号	授予单位	表彰时间
洛桑顿珠	男	藏族	江孜县人民检察院	疫情防控工作先进个人	中共江孜县委员会、江孜县人民政府	2022年10月
洛桑次仁	男	藏族	江孜县人民检察院	疫情防控工作先进个人	中共江孜县委员会、江孜县人民政府	2022年10月
白玛曲珍	女	藏族	江孜县人民检察院	疫情防控工作先进个人	中共江孜县委员会、江孜县人民政府	2022年10月
陈兆平	男	汉族	江孜县人民检察院	疫情防控工作先进个人	中共江孜县委员会、江孜县人民政府	2022年10月
扎西平措	男	藏族	江孜县人民检察院	疫情防控工作先进个人	中共江孜县委员会、江孜县人民政府	2022年10月
周媛媛	女	汉族	江孜县人民检察院	疫情防控工作先进个人	中共江孜县委员会、江孜县人民政府	2022年10月
拉姆次仁	女	藏族	江孜县人民检察院	疫情防控工作先进个人	中共江孜县委员会、江孜县人民政府	2022年10月
罗小红	女	汉族	江孜县人民检察院	疫情防控工作先进个人	中共江孜县委员会、江孜县人民政府	2022年10月
巴桑扎西	男	藏族	江孜县人民法院	疫情防控工作先进个人	中共江孜县委员会、江孜县人民政府	2022年10月
罗旦	男	藏族	江孜县人民法院	疫情防控工作先进个人	中共江孜县委员会、江孜县人民政府	2022年10月
德央	女	藏族	江孜县人民法院	疫情防控工作先进个人	中共江孜县委员会、江孜县人民政府	2022年10月
索朗多吉	男	藏族	江孜县人民法院	疫情防控工作先进个人	中共江孜县委员会、江孜县人民政府	2022年10月
边巴平措	男	藏族	江孜县气象局	疫情防控工作先进个人	中共江孜县委员会、江孜县人民政府	2022年10月
索朗旦增	男	藏族	江孜县气象局	疫情防控工作先进个人	中共江孜县委员会、江孜县人民政府	2022年10月
谢一平	男	汉族	日喀则市生态环境局江孜县分局	疫情防控工作先进个人	中共江孜县委员会、江孜县人民政府	2022年10月
次仁	男	藏族	江孜县总工会	疫情防控工作先进个人	中共江孜县委员会、江孜县人民政府	2022年10月
央吉	女	藏族	共青团江孜县委员会	疫情防控工作先进个人	中共江孜县委员会、江孜县人民政府	2022年10月
旦增格桑	男	藏族	恩达寺管理委员会	疫情防控工作先进个人	中共江孜县委员会、江孜县人民政府	2022年10月
罗布次仁	男	藏族	日星寺管理委员会	疫情防控工作先进个人	中共江孜县委员会、江孜县人民政府	2022年10月
次平	男	藏族	重孜寺管理委员会	疫情防控工作先进个人	中共江孜县委员会、江孜县人民政府	2022年10月

续表9

姓名	性别	民族	工作单位	获奖称号	授予单位	表彰时间
巴桑顿珠	男	藏族	江孜县文化艺术馆	疫情防控工作先进个人	中共江孜县委员会、江孜县人民政府	2022年10月
普罗杰	男	藏族	江孜县文化艺术馆	疫情防控工作先进个人	中共江孜县委员会、江孜县人民政府	2022年10月
桑珠	男	藏族	江孜县文化艺术馆	疫情防控工作先进个人	中共江孜县委员会、江孜县人民政府	2022年10月
达欧	男	藏族	江孜县文化艺术馆	疫情防控工作先进个人	中共江孜县委员会、江孜县人民政府	2022年10月
顿次仁	男	藏族	江孜县文化艺术馆	疫情防控工作先进个人	中共江孜县委员会、江孜县人民政府	2022年10月
拉巴旦增	男	藏族	江孜县文化艺术馆	疫情防控工作先进个人	中共江孜县委员会、江孜县人民政府	2022年10月
拉次	男	藏族	江孜县文化艺术馆	疫情防控工作先进个人	中共江孜县委员会、江孜县人民政府	2022年10月
达娃次仁	男	藏族	江孜县文化艺术馆	疫情防控工作先进个人	中共江孜县委员会、江孜县人民政府	2022年10月
拉巴扎西	男	藏族	江孜县文化艺术馆	疫情防控工作先进个人	中共江孜县委员会、江孜县人民政府	2022年10月
边巴罗布	男	藏族	江孜县文化艺术馆	疫情防控工作先进个人	中共江孜县委员会、江孜县人民政府	2022年10月
索朗次仁	男	藏族	江孜县文化艺术馆	疫情防控工作先进个人	中共江孜县委员会、江孜县人民政府	2022年10月
顿珠	男	藏族	江孜县文化艺术馆	疫情防控工作先进个人	中共江孜县委员会、江孜县人民政府	2022年10月
吉律	男	藏族	江孜县文化艺术馆	疫情防控工作先进个人	中共江孜县委员会、江孜县人民政府	2022年10月
普布扎西	男	藏族	江孜县闵行中学	疫情防控工作先进个人	中共江孜县委员会、江孜县人民政府	2022年10月
次旦	男	藏族	江孜县闵行中学	疫情防控工作先进个人	中共江孜县委员会、江孜县人民政府	2022年10月
格桑	男	藏族	江孜县闵行中学	疫情防控工作先进个人	中共江孜县委员会、江孜县人民政府	2022年10月
伦珠	男	藏族	江孜县闵行中学	疫情防控工作先进个人	中共江孜县委员会、江孜县人民政府	2022年10月
尼玛旺堆	男	藏族	江孜县卫生服务中心	疫情防控工作先进个人	中共江孜县委员会、江孜县人民政府	2022年10月
尼玛次仁	男	藏族	江孜县卫生服务中心	疫情防控工作先进个人	中共江孜县委员会、江孜县人民政府	2022年10月
尼玛	男	藏族	江孜县卫生服务中心	疫情防控工作先进个人	中共江孜县委员会、江孜县人民政府	2022年10月

续表9

姓名	性别	民族	工作单位	获奖称号	授予单位	表彰时间
边巴扎西	男	藏族	江孜县卫生服务中心	疫情防控工作先进个人	中共江孜县委员、江孜县人民政府	2022年10月
尼玛顿珠	男	藏族	江孜县卫生服务中心	疫情防控工作先进个人	中共江孜县委员、江孜县人民政府	2022年10月
格桑	男	藏族	江孜县卫生服务中心	疫情防控工作先进个人	中共江孜县委员、江孜县人民政府	2022年10月
普片	女	藏族	江孜县卫生服务中心	疫情防控工作先进个人	中共江孜县委员、江孜县人民政府	2022年10月
侯坤	男	汉族	上海支援江孜医疗队总领队	疫情防控工作先进个人	中共江孜县委员会、江孜县人民政府	2022年10月
王海波	男	汉族	吉林支援江孜医疗队	疫情防控工作先进个人	中共江孜县委员会、江孜县人民政府	2022年10月
边巴南木拉	男	藏族	江孜县平康医院	疫情防控工作先进个人	中共江孜县委员会、江孜县人民政府	2022年10月
扎西平措	男	藏族	江孜县建藏医院	疫情防控工作先进个人	中共江孜县委员会、江孜县人民政府	2022年10月
旺久	男	藏族	江孜县建藏医院	疫情防控工作先进个人	中共江孜县委员会、江孜县人民政府	2022年10月
王文学	男	汉族	江孜县建藏医院	疫情防控工作先进个人	中共江孜县委员会、江孜县人民政府	2022年10月
尼玛卓玛	女	藏族	江孜县建藏医院	疫情防控工作先进个人	中共江孜县委员会、江孜县人民政府	2022年10月
尼琼	男	藏族	江孜县建藏医院	疫情防控工作先进个人	中共江孜县委员会、江孜县人民政府	2022年10月
旦增欧珠	男	藏族	江孜县建藏医院	疫情防控工作先进个人	中共江孜县委员会、江孜县人民政府	2022年10月
次仁德吉	女	藏族	江孜镇卫生院	疫情防控工作先进个人	中共江孜县委员会、江孜县人民政府	2022年10月
巴罗	男	藏族	江热乡卫生院	疫情防控工作先进个人	中共江孜县委员会、江孜县人民政府	2022年10月
仁增落追	男	藏族	紫金乡卫生院	疫情防控工作先进个人	中共江孜县委员会、江孜县人民政府	2022年10月
索朗玉珍	女	藏族	车仁乡卫生院	疫情防控工作先进个人	中共江孜县委员会、江孜县人民政府	2022年10月
达仓决	女	藏族	年堆乡卫生院	疫情防控工作先进个人	中共江孜县委员会、江孜县人民政府	2022年10月
强巴	男	藏族	热龙乡卫生院	疫情防控工作先进个人	中共江孜县委员会、江孜县人民政府	2022年10月
曲吉落追	男	藏族	龙马乡卫生院	疫情防控工作先进个人	中共江孜县委员会、江孜县人民政府	2022年10月

续表9

姓名	性别	民族	工作单位	获奖称号	授予单位	表彰时间
江白多吉	男	藏族	龙马乡卫生院	疫情防控工作先进个人	中共江孜县委员会、江孜县人民政府	2022年10月
尼片	女	藏族	康卓乡卫生院	疫情防控工作先进个人	中共江孜县委员会、江孜县人民政府	2022年10月
达瓦次仁	男	藏族	重孜乡卫生院	疫情防控工作先进个人	中共江孜县委员会、江孜县人民政府	2022年10月
尼玛欧珠	男	藏族	重孜乡卫生院	疫情防控工作先进个人	中共江孜县委员会、江孜县人民政府	2022年10月
央吉	女	藏族	达孜乡卫生院	疫情防控工作先进个人	中共江孜县委员会、江孜县人民政府	2022年10月
拉巴潘多	女	藏族	卡堆乡卫生院	疫情防控工作先进个人	中共江孜县委员会、江孜县人民政府	2022年10月
仁增卓嘎	女	藏族	纳如乡卫生院	疫情防控工作先进个人	中共江孜县委员会、江孜县人民政府	2022年10月
索朗顿珠	男	藏族	热索乡卫生院	疫情防控工作先进个人	中共江孜县委员会、江孜县人民政府	2022年10月
普卓玛	女	藏族	加克西乡卫生院	疫情防控工作先进个人	中共江孜县委员会、江孜县人民政府	2022年10月
强巴洛追	男	藏族	日朗乡卫生院	疫情防控工作先进个人	中共江孜县委员会、江孜县人民政府	2022年10月
索朗多吉	男	藏族	金嘎乡卫生院	疫情防控工作先进个人	中共江孜县委员会、江孜县人民政府	2022年10月
顿珠	男	藏族	日星乡卫生院	疫情防控工作先进个人	中共江孜县委员会、江孜县人民政府	2022年10月
边巴卓玛	女	藏族	江热乡隆桑村卫生室	疫情防控工作先进个人	中共江孜县委员会、江孜县人民政府	2022年10月
德央	女	藏族	江热乡班觉伦布村卫生室	疫情防控工作先进个人	中共江孜县委员会、江孜县人民政府	2022年10月
拉巴多吉	男	藏族	紫金乡嘎西村卫生室	疫情防控工作先进个人	中共江孜县委员会、江孜县人民政府	2022年10月
旺扎	男	藏族	卡麦乡塘麦村卫生室	疫情防控工作先进个人	中共江孜县委员会、江孜县人民政府	2022年10月
阿久普赤	男	藏族	卡堆乡增麻村卫生室	疫情防控工作先进个人	中共江孜县委员会、江孜县人民政府	2022年10月
边巴普赤	女	藏族	藏改乡楚古村卫生室	疫情防控工作先进个人	中共江孜县委员会、江孜县人民政府	2022年10月
多郑	男	藏族	藏改乡杂吾村村卫生室	疫情防控工作先进个人	中共江孜县委员会、江孜县人民政府	2022年10月
代江伟	男	汉族	江孜镇人民政府	疫情防控工作先进个人	中共江孜县委员会、江孜县人民政府	2022年10月

续表9

姓名	性别	民族	工作单位	获奖称号	授予单位	表彰时间
达珍	女	藏族	江孜镇农业农村专干	疫情防控工作先进个人	中共江孜县委员会、江孜县人民政府	2022年10月
旦增央宗	女	藏族	江孜镇农业农村专干	疫情防控工作先进个人	中共江孜县委员会、江孜县人民政府	2022年10月
旦增晋美	男	藏族	江孜镇基层平台聘用干部	疫情防控工作先进个人	中共江孜县委员会、江孜县人民政府	2022年10月
德吉曲宗	女	藏族	江孜镇事业干部	疫情防控工作先进个人	中共江孜县委员会、江孜县人民政府	2022年10月
米玛扎西	男	藏族	江孜镇社会志愿者	疫情防控工作先进个人	中共江孜县委员会、江孜县人民政府	2022年10月
拉巴顿珠	男	藏族	江孜镇社会志愿者	疫情防控工作先进个人	中共江孜县委员会、江孜县人民政府	2022年10月
巴桑顿珠	男	藏族	江孜镇宗堆居委会	疫情防控工作先进个人	中共江孜县委员会、江孜县人民政府	2022年10月
贡觉普赤	女	藏族	江孜镇宗堆居委会	疫情防控工作先进个人	中共江孜县委员会、江孜县人民政府	2022年10月
拉仓	女	藏族	江孜镇宗堆居委会	疫情防控工作先进个人	中共江孜县委员会、江孜县人民政府	2022年10月
普顿珠	男	藏族	江孜镇西郊村党总支部	疫情防控工作先进个人	中共江孜县委员会、江孜县人民政府	2022年10月
巴桑顿珠	男	藏族	江孜镇西郊村科技专干	疫情防控工作先进个人	中共江孜县委员会、江孜县人民政府	2022年10月
达娃穷吉	女	藏族	江孜镇西郊村妇联	疫情防控工作先进个人	中共江孜县委员会、江孜县人民政府	2022年10月
伦珠次仁	男	藏族	江热乡人民政府	疫情防控工作先进个人	中共江孜县委员会、江孜县人民政府	2022年10月
扎西	男	藏族	江热乡农业农村专干	疫情防控工作先进个人	中共江孜县委员会、江孜县人民政府	2022年10月
边加	男	藏族	江热乡加堆村党支部	疫情防控工作先进个人	中共江孜县委员会、江孜县人民政府	2022年10月
罗布次旦	男	藏族	江热乡隆桑村驻村工作队	疫情防控工作先进个人	中共江孜县委员会、江孜县人民政府	2022年10月
坚参	男	藏族	江热乡让康村	疫情防控工作先进个人	中共江孜县委员会、江孜县人民政府	2022年10月
德吉卓玛	女	藏族	江热乡热旦岗村	疫情防控工作先进个人	中共江孜县委员会、江孜县人民政府	2022年10月
旦平	男	藏族	江热乡加堆村	疫情防控工作先进个人	中共江孜县委员会、江孜县人民政府	2022年10月
索朗旺姆	女	藏族	紫金乡党委	疫情防控工作先进个人	中共江孜县委员会、江孜县人民政府	2022年10月

续表9

姓名	性别	民族	工作单位	获奖称号	授予单位	表彰时间
郑琨鹏	男	汉族	紫金乡党委	疫情防控工作先进个人	中共江孜县委员会、江孜县人民政府	2022年10月
边多	男	藏族	紫金乡人民政府	疫情防控工作先进个人	中共江孜县委员会、江孜县人民政府	2022年10月
达瓦仓决	女	藏族	紫金乡集体经济专干	疫情防控工作先进个人	中共江孜县委员会、江孜县人民政府	2022年10月
尼玛卓玛	女	藏族	紫金乡事业干部	疫情防控工作先进个人	中共江孜县委员会、江孜县人民政府	2022年10月
边旺	男	藏族	紫金乡香普村党支部	疫情防控工作先进个人	中共江孜县委员会、江孜县人民政府	2022年10月
巴旦	男	藏族	紫金乡孜庆努村党支部	疫情防控工作先进个人	中共江孜县委员会、江孜县人民政府	2022年10月
嘎玛次仁	男	藏族	紫金乡嘎西村党支部	疫情防控工作先进个人	中共江孜县委员会、江孜县人民政府	2022年10月
达罗	男	藏族	紫金乡孜庆夏村乡村振兴专干	疫情防控工作先进个人	中共江孜县委员会、江孜县人民政府	2022年10月
尼珍	女	藏族	紫金乡努堆村乡村振兴专干	疫情防控工作先进个人	中共江孜县委员会、江孜县人民政府	2022年10月
央宗	女	藏族	紫金乡卡热村乡村振兴专干	疫情防控工作先进个人	中共江孜县委员会、江孜县人民政府	2022年10月
巴片	女	藏族	车仁乡人民政府	疫情防控工作先进个人	中共江孜县委员会、江孜县人民政府	2022年10月
白玛卓嘎	女	藏族	车仁乡农业农村专员	疫情防控工作先进个人	中共江孜县委员会、江孜县人民政府	2022年10月
达瓦央庆	女	藏族	车仁乡事业干部	疫情防控工作先进个人	中共江孜县委员会、江孜县人民政府	2022年10月
顿珠	男	藏族	车仁乡事业干部	疫情防控工作先进个人	中共江孜县委员会、江孜县人民政府	2022年10月
多吉欧珠	男	藏族	车仁乡伦巴村科技专干	疫情防控工作先进个人	中共江孜县委员会、江孜县人民政府	2022年10月
边巴国杰	男	藏族	车仁乡伦巴村乡村振兴专干	疫情防控工作先进个人	中共江孜县委员会、江孜县人民政府	2022年10月
扎西	男	藏族	车仁乡加麦村乡村振兴专干	疫情防控工作先进个人	中共江孜县委员会、江孜县人民政府	2022年10月
达央宗	女	藏族	车仁乡玉西村科技专干	疫情防控工作先进个人	中共江孜县委员会、江孜县人民政府	2022年10月
顿珠	男	藏族	车仁乡加堆村科技专干	疫情防控工作先进个人	中共江孜县委员会、江孜县人民政府	2022年10月
巴片	女	藏族	车仁乡车仁村乡村振兴专干	疫情防控工作先进个人	中共江孜县委员会、江孜县人民政府	2022年10月

续表9

姓名	性别	民族	工作单位	获奖称号	授予单位	表彰时间
索朗顿珠	男	藏族	年堆乡人民政府	疫情防控工作先进个人	中共江孜县委员会、江孜县人民政府	2022年10月
加央多吉	女	藏族	年堆乡人民政府	疫情防控工作先进个人	中共江孜县委员会、江孜县人民政府	2022年10月
普吉律	男	藏族	年堆乡人民政府	疫情防控工作先进个人	中共江孜县委员会、江孜县人民政府	2022年10月
普布卓玛	女	藏族	年堆乡纪委、监察室	疫情防控工作先进个人	中共江孜县委员会、江孜县人民政府	2022年10月
罗布	男	藏族	年堆乡乡村振兴专干	疫情防控工作先进个人	中共江孜县委员会、江孜县人民政府	2022年10月
珍珍	女	藏族	年堆乡事业干部	疫情防控工作先进个人	中共江孜县委员会、江孜县人民政府	2022年10月
强久	男	藏族	年堆乡事业干部	疫情防控工作先进个人	中共江孜县委员会、江孜县人民政府	2022年10月
次仁琼达	男	藏族	年堆乡曲乃村乡村振兴专干	疫情防控工作先进个人	中共江孜县委员会、江孜县人民政府	2022年10月
拉曲卓玛	女	藏族	年堆乡诺玛村乡村振兴专干	疫情防控工作先进个人	中共江孜县委员会、江孜县人民政府	2022年10月
次仁央珍	女	藏族	年堆乡杂益村乡村振兴专干	疫情防控工作先进个人	中共江孜县委员会、江孜县人民政府	2022年10月
李钊	男	汉族	热龙乡党委	疫情防控工作先进个人	中共江孜县委员会、江孜县人民政府	2022年10月
德庆旺姆	女	藏族	热龙乡党委	疫情防控工作先进个人	中共江孜县委员会、江孜县人民政府	2022年10月
任永锦	男	汉族	热龙乡人民政府	疫情防控工作先进个人	中共江孜县委员会、江孜县人民政府	2022年10月
登真程林	男	藏族	热龙乡事业干部	疫情防控工作先进个人	中共江孜县委员会、江孜县人民政府	2022年10月
旦增	男	藏族	热龙乡果琼村科技专干	疫情防控工作先进个人	中共江孜县委员会、江孜县人民政府	2022年10月
普赤	女	藏族	热龙乡曲堆村党支部	疫情防控工作先进个人	中共江孜县委员会、江孜县人民政府	2022年10月
尼玛平措	男	藏族	热龙乡罗布岗村党支部	疫情防控工作先进个人	中共江孜县委员会、江孜县人民政府	2022年10月
旦增白姆	女	藏族	热龙乡马玉村党支部	疫情防控工作先进个人	中共江孜县委员会、江孜县人民政府	2022年10月
旦珍	女	藏族	热龙乡比萨村党支部	疫情防控工作先进个人	中共江孜县委员会、江孜县人民政府	2022年10月
求布	男	藏族	热龙乡果琼村党支部	疫情防控工作先进个人	中共江孜县委员会、江孜县人民政府	2022年10月

续表9

姓名	性别	民族	工作单位	获奖称号	授予单位	表彰时间
次珍	女	藏族	热龙乡比龙村党支部	疫情防控工作先进个人	中共江孜县委员会、江孜县人民政府	2022年10月
刘鹏举	男	汉族	龙马乡党委	疫情防控工作先进个人	中共江孜县委员会、江孜县人民政府	2022年10月
罗桑	男	藏族	龙马乡卓热村党支部	疫情防控工作先进个人	中共江孜县委员会、江孜县人民政府	2022年10月
边巴	男	藏族	龙马乡宗卓村党支部	疫情防控工作先进个人	中共江孜县委员会、江孜县人民政府	2022年10月
格桑	男	藏族	龙马乡萨拉村委会	疫情防控工作先进个人	中共江孜县委员会、江孜县人民政府	2022年10月
扎西	男	藏族	龙马乡强旺村乡村振兴专干	疫情防控工作先进个人	中共江孜县委员会、江孜县人民政府	2022年10月
扎西措姆	女	藏族	龙马乡达龙村乡村振兴专干	疫情防控工作先进个人	中共江孜县委员会、江孜县人民政府	2022年10月
边片	女	藏族	龙马乡西堆村乡村振兴专干	疫情防控工作先进个人	中共江孜县委员会、江孜县人民政府	2022年10月
旦巴赤列	男	藏族	龙马乡龙马村乡村振兴专干	疫情防控工作先进个人	中共江孜县委员会、江孜县人民政府	2022年10月
拉姆卓玛	女	藏族	龙马乡最康村乡村振兴专干	疫情防控工作先进个人	中共江孜县委员会、江孜县人民政府	2022年10月
罗旦	男	藏族	康卓乡人民代表大会	疫情防控工作先进个人	中共江孜县委员会、江孜县人民政府	2022年10月
陈天学	男	汉族	康卓乡人民政府	疫情防控工作先进个人	中共江孜县委员会、江孜县人民政府	2022年10月
普布顿珠	男	藏族	康卓乡人民政府	疫情防控工作先进个人	中共江孜县委员会、江孜县人民政府	2022年10月
边巴索朗	男	藏族	康卓乡科技专干	疫情防控工作先进个人	中共江孜县委员会、江孜县人民政府	2022年10月
旦增普赤	女	藏族	康卓乡事业干部	疫情防控工作先进个人	中共江孜县委员会、江孜县人民政府	2022年10月
朗卓	女	藏族	康卓乡事业干部	疫情防控工作先进个人	中共江孜县委员会、江孜县人民政府	2022年10月
多布杰	男	藏族	康卓乡吉定村党支部	疫情防控工作先进个人	中共江孜县委员会、江孜县人民政府	2022年10月
拉巴顿珠	男	藏族	康卓乡查龙村乡村振兴专干	疫情防控工作先进个人	中共江孜县委员会、江孜县人民政府	2022年10月
尼玛央	女	藏族	康卓乡卓帕村乡村振兴专干	疫情防控工作先进个人	中共江孜县委员会、江孜县人民政府	2022年10月
米玛卓嘎	女	藏族	康卓乡纳如村科技专干	疫情防控工作先进个人	中共江孜县委员会、江孜县人民政府	2022年10月

续表9

姓名	性别	民族	工作单位	获奖称号	授予单位	表彰时间
洛桑顿珠	男	藏族	康卓乡岗古村科技专干	疫情防控工作先进个人	中共江孜县委员会、江孜县人民政府	2022年10月
拉巴次旦	男	藏族	康卓乡查龙村科技专干	疫情防控工作先进个人	中共江孜县委员会、江孜县人民政府	2022年10月
吉琼	女	藏族	康卓乡合作社专干	疫情防控工作先进个人	中共江孜县委员会、江孜县人民政府	2022年10月
王宏业	男	汉族	重孜乡人民政府	疫情防控工作先进个人	中共江孜县委员会、江孜县人民政府	2022年10月
曲玉贵	男	汉族	重孜乡人民政府	疫情防控工作先进个人	中共江孜县委员会、江孜县人民政府	2022年10月
尼琼	男	藏族	重孜乡事业干部	疫情防控工作先进个人	中共江孜县委员会、江孜县人民政府	2022年10月
白玛旺加	男	藏族	重孜乡社会志愿者	疫情防控工作先进个人	中共江孜县委员会、江孜县人民政府	2022年10月
普琼	男	藏族	重孜乡塔杰村党支部	疫情防控工作先进个人	中共江孜县委员会、江孜县人民政府	2022年10月
扎西	男	藏族	重孜乡塔杰村乡村振兴专干	疫情防控工作先进个人	中共江孜县委员会、江孜县人民政府	2022年10月
桑珠	男	藏族	重孜乡番琼村乡村振兴专干	疫情防控工作先进个人	中共江孜县委员会、江孜县人民政府	2022年10月
索朗扎西	男	藏族	重孜乡恰古村乡村振兴专干	疫情防控工作先进个人	中共江孜县委员会、江孜县人民政府	2022年10月
尼玛仓木拉	男	藏族	重孜乡央白村乡村振兴专干	疫情防控工作先进个人	中共江孜县委员会、江孜县人民政府	2022年10月
仓珍	女	藏族	重孜乡日定村乡村振兴专干	疫情防控工作先进个人	中共江孜县委员会、江孜县人民政府	2022年10月
米玛央宗	女	藏族	重孜乡白沙村委会	疫情防控工作先进个人	中共江孜县委员会、江孜县人民政府	2022年10月
扎西	男	藏族	重孜乡恰古村科技专干	疫情防控工作先进个人	中共江孜县委员会、江孜县人民政府	2022年10月
巴桑罗布	男	藏族	达孜乡党委	疫情防控工作先进个人	中共江孜县委员会、江孜县人民政府	2022年10月
央吉	女	藏族	达孜乡党委	疫情防控工作先进个人	中共江孜县委员会、江孜县人民政府	2022年10月
普布扎西	男	藏族	达孜乡人民代表大会	疫情防控工作先进个人	中共江孜县委员会、江孜县人民政府	2022年10月
德吉央宗	女	藏族	达孜乡集体经济专干	疫情防控工作先进个人	中共江孜县委员会、江孜县人民政府	2022年10月
尼玛普赤	女	藏族	达孜乡仁青岗村乡村振兴专干	疫情防控工作先进个人	中共江孜县委员会、江孜县人民政府	2022年10月

续表9

姓名	性别	民族	工作单位	获奖称号	授予单位	表彰时间
罗布扎西	男	藏族	达孜乡达麦村乡村振兴专干	疫情防控工作先进个人	中共江孜县委员会、江孜县人民政府	2022年10月
次吉	男	藏族	达孜乡德吉村乡村振兴专干	疫情防控工作先进个人	中共江孜县委员会、江孜县人民政府	2022年10月
格桑拉姆	女	藏族	卡麦乡党委	疫情防控工作先进个人	中共江孜县委员会、江孜县人民政府	2022年10月
南加	男	藏族	卡麦乡党委	疫情防控工作先进个人	中共江孜县委员会、江孜县人民政府	2022年10月
王彬	男	汉族	卡麦乡人民政府	疫情防控工作先进个人	中共江孜县委员会、江孜县人民政府	2022年10月
刁传恒	男	汉族	卡麦乡纪委、监察室	疫情防控工作先进个人	中共江孜县委员会、江孜县人民政府	2022年10月
普琼	男	藏族	卡麦乡合作社专干	疫情防控工作先进个人	中共江孜县委员会、江孜县人民政府	2022年10月
达瓦	男	藏族	卡麦乡麻恰村党支部	疫情防控工作先进个人	中共江孜县委员会、江孜县人民政府	2022年10月
普片	女	藏族	卡麦乡岗玉村乡村振兴专干	疫情防控工作先进个人	中共江孜县委员会、江孜县人民政府	2022年10月
达瓦普赤	女	藏族	卡麦乡加比村乡村振兴专干	疫情防控工作先进个人	中共江孜县委员会、江孜县人民政府	2022年10月
洛桑尼玛	男	藏族	卡麦乡普夏村乡村振兴专干	疫情防控工作先进个人	中共江孜县委员会、江孜县人民政府	2022年10月
普片多	女	藏族	卡麦乡塘麦村科技专干	疫情防控工作先进个人	中共江孜县委员会、江孜县人民政府	2022年10月
格次	男	藏族	卡麦乡嘎益村乡村振兴专干	疫情防控工作先进个人	中共江孜县委员会、江孜县人民政府	2022年10月
米久卓玛	女	藏族	卡麦乡朗嘎村乡村振兴专干	疫情防控工作先进个人	中共江孜县委员会、江孜县人民政府	2022年10月
琼达	男	藏族	卡麦乡亚杰村乡村振兴专干	疫情防控工作先进个人	中共江孜县委员会、江孜县人民政府	2022年10月
普珍	女	藏族	卡麦乡杰麦村科技专干	疫情防控工作先进个人	中共江孜县委员会、江孜县人民政府	2022年10月
米玛卓嘎	女	藏族	卡麦乡那吾村驻村工作队	疫情防控工作先进个人	中共江孜县委员会、江孜县人民政府	2022年10月
扎西平措	男	藏族	卡堆乡人民政府	疫情防控工作先进个人	中共江孜县委员会、江孜县人民政府	2022年10月
胡康平	男	汉族	卡堆乡人民政府	疫情防控工作先进个人	中共江孜县委员会、江孜县人民政府	2022年10月
程亮	男	汉族	卡堆乡纪委、监察室	疫情防控工作先进个人	中共江孜县委员会、江孜县人民政府	2022年10月

续表9

姓名	性别	民族	工作单位	获奖称号	授予单位	表彰时间
李志斌	男	汉族	卡堆乡事业干部	疫情防控工作先进个人	中共江孜县委员会、江孜县人民政府	2022年10月
格桑罗布	男	藏族	卡堆乡社会志愿者	疫情防控工作先进个人	中共江孜县委员会、江孜县人民政府	2022年10月
尼玛顿珠	男	藏族	卡堆乡吾聂村党支部	疫情防控工作先进个人	中共江孜县委员会、江孜县人民政府	2022年10月
尼玛多吉	男	藏族	卡堆乡嘎雪村党支部	疫情防控工作先进个人	中共江孜县委员会、江孜县人民政府	2022年10月
朗加拉姆	女	藏族	卡堆乡加措村乡村振兴专干	疫情防控工作先进个人	中共江孜县委员会、江孜县人民政府	2022年10月
强巴欧珠	男	藏族	卡堆乡年普村乡村振兴专干	疫情防控工作先进个人	中共江孜县委员会、江孜县人民政府	2022年10月
仁青次仁	男	藏族	卡堆乡增麻村	疫情防控工作先进个人	中共江孜县委员会、江孜县人民政府	2022年10月
扎西顿珠	男	藏族	纳如乡事业干部	疫情防控工作先进个人	中共江孜县委员会、江孜县人民政府	2022年10月
曲珍	女	藏族	纳如乡吐如岗村党支部	疫情防控工作先进个人	中共江孜县委员会、江孜县人民政府	2022年10月
宗吉	女	藏族	纳如乡吐如雄村党支部	疫情防控工作先进个人	中共江孜县委员会、江孜县人民政府	2022年10月
普赤	女	藏族	纳如乡日括村党支部	疫情防控工作先进个人	中共江孜县委员会、江孜县人民政府	2022年10月
曲旦桑姆	女	藏族	纳如乡仲措村乡村振兴专干	疫情防控工作先进个人	中共江孜县委员会、江孜县人民政府	2022年10月
伦珠	男	藏族	纳如乡恰巴村乡村振兴专干	疫情防控工作先进个人	中共江孜县委员会、江孜县人民政府	2022年10月
加央卓玛	女	藏族	纳如乡桑顶村乡村振兴专干	疫情防控工作先进个人	中共江孜县委员会、江孜县人民政府	2022年10月
索珍	女	藏族	纳如乡萨玛村乡村振兴专干	疫情防控工作先进个人	中共江孜县委员会、江孜县人民政府	2022年10月
普赤	女	藏族	纳如乡日贡布多村乡村振兴专干	疫情防控工作先进个人	中共江孜县委员会、江孜县人民政府	2022年10月
边巴	男	藏族	纳如乡楚龙村乡村振兴专干	疫情防控工作先进个人	中共江孜县委员会、江孜县人民政府	2022年10月
陈本说	男	汉族	热索乡党委	疫情防控工作先进个人	中共江孜县委员会、江孜县人民政府	2022年10月
欧珠	男	藏族	热索乡孜吾村党支部	疫情防控工作先进个人	中共江孜县委员会、江孜县人民政府	2022年10月
普仓决	女	藏族	热索乡孜吾村乡村振兴专干	疫情防控工作先进个人	中共江孜县委员会、江孜县人民政府	2022年10月

续表9

姓名	性别	民族	工作单位	获奖称号	授予单位	表彰时间
李保成	男	汉族	加克西乡人民政府	疫情防控工作先进个人	中共江孜县委员会、江孜县人民政府	2022年10月
孙晓捷	女	汉族	加克西乡	疫情防控工作先进个人	中共江孜县委员会、江孜县人民政府	2022年10月
平措	男	藏族	加克西乡事业干部	疫情防控工作先进个人	中共江孜县委员会、江孜县人民政府	2022年10月
扎桑布	男	藏族	加克西乡基层平台聘用干部	疫情防控工作先进个人	中共江孜县委员会、江孜县人民政府	2022年10月
普穷	男	藏族	加克西乡夏吾村乡村振兴专干	疫情防控工作先进个人	中共江孜县委员会、江孜县人民政府	2022年10月
罗布	男	藏族	加克西乡强村监督委员会	疫情防控工作先进个人	中共江孜县委员会、江孜县人民政府	2022年10月
德吉	女	藏族	藏改乡事业干部	疫情防控工作先进个人	中共江孜县委员会、江孜县人民政府	2022年10月
米玛顿珠	男	藏族	藏改乡基层平台聘用干部	疫情防控工作先进个人	中共江孜县委员会、江孜县人民政府	2022年10月
旦增旺堆	男	藏族	藏改乡工勤人员	疫情防控工作先进个人	中共江孜县委员会、江孜县人民政府	2022年10月
尼旦	男	藏族	藏改乡楚古村党支部	疫情防控工作先进个人	中共江孜县委员会、江孜县人民政府	2022年10月
德吉	女	藏族	藏改乡藏改村党支部	疫情防控工作先进个人	中共江孜县委员会、江孜县人民政府	2022年10月
扎西宗巴	女	藏族	藏改乡夏尔岗村党支部	疫情防控工作先进个人	中共江孜县委员会、江孜县人民政府	2022年10月
扎西片多	女	藏族	藏改乡亚益村委会	疫情防控工作先进个人	中共江孜县委员会、江孜县人民政府	2022年10月
罗杰次仁	男	藏族	藏改乡达尔村委会	疫情防控工作先进个人	中共江孜县委员会、江孜县人民政府	2022年10月
普布	男	藏族	藏改乡其吾村科技专干	疫情防控工作先进个人	中共江孜县委员会、江孜县人民政府	2022年10月
卓玛	女	藏族	藏改乡藏改村科技专干	疫情防控工作先进个人	中共江孜县委员会、江孜县人民政府	2022年10月
宗巴	女	藏族	日朗乡党委	疫情防控工作先进个人	中共江孜县委员会、江孜县人民政府	2022年10月
格桑卓嘎	女	藏族	日朗乡人民政府	疫情防控工作先进个人	中共江孜县委员会、江孜县人民政府	2022年10月
普片	女	藏族	日朗乡人民政府	疫情防控工作先进个人	中共江孜县委员会、江孜县人民政府	2022年10月
洛桑顿珠	男	藏族	日朗乡事业干部	疫情防控工作先进个人	中共江孜县委员会、江孜县人民政府	2022年10月

续表9

姓名	性别	民族	工作单位	获奖称号	授予单位	表彰时间
米仓	女	藏族	日朗乡措麦村科技专干	疫情防控工作先进个人	中共江孜县委员会、江孜县人民政府	2022年10月
扎西	男	藏族	日朗乡措堆村党支部	疫情防控工作先进个人	中共江孜县委员会、江孜县人民政府	2022年10月
拉巴贵吉	男	藏族	金嘎乡党委	疫情防控工作先进个人	中共江孜县委员会、江孜县人民政府	2022年10月
李会坡	男	汉族	金嘎乡人民政府	疫情防控工作先进个人	中共江孜县委员会、江孜县人民政府	2022年10月
旦增却朗	男	藏族	金嘎乡事业干部	疫情防控工作先进个人	中共江孜县委员会、江孜县人民政府	2022年10月
曲珍	女	藏族	金嘎乡事业干部	疫情防控工作先进个人	中共江孜县委员会、江孜县人民政府	2022年10月
普尺	女	藏族	金嘎乡岗坡村乡村振兴专干	疫情防控工作先进个人	中共江孜县委员会、江孜县人民政府	2022年10月
扎西普赤	女	藏族	金嘎乡久村乡村振兴专干	疫情防控工作先进个人	中共江孜县委员会、江孜县人民政府	2022年10月
米玛旦增	男	藏族	金嘎乡曲参村乡村振兴专干	疫情防控工作先进个人	中共江孜县委员会、江孜县人民政府	2022年10月
普次仁	男	藏族	金嘎乡嘎西村乡村振兴专干	疫情防控工作先进个人	中共江孜县委员会、江孜县人民政府	2022年10月
贡嘎晋美	男	藏族	金嘎乡角白村乡村振兴专干	疫情防控工作先进个人	中共江孜县委员会、江孜县人民政府	2022年10月
次普	男	藏族	金嘎乡拉康村乡村振兴专十	疫情防控工作先进个人	中共江孜县委员会、江孜县人民政府	2022年10月
普珍	女	藏族	金嘎乡拉瓦村乡村振兴专干	疫情防控工作先进个人	中共江孜县委员会、江孜县人民政府	2022年10月
白玛罗布	男	藏族	金嘎乡拉热村乡村振兴专干	疫情防控工作先进个人	中共江孜县委员会、江孜县人民政府	2022年10月
卢根	男	汉族	日星乡党委	疫情防控工作先进个人	中共江孜县委员会、江孜县人民政府	2022年10月
达罗	男	藏族	日星乡党委	疫情防控工作先进个人	中共江孜县委员会、江孜县人民政府	2022年10月
邢尧坤	男	汉族	日星乡党委	疫情防控工作先进个人	中共江孜县委员会、江孜县人民政府	2022年10月
车林浩	男	汉族	日星乡党委	疫情防控工作先进个人	中共江孜县委员会、江孜县人民政府	2022年10月
张绍奎	男	汉族	日星乡纪委、监察室	疫情防控工作先进个人	中共江孜县委员会、江孜县人民政府	2022年10月
旺堆	男	藏族	日星乡事业干部	疫情防控工作先进个人	中共江孜县委员会、江孜县人民政府	2022年10月

续表9

姓名	性别	民族	工作单位	获奖称号	授予单位	表彰时间
格桑普尺	女	藏族	日喀则市市场监督管理局驻日星乡杂达村工作队	疫情防控工作先进个人	中共江孜县委员会、江孜县人民政府	2022年10月
德庆卓嘎	女	藏族	日喀则市市场监督管理局驻日星乡擦布村工作队	疫情防控工作先进个人	中共江孜县委员会、江孜县人民政府	2022年10月
拉姆卓嘎	女	藏族	日星乡杂达村科技专干	疫情防控工作先进个人	中共江孜县委员会、江孜县人民政府	2022年10月
旦珍	女	藏族	日星乡杂达村乡村振兴专干	疫情防控工作先进个人	中共江孜县委员会、江孜县人民政府	2022年10月
巴确	男	藏族	日星乡吹美村乡村振兴专干	疫情防控工作先进个人	中共江孜县委员会、江孜县人民政府	2022年10月
旺庆拉姆	女	藏族	日星乡白林村乡村振兴专干	疫情防控工作先进个人	中共江孜县委员会、江孜县人民政府	2022年10月
帕珠	男	藏族	日喀则市烟草专卖局（公司）	疫情防控工作先进个人	中共江孜县委员会、江孜县人民政府	2022年10月
巴顿	男	藏族	江孜县红河谷农业园区	疫情防控工作先进个人	中共江孜县委员会、江孜县人民政府	2022年10月
拉巴顿珠	男	藏族	江孜县红河谷农业园区	疫情防控工作先进个人	中共江孜县委员会、江孜县人民政府	2022年10月
强巴	男	藏族	江孜县宗城投资公司	疫情防控工作先进个人	中共江孜县委员会、江孜县人民政府	2022年10月
格桑多吉	男	藏族	江孜县农牧综合服务中心	疫情防控工作先进个人	中共江孜县委员会、江孜县人民政府	2022年10月
普布曲珍	女	藏族	江孜县水利队	疫情防控工作先进个人	中共江孜县委员会、江孜县人民政府	2022年10月
朗杰罗布	男	藏族	江孜县水利队	疫情防控工作先进个人	中共江孜县委员会、江孜县人民政府	2022年10月
加措	男	藏族	中国移动通信集团江孜县分公司	疫情防控工作先进个人	中共江孜县委员会、江孜县人民政府	2022年10月
尼玛	男	藏族	中国移动通信集团江孜县分公司	疫情防控工作先进个人	中共江孜县委员会、江孜县人民政府	2022年10月
片多	女	藏族	江孜县曲龙生态绿化管理有限责任公司	疫情防控工作先进个人	中共江孜县委员会、江孜县人民政府	2022年10月
次旦平措	男	藏族	金塔东部综合市场	疫情防控工作先进个人	中共江孜县委员会、江孜县人民政府	2022年10月
次仁桑珠	男	藏族	金塔东部综合市场	疫情防控工作先进个人	中共江孜县委员会、江孜县人民政府	2022年10月
琼达	男	藏族	西藏孜吾共同建筑工程有限责任公司	疫情防控工作先进个人	中共江孜县委员会、江孜县人民政府	2022年10月

续表9

姓名	性别	民族	工作单位	获奖称号	授予单位	表彰时间
拉平	男	藏族	西藏索盖建筑工程有限责任公司	疫情防控工作先进个人	中共江孜县委员会、江孜县人民政府	2022年10月
琼达	男	藏族	重孜乡大学生创业者	疫情防控工作先进个人	中共江孜县委员会、江孜县人民政府	2022年10月
次仁顿珠	男	藏族	中共江孜县委组织部	2022年度“争做神圣国土守护者、幸福家园建设者”乡村振兴人才	中共江孜县委员会、江孜县人民政府	2023年3月
旦增罗布	男	藏族	江孜县住房和城乡建设局	2022年度“争做神圣国土守护者、幸福家园建设者”乡村振兴人才	中共江孜县委员会、江孜县人民政府	2023年3月
顿珠	男	藏族	江孜县生活垃圾填埋场	2022年度“争做神圣国土守护者、幸福家园建设者”乡村振兴人才	中共江孜县委员会、江孜县人民政府	2023年3月
王华	男	汉族	江孜县卫生健康委员会	2022年度“争做神圣国土守护者、幸福家园建设者”乡村振兴人才	中共江孜县委员会、江孜县人民政府	2023年3月
唐建新	男	汉族	江孜县乡村振兴局	2022年度“争做神圣国土守护者、幸福家园建设者”乡村振兴人才	中共江孜县委员会、江孜县人民政府	2023年3月
尼玛旺堆	男	藏族	江孜县卫生服务中心	2022年度“争做神圣国土守护者、幸福家园建设者”乡村振兴人才	中共江孜县委员会、江孜县人民政府	2023年3月
平措扎西	男	藏族	江孜县文化艺术馆	2022年度“争做神圣国土守护者、幸福家园建设者”乡村振兴人才	中共江孜县委员会、江孜县人民政府	2023年3月
边旺	男	藏族	江热乡小学	2022年度“争做神圣国土守护者、幸福家园建设者”乡村振兴人才	中共江孜县委员会、江孜县人民政府	2023年3月
旦增赤列	男	藏族	车仁乡党委	2022年度“争做神圣国土守护者、幸福家园建设者”乡村振兴人才	中共江孜县委员会、江孜县人民政府	2023年3月
达平	男	藏族	卡麦乡人民政府	2022年度“争做神圣国土守护者、幸福家园建设者”乡村振兴人才	中共江孜县委员会、江孜县人民政府	2023年3月
拉巴次仁	男	藏族	龙马乡	2022年度“争做神圣国土守护者、幸福家园建设者”乡村振兴人才	中共江孜县委员会、江孜县人民政府	2023年3月
次仁玉珍	女	藏族	龙马乡农业农村专干	2022年度“争做神圣国土守护者、幸福家园建设者”乡村振兴人才	中共江孜县委员会、江孜县人民政府	2023年3月

续表9

姓名	性别	民族	工作单位	获奖称号	授予单位	表彰时间
格桑罗布	男	藏族	江孜县雪域阳光民族传统职业技能培训学校	2022年度“争做神圣国土守护者、幸福家园建设者”乡村振兴人才	中共江孜县委员会、江孜县人民政府	2023年3月
廖长生	男	汉族	西藏桑旦岗青稞酒业有限责任公司	2022年度“争做神圣国土守护者、幸福家园建设者”乡村振兴人才	中共江孜县委员会、江孜县人民政府	2023年3月
旦增称来	男	藏族	江孜藏毯文化发展有限公司	2022年度“争做神圣国土守护者、幸福家园建设者”乡村振兴人才	中共江孜县委员会、江孜县人民政府	2023年3月
巴桑次仁	男	藏族	江孜高级中学	2022年度优秀校（园）长	中共江孜县委员会、江孜县人民政府	2023年4月
罗杰	男	汉族	江孜县闵行中学	2022年度优秀校（园）长	中共江孜县委员会、江孜县人民政府	2023年4月
仓决	女	藏族	江孜县第一小学	2022年度优秀校（园）长	中共江孜县委员会、江孜县人民政府	2023年4月
达琼	女	藏族	江孜县第三幼儿园	2022年度优秀校（园）长	中共江孜县委员会、江孜县人民政府	2023年4月
索次	男	藏族	紫金乡小学	2022年度优秀校（园）长	中共江孜县委员会、江孜县人民政府	2023年4月
顿珠	男	藏族	车仁乡小学	2022年度优秀校（园）长	中共江孜县委员会、江孜县人民政府	2023年4月
旺久	男	藏族	热龙乡小学	2022年度优秀校（园）长	中共江孜县委员会、江孜县人民政府	2023年4月
贡确加措	男	藏族	重孜乡小学	2022年度优秀校（园）长	中共江孜县委员会、江孜县人民政府	2023年4月
次仁罗布	男	藏族	卡堆乡小学	2022年度优秀校（园）长	中共江孜县委员会、江孜县人民政府	2023年4月
巴桑卓玛	女	藏族	江孜县第一中学	2022年度优秀班主任	中共江孜县委员会、江孜县人民政府	2023年4月
除多	男	藏族	江孜县第一中学	2022年度优秀班主任	中共江孜县委员会、江孜县人民政府	2023年4月
尼仓	女	藏族	江孜县第一中学	2022年度优秀班主任	中共江孜县委员会、江孜县人民政府	2023年4月
巴桑吉律	男	藏族	江孜县第一中学	2022年度优秀班主任	中共江孜县委员会、江孜县人民政府	2023年4月
扎西吉巴	女	藏族	江孜县第一中学	2022年度优秀班主任	中共江孜县委员会、江孜县人民政府	2023年4月
达瓦	女	藏族	江孜县闵行中学	2022年度优秀班主任	中共江孜县委员会、江孜县人民政府	2023年4月
达瓦扎西	男	藏族	江孜县闵行中学	2022年度优秀班主任	中共江孜县委员会、江孜县人民政府	2023年4月

续表9

姓名	性别	民族	工作单位	获奖称号	授予单位	表彰时间
桑布加参	男	藏族	江孜县闵行中学	2022年度优秀班主任	中共江孜县委员会、江孜县人民政府	2023年4月
达珍	女	藏族	江孜县闵行中学	2022年度优秀班主任	中共江孜县委员会、江孜县人民政府	2023年4月
拉巴平措	男	藏族	江孜县闵行中学	2022年度优秀班主任	中共江孜县委员会、江孜县人民政府	2023年4月
普片	女	藏族	江孜县第一小学	2022年度优秀班主任	中共江孜县委员会、江孜县人民政府	2023年4月
周婷	女	汉族	江孜县第二小学	2022年度优秀班主任	中共江孜县委员会、江孜县人民政府	2023年4月
白珍	女	藏族	江孜县第二小学	2022年度优秀班主任	中共江孜县委员会、江孜县人民政府	2023年4月
尼普	女	藏族	江孜县第二小学	2022年度优秀班主任	中共江孜县委员会、江孜县人民政府	2023年4月
达瓦平措	男	藏族	江热乡小学	2022年度优秀班主任	中共江孜县委员会、江孜县人民政府	2023年4月
拉姆	女	藏族	江热乡小学	2022年度优秀班主任	中共江孜县委员会、江孜县人民政府	2023年4月
卓嘎	女	藏族	江热乡小学	2022年度优秀班主任	中共江孜县委员会、江孜县人民政府	2023年4月
央吉	女	藏族	紫金乡小学	2022年度优秀班主任	中共江孜县委员会、江孜县人民政府	2023年4月
扎琼	女	藏族	紫金乡小学	2022年度优秀班主任	中共江孜县委员会、江孜县人民政府	2023年4月
欧普琼	男	藏族	车仁乡小学	2022年度优秀班主任	中共江孜县委员会、江孜县人民政府	2023年4月
次仁罗布	男	藏族	年堆乡小学	2022年度优秀班主任	中共江孜县委员会、江孜县人民政府	2023年4月
琼达	男	藏族	年堆乡小学	2022年度优秀班主任	中共江孜县委员会、江孜县人民政府	2023年4月
顿珠	男	藏族	热龙乡小学	2022年度优秀班主任	中共江孜县委员会、江孜县人民政府	2023年4月
西落普尺	男	藏族	龙马乡小学	2022年度优秀班主任	中共江孜县委员会、江孜县人民政府	2023年4月
普布	男	藏族	康卓乡小学	2022年度优秀班主任	中共江孜县委员会、江孜县人民政府	2023年4月
塔曲	女	藏族	重孜乡小学	2022年度优秀班主任	中共江孜县委员会、江孜县人民政府	2023年4月
白玛康桌	女	藏族	重孜乡小学	2022年度优秀班主任	中共江孜县委员会、江孜县人民政府	2023年4月

续表9

姓名	性别	民族	工作单位	获奖称号	授予单位	表彰时间
德吉旺姆	女	藏族	达孜乡小学	2022年度优秀班主任	中共江孜县委员会、江孜县人民政府	2023年4月
曲达	男	藏族	卡麦乡小学	2022年度优秀班主任	中共江孜县委员会、江孜县人民政府	2023年4月
次旦普尺	女	藏族	卡麦乡塘麦村幼儿园	2022年度优秀班主任	中共江孜县委员会、江孜县人民政府	2023年4月
旺珍	女	藏族	卡堆乡小学	2022年度优秀班主任	中共江孜县委员会、江孜县人民政府	2023年4月
次罗	男	藏族	卡堆乡小学	2022年度优秀班主任	中共江孜县委员会、江孜县人民政府	2023年4月
德吉	女	藏族	纳如乡小学	2022年度优秀班主任	中共江孜县委员会、江孜县人民政府	2023年4月
米玛卓嘎	女	藏族	纳如乡小学	2022年度优秀班主任	中共江孜县委员会、江孜县人民政府	2023年4月
巴桑顿珠	男	藏族	热索乡小学	2022年度优秀班主任	中共江孜县委员会、江孜县人民政府	2023年4月
普赤	女	藏族	热索乡小学	2022年度优秀班主任	中共江孜县委员会、江孜县人民政府	2023年4月
白玛旺姆	女	藏族	藏改乡小学	2022年度优秀班主任	中共江孜县委员会、江孜县人民政府	2023年4月
达加	男	藏族	日朗乡小学	2022年度优秀班主任	中共江孜县委员会、江孜县人民政府	2023年4月
达娃仓拉	女	藏族	金嘎乡小学	2022年度优秀班主任	中共江孜县委员会、江孜县人民政府	2023年4月
拉琼	女	藏族	日星乡小学	2022年度优秀班主任	中共江孜县委员会、江孜县人民政府	2023年4月
边确	女	藏族	江孜县第一中学	2022年度优秀教师	中共江孜县委员会、江孜县人民政府	2023年4月
德珍	女	藏族	江孜县第一中学	2022年度优秀教师	中共江孜县委员会、江孜县人民政府	2023年4月
阿旺曲珍	女	藏族	江孜县闵行中学	2022年度优秀教师	中共江孜县委员会、江孜县人民政府	2023年4月
伦珠卓玛	女	藏族	江孜县闵行中学	2022年度优秀教师	中共江孜县委员会、江孜县人民政府	2023年4月
曲珍	女	藏族	江孜县闵行中学	2022年度优秀教师	中共江孜县委员会、江孜县人民政府	2023年4月
次央	女	藏族	江孜县第一小学	2022年度优秀教师	中共江孜县委员会、江孜县人民政府	2023年4月
央宗	女	藏族	江孜县第一小学	2022年度优秀教师	中共江孜县委员会、江孜县人民政府	2023年4月

续表9

姓名	性别	民族	工作单位	获奖称号	授予单位	表彰时间
石达普赤	女	藏族	江孜县第一小学	2022年度优秀教师	中共江孜县委员会、江孜县人民政府	2023年4月
次珍	女	藏族	江孜县第一小学	2022年度优秀教师	中共江孜县委员会、江孜县人民政府	2023年4月
次仁卓玛	女	藏族	江孜县第二幼儿园	2022年度优秀教师	中共江孜县委员会、江孜县人民政府	2023年4月
于峰	男	汉族	江孜县第二幼儿园	2022年度优秀教师	中共江孜县委员会、江孜县人民政府	2023年4月
巴片	男	藏族	江热乡小学	2022年度优秀教师	中共江孜县委员会、江孜县人民政府	2023年4月
卓嘎	女	藏族	江热乡小学	2022年度优秀教师	中共江孜县委员会、江孜县人民政府	2023年4月
次央	女	藏族	江热乡小学	2022年度优秀教师	中共江孜县委员会、江孜县人民政府	2023年4月
琼达	女	藏族	江热乡幼儿园	2022年度优秀教师	中共江孜县委员会、江孜县人民政府	2023年4月
边珍	女	藏族	江热乡幼儿园	2022年度优秀教师	中共江孜县委员会、江孜县人民政府	2023年4月
琼达	女	藏族	紫金乡小学	2022年度优秀教师	中共江孜县委员会、江孜县人民政府	2023年4月
强巴卓玛	女	藏族	车仁乡加麦村幼儿园	2022年度优秀教师	中共江孜县委员会、江孜县人民政府	2023年4月
米玛仓决	女	藏族	车仁乡加麦村幼儿园	2022年度优秀教师	中共江孜县委员会、江孜县人民政府	2023年4月
次仁仓拉	女	藏族	热龙乡小学	2022年度优秀教师	中共江孜县委员会、江孜县人民政府	2023年4月
桑姆	女	藏族	热索乡小学	2022年度优秀教师	中共江孜县委员会、江孜县人民政府	2023年4月
其美卓玛	女	藏族	热索乡小学	2022年度优秀教师	中共江孜县委员会、江孜县人民政府	2023年4月
边巴普赤	女	藏族	金嘎乡小学	2022年度优秀教师	中共江孜县委员会、江孜县人民政府	2023年4月
达娃顿珠	男	藏族	江孜县教育（体育）局	2022年度师德师风模范教师	中共江孜县委员会、江孜县人民政府	2023年4月
普次旺	男	藏族	江孜县教育（体育）局	2022年度师德师风模范教师	中共江孜县委员会、江孜县人民政府	2023年4月
尼顿	男	藏族	江孜县第一中学	2022年度师德师风模范教师	中共江孜县委员会、江孜县人民政府	2023年4月
张红	男	汉族	江孜县第一中学	2022年度师德师风模范教师	中共江孜县委员会、江孜县人民政府	2023年4月

续表9

姓名	性别	民族	工作单位	获奖称号	授予单位	表彰时间
达娃	男	藏族	江孜县第一中学	2022年度师德师风模范教师	中共江孜县委员会、江孜县人民政府	2023年4月
索片	女	藏族	江孜县第一中学	2022年度师德师风模范教师	中共江孜县委员会、江孜县人民政府	2023年4月
次仁桑姆	女	藏族	江孜县第一中学	2022年度师德师风模范教师	中共江孜县委员会、江孜县人民政府	2023年4月
顿珠旺加	男	藏族	江孜县第一中学	2022年度师德师风模范教师	中共江孜县委员会、江孜县人民政府	2023年4月
次仁卓玛	女	藏族	江孜县闵行中学	2022年度师德师风模范教师	中共江孜县委员会、江孜县人民政府	2023年4月
林慧	女	汉族	江孜县闵行中学	2022年度师德师风模范教师	中共江孜县委员会、江孜县人民政府	2023年4月
魏伊苗	女	汉族	江孜县闵行中学	2022年度师德师风模范教师	中共江孜县委员会、江孜县人民政府	2023年4月
次仁卓嘎	女	藏族	江孜县闵行中学	2022年度师德师风模范教师	中共江孜县委员会、江孜县人民政府	2023年4月
旦增卓嘎	女	藏族	江孜县闵行中学	2022年度师德师风模范教师	中共江孜县委员会、江孜县人民政府	2023年4月
卓嘎	女	藏族	江孜县闵行中学	2022年度师德师风模范教师	中共江孜县委员会、江孜县人民政府	2023年4月
扎西次仁	男	藏族	江孜县闵行中学	2022年度师德师风模范教师	中共江孜县委员会、江孜县人民政府	2023年4月
拉巴卓玛	女	藏族	江孜县第一小学	2022年度师德师风模范教师	中共江孜县委员会、江孜县人民政府	2023年4月
次仁德吉	男	藏族	江孜县第一小学	2022年度师德师风模范教师	中共江孜县委员会、江孜县人民政府	2023年4月
童超	男	汉族	江孜县第一小学	2022年度师德师风模范教师	中共江孜县委员会、江孜县人民政府	2023年4月
普尺	女	藏族	江孜县第二小学	2022年度师德师风模范教师	中共江孜县委员会、江孜县人民政府	2023年4月
扎央	女	藏族	江孜县第二小学	2022年度师德师风模范教师	中共江孜县委员会、江孜县人民政府	2023年4月
夏欢	女	汉族	江孜县第一幼儿园	2022年度师德师风模范教师	中共江孜县委员会、江孜县人民政府	2023年4月
琼吉	女	藏族	江孜县第二幼儿园	2022年度师德师风模范教师	中共江孜县委员会、江孜县人民政府	2023年4月
达娃卓玛	女	藏族	江孜县第三幼儿园	2022年度师德师风模范教师	中共江孜县委员会、江孜县人民政府	2023年4月
边巴琼拉	女	藏族	江热乡小学	2022年度师德师风模范教师	中共江孜县委员会、江孜县人民政府	2023年4月

续表9

姓名	性别	民族	工作单位	获奖称号	授予单位	表彰时间
扎西央宗	女	藏族	江热乡小学	2022年度师德师风模范教师	中共江孜县委员会、江孜县人民政府	2023年4月
洛桑卓玛	女	藏族	紫金乡小学	2022年度师德师风模范教师	中共江孜县委员会、江孜县人民政府	2023年4月
多吉次旦	男	藏族	紫金乡小学	2022年度师德师风模范教师	中共江孜县委员会、江孜县人民政府	2023年4月
普琼索朗	男	藏族	车仁乡小学	2022年度师德师风模范教师	中共江孜县委员会、江孜县人民政府	2023年4月
普布	女	藏族	年堆乡小学	2022年度师德师风模范教师	中共江孜县委员会、江孜县人民政府	2023年4月
边确	女	藏族	年堆乡小学	2022年度师德师风模范教师	中共江孜县委员会、江孜县人民政府	2023年4月
尼片	女	藏族	热龙乡小学	2022年度师德师风模范教师	中共江孜县委员会、江孜县人民政府	2023年4月
普旦	男	藏族	龙马乡小学	2022年度师德师风模范教师	中共江孜县委员会、江孜县人民政府	2023年4月
拉巴次仁	男	藏族	康卓乡小学	2022年度师德师风模范教师	中共江孜县委员会、江孜县人民政府	2023年4月
桑姆	女	藏族	重孜乡小学	2022年度师德师风模范教师	中共江孜县委员会、江孜县人民政府	2023年4月
何田英	女	汉族	重孜乡小学	2022年度师德师风模范教师	中共江孜县委员会、江孜县人民政府	2023年4月
穷吉	女	藏族	达孜乡小学	2022年度师德师风模范教师	中共江孜县委员会、江孜县人民政府	2023年4月
白玛央进	男	藏族	卡麦乡小学	2022年度师德师风模范教师	中共江孜县委员会、江孜县人民政府	2023年4月
索朗央宗	女	藏族	卡麦乡小学	2022年度师德师风模范教师	中共江孜县委员会、江孜县人民政府	2023年4月
旦增旺久	男	藏族	卡堆乡小学	2022年度师德师风模范教师	中共江孜县委员会、江孜县人民政府	2023年4月
达珍	女	藏族	卡堆乡小学	2022年度师德师风模范教师	中共江孜县委员会、江孜县人民政府	2023年4月
格桑	男	藏族	纳如乡小学	2022年度师德师风模范教师	中共江孜县委员会、江孜县人民政府	2023年4月
达娃曲珍	女	藏族	纳如乡幼儿园	2022年度师德师风模范教师	中共江孜县委员会、江孜县人民政府	2023年4月
达娃卓玛	女	藏族	热索乡小学	2022年度师德师风模范教师	中共江孜县委员会、江孜县人民政府	2023年4月
多吉	男	藏族	热索乡小学	2022年度师德师风模范教师	中共江孜县委员会、江孜县人民政府	2023年4月

续表9

姓名	性别	民族	工作单位	获奖称号	授予单位	表彰时间
安会巧	女	汉族	藏改乡小学	2022年度师德师风模范教师	中共江孜县委员会、江孜县人民政府	2023年4月
边巴普尺	女	藏族	日朗乡小学	2022年度师德师风模范教师	中共江孜县委员会、江孜县人民政府	2023年4月
尼玛潘多	女	藏族	金嘎乡小学	2022年度师德师风模范教师	中共江孜县委员会、江孜县人民政府	2023年4月
白玛旺加	男	藏族	日星乡小学	2022年度师德师风模范教师	中共江孜县委员会、江孜县人民政府	2023年4月
次旦占堆	男	藏族	江孜县教育（体育）局	2022年度优秀教育工作者	中共江孜县委员会、江孜县人民政府	2023年4月
格桑扎西	男	藏族	江孜县教育（体育）局	2022年度优秀教育工作者	中共江孜县委员会、江孜县人民政府	2023年4月
达瓦群培	男	藏族	江孜县教育（体育）局	2022年度优秀教育工作者	中共江孜县委员会、江孜县人民政府	2023年4月
赵春晓	女	汉族	江孜县教育（体育）局	2022年度优秀教育工作者	中共江孜县委员会、江孜县人民政府	2023年4月
普赤	女	藏族	江孜县教育（体育）局	2022年度优秀教育工作者	中共江孜县委员会、江孜县人民政府	2023年4月
罗布	男	藏族	年堆乡	2022年度优秀教育工作者	中共江孜县委员会、江孜县人民政府	2023年4月
边片	女	藏族	卡麦乡	2022年度优秀教育工作者	中共江孜县委员会、江孜县人民政府	2023年4月
央珍	女	藏族	纳如乡	2022年度优秀教育工作者	中共江孜县委员会、江孜县人民政府	2023年4月
米吉	女	藏族	江热乡幼儿园	2022年度优秀乡村幼教专干	中共江孜县委员会、江孜县人民政府	2023年4月
央吉	女	藏族	车仁乡幼儿园	2022年度优秀乡村幼教专干	中共江孜县委员会、江孜县人民政府	2023年4月
次旺吉拉	女	藏族	年堆乡幼儿园	2022年度优秀乡村幼教专干	中共江孜县委员会、江孜县人民政府	2023年4月
扎西普尺	女	藏族	重孜乡恰古村幼儿园	2022年度优秀乡村幼教专干	中共江孜县委员会、江孜县人民政府	2023年4月
琼拉	女	藏族	达孜乡幼儿园	2022年度优秀乡村幼教专干	中共江孜县委员会、江孜县人民政府	2023年4月
达瓦央宗	女	藏族	卡麦乡杰麦村幼儿园	2022年度优秀乡村幼教专干	中共江孜县委员会、江孜县人民政府	2023年4月
巴桑次仁	男	藏族	江孜镇拉则居委会	先进双联户	中共江孜县委员会、江孜县人民政府	2022年12月
普次仁	男	藏族	江孜镇西郊村	先进双联户	中共江孜县委员会、江孜县人民政府	2022年12月

续表9

姓名	性别	民族	工作单位	获奖称号	授予单位	表彰时间
片多	女	藏族	江孜镇西郊村	先进双联户	中共江孜县委员会、江孜县人民政府	2022年12月
索朗片多	女	藏族	江孜镇西郊村	先进双联户	中共江孜县委员会、江孜县人民政府	2022年12月
欧珠	男	藏族	江孜镇西郊村	先进双联户	中共江孜县委员会、江孜县人民政府	2022年12月
阿穷	男	藏族	江孜镇西郊村	先进双联户	中共江孜县委员会、江孜县人民政府	2022年12月
帕珠	男	藏族	江孜镇西郊村	先进双联户	中共江孜县委员会、江孜县人民政府	2022年12月
玉落	女	藏族	江孜镇西郊村	先进双联户	中共江孜县委员会、江孜县人民政府	2022年12月
央宗	女	藏族	江孜镇西郊村	先进双联户	中共江孜县委员会、江孜县人民政府	2022年12月
尼玛次仁	男	藏族	江孜镇西郊村	先进双联户	中共江孜县委员会、江孜县人民政府	2022年12月
仁增	男	藏族	江孜镇西郊村	先进双联户	中共江孜县委员会、江孜县人民政府	2022年12月
普仓决	女	藏族	江孜镇西郊村	先进双联户	中共江孜县委员会、江孜县人民政府	2022年12月
平罗	男	藏族	江孜镇西郊村	先进双联户	中共江孜县委员会、江孜县人民政府	2022年12月
强巴旦增	男	藏族	康卓乡人民政府	三等功	中共江孜县委员会、江孜县人民政府	2022年12月
巴桑穷达	男	藏族	江孜镇西郊村纪检委	优秀宣讲员	中共江孜县委员会	2023年4月
旦增旺	男	藏族	江热乡隆桑村党支部	优秀宣讲员	中共江孜县委员会	2023年4月
次仁卓玛	女	藏族	江热乡扎西雄村委会	优秀宣讲员	中共江孜县委员会	2023年4月
尼玛普尺	女	藏族	江热乡帕贵新村村委会	优秀宣讲员	中共江孜县委员会	2023年4月
普琼	男	藏族	紫金乡努堆村	优秀宣讲员	中共江孜县委员会	2023年4月
达贵	男	藏族	车仁乡伦巴村党支部	优秀宣讲员	中共江孜县委员会	2023年4月
米罗	男	藏族	年堆乡卓萨村	优秀宣讲员	中共江孜县委员会	2023年4月
拉巴次仁	男	藏族	龙马乡加热村工会	优秀宣讲员	中共江孜县委员会	2023年4月
平措	男	藏族	龙马乡最康村	优秀宣讲员	中共江孜县委员会	2023年4月
多布杰	男	藏族	康卓乡吉定村党支部	优秀宣讲员	中共江孜县委员会	2023年4月
次珍	女	藏族	重孜乡玉堆村委会	优秀宣讲员	中共江孜县委员会	2023年4月
普赤	女	藏族	重孜乡玉堆村卫生室	优秀宣讲员	中共江孜县委员会	2023年4月
欧珠	男	藏族	达孜乡达堆村村委会	优秀宣讲员	中共江孜县委员会	2023年4月
普琼	男	藏族	达孜乡达比村党支部	优秀宣讲员	中共江孜县委员会	2023年4月
达瓦	男	藏族	卡麦乡麻恰村党支部	优秀宣讲员	中共江孜县委员会	2023年4月
旺庆	男	藏族	卡麦乡嘎益村党支部	优秀宣讲员	中共江孜县委员会	2023年4月

续表9

姓名	性别	民族	工作单位	获奖称号	授予单位	表彰时间
旦增罗布	男	藏族	卡堆乡加措村党支部	优秀宣讲员	中共江孜县委员会	2023年4月
普布旦增	男	藏族	卡堆乡加措村党支部	优秀宣讲员	中共江孜县委员会	2023年4月
扎西次仁	男	藏族	纳如乡日括村纪检委	优秀宣讲员	中共江孜县委员会	2023年4月
普赤	女	藏族	纳如乡日括村党支部	优秀宣讲员	中共江孜县委员会	2023年4月
塔杰	男	藏族	热龙乡夏雄村党支部	优秀宣讲员	中共江孜县委员会	2023年4月
边普	女	藏族	热索乡帮日村纪检委	优秀宣讲员	中共江孜县委员会	2023年4月
索朗	男	藏族	加克西乡夏吾村	优秀宣讲员	中共江孜县委员会	2023年4月
普石达	男	藏族	藏改乡亚益村	优秀宣讲员	中共江孜县委员会	2023年4月
郑堆	男	汉族	日朗乡措麦村纪检委	优秀宣讲员	中共江孜县委员会	2023年4月
旦增	男	藏族	金嘎乡岗坡村	优秀宣讲员	中共江孜县委员会	2023年4月
米玛顿珠	男	藏族	金嘎乡拉热村	优秀宣讲员	中共江孜县委员会	2023年4月
白加	男	藏族	日星乡白林村党支部	优秀宣讲员	中共江孜县委员会	2023年4月
索朗次仁	男	藏族	日星乡杂达村委会	优秀宣讲员	中共江孜县委员会	2023年4月
刘秉旺	男	汉族	江孜县人民政府办公室	最美志愿者	中共江孜县委员会	2023年4月
余杰	男	汉族	江孜县人民检察院	最美志愿者	中共江孜县委员会	2023年4月
尼玛次仁	男	藏族	江孜县东郊一级检查站	最美志愿者	中共江孜县委员会	2023年4月
达瓦桑布	男	藏族	江孜县中心医院	最美志愿者	中共江孜县委员会	2023年4月
刘伟	男	汉族	江孜县平康医院	最美志愿者	中共江孜县委员会	2023年4月
吉律	男	藏族	江孜县艺术团	最美志愿者	中共江孜县委员会	2023年4月
罗桑扎西	男	藏族	大学生志愿者	最美志愿者	中共江孜县委员会	2023年4月
顿珠多吉	男	藏族	金塔东部综合市场	最美志愿者	中共江孜县委员会	2023年4月
强巴	男	藏族	金轮餐饮	最美志愿者	中共江孜县委员会	2023年4月
边旺	男	藏族	西藏域雄建筑工程有限公司负责人	助人为乐模范	中共江孜县委员会	2023年4月
平措	男	藏族	西藏西嘎建筑有限责任公司	助人为乐模范	中共江孜县委员会	2023年4月
索朗平措	男	藏族	藏改乡卫生院	见义勇为模范	中共江孜县委员会	2023年4月
王应飞	男	汉族	江孜县公安局	爱岗敬业模范	中共江孜县委员会	2023年4月
宗吉	女	藏族	江孜县疾病预防控制中心	爱岗敬业模范	中共江孜县委员会	2023年4月
邹凤	女	汉族	江孜县闵行中学	爱岗敬业模范	中共江孜县委员会	2023年4月
达卓嘎	女	藏族	江孜县养老院	爱岗敬业模范	中共江孜县委员会	2023年4月
强巴	男	藏族	热龙乡卫生院	爱岗敬业模范	中共江孜县委员会	2023年4月
卓玛	女	藏族	江孜县环卫工人	爱岗敬业模范	中共江孜县委员会	2023年4月
徐程煌	男	汉族	江孜县巡察办	学习强国优秀学习标兵	中共江孜县委员会	2023年4月
安森	女	汉族	江孜县民政局	学习强国优秀学习标兵	中共江孜县委员会	2023年4月
白玛次仁	男	藏族	江孜县公安局	学习强国优秀学习标兵	中共江孜县委员会	2023年4月
李纪阳	男	汉族	江孜县融媒体中心	学习强国优秀学习标兵	中共江孜县委员会	2023年4月
李碧春	女	汉族	江孜高级中学	学习强国优秀学习标兵	中共江孜县委员会	2023年4月
宋亦飞	男	汉族	江孜县第一小学	学习强国优秀学习标兵	中共江孜县委员会	2023年4月
央金卓嘎	女	藏族	江热乡	学习强国优秀学习标兵	中共江孜县委员会	2023年4月

续表9

姓名	性别	民族	工作单位	获奖称号	授予单位	表彰时间
索朗桑姆	女	藏族	热龙乡	学习强国优秀学习标兵	中共江孜县委员会	2023年4月
李鹏超	男	汉族	卡堆乡	学习强国优秀学习标兵	中共江孜县委员会	2023年4月
索朗旺姆	女	藏族	日星乡	学习强国优秀学习标兵	中共江孜县委员会	2023年4月
毛金艳	女	汉族	中共江孜县委组织部	优秀通讯员	中共江孜县委员会	2023年4月
王彬	男	汉族	江孜县人民政府办公室	优秀通讯员	中共江孜县委员会	2023年4月
强久	男	藏族	江孜县公安局	优秀通讯员	中共江孜县委员会	2023年4月
强巴旦增	男	藏族	江孜县公安局	优秀通讯员	中共江孜县委员会	2023年4月
达娃石曲	男	藏族	江孜县强基办	优秀通讯员	中共江孜县委员会	2023年4月
孙飞	男	汉族	江孜镇	优秀通讯员	中共江孜县委员会	2023年4月
格桑朗加	男	藏族	江热乡	优秀通讯员	中共江孜县委员会	2023年4月
李誉诚	男	汉族	日朗乡	优秀通讯员	中共江孜县委员会	2023年4月
德庆	女	藏族	江孜镇加日郊居委会	村（居）妇联干部国家通用语言文字演讲一等奖	中共江孜县委组织部、江孜县妇女联合会	2022年5月
拉巴次仁	男	藏族	龙马乡小学	最美抗疫志愿者	中共江孜县委员会 江孜县人民政府	2022年12月
次旺吉拉	女	藏族	年堆乡小学	最美抗疫志愿者	江孜县教育（体育）局	2022年12月
琼达	男	藏族	年堆乡小学	最美抗疫志愿者	江孜县教育（体育）局	2022年12月
白玛卓嘎	女	藏族	日朗乡人民政府	优秀共青团干部	共青团江孜县委员会	2022年5月
拉穷	女	藏族	江孜县闵行中学	“中国梦·劳动美 喜迎二十大 建功英雄城”江孜县职工演讲比赛一等奖	江孜县总工会、江孜县新时代文明实践中心	2022年7月

集体荣誉

自治区（部、委）级集体荣誉获得情况一览表

表10

获奖单位	获奖称号	授予单位	表彰时间
热索乡努康村	全国民主法治示范村	司法部、民政部	2022年12月
卡堆乡小学	2022年第四批乡村温馨校园建设典型案例学校	教育部基础教育司	2023年4月
热索乡努康村	西藏自治区就业创业工作先进集体	中共西藏自治区委员会、西藏自治区人民政府	2022年2月
江孜县融媒体中心	民族团结进步模范集体	中共西藏自治区委员会、西藏自治区人民政府	2022年9月
江孜县人力资源和社会保障局	西藏自治区就业创业工作先进集体	中共西藏自治区委员会、西藏自治区人民政府	2022年2月
江孜县教育（体育）局	2022年全区教育工作先进集体	西藏自治区人民政府	2023年3月

市（厅）级集体荣誉获得情况一览表

表11

获奖单位	获奖称号	授予单位	表彰时间
江孜县教育（体育）局	2022年全区教育督导先进集体	西藏自治区教育督导委员会西藏自治区教育厅	2023年3月
江孜县公安局交警大队	先进集体	西藏自治区公安厅交管局	2022年3月
江孜县融媒体中心	作品《献出一份爱心收获明媚的阳光》获优秀作品	西藏自治广播电视局	2022年12月
江孜县新时代文明实践中心	最佳志愿服务组织	西藏自治区精神文明建设指导委员会	2022年
江孜藏毯文化有限公司生产加工班组	西藏工人先锋号	西藏自治区总工会	2023年4月
江孜县融媒体中心	《无私奉献的光影人生》获优秀作品	珠峰云平台（自治区级平台）	2022年12月
江热乡人民政府	民族团结进步模范集体	中共日喀则市委、日喀则市人民政府	2022年6月
江孜县江热乡小学	文明学校	日喀则市人民政府	2022年7月

县（局）级集体荣誉获得情况一览表

表12

获奖单位	获奖称号	授予单位	表彰时间
努堆村	基层党建示范点	中共日喀则市委组织部	2022年5月
江孜县融媒体中心	优秀新闻单位	中共日喀则市委宣传部	2022年11月
江孜县公安局	三等功	日喀则市公安局	2022年5月
江孜县第一小学	民族团结进步模范宿舍	日喀则市教育局、日喀则市民族事务委员会	2022年11月
江孜县第二小学	民族团结进步模范宿舍（六年级三号宿舍）	日喀则市教育局、日喀则市民族事务委员会	2022年11月
年堆乡小学	民族团结进步模范班级（六年级一班）	日喀则市教育局、日喀则市民族事务委员会	2022年11月
重孜乡小学	民族团结进步模范学校	日喀则市教育局、日喀则市民族事务委员会	2022年11月
江孜县第一幼儿园	民族团结进步模范班级（智慧二班）	日喀则市教育局、日喀则市民族事务委员会	2022年11月
江孜县第一小学	生态文明学校（绿色学校）	日喀则市教育局、日喀则市生态环境局	2022年11月
江孜县第二小学	生态文明学校（绿色学校）	日喀则市教育局、日喀则市生态环境局	2022年11月
江孜县第一幼儿园	生态文明示范学校	日喀则市教育局、日喀则市生态环境局	2022年12月
江孜县第一幼儿园	平安校园	中共日喀则市委平安日喀则建设领导小组、日喀则市教育局	2022年12月
江孜高级中学	民族团结先进单位	日喀则市教育局	2022年12月
江孜县第二幼儿园	2022年度平安校园	日喀则市教育局	2023年3月

续表12

获奖单位	获奖称号	授予单位	表彰时间
江孜县中心医院	2016—2021年度无偿献血促进奖	日喀则市卫生健康委员会、日喀则市无偿献血委员会办公室	2022年6月
江孜镇人民政府	城市流动人口服务优秀窗口单位	日喀则市民族团结进步模范委员会	2022年4月
卡堆乡小学	2022年度平安校园	中共日喀则市委平安日喀则建设领导小组	2023年3月
江孜县	2022年度平安建设（综治工作）先进县（区）	中共日喀则市委平安日喀则建设领导小组	2023年3月
江热乡	2022年度“先进双联户”创建活动先进乡（镇）	中共日喀则市委平安日喀则建设领导小组	2023年3月
藏改乡	2022年度“先进双联户”创建活动先进乡（镇）	中共日喀则市委平安日喀则建设领导小组	2023年3月
紫金乡帮玉村	2022年度“先进双联户”创建活动先进村（社区）	中共日喀则市委平安日喀则建设领导小组	2023年3月
卡堆乡年普村	2022年度“先进双联户”创建活动先进村（社区）	中共日喀则市委平安日喀则建设领导小组	2023年3月
日星乡	2022年度平安建设乡（镇）	中共日喀则市委平安日喀则建设领导小组	2023年3月
中国移动通信集团江孜分公司	疫情防控工作先进集体	中国移动通信集团日喀则分公司	2022年10月
金嘎乡	2022年度平安建设工作三等奖	中共江孜县委员会、江孜县人民政府	2022年2月
中共江孜县江孜镇委员会	学习强国优秀组织单位	中共江孜县委员会、江孜县人民政府	2022年3月
江热乡小学	民族团结进步奖	中共江孜县委员会、江孜县人民政府	2022年7月
江热乡人民政府	2021年度就业创业工作综合二等奖	中共江孜县委员会、江孜县人民政府	2022年10月
努堆村	先进劳务输出合作社	中共江孜县委员会、江孜县人民政府	2022年10月
中共江孜县委办公室	疫情防控工作先进集体	中共江孜县委员会、江孜县人民政府	2022年10月
中共江孜县委组织部	疫情防控工作先进集体	中共江孜县委员会、江孜县人民政府	2022年10月
江孜县人民政府办公室	疫情防控工作先进集体	中共江孜县委员会、江孜县人民政府	2022年10月
江孜县民政局	疫情防控工作先进集体	中共江孜县委员会、江孜县人民政府	2022年10月
江孜县发展和改革委员会	疫情防控工作先进集体	中共江孜县委员会、江孜县人民政府	2022年10月
江孜县卫生健康委员会	疫情防控工作先进集体	中共江孜县委员会、江孜县人民政府	2022年10月
江孜县城市管理和综合执法局	疫情防控工作先进集体	中共江孜县委员会、江孜县人民政府	2022年10月
江孜县机关后勤服务中心	疫情防控工作先进集体	中共江孜县委员会、江孜县人民政府	2022年10月
江孜县公安局	疫情防控工作先进集体	中共江孜县委员会、江孜县人民政府	2022年10月
江孜县商务局	疫情防控工作先进集体	中共江孜县委员会、江孜县人民政府	2022年10月
江孜县融媒体中心	疫情防控工作先进集体	中共江孜县委员会、江孜县人民政府	2022年10月

续表12

获奖单位	获奖称号	授予单位	表彰时间
江孜县文化和旅游局	疫情防控工作先进集体	中共江孜县委员会、江孜县人民政府	2022年10月
江孜县农业农村局	疫情防控工作先进集体	中共江孜县委员会、江孜县人民政府	2022年10月
江孜县市场监督管理局	疫情防控工作先进集体	中共江孜县委员会、江孜县人民政府	2022年10月
江孜县应急管理局	疫情防控工作先进集体	中共江孜县委员会、江孜县人民政府	2022年10月
江孜县水利局	疫情防控工作先进集体	中共江孜县委员会、江孜县人民政府	2022年10月
江孜县疫情防控办	疫情防控工作先进集体	中共江孜县委员会、江孜县人民政府	2022年10月
市生态环境局江孜县分局	疫情防控工作先进集体	中共江孜县委员会、江孜县人民政府	2022年10月
江孜移动分公司	疫情防控工作先进集体	中共江孜县委员会、江孜县人民政府	2022年10月
江孜县消防救援大队	疫情防控工作先进集体	中共江孜县委员会、江孜县人民政府	2022年10月
江孜电信局	疫情防控工作先进集体	中共江孜县委员会、江孜县人民政府	2022年10月
上海市第七批、八批、九批、十批援藏干部江孜联络小组	疫情防控工作先进集体	中共江孜县委员会、江孜县人民政府	2022年10月
上海支援江孜医疗队	疫情防控工作先进集体	中共江孜县委员会、江孜县人民政府	2022年10月
吉林支援江孜医疗队	疫情防控工作先进集体	中共江孜县委员会、江孜县人民政府	2022年10月
藏改乡党委、政府	疫情防控工作先进集体	中共江孜县委员会、江孜县人民政府	2022年10月
车仁乡党委、政府	疫情防控工作先进集体	中共江孜县委员会、江孜县人民政府	2022年10月
日星乡党委、政府	疫情防控工作先进集体	中共江孜县委员会、江孜县人民政府	2022年10月
日朗乡党委、政府	疫情防控工作先进集体	中共江孜县委员会、江孜县人民政府	2022年10月
年堆乡党委、政府	疫情防控工作先进集体	中共江孜县委员会、江孜县人民政府	2022年10月
卡麦乡党委、政府	疫情防控工作先进集体	中共江孜县委员会、江孜县人民政府	2022年10月
金嘎乡党委、政府	疫情防控工作先进集体	中共江孜县委员会、江孜县人民政府	2022年10月
卡堆乡党委、政府	疫情防控工作先进集体	中共江孜县委员会、江孜县人民政府	2022年10月
康卓乡党委、政府	疫情防控工作先进集体	中共江孜县委员会、江孜县人民政府	2022年10月
加克西乡党委、政府	疫情防控工作先进集体	中共江孜县委员会、江孜县人民政府	2022年10月
龙马乡党委、政府	疫情防控工作先进集体	中共江孜县委员会、江孜县人民政府	2022年10月
紫金乡党委、政府	疫情防控工作先进集体	中共江孜县委员会、江孜县人民政府	2022年10月
达孜乡恰久村党支部、村委会	疫情防控工作先进集体	中共江孜县委员会、江孜县人民政府	2022年10月
车仁乡扎西林村党支部、村委会	疫情防控工作先进集体	中共江孜县委员会、江孜县人民政府	2022年10月
江孜镇西郊村党支部、村委会	疫情防控工作先进集体	中共江孜县委员会、江孜县人民政府	2022年10月
热索乡孜吾村党支部、村委会	疫情防控工作先进集体	中共江孜县委员会、江孜县人民政府	2022年10月
热龙乡夏雄村党支部、村委会	疫情防控工作先进集体	中共江孜县委员会、江孜县人民政府	2022年10月

续表12

获奖单位	获奖称号	授予单位	表彰时间
江热乡隆桑村党支部、村委会	疫情防控工作先进集体	中共江孜县委员会、江孜县人民政府	2022年10月
纳如乡仲措村党支部、村委会	疫情防控工作先进集体	中共江孜县委员会、江孜县人民政府	2022年10月
市文旅局驻紫金乡卡热村驻村工作队	疫情防控工作先进集体	中共江孜县委员会、江孜县人民政府	2022年10月
市委统战部驻卡麦乡加比村村工作队	疫情防控工作先进集体	中共江孜县委员会、江孜县人民政府	2022年10月
日喀则珠峰城市投资发展集团有限公司驻县卡堆乡增麻村工作队	疫情防控工作先进集体	中共江孜县委员会、江孜县人民政府	2022年10月
县政协驻重孜乡康庆村驻村工作队	疫情防控工作先进集体	中共江孜县委员会、江孜县人民政府	2022年10月
江孜县卫生服务中心	疫情防控工作先进集体	中共江孜县委员会、江孜县人民政府	2022年10月
江孜县平康医院	疫情防控工作先进集体	中共江孜县委员会、江孜县人民政府	2022年10月
江孜县建藏医院	疫情防控工作先进集体	中共江孜县委员会、江孜县人民政府	2022年10月
县公安局藏改乡派出所	疫情防控工作先进集体	中共江孜县委员会、江孜县人民政府	2022年10月
白居寺管理委员会	疫情防控工作先进集体	中共江孜县委员会、江孜县人民政府	2022年10月
武警日喀则支队机动三大队	疫情防控工作先进集体	中共江孜县委员会、江孜县人民政府	2022年10月
西藏金塔建设集团有限公司	疫情防控工作先进集体	中共江孜县委员会、江孜县人民政府	2022年10月
西藏凌和建筑工程有限公司	疫情防控工作先进集体	中共江孜县委员会、江孜县人民政府	2022年10月
西藏星原建筑工程有限公司	疫情防控工作先进集体	中共江孜县委员会、江孜县人民政府	2022年10月
江沅酒店	疫情防控工作先进集体	中共江孜县委员会、江孜县人民政府	2022年10月
西藏冈嘎建设工程有限公司	疫情防控工作先进集体	中共江孜县委员会、江孜县人民政府	2022年10月
西藏域雄建筑工程有限公司	疫情防控工作先进集体	中共江孜县委员会、江孜县人民政府	2022年10月
西藏永天建设工程有限责任公司	疫情防控工作先进集体	中共江孜县委员会、江孜县人民政府	2022年10月
西藏宗山建设有限公司	疫情防控工作先进集体	中共江孜县委员会、江孜县人民政府	2022年10月
西藏塔鹏巴建筑工程有限公司	疫情防控工作先进集体	中共江孜县委员会、江孜县人民政府	2022年10月
江孜县吉康建筑施工队	疫情防控工作先进集体	中共江孜县委员会、江孜县人民政府	2022年10月

续表12

获奖单位	获奖称号	授予单位	表彰时间
西藏财达建设工程有限公司	疫情防控工作先进集体	中共江孜县委员会、江孜县人民政府	2022年10月
江孜县施旺建筑有限公司	疫情防控工作先进集体	中共江孜县委员会、江孜县人民政府	2022年10月
西藏年尖建筑有限公司	疫情防控工作先进集体	中共江孜县委员会、江孜县人民政府	2022年10月
江孜县西嘎建筑工程有限公司	疫情防控工作先进集体	中共江孜县委员会、江孜县人民政府	2022年10月
西藏奥芭苍建设工程有限公司	疫情防控工作先进集体	中共江孜县委员会、江孜县人民政府	2022年10月
西藏宇创建设工程有限公司	疫情防控工作先进集体	中共江孜县委员会、江孜县人民政府	2022年10月
上海光明农业发展（集团）有限公司	疫情防控工作先进集体	中共江孜县委员会、江孜县人民政府	2022年10月
江孜县灿达公司农贸市场	疫情防控工作先进集体	中共江孜县委员会、江孜县人民政府	2022年10月
江孜县客运站	疫情防控工作先进集体	中共江孜县委员会、江孜县人民政府	2022年10月
金轮藏餐馆	疫情防控工作先进集体	中共江孜县委员会、江孜县人民政府	2022年10月
江孜县新时代文明实践中心社会招募志愿服务队	疫情防控工作先进集体	中共江孜县委员会、江孜县人民政府	2022年10月
江孜县新时代文明实践中心宗投志愿服务队	疫情防控工作先进集体	中共江孜县委员会、江孜县人民政府	2022年10月
江孜县慈善协会	疫情防控工作先进集体	中共江孜县委员会、江孜县人民政府	2022年10月
中共江孜县委员会办公室	2022年度综合考核优秀单位	中共江孜县委员会、江孜县人民政府	2023年3月
中共江孜县委政法委	2022年度综合考核优秀单位	中共江孜县委员会、江孜县人民政府	2023年3月
中共江孜县委组织部	2022年度综合考核优秀单位	中共江孜县委员会、江孜县人民政府	2023年3月
中共江孜县委宣传部	2022年度综合考核优秀单位	中共江孜县委员会、江孜县人民政府	2023年3月
中共江孜县委统战部	2022年度综合考核优秀单位	中共江孜县委员会、江孜县人民政府	2023年3月
江孜县公安局	2022年度综合考核优秀单位	中共江孜县委员会、江孜县人民政府	2023年3月
江孜县自然资源局	2022年度综合考核优秀单位	中共江孜县委员会、江孜县人民政府	2023年3月
江孜县融媒体中心	2022年度综合考核优秀单位	中共江孜县委员会、江孜县人民政府	2023年3月
江孜县人民检察院	2022年度综合考核优秀单位	中共江孜县委员会、江孜县人民政府	2023年3月
江孜县纪委监委	2022年度综合考核优秀单位	中共江孜县委员会、江孜县人民政府	2023年3月
江孜县国安办	2022年度综合考核优秀单位	中共江孜县委员会、江孜县人民政府	2023年3月
江孜县人民政府办公室	2022年度综合考核优秀单位	中共江孜县委员会、江孜县人民政府	2023年3月
江孜县政协办公室	2022年度综合考核优秀单位	中共江孜县委员会、江孜县人民政府	2023年3月
江孜县乡村振兴局	2022年度综合考核优秀单位	中共江孜县委员会、江孜县人民政府	2023年3月
共青团江孜县委员会	2022年度综合考核优秀单位	中共江孜县委员会、江孜县人民政府	2023年3月
江热乡人民政府	2022年度综合考核优秀单位	中共江孜县委员会、江孜县人民政府	2023年3月

续表12

获奖单位	获奖称号	授予单位	表彰时间
日朗乡人民政府	2022年度综合考核优秀单位	中共江孜县委员会、江孜县人民政府	2023年3月
紫金乡人民政府	2022年度综合考核优秀单位	中共江孜县委员会、江孜县人民政府	2023年3月
藏改乡人民政府	2022年度综合考核优秀单位	中共江孜县委员会、江孜县人民政府	2023年3月
车仁乡人民政府	2022年度综合考核优秀单位	中共江孜县委员会、江孜县人民政府	2023年3月
上海市第十批援藏干部江孜联络小组	2022年度经济社会发展特殊贡献单位	中共江孜县委员会、江孜县人民政府	2023年3月
江孜县教育（体育）局	2022年度经济社会发展特殊贡献单位	中共江孜县委员会、江孜县人民政府	2023年3月
国家税务总局江孜县税务局	2022年度经济社会发展特殊贡献单位	中共江孜县委员会、江孜县人民政府	2023年3月
江孜县中心医院	2022年度经济社会发展特殊贡献单位	中共江孜县委员会、江孜县人民政府	2023年3月
中国农业银行股份有限公司江孜县支行	2022年度经济社会发展特殊贡献单位	中共江孜县委员会、江孜县人民政府	2023年3月
江孜县第一小学	2022年度教学质量突出学校一等奖	中共江孜县委员会、江孜县人民政府	2023年4月
江孜县闵行中学	2022年度教学质量突出学校二等奖	中共江孜县委员会、江孜县人民政府	2023年4月
江热乡小学	2022年度教学质量突出学校二等奖	中共江孜县委员会、江孜县人民政府	2023年4月
江孜县高级中学	2022年度教学质量突出学校三等奖	中共江孜县委员会、江孜县人民政府	2023年4月
紫金乡小学	2022年度教学质量突出学校三等奖	中共江孜县委员会、江孜县人民政府	2023年4月
热索乡小学	2022年度教学质量突出学校三等奖	中共江孜县委员会、江孜县人民政府	2023年4月
江孜县第二幼儿园	2022年度思想政治教育先进学校一等奖	中共江孜县委员会、江孜县人民政府	2023年4月
车仁乡小学	2022年度思想政治教育先进学校二等奖	中共江孜县委员会、江孜县人民政府	2023年4月
卡堆乡小学	2022年度思想政治教育先进学校二等奖	中共江孜县委员会、江孜县人民政府	2023年4月
江孜县第二小学	2022年度思想政治教育先进学校三等奖	中共江孜县委员会、江孜县人民政府	2023年4月
江孜县第一幼儿园	2022年度思想政治教育先进学校三等奖	中共江孜县委员会、江孜县人民政府	2023年4月
重孜乡小学	2022年度思想政治教育先进学校三等奖	中共江孜县委员会、江孜县人民政府	2023年4月
龙马乡小学	2022年度教育教学进步学校	中共江孜县委员会、江孜县人民政府	2023年4月
江孜县第一中学	2022年度教育教学进步学校	中共江孜县委员会、江孜县人民政府	2023年4月
卡堆乡小学	2022年度教育教学进步学校	中共江孜县委员会、江孜县人民政府	2023年4月
江孜镇	2022年度教育工作先进单位	中共江孜县委员会、江孜县人民政府	2023年4月
龙马乡	2022年度教育工作先进单位	中共江孜县委员会、江孜县人民政府	2023年4月
金嘎乡	2022年度教育工作先进单位	中共江孜县委员会、江孜县人民政府	2023年4月
江孜县卫健委	2022年度教育工作先进单位	中共江孜县委员会、江孜县人民政府	2023年4月
江孜县市场监督管理局	2022年度教育工作先进单位	中共江孜县委员会、江孜县人民政府	2023年4月
江热乡	五星乡（镇）	中共江孜县委员会	2023年4月
年堆乡	五星乡（镇）	中共江孜县委员会	2023年4月
江孜镇东郊村	五星村（居）	中共江孜县委员会	2023年4月
江热乡江热村	五星村（居）	中共江孜县委员会	2023年4月

续表12

获奖单位	获奖称号	授予单位	表彰时间
紫金乡帮玉村	五星村（居）	中共江孜县委员会	2023年4月
车仁乡扎西林村	五星村（居）	中共江孜县委员会	2023年4月
年堆乡热定新村	五星村（居）	中共江孜县委员会	2023年4月
热龙乡比萨村	五星村（居）	中共江孜县委员会	2023年4月
龙马乡龙马村	五星村（居）	中共江孜县委员会	2023年4月
康卓乡吉定村	五星村（居）	中共江孜县委员会	2023年4月
重孜乡日定村	五星村（居）	中共江孜县委员会	2023年4月
达孜乡恰久村	五星村（居）	中共江孜县委员会	2023年4月
卡麦乡嘎益村	五星村（居）	中共江孜县委员会	2023年4月
卡堆乡年普村	五星村（居）	中共江孜县委员会	2023年4月
纳如乡日括村	五星村（居）	中共江孜县委员会	2023年4月
热索乡努康村	五星村（居）	中共江孜县委员会	2023年4月
加克西乡多根村	五星村（居）	中共江孜县委员会	2023年4月
藏改乡藏改村	五星村（居）	中共江孜县委员会	2023年4月
日朗乡措麦村	五星村（居）	中共江孜县委员会	2023年4月
金嘎乡嘎西村	五星村（居）	中共江孜县委员会	2023年4月
日星乡央嘎村	五星村（居）	中共江孜县委员会	2023年4月
江孜县中波台	文明单位	中共江孜县委员会	2023年4月
重孜乡小学	文明校园	中共江孜县委员会	2023年4月
卡堆乡小学	文明校园	中共江孜县委员会	2023年4月
中共江孜县康卓乡委员会	学习强国先进学习组织	中共江孜县委员会	2023年4月
中共江孜县纳如乡委员会	学习强国先进学习组织	中共江孜县委员会	2023年4月
中共江孜县日朗乡委员会	学习强国先进学习组织	中共江孜县委员会	2023年4月
金嘎乡	“青年大学习”优秀学习集体	共青团江孜县委员会	2022年5月
江热乡	2022年“先进双联户”创建评选活动先进乡（镇）	中共江孜县委平安江孜建设领导小组	2022年12月
藏改乡	2022年“先进双联户”创建评选活动先进乡（镇）	中共江孜县委平安江孜建设领导小组	2022年12月
车仁乡	2022年“先进双联户”创建评选活动先进乡（镇）	中共江孜县委平安江孜建设领导小组	2022年12月
年堆乡	2022年“先进双联户”创建评选活动先进乡（镇）	中共江孜县委平安江孜建设领导小组	2022年12月
达孜乡	2022年“先进双联户”创建评选活动先进乡（镇）	中共江孜县委平安江孜建设领导小组	2022年12月
日星乡	2022年“先进双联户”创建评选活动先进乡（镇）	中共江孜县委平安江孜建设领导小组	2022年12月

续表12

获奖单位	获奖称号	授予单位	表彰时间
紫金乡帮玉村	2022年“先进双联户”创建评选活动先进村（居）	中共江孜县委平安江孜建设领导小组	2022年12月
卡堆乡年普村	2022年“先进双联户”创建评选活动先进村（居）	中共江孜县委平安江孜建设领导小组	2022年12月
卡麦乡普夏村	2022年“先进双联户”创建评选活动先进村（居）	中共江孜县委平安江孜建设领导小组	2022年12月
金嘎乡西村	2022年“先进双联户”创建评选活动先进村（居）	中共江孜县委平安江孜建设领导小组	2022年12月
加克西乡多根村	2022年“先进双联户”创建评选活动先进村（居）	中共江孜县委平安江孜建设领导小组	2022年12月
龙马乡西堆村	2022年“先进双联户”创建评选活动先进村（居）	中共江孜县委平安江孜建设领导小组	2022年12月
重孜乡日定村	2022年“先进双联户”创建评选活动先进村（居）	中共江孜县委平安江孜建设领导小组	2022年12月
纳如乡吐如雄村	2022年“先进双联户”创建评选活动先进村（居）	中共江孜县委平安江孜建设领导小组	2022年12月
日朗乡措麦村	2022年“先进双联户”创建评选活动先进村（居）	中共江孜县委平安江孜建设领导小组	2022年12月
康卓乡康麦村	2022年“先进双联户”创建评选活动先进村（居）	中共江孜县委平安江孜建设领导小组	2022年12月
热龙乡果琼村	2022年“先进双联户”创建评选活动先进村（居）	中共江孜县委平安江孜建设领导小组	2022年12月
江孜镇西郊村	2022年“先进双联户”创建评选活动先进村（居）	中共江孜县委平安江孜建设领导小组	2022年12月
纳如乡人民政府	“中国梦·劳动美　喜迎二十大　建功英雄城”江孜县职工演讲比赛最佳组织奖	江孜县总工会、江孜县新时代文明实践中心	2022年7月

附　录

中國歷史文化名城

江孜县人民代表大会常务委员会工作报告（节选）

——在江孜县第十四届人民代表大会第三次会议上

2023年2月14日

江孜县人大常委会副主任　旦增欧珠

县十四届人大二次会议以来，在县委的坚强领导下，县人大常委会坚持以习近平新时代中国特色社会主义思想为指导，坚持党的领导、人民当家作主、依法治国有机统一，团结带领常委会组成人员、各级人大代表和人大系统干部，以实干实绩捍卫“两个确立”，增强“四个意识”、坚定“四个自信”、做到“两个维护”，更加积极有为地做好新时代人大工作。

一、紧跟核心，坚持党对人大工作的全面领导

常委会紧跟以习近平同志为核心的党中央团结奋斗，坚持党对人大工作的全面领导，不断坚持和完善人民代表大会制度。

——*旗帜鲜明讲政治*。坚持把学习贯彻习近平新时代中国特色社会主义思想、中共十九大及十九届历次全会精神、中共二十大精神、习近平法治思想、习近平总书记关于坚持和完善人民代表大会制度重要思想作为首要政治任务。8次常委会会议、18次常委会党组会议、12次主任会议等都严格落实了“第一议题”制度。深入开展“改进作风、狠抓落实”工作，坚决落实重大事项向县委请示报告制度，切实守好管好各类意识形态阵地。

——*落实决策有作为*。常委会对2022年资金预算、预算调整和新增直达资金安排及2021年年终决算等重大事项进行审议并依法作出相应决议5份。依法任免地方国家机关工作人员42人次，确保了县委推荐的人选通过法定程序顺利履职。

——*投身大局显担当*。面对突如其来的新冠肺炎疫情，常委会主要领导靠前指挥包乡包片，机关干部主动请战冲上一线，为打好疫情防控的人民战争、总体战、阻击战作出了积极贡献。全县各级人大代表主动投身到抗击疫情大战中，用实际行动忠实践行了“人民选我当代表、我当代表为人民”的履职誓言。

二、紧扣发展，全力贡献服务大局的智慧力量

常委会紧扣高质量发展要求，从大处着眼、小处切口，开展精准监督，用实干诠释助力“名城振兴工程”的人大担当。

——*围绕经济发展监督*。听取审议了国民经济和社会发展计划执行情况的报告、重点工程项目建设推进情况报告、疫情防控及粮食安全情况报告、各行业部门目标任务完成情况的报告，全力以赴摆脱发展困境。

——围绕创新发展监督。视察桑旦岗酒业和江孜黑青稞基地经营情况，召集10个部门对生态环保14个代表性的问题开展专题询问，跟进创建“英雄古城文化旅游AAAA级景区”情况，群策群力培育创新动能。

——围绕绿色发展监督。调研江孜沙棘苗圃基地，视察满拉水库和年楚河整治情况，听取环境保护目标任务完成情况报告，竭尽全力提升生态效益。

——围绕安全发展监督。听取审议审计情况报告，了解掌握综合性国有资产管理情况，想方设法破解安全瓶颈。

三、紧贴民心，用心铸刻人民至上的温暖底色

常委会始终紧贴“民心”这个最大政治，深入贯彻以人民为中心的发展思想，用心铸刻人民至上的温暖底色。

——聚力乡村振兴。扎实调研乡村振兴工作推进情况，积极推进乡村振兴战略的深入实施，让群众生活更加暖心。

——助推城乡建设。深入调研城乡规划管理工作，视察农村文化健身设施和城乡基础设施建设情况，让群众生活更加舒心。

——回应社会关切。积极推动养老事业发展，深入开展巩固优质均衡教育执法检查，认真开展妇女儿童权益保护法和作风建设执法检查，深入调研就业创业工作，让群众生活更加称心。

——关注公共卫生。听取了基层卫生防控体系建设专项工作报告，加快补齐基层公共卫生防控短板，让群众生活更加安心。

四、紧盯目标，全面展现维护公平正义的责任担当

常委会始终紧盯“依法治县”目标，深入贯彻习近平法治思想，聚焦关键环节、重点领域，用责任担当捍卫法治权威。

——着力增强宪法意识。督查“八五”普法，指导“12·4”宪法日和宪法宣传月活动，落实任命的国家机关工作人员宪法宣誓活动，加强法治宣传，树立宪法权威。

——继续开展任后监督。完善“一府一委两院”主要负责人履职情况报告制度，进一步增强任后监督工作刚性，强化了评议对象依法行政、执政为民意识。

——持续助力依法治理。支持法院公正执法，听取县人民检察院公益诉讼专项工作报告，继续组织部分常委会委员和代表旁听司法庭审，促进司法机关进一步提高办案水平。

——大力推动民主法治。高度重视《中华人民共和国民法典》学习宣传，关注基层社会治理，督促各乡（镇）优化村民自治政策，完善村规民约，加强村民自治工作。

五、紧靠代表，巩固发展特色鲜明的地方实践

常委会始终尊重代表“主人翁”地位，依法保障代表充分发挥作用，不断巩固发展具有江孜特色的代表工作实践。

——重示范，乡村振兴态势良好。倡议代表积极为巩固拓展脱贫攻坚成果同乡村振兴有效衔接、建立长效机制献计出力，全县1000余名人大代表继续奋斗在乡村振兴一线发挥重要作用。

——增内涵，代表工作亮点突出。丰富闭会期间代表活动，推深代表向选民述职活动，坚持“双联”机制听取社情民意。各乡（镇）人大工作重点突出，内涵丰富。如：藏改乡、年堆乡、江孜镇、热索乡人大工作重谋划重规范重创新；重孜乡、达孜乡、日朗乡人大服务代表举措实；日星乡、金嘎乡人大述职评议面广层深；卡麦乡、江热乡人大围

绕乡村振兴强化监督；纳如乡、加克西乡人大抓实“双联”机制发挥代表作用。

——强督办，意见建议落实落地。继续坚持重点建议遴选、办理、督办机制。县政府县长亲自主持召开了代表意见建议办理推进会，创新开展了办理提案承办单位、人大代表、涉及提案的群众代表“三方见面”解决代表意见建议，确保了县十四届人大二次会议期间收到的53件代表意见建议均在规定时限内办复。

——优服务，代表意识不断增强。充分运用微信群、江孜发布等网络媒介，向代表传递工作信息，宣传制度法规，报告人大工作。坚持邀请代表100余人次参加常委会组织开展的调研、视察、执法检查活动。不断畅通代表知情知政、督政建言渠道，代表履职责任感、荣誉感不断增强，主人翁意识更加强烈。

六、紧抓宗旨，不断夯实为民履职的工作根基

常委会始终践行“为人民服务”的根本宗旨，坚持内强素质、外树形象，努力推进人大工作与时俱进，更好地服务于民。

——坚持思想为根，不断加强政治建设。始终把政治建设摆在首位，坚定不移用习近平新时代中国特色社会主义思想武装头脑、指导实践、推动工作。巩固拓展深化日喀则市落马官员以案说法警示教育成果，不断加强纪律建设，推进全面从严治党。继续深入推进“四个机关”建设，不断提高常委会组成人员及机关干部思想政治水平和履职尽责能力。

——坚持宣传为先，充分彰扬制度自信。始终把人大宣传工作摆在重要位置，不断加强宣传阵地建设，丰富江孜人大工作板块内容，牢牢守好新时代人大意识形态主阵地。全方位宣传人大工作实践、代表履职风采，共同讲好江孜人大故事，充分彰扬人民代表大会制度自信。

——坚持制度为本，努力夯实履职根基。修订完善各项制度21项，进一步加强常委会及机关政治制度、履职机制、代表工作机制、机关内部管理机制建设。在2022年“基层人大工作规范年”活动中，江孜镇、藏改乡、日朗乡等6个乡（镇）表现突出，已经达到“一乡一亮点、一乡一特色、一乡一品牌”的创建要求，推动了乡（镇）人大工作进一步规范化。

——坚持联动为基，致力提升整体水平。加强与自治区、市人大联动，积极配合自治区、市人大开展10余次调研视察和执法检查活动。加强与“一府一委两院”联动，共同促进发展。加强与乡（镇）人大联动，支持和指导乡（镇）人大依法履职、推进工作。

各位代表：县人大常委会工作取得的成绩，是在习近平新时代中国特色社会主义思想指导下，是在县委的坚强领导下，全体人大代表、常委会组成人员、各专门委员会组成人员和机关干部履职尽责、辛勤工作的结果，是“一府一委两院”和乡（镇）人大密切配合、通力协作的结果，是社会各界和全县人民充分信任、大力支持的结果。在此，我代表县人大常委会向大家表示衷心的感谢和崇高的敬意！

在总结成绩的同时，我们也必须清醒地看到，对标总书记嘱托、党中央要求，对照县委目标、人民期盼，我们的工作还存在不容忽视的短板和弱项。发展全过程人民民主还不够丰富，监督实效还不够明显、创新代表联络方式还不够全面、发挥代表作用还不够充分、自身建设还有待加强等等。对此，我们将深入研究对策，认真加以改进。

中国人民政治协商会议江孜县委员会常务委员会工作报告（节选）

——在政协第十届江孜县委员会第三次会议上

2023年2月13日

政协江孜县委员会副主席 罗 布

2022年工作回顾

2022年，在县委的坚强领导下，县政协及其常委会坚持以习近平新时代中国特色社会主义思想为指导，深入学习宣传贯彻中共十九届历次全会及二十大精神，全面贯彻落实中央第七次西藏工作座谈会精神、习近平总书记关于西藏工作的重要论述和视察西藏时的重要讲话精神，贯彻落实党中央、自治区党委、市委和县委关于政协工作的安排部署，围绕“名城振兴工程”工作思路，牢牢把握团结和民主两大主题，带领广大政协委员，充分发挥协调关系、汇聚力量、建言献策、服务大局作用，为江孜长治久安和高质量发展贡献政协力量。

一、以党的建设为引领，筑牢共同思想政治基础

持之以恒强化思想理论武装。始终将学习贯彻习近平新时代中国特色社会主义思想作为首要政治任务，全面落实“第一议题”学习制度。紧紧围绕中共二十大报告，深入系统学习中共二十大精神，深刻理解二十大报告中提出的“发挥人民政协作为专门协商机构作用”等内容，促进广大政协委员更加深刻地理解和把握中共二十大精神。教育引导各界别人士深刻领会“两个确立”的决定性意义，坚决做到“两个维护”，自觉把思想和行动统一到党中央决策部署上来。2022年，党组会、党组理论学习中心组学习会、常委会学习22次。

全面落实党对政协工作的领导。认真贯彻新时代党的建设总要求，确保县政协始终在党的领导下主动负责、协调一致地开展工作，使党中央和自治区党委、市委、县委的决策部署在政协不折不扣地落实到位。主动向县委汇报重大事项、重点工作10项，积极邀请县委、县政府领导出席政协重要会议、重大活动20余人次。健全4名党组成员联系14个界别、51名党员委员联系78名党外委员制度，实现党的组织对党员委员的全覆盖、党的工作对政协委员的全覆盖。

坚持不懈加强政协党的建设。规范建设政协体制机制，树立政协工作规矩，明确政协工作职责，严格按照党的制度和规矩办事，充分发挥政协党组把方向、管大局、保落实的重要作用，建立健全《江

孜县政协党组工作议事规则》《江孜县政协党组党风廉政建设会议制度》等12项制度。严格落实民主生活会、谈心谈话、党员民主评议等基本制度，用好批评和自我批评武器，开展积极健康的思想斗争，不断纯洁思想、壮大队伍，有效提升服务委员和群众的水平，增强了政协的影响力和战斗力。

坚决筑牢意识形态思想防线。2022年，县政协党组认真贯彻落实意识形态工作责任，不断深化意识形态思想防线，持续筑牢意识形态阵地，组织召开政协意识形态工作专题会议2次，正面宣传声势强劲，阵地管理严格有序，风险防范有力有效，意识形态领域更加安全稳定，整体形势向上向好。围绕迎接、宣传、贯彻中共二十大主题主线，准确把握新时代政协工作，创新工作内容方式方法，健全完善政协系统意识形态领域问题分析处理机制，提升分析研判、防范化解存在问题的能力水平，牢牢掌握意识形态工作领导权、管理权、话语权。

二、以服务大局为己任，立足实际聚焦主责主业

着眼第一要务，搞好协商建言。积极配合市政协围绕“优化营商环境助推高质量发展”等课题开展视察调研4次。组织委员对“县域内旅游景区生态环境保护”等开展专题调研，详细了解全县旅游景区生态环境保护、农牧民体检工作及乡村卫生队伍建设和待遇落实情况，提出意见建议11条，反馈社情民意信息8条，形成视察调研报告2篇。其中涉及民生改善、环境保护等方面的意见建议，大部分已及时转化到县委、县政府的决策之中。

着眼民生福祉，推进民主监督。围绕“革命文物（不可移动）资源保护与利用情况”“实施固体废物处理和利用服务生态文明高地建设”等开展专项监督，分别对江孜分工委旧址等场所进行专项视察，充分依托委员视察平台，持续加强民主监督。聚焦工作落实、作风建设，将12名委员推荐为江孜县作风监督员，加强党员干部的全方位民主监督。组织20余名委员参加“法院旁听庭审”“人民检察院检务公开”等活动，对司法和检察工作进行民主监督。

着眼全县大局，积极参政议政。推行“互动式”提案办理模式，通过政协搭台、委员履职，推动建立“互动”交流平台，提高提案的针对性和可行性，切实增强提案办理实效。政协第十届江孜县委员会第二次会议上共收到84件委员提案，经审查，立案72件，其中重点提案10件，转意见建议12件，及时召开提案交办会和提案办理推进会，督促各部门积极办理提案，进一步提高了提案的办理水平和效果，委员提案的办复率达100%、委员满意率达到95%以上。通过自治区、市两级政协委员，向自治区、市两级政协提交提案14件，其中“关于进一步加大对江孜县文化旅游产业提档升级工作支持力度的提案”“关于中等规模以上学校配备医务室的提案”被市政协评为优秀提案。

着眼长远发展，贡献政协力量。聚焦生态保护这一“国之大者”理念，牢固树立“两山”理念，围绕勇当“四个创建”排头兵，争做“美丽幸福家园”工作目标，以“名城振兴工程”建设为着力点，组织发动127名政协委员，按照“有钱出钱、有力出力、有智出谋”的方式，积极主动履职尽责，共投入资金106万元，其中扎塔委员赞助资金达20余万元，其余委员积极投工投劳捐资捐物，平整土地4600平方米，种植树苗850余株，倾力打造“政协委员生态和谐林”；制定《江孜县“政协委员生态和谐林”管理办法》，配备专人日常管护，加强对生态和谐林的管理。通过张贴生态宣传标语、制作生态宣传展板、委员宣传生态文明建设等方式，让生态文明理念进入群众的耳中、心中、脑中，把生态保护融入思想自觉、行动自觉中。

三、以凝心聚力为目标，汇聚团结奋斗强大合力

积极搭建平台，切实增进团结。在中国共产党成立101周年之际，举办“喜迎二十大、展示委员风采”“同心庆七一、争做新时代好委员”等系列主题活动，积极开展“我为中共二十大保驾护航”承诺签名仪式、委员成果展、夏季联谊“交朋友”等系列活动，充分发挥政治引领作用，进一步增强委员的组织归属感，凝聚起委员同心筑梦思想共识，实现唱响主旋律、讴歌新时代，营造“大团结大联合”的浓厚氛围。

围绕宣传推介，广泛凝聚合力。充分激发委员主体意识，调动委员履职积极性，不断激发委员履职热情，组织委员深入基层，走进界别群众，通过讲政策、办实事等方式，开展各类宣讲10余次，受教育群众达1000余人次。积极开展横向交流，密切与其他县（区）政协的工作联系，促进形成互学互鉴、联动协作机制，推动工作提质增效。先后接待林芝、那曲等地政协考察调研团18批、138人次，编制考察调研资料18期，与各方建立了友好关系，达成了学经验、促交流的合作共识，发挥了宣传江孜、推介江孜、展现江孜的作用。

彰显政协特点，推进文史工作。着眼讲好委员履职故事，邀请6位委员讲述在党的领导下创业奋斗、回馈社会、保护和传承国家级非物质文化遗产等履职故事，编辑《委员故事书》，通过故事展现习近平总书记和党中央的亲切关怀，唱响各族儿女感党恩、跟党走的心声。扎实做好《江孜县白居寺酥油花文化历史》资料的收集编辑和举办天文历算传承人培训，打造政协文化长廊，巩固以史团结人、影响人、教育人的工作成效。协同县艺术团创作《幸福西藏》《永远跟党走》曲艺作品，被西藏文联采用发布。

立足政协所能，助力疫情防控。面对突如其来的新冠疫情，按照县委、县政府工作部署，迅速行动，把疫情防控作为履职尽责的重点，第一时间发出倡议书，号召全县政协委员强化责任担当，120余名委员踊跃参与疫情防控工作。全面落实疫情联防联控网格化管理责任，返乡人员摸排、核酸检测、物资商品供应等疫情防控措施，切实做到统一指挥、统一调度、令行禁止。各界别委员踊跃捐款捐物支持疫情防控工作，捐赠现金和防疫物资价值200多万元，凝聚了守望相助、共克时艰、同舟共济抗击疫情的强大力量。

四、以自身建设为根本，持续提升履职能力水平

注重责任落实，持续加强党风廉政建设。县政协党组切实担负起全面从严治党的主体责任，认真落实“一岗双责”，对党风廉政建设工作进行经常性的督促指导。召开政协党组落实党风廉政建设工作专题会议，制定出台“十严十禁十做到”新举措，组织委员开展“十严十禁十做到”承诺签名仪式，进一步增强委员守纪律、明规矩的责任意识。修改完善县政协党组履行全面从严治党主体责任清单，制订党组集体责任20项、党组书记责任8项、党组成员责任6项，使政协党组履行全面从严治党主体责任更明确、更具体。

注重培养考核，全面深化委员队伍建设。紧扣深入学习贯彻习近平总书记关于加强和改进人民政协工作的重要思想，举办十届新任委员培训，参训委员、干部达130余人，切实提高委员的政治站位和履职能力。严格落实《江孜县政协委员履职服务管理办法》规定，对委员、委员示范企业、乡（镇）联络办进行考核表彰。组织召开乡（镇）委员联络办工作推进会，进一步推进政协工作向基层延伸拓展，建立健全乡（镇）联络办工作机制，推动政协协商与基层协商相衔接、与基层治理相

结合，逐步实现乡（镇）联络办工作制度化、规范化和程序化。

注重作风转变，深入推进政协机关建设。认真落实自治区党委、市委关于改进作风狠抓落实的部署要求，落实县委关于改进作风狠抓落实的具体安排。通过主席班子成员联系常委、常委联系委员、党员委员联系党外委员、委员联系群众的工作机制，实现密切党群血肉联系，面对面、心贴心、实打实地为群众办实事、解难题，全面提高工作效率和服务质量，搭建委员履职服务管理平台。以改进作风狠抓落实为重要抓手，持续改进政协工作作风，督促机关干部学业务、转思想，从严要求、从严教育、从严管理，着力提升政治素养、专业能力，强化服务保障水平，全面提升机关干部业务素质和工作能力。

各位委员，同志们！过去的一年，我们围绕全县大局工作苦干、实干，取得了一定的成绩，得到县委、县政府和社会各界的充分肯定。这些成绩的取得，最根本在于习近平新时代中国特色社会主义思想的科学指引，得益于上级政协精心指导，得益于县委坚强领导和县人大、县政府大力支持，得益于全体政协委员携手奋进、共同努力。在此，我代表政协第十届江孜县委员会常务委员会，向所有关心、支持政协工作的社会各界人士表示衷心的感谢并致以崇高的敬意！

在总结成绩的同时，我们也清醒地认识到协商作用发挥不够，民主监督范围不广，委员履职能力参差不齐，整体工作离县委的要求、离社会各界的期望还有一定差距，这些问题我们将高度重视，在今后工作中认真加以改进。

以中共二十大精神为指引
坚定不移推进全面从严治党　为全面建设
社会主义现代化新江孜提供坚强政治保障（节选）

——在中国共产党江孜县第十届纪律检查委员会第三次全体会议上

2023年2月10日

中共江孜县纪律检查委员会书记　吴　锋

这次会议的主要任务是：坚持以习近平新时代中国特色社会主义思想为指导，全面贯彻落实中共二十大精神，贯彻落实二十届中央纪委二次全会、十届自治区党委三次全会、十届自治区纪委三次全会、二届日喀则市委八次全会、二届市纪委四次全会和十届县委四次全会精神，回顾总结2022年全县纪检监察工作，安排部署2023年工作任务。

2022年工作回顾

2022年是中共二十大召开之年，是实现第一个百年奋斗目标之后，乘势而上全面建设社会主义现代化国家新征程、向第二个百年奋斗目标进军的起步之年，也是推进江孜“名城振兴工程”的关键之年。在自治区党委、市委、县委和市纪委监委的坚强领导下，全县各级纪检监察机关全面贯彻中共二十大精神，深入贯彻落实习近平总书记系列重要讲话和重要指示批示精神，深刻领悟“两个确立”的决定性意义，不断增强“四个意识”、坚定“四个自信”、做到“两个维护”，坚持稳中求进、守正创新，始终保持全面从严治党永远在路上的清醒和坚定，保持正风肃纪、反腐惩恶的战略定力，聚焦“四件大事”“四个走在前列”“名城振兴工程”，围绕江孜发展大局充分发挥监督保障执行、促进完善发展作用，认真履行协助职责和监督专责，纪检监察工作高质量发展取得新进展。

一、坚持以政治建设为统领，“两个维护”更加有力

带头做“两个维护”的坚定践行者。坚持以理论清醒筑牢政治忠诚，县纪委常委会认真落实“第一议题”制度，持之以恒学习贯彻习近平新时代中国特色社会主义思想、中共十九大及十九届历次全会精神，第一时间深学细悟中共二十大精神。一年来，组织召开纪委常委会会议20次、支部学习会议33次，累计学习习近平总书记系列重要讲话精神、重要实时文章40余篇，以高度的政治自觉、

思想自觉涵养忠诚履职的使命担当，在学思用贯通的基础上，进一步做到知信行统一，督促各级党组织和广大党员干部令行禁止、步调一致，不断巩固团结统一的政治局面。

带头做党中央重大决策部署贯彻落实的维护者。围绕中央环保督察组反馈意见，深入开展环保领域问题整治，督促县环保督察整改办从严从实抓好问题整改落实4个。聚焦打赢疫情防控阻击战歼灭战，坚持高站位谋划、高标准监督、高要求整改，紧盯疫情防控重点区域、重点场所、关键环节、关键责任人，围绕落实“四方责任”，严肃开展监督检查66次，发现问题线索4个，追责问责5人。

带头做严明政治纪律和政治规矩的捍卫者。聚焦习近平新时代中国特色社会主义思想、中共二十大精神等落地落实情况，深入开展政治监督17次，提出整改问题25条，不断纠正各级党组织学习不深不实等问题，着力夯实“两个维护”的思想政治根基。始终把党的政治纪律和政治规矩放在首位，聚焦“七个有之”，紧扣“六大纪律”，结合民族边疆地区和反分裂斗争前沿阵地实际，持续加强对党员干部遵守执行党的民族宗教政策、维护国家统一和民族团结等情况的监督5次，提出整改问题3条，推动纪律规矩进一步严明。

二、坚持以管党治党为根本，“两个责任”全面夯实

协助职责有的放矢充分落实。狠抓全面从严治党责任落实，协助县委进行全面从严治党责任分解、开展中央八项规定精神贯彻落实情况分析研判等管党治党工作，组织召开了党委（党组）落实党风廉政建设责任制述责述廉会议、反腐败协调会议、党风廉政建设和反腐败斗争工作推进会，每半年定期向县委报告党风廉政建设和反腐败工作，进一步协助县委抓牢全面从严治党主体责任。坚持权责统一、失责必问、问责必严，敢于动真碰硬，严肃追究责任落实不力的党委（党组）主体责任5人次，问责第一责任人14名、直接责任人10名，有力传导了全面从严治党压力。

监督专责从严从紧扎实履行。坚持抓住“关键少数”以上率下，与“一把手”进行日常监督谈话20余次，督促提醒“一把手”发挥“领头羊”作用，落实好管党治党政治责任。对全县各级党委（党组）民主生活会进行到会监督指导，推动各级党组织民主生活会达到氛围严肃、程序规范、效果明显的目标；规范开展廉政审查把关，围绕干部选拔任用、职级晋升、评先评优等关键环节进行“筛查体检”，按规定程序出具廉政意见函103批2079人次，对12名存在问题的候选人及时“叫停”，坚决防止“带病提拔”“带病提名”“带病评优”。

监督执纪“四种形态”精准运用。深入整治各类违规违纪问题，全县纪检监察机关运用“四种形态”批评教育帮助和处理党员干部及其他监察对象77人次，其中，第一种形态52人次，占比67.5%；第二种形态17人次，占比22.2%；第三种形态5人次，占比6.5%；第四种形态3人次，占比3.8%。科学合理运用“四种形态”的“倒三角”态势进一步形成，为严明纪律提供了有力保障。

三、坚持以惩治腐败为突破，“三不一体”稳妥推进

“不敢”的震慑越来越强大。坚持以零容忍的态度惩治腐败，力度不减、节奏不变、尺度不松，始终保持反腐败高压态势，以永远在路上的清醒和坚定推进反腐败斗争。一年来，共办理留置案2件，留置6人，受理问题线索60件，处置40件，对27宗27人进行立案审查调查，其中，科级干部8人，占比29.6%；一般干部6人，占比22.2%；村干部1人，占比3.8%；其他人员12人，占比44.4%。

加大以案示警、以案说法力度，敲响拒腐防变警钟，组织观看《零容忍》《国家监察》《毁与悔》等警示教育片，实现公职人员全覆盖，筹备完成“身边事教育身边人”典型案例展览，通报本级纪委查办的典型案例13件次。

“不能”的笼子越扎越紧密。立足苗头性倾向性隐患，全面开展廉政风险排查，深入查找岗位廉政风险点355个，及时制定了防控措施，切实将风险隐患关进制度的笼子；着眼权力的监督制约，特别是加强对“一把手”和重点岗位、重点人员的监督，积极协助县委制定了《中共江孜县委员会关于加强对“一把手”和领导班子监督的落实意见》，进一步加强对权力运行的规制；聚焦监督覆盖面，充分延伸监督触角，推动实现贴近监督、跟进监督，制定并印发了《关于切实发挥好村（居）务监督委员会作用的暂行办法》（藏语、汉语），明确村务监督委员会工作职责，促进基层监督力量发挥作用，进一步整合监督资源，构建互为补充、协调一致的监督工作格局。

“不想”的自觉越来越坚定。结合党风廉政警示教育工作要求，制定并实施了《江孜县关于加强新时代廉洁文化建设工作实施方案》，组织开展2022年全县年轻干部廉洁教育课堂，县委书记、县纪委书记带头向参训党员干部进行授课；积极营造浓厚倡廉氛围，协调县委宣传部依托“江孜县发布”平台开设“‘江’廉课堂”线上廉洁教育学习专栏，通过发布党规党纪、廉政漫画、典型案例等内容，以及编发节前廉洁短信等方式，持续涵养反腐倡廉文化，正风肃纪氛围愈加浓厚。

四、坚持以人民立场为主线，民生福祉不断增进

民生领域监督检查不断深化。紧盯资金使用、产业发展等关键环节，对行业部门开展监督检查10次，提出专项治理意见建议12条，着力推动促进巩固拓展脱贫攻坚成果同乡村振兴有效衔接落地落实；着眼惠民利民政策的有效落实，深入开展“两项补助”专项监督检查，督促收缴冒领资金117万元；聚焦基层“微腐败”整治，围绕“三资管理”、产业合作社、教育医疗、生态保护、食品药品安全、低保养老等领域开展监督检查10余次，查处民生领域问题线索7件。

民生领域源头治理更深一层。依托巡察向基层延伸这个载体，以“三个聚焦”为准星，深入查找基层在“三重一大”事项、集体“三资”管理、村“两委”干部廉洁履职等方面存在的短板弱项，重点关注共性问题、普遍性问题，向行业部门提出巡察整改意见建议25条，收到巡察移交问题线索9件，坚决整治群众身边腐败和不正之风；突出标本兼治，针对案件查处过程中发现的普遍性、系统性问题，以及群众反映强烈的行业性、领域性问题，制发监察建议书2份，督促业务主管、行业监管等部门充分履行职责，以有效监督促有力监管，以深化治理促制度完善。

五、坚持以作风建设为抓手，清风正气持续充盈

“八规”精神贯彻力度不减。着眼防反弹回潮、隐形变异、疲劳厌战，不断完善“四风”问题监督检查机制，聚焦重点、靶向纠治。紧盯重要节点，严肃查处违规公款吃喝、违规收受礼品礼金、违规使用公车等问题，加大问责处分、通报曝光力度，形成有力震慑。一年来，开展违反中央八项规定精神监督检查12次，发现问题17个，通报1起2人，立案审查1人。坚持教育提醒在先、警示预防为主，累计编发节前廉洁短信2万多条，着力营造正风肃纪的浓厚氛围。

整治“四风”成效不断彰显。紧扣自治区党委改进作风狠抓落实决策部署，重点整治作风不实、

不深、不细问题，不断培树“弘扬优良作风、抓好工作落实”的良好风气；紧盯形式主义具体表现、具体问题，查处材料弄虚作假、相互抄袭等典型问题3起，通报曝光9人，推动干部作风持续转变；围绕坚决为基层减负，持续整治文山会海，不断精简文件、压减会议，实现“提质控量”。

作风建设成果持续巩固。紧盯会风会纪，严肃整治手机响铃、接打电话、随意走动、迟到早退等问题，通报曝光5起13人、9家县直单位，切实以会风会纪“小切口”带动作风建设“大转变”；坚持从严从快，发现一起、查处一起、曝光一起，始终以零容忍的态度严肃查处党员干部、公职人员酒驾醉驾等违纪违法行为7起7人，给予党纪处分4人，开除党籍3人，坚决向酒驾醉驾违纪违法行为“亮剑”，持续严肃党风党纪；大力整治歪风邪气，突出双休日、节假日和八小时以外等重点时段，加强明察暗访，强化相关职能单位间的协作，严肃查处党员干部、公职人员参赌涉赌行为9起、通报曝光9人；坚持纠建并举、标本兼治，督促各级党组织加强对党员干部、公职人员的教育监督管理，积极组织签订《禁赌承诺书》《禁止工作日饮酒以及酒驾醉驾承诺书》等，着力倡导文明新风。

六、坚持以政治巡察为导向，利剑作用充分彰显

巡察工作质量有序提高。聚焦巡察干部能力素质提升，积极开展巡前教育培训3次，有针对性地提升巡察干部政策把握能力、问题发现能力，增强巡察干部巡察实战性，为提高“巡”的精准度和“察”的有效性打好理论基础；充分借助上下联动巡察优势，推动巡察向基层延伸和拓展，根据市委统一安排部署，派出市县统筹巡察组5个，与县委巡察组形成了监督合力，提高了巡察政治监督质量。

巡察全面覆盖稳步推进。聚焦党中央重大决策部署和自治区党委、市委、县委要求，做到巡察有形覆盖与有效覆盖相统一，共完成了两轮巡察，对22家党组织开展了政治巡察，向被巡察党组织反馈立行立改问题53个，发现问题388个，移交问题线索9件，着力推动“政治体检”走深走实。

巡视巡察成果运用愈加深化。坚持结果导向，聚焦巡察整改成效，督促指导22家被巡察党组织制定具体整改措施652个，建立完善相关制度13项，第一轮巡察反馈问题已全部完成整改，第二轮巡察反馈问题整改已完成80%。

巡视巡察整改监督见行见效。积极组织制定巡视巡察整改日常监督实施办法，进一步强化日常监督督促，实现科学统筹、协作配合，凝聚监督合力，并建立监督工作台账，持续盯住巡视巡察反馈共性问题和重点问题开展监督检查，发现问题11个，切实将监督贯穿巡视巡察整改全过程，着力推动巡察成果转化为治理成效。

七、坚持以自身建设为驱动，整体效能稳步提升

政治建设开路，打造忠诚“铁军”队伍。县纪委常委会带头加强党的政治建设，深入学习贯彻习近平新时代中国特色社会主义思想、中共二十大精神，坚持用党的理论精髓滋养党性修养，深入结合改进作风狠抓落实工作，开展专题学习研讨5次，整理问题清单19份，整改问题120余条，进一步铸魂塑形、固本培元，引导纪检监察干部坚决捍卫“两个确立”、做到“两个维护”，坚决做党和人民的忠诚“卫士”。突出党建政治引领作用，不断建强支部堡垒，持续推进“三会一课”、组织生活会、“主题党日”、发展党员等制度有效落实，以党建引领纪检监察干部讲政治、守规矩、转作风、提效

能，着力建设一支政治素质过硬、忠诚干净担当的纪检监察“铁军”。

能力建设提质，注重实践培养锻炼。聚焦纪检监察干部能力素质提升，有序推进纪检监察体制改革，充分实践运用片区协作机制，实现以干代训、岗位大练兵，不断培养纪检监察干部实战能力；根据《日喀则市纪委监委关于开展能力素质提升年活动的实施方案》要求，积极开展理论学习、业务培训等活动，着力提升纪检监察干部监督执纪问责和监督调查处置能力水平，同时，结合《江孜县纪委监委跟班学习管理实施办法（试行）》，分批次输送县乡两级纪检监察干部参加上级跟班学习、业务培训、巡察20余人次，持续开展纪法“夜读班”，积极打造政治素质高、专业素质强、敢于善于斗争的“政治铁军”和“纪律部队”。

基础建设助推，实现“软硬件”双提升。秉持“好中选优、优中选强”的原则，着力把政治觉悟高、业务能力强、品行作风正的7名干部充实到纪检监察干部队伍中，进一步优化干部队伍结构，实现队伍“血液”更新、进出平衡。在县委、县政府的关心支持下，县纪委监委、县委巡察机构在办公用房、业务用车、经费保障等方面得到了有力改善，干事创业环境进一步得到优化。

各位委员，同志们，以上成绩的取得，离不开市纪委监委、县委的坚强领导，离不开上海援藏的大力援助，离不开广大党员干部群众的支持配合，离不开全县纪检监察干部的团结奋斗。在此，我谨代表第十届江孜县纪律检查委员会常务委员会，向长期以来关心支持纪检监察工作的各级领导、各位同志，向协助配合纪检监察工作的各级各部门，向忠诚履职尽责的全体纪检监察、巡察干部，表示衷心的感谢！

在充分肯定成绩的同时，要清醒地看到，腐败和反腐败较量还在激烈进行，全县纪检监察工作离高质量发展的目标仍然存在差距。主要存在以下问题：问题线索处置不够精准，初核率高但成案率低；督导检查不够深入，跟踪问效持续性不强，监督成效还不明显；县乡纪检监察机关上下联动监督的合力未能全面形成；个别纪检监察干部斗争精神不足、斗争本领还不够强，在堪当纪检监察时代重任上还存在一定差距。对于这些问题，我们将高度重视，切实采取措施加以解决。

江孜县2022年国民经济和社会发展计划执行情况与2023年国民经济和社会发展计划（草案）的报告（节选）

——在江孜县第十四届人民代表大会第三次会议上

2023年2月14日

江孜县发展和改革委员会

一、2022年国民经济和社会发展计划执行情况

2022年是党和国家历史上具有里程碑意义的一年，也必将是载入史册的一年。今年以来，全县上下坚持以习近平新时代中国特色社会主义思想为指导，按照“三个赋予一个有利于”工作要求，全面贯彻落实中共二十大、中央第七次西藏工作座谈会及中央经济工作会议精神，深入贯彻落实习近平总书记关于西藏工作的重要论述和新时代党的治藏方略，贯彻落实自治区党委书记王君正调研日喀则市重要讲话精神，立足新发展阶段，贯彻新发展理念，融入新发展格局，统筹发展与安全、疫情防控和经济社会发展，全力抓好“四件大事”、聚力“四个创建”、努力做到“四个走在前列”。但受疫情影响，今年我县经济社会发展主要指标较上年同期出现不同程度下降趋势，经济下行压力凸显，县委、县政府坚持稳中求进工作总基调，围绕做好“六稳”工作、落实“六保”任务，坚持一手抓疫情防控，一手抓经济发展，努力消除疫情带来的负面影响。

2022年，预计全县地区生产总值实现30.73亿元，同比增长3%；农村居民人均可支配收入达到22348元，同比增长13%；社会消费品零售总额完成8.32亿元，同比增长1%；全社会固定资产投资完成11.28亿元，财政一般公共预算收入完成2237万元，一般公共预算支出完成14.44亿元、同比增长7.13%。

回顾过去一年，成绩得来殊为不易。我县经济尚处在突发疫情等严重冲击后的恢复发展过程中，全国疫情形势又出现很多新变化，保持经济平稳运行难度加大。为有效应对各种风险挑战，我们锚定全年发展目标任务，主要做了以下工作。

（一）疫情防控取得重大战略成果。自今年8月我县疫情发生以来，全县上下坚定信心、同舟共济，在上级党委政府坚强领导下，在上海、吉林援藏医疗队的支援下，在县委、县政府的正确领导下，按照“外防输入、内防反弹”总体要求，坚持闭环管理，紧盯重点人员、重点部位、重点环节，采取

集中消杀、集中隔离、中（藏）西医结合治疗等措施，经过全县上下的共同努力，我县于9月上旬有序恢复生产生活秩序。

（二）按下产业发展“加速键”。一是农牧业生产扎实有序。全县农作物播种面积16.19万亩，其中粮食作物面积12.9万亩（青稞11.21万亩、小麦1.08万亩、豆类0.61万亩），经济作物1.8万亩，饲草1.49万亩，粮、经、饲比例为80∶11∶9。完成绿色高质高效创建示范田10.33万亩，测土配方施肥示范面积10.3万亩。完成粮食产量6.48万吨，其中青稞产量5.77万吨。蔬菜产量实现1.17万吨。完成牲畜存栏33.28万头（只、匹），牲畜出栏11.05万头（只、匹），肉产量1965.7吨，奶产量1.97万吨，禽蛋产量65.29吨。到2022年底，全县高标农田覆盖面积达85%以上，粮食安全根基不断夯实。二是工业运行克难求进。全县规模以上工业企业1家，年营业收入3204.78万元（含绿补），同比增长12.68%。全社会用电量491.47万千瓦时，同比持平。桑旦岗青稞酒厂实现订单式青稞酒产销2500吨，实现营业收入1391万元。三是旅游业发展前景广阔。共接待国内外游客22.08万人次，实现综合旅游收入5452.72万元，江孜英雄古城文化旅游AAAA级景区成功申报。四是市场活力稳定恢复。全县组织税费收入27560.23万元、同比下降0.42%，其中税收收入1947.94万元、同比下降65.74%，还原留抵退税后完成3968.94万元。社会保险基金收入完成23828.32万元、同比增长11.83%，非税收收入完成1783.97万元、同比增长160.68%。累计减免退税7012.45万元，中小微企业房租减免155.49万元。市场主体总量达6990户，其中企业1927户，个体工商户5063户，农牧民专业合作社达639户。

（三）统筹扩大内需“一揽子”。一是项目建设不断夯实。2022年全县计划实施项目115个，按形象进度累计完成投资11.28亿元，按统计口径预计固定资产投资增长76.84%，增速位列全市第四。宗山地下停车场、吉拉大桥、赛马场、县城供排水管网改造等重点储备项目资金圆满落地。二是消费市场平稳回升。社会消费品零售总额实现8.32亿元，同比增长1%；投入100万元开展政府促销活动，投放消费券1.9万张，拉动消费金额达207.5万元，居民消费价格（CPI）同比涨幅保持在合理区间。三是招商引资不断加大。全县招商引资入库项目10个总投资额达到11.2亿元，拉威集团城市商住综合体、塔益集团房地产开发、华润及卓阳光伏等重点储备项目正在积极推进。四是电商体系持续完善。建成县级仓储物流分拨中心1个、乡（镇）电子商务服务站点19个、村级电子商务服务网点78个，初步形成县、乡、村三级电商配送体系。

（四）深化供给侧结构性改革“一条线”。一是政务服务体系日益规范。全力推行“三级”政务大厅建设，按照“应进必进”的原则，完成23家单位、99个事项入驻工作，进一步实现了“只进一门”服务，共接待群众28742人次，受理群众申办事项2.12万件，按时办结2.1万件，办结率99%。网上办件量为2704件，电子证照签发558张，好评率达到100%。二是营商环境不断优化。持续推进“多证合一”“便利化注销”“先照后证”“证照分离”“全程电子化”“企业自主核名”等商事制度改革，企业开办时间压缩到2日。共办理各类行政处罚案件38件，罚没款3.54万元。三是持续强化社会信用约束。严格贯彻落实国务院《政府信息公开条例》，加强信用信息向“信用西藏”“信用中国”的推送力度，执行信用信息按周收集汇总和向上推送机制，累计推送“双公示”行政许可信息9000余条、行政处罚信息3条。

（五）推进区域协调发展“一盘棋”。一是乡村振兴全面铺开。深入推进乡村振兴战略，规划实施乡村特色产业、基础设施建设、公共服务提升等有效衔接项目10个，建设美丽宜居村项目2个；深化农村承包地“三权分置”改革，实测耕地17.41万块，实测面积24万亩，其中确权到户23.77万亩，调查集体土地0.23万亩。持续推进农村人居环境整治，完成“改厕”1857户，卫生厕所普及率达到72.15%。农药化肥使用量保持逐年递减趋势，人畜分离比例达到84.99%。二是筑牢防止返贫致贫底线。建立健全防止返贫致贫监测预警和长效帮扶机制，适度扩大监测范围，把人均纯收入低于6500元（含）作为农牧户识别认定防止返贫监测范围。新识别监测对象18户68人，累计识别监测对象232户891人，已消除风险134户521人，牢牢守住了不发生规模性返贫的底线。三是城市品质不断提升。扎实推进老旧小区、棚户区改造等项目建设。持续开展车辆乱停放专项整治、城市乱象专项整治等工作。全县垃圾无害化处理率达到80%以上，城市亮灯率87.4%，城区26座公共厕所基础设施良好、功能齐全。

（六）坚定民生改善“一条心”。一是就业形势回稳向好。全力做好高校毕业生、困难群体和农牧民转移就业工作。

全年实现转移就业2.5万人，完成年度任务的105%，全年创收3.1亿元，完成年度任务的108%。开展6期农牧民技能培训，培训人数1292人。应届高校毕业生就业605人，就业率97.42%，兑现高校毕业生就业创业补贴资金172.66万元。二是教育事业再创佳绩。紧紧围绕“为谁培养人、培养什么人、怎样培养人”这个根本问题，坚持立德树人，办好人民满意教育。乡（镇）幼儿园实现100%覆盖，学前三年毛入园率97%，小学毛入学率100%，初中毛入学率103.23%，义务教育阶段巩固率100%。共79名小学毕业生被其他省市西藏初中班录取，高考重本上线率17.91%，普本上线率64.17%，高校录取率100%。“教育双减”“控辍保学”、送教上门等各项重点工作顺利推进，江浦教育领域交流交往交融不断深入。三是医疗卫生普惠于民。推进智慧医疗服务体系，积极做好重大疾病防控，不断提高公共卫生保障能力，巩固提升妇幼计生水平，稳步提升藏医药服务能力；先天性心脏病筛查工作开展有效，“健康促进县”工作取得较好成效，孕产妇住院分娩率99%，孕产妇死亡率控制在0/10万、婴幼儿死亡率控制在5.8%。抗击疫情取得重要成果，防疫综合能力持续提升。四是文化事业欣欣向荣。统筹县艺术团广泛开展各类公共文化服务活动，累计开展106场次，惠及群众3万余人次。拍摄制作《疫路有你》《疫情下的古城江孜》等疫情防控类专题片和《喜迎二十大》非凡十年系列访谈节目，同时，紧扣“喜迎中共二十大”主题主线，圆满开展“喜迎二十大 春风进万家”各类文艺下乡活动60余场次。深入仁布县、岗巴县等县开展“五下乡”暖冬实践活动、“送欢乐、下基层”文化“润边”活动，惠及上万名边境群众。五是社会保障水平不断提升。大力实施“全民参保计划”，医疗保险参保7.06万人，其中城乡居民参保6.60万人、参保率98.24%，特殊人群参保率100%。完成财政代缴、全额、定额医疗补助275.43万元，医疗救助兜底630.74万元。受理各类医疗费用报销2307.44万元。兑现城乡低保资金370.19万元，惠及908人；兑现残疾人“两项”补贴资金357.37万元，惠及1856人；为50名高龄老年人兑现“两项”补贴资金3万元；兑现低保、特困、城镇低收入家庭增发一次性生活补贴129.96万元，惠及2166人；疫情防控期间为1201户特殊困难群众发放基本生活物资35.98万元；救助16名流浪乞讨人员，兑现救助金4.15万元。疫情防控期间累计动用各级应急物资1.03万件（个、套、盏），圆满完成了应急物资保障任务。

（七）守牢安全屏障“一张网”。一是生态环境质量持续改善。始终坚持绿水青山就是金山银山、冰天雪地也是金山银山的理念，以山水林田湖草沙冰生态治理与修复、污染防治攻坚战、减污降碳为抓手，推进河湖长制、林长制，实施年楚河流域综合治理工程，国土绿化成效显著，森林覆盖率达到 11.84%，草原综合植被覆盖率达到 56%。空气质量优良天数比例为 100%，主要江河水质达到或优于Ⅲ类水体比例保持在 100%，城乡水源地水质达标率达到 100%，土壤环境质量持续稳定，辐射环境安全稳定。二是安全生产总体平稳。全面落实安全生产责任制，开展危险化学品、工程建筑施工、道路交通、食品药品、消防等安全隐患排查整治行动，5 个乡（镇）救灾物资储备仓库完成物资增配。全县累计排查隐患 81 处，整改 81 处。道路交通事故 73 起（均为轻微道路交通事故）、同比下降 52%，直接经济损失 5.48 万元、同比下降 38%。自然灾害 43 起，受灾人口 1.76 万人次，造成 0.19 万公顷农作物不同程度受灾。三是社会大局持续稳定。综合运用信访“八化”机制和“五访”工作法，信访形势呈现下降的良好局面。受理群众来信来访及上级转交办信访事项 13 件，办结率为 100%，其中“双拖欠”信访事项占全年信访事项的 90% 以上；严厉打击刑事犯罪，全年立案 26 起，抓获犯罪嫌疑人 36 人，挽回人民群众经济损失 21.61 万元；查处治安案件 77 起，行政拘留 11 人，破案率 100%；常态化开展扫黑除恶行动，办理九类涉黑涉恶案件 1 起，办案率 100%。

二、当前经济社会发展面临的短板和挑战

总体来看，全县经济社会发展保持“总体回稳、安全有效”的态势，主要经济指标有所下滑，但总体可控，经济运行出现复苏态势，成绩来之不易，这是县委坚强领导、科学决策的结果，也是县人大、县政协监督支持和倾力帮助的结果，更是全县上下团结拼搏、苦干实干的结果。但在看到成绩的同时，我们也清醒地认识到全县经济社会发展仍面临不少困难和问题。一是在疫情冲击下，自治区内外环境更趋复杂严峻，发展面临的不确定因素逐步增多，招商引资项目落地难、企业及项目融资难，因疫情影响，工程建设进度较为缓慢。二是县内优强企业较少，经营主体发展不快、不优，规模较小、产品附加值低，特色化、规模化、标准化、品牌化建设不足，产业链不够完整，产业集群处于较低水平，企业科技创新力、市场竞争力还不够强，抗风险能力弱，吸纳劳动力就业能力有限，产业依旧存在“小、散、弱”状态。三是城镇品质不够高，辐射带动力弱，人口聚集能力不够强，城镇设施还不够完善，距新型城镇化的要求还有较大差距。干部职工抓经济工作能力有限，发展思路不宽。四是民生领域还存在一定的短板，县域医疗、教育、文化等基本公共服务供给离群众的需求还有一定的差距。

江孜县2022年预算执行情况及2023年预算（草案）报告（节选）

——在江孜县第十四届人民代表大会第三次会议上

2023年2月14日

江孜县财政局

一、2022年预算执行情况

2022年，在县委、县政府的坚强领导和县人大、政协的有力监督下，江孜县各级各部门坚持以习近平新时代中国特色社会主义思想为指导，聚焦“四件大事”“四个确保”，聚力“四个创建”“四个走在前列”，围绕县委、县政府中心工作，主动应对超预期因素冲击，积极做好财政预算调控，切实保障财政经济平稳运行，支撑作用明显。

（一）一般公共预算执行情况

1.一般公共预算收入情况。2022年，全县一般公共预算总财力257431.92万元，增长35.68%。其中，地方一般公共预算收入2237万元；上级补助收入202052.17万元；上年结转50743.75万元；动用预算稳定调节基金2399万元。

2.一般公共预算支出情况。2022年，全县一般公共预算支出205616.08万元，增长53.34%。

（二）政府性基金预算执行情况

1.政府性基金预算收入情况。2022年，全县政府性基金预算总财力10328.02万元，增长406.03%。其中，地方政府性基金收入681万元；上级补助收入1098.95万元；地方政府专项债券7700万元；上年结转848.07万元。

2.政府性基金预算支出情况。2022年，全县地方政府性基金预算支出4697.11万元，增长293.72%。其中，社会保障和就业支出42.9万元；城乡社区支出564.04万元；农林水支出68.44万元；其他支出3903.91万元；债务付息支出117.82万元。结转下年5630.91万元。

（三）国有资本经营预算执行情况

1.国有资本经营预算收入情况。2022年，全县国有资本经营预算上年结转1.17万元。

2.国有资本经营预算支出情况。2022年，全县国有资本经营预算无支出，结转下年1.17万元。

（四）工作成效及存在问题。2022年，我县财政工作始终坚持以党建引领财政工作，财政各项事业有序发展：一是财政管理改革取得新突破。坚持“不唯增、不唯减、只唯实”原则，发挥财政评审职能，确保财政资金合理流入各领域；运用零基预算理念，逐步打破支出固化格局，依托财政核心业务一体化技术支持，有序推进我县预算编制、预算执行、会计核算、资产管理、政府采购等财政业务上线一体化，以信息化推进现代化改革。二是积极财政政策更加有为。政府采购服务进一步优化，通过提高小微企业价格评审优惠幅度、提高政府采购工程面向中小企业预留份额等方式，扩大市场需求，不断扩大财政政策刺激作用，激发市场活力，全力稳住经济大盘。三是财政监督工作不断强化。持续抓好个人借用公款长期不还清理整治工作；牵头开展地方财经秩序专项整治行动工作，围绕“减税降费、过紧日子、保障三保支出、规范国库管理、加强资产管理、防范债务风险”等七项重点工作任务开展自查自纠和复查工作；深入开展代理记账中介机构整治工作；开展惠民惠农资金“一卡通”管理问题专项治理工作；开展行政事业单位内部控制制度建设工作。

在肯定成绩的同时，我们也清醒地认识到，财政工作任务依然十分艰巨。还存在一些问题：一是受减税降费、留抵退税等政策因素影响，地方收入下降明显，甚至于出现短收情况，各类刚性支出只增不减，疫情防控等不可预见支出增加，收支矛盾依然突出。二是预算资金使用效益不佳，绩效考核力度还要加大，离“花钱必问效、无效必问责”的要求仍有较大差距。

二、2023 年预算草案

2023 年，是全面贯彻落实中共二十大精神的开局之年，也是县委“名城振兴工程”重要推动年，做好财政预算编制工作意义重大。根据预算法及其实施条例，经政府党组和县委常委会研究后，编制形成 2023 年预算草案。

预算编制的指导思想是：坚持以习近平新时代中国特色社会主义思想为指导，全面贯彻落实中共二十大和二十届一中全会精神，深入贯彻习近平总书记关于西藏工作的重要论述和新时代党的治藏方略，深入贯彻落实中央第七次西藏工作座谈会和习近平总书记视察西藏重要讲话精神，贯彻落实自治区第十次党代会精神，贯彻落实《中华人民共和国预算法》《中华人民共和国预算法实施条例》以及改革完善预算管理制度意见要求，坚持稳中求进、进中求好、补齐短板的工作总基调。按照高质量发展的要求，深化财税改革，优化支出结构，进一步稳定经济，冲销疫情影响，牢固树立“过紧日子”思想，严格压缩一般性、非刚性支出，坚持“量力而行、尽力而为”原则，加大对重点领域支持力度，为做好“四件大事”提供资金保障，为全面建设社会主义现代化新江孜提供财力保障。

预算编制遵循的基本原则是：一是稳字当头，稳中求进。坚持量入为出、以收定支，确保财政可持续。坚持算政治账、长远账，继续落实减税降费政策，增强市场主体活力，形成“水多鱼多”良性循环。二是紧盯形势，突出重点。立足建设社会主义现代化新江孜的新形势新任务，围绕着力推进“四个创建”、努力做到“四个走在前列”和“名城振兴工程”，更大力度优化支出结构，集中财力保障党中央、自治区党委、市委和县委重大决策。三是下沉财力，防范风险。按照自治区、市级安排，持续压减非刚性、非重点支出，把宝贵的财政资源腾出来。兜牢“三保”底线。加强政府债务管理、稳妥化解地方政府隐性债务和逐步消化财政应收账款坏账。四是深化改革，突出绩效。全面提升财政管理水平。严肃财经纪律，严格绩效约束，对绩效评估不合格、年度执行效果差的项目，大力压减或取消预算安排。

目前，自治区 2023 年度对下转移支付还未完全告知到位，现参照 2022 年度自治区提前告知财力规模以及结余结转规模，将 2023 年财政收支预算安排情况报告如下：

（一）一般公共预算收支安排情况

1. 一般公共预算收入情况。2023 年，全县一般公共预算财力安排 189634.09 万元，下降 0.66%。

其中：地方一般公共预算收入 5073 万元；转移性收入 132099.25 万元；上年结转 35520.62 万元；动用预算稳定调节基金 16295.22 万元；调入资金 646 万元。

2. 一般公共预算支出情况。2023 年，全县一般公共预算支出安排 189634.09 万元，下降 0.66%。按功能科目划分：一般公共服务支出 29997.76 万元；国防支出 35 万元；公共安全支出 9504.05 万元；教育支出 41759.77 万元；科学技术支出 435.49 万元；文化旅游体育与传媒支出 1998.31 万元；社会保障和就业支出 19947.59 万元；卫生健康支出 16572.59 万元；节能环保支出 2745.83 万元；城乡社区支出 679.2 万元；农林水支出 47603.32 万元；交通运输支出 459.88 万元；自然资源海洋气象等支出 190.78 万元；住房保障支出 8976.41 万元；粮油物资储备支出 1013.87 万元；灾害防治及应急管理支出 962.23 万元；其他支出 4934.85 万元；债务付息支出 417.16 万元；预备费 1400 万元。

（二）政府性基金预算收支安排情况

1. 政府性基金预算收入情况。2023 年，全县政府性基金预算财力安排 7916.27 万元，增长 171.37%。其中：地方政府性基金收入 2000 万元；上级补助收入 69.11 万元；上年结转 5847.16 万元。

2. 政府性基金预算支出情况。2023 年，全县地方政府性基金预算支出安排 7916.27 万元，增长 171.37%。其中：社会保障和就业支出 42.9 万元；城乡社区支出 1615.03 万元；农林水支出 195.67 万元；其他支出 5944.85 万元；债务付息支出 117.82 万元。

（三）国有资本经营预算收支安排情况

1. 国有资本经营预算收入情况。2023 年，全县国有资本经营预算财力安排 21.14 万元，其中，国有资本经营预算收入 19.97 万元；上年结转 1.17 万元。

2. 国有资本经营预算支出情况。2023 年，全县国有资本经营预算支出安排 21.14 万元。其中：国有企业改革第三方服务费 19.97 万元；解决历史遗留问题及改革成本支出 1.17 万元。

（四）主要措施

1. 狠抓开源节流，保障重点支出需求。在开源方面，重点做好招商引资等税源培植工作，积极向上争取政策、项目、资金支持，盘活存量资金资产资源，积极申报专项债券项目，加大对土地资源等国有资源资产开发利用规划。节流方面，全力保障"三保"、重要领域、重点支出需求，严格落实"过紧日子"要求，坚持有多少钱办多少事，压减一般性、非刚性支出，坚持"量力而行、尽力而为"的原则，精准发力，补齐短板，确保各项民生政策落到实处。

2. 推动预算改革，确保财政平稳运行。在预算制度方面，全面实施预算一体化管理，建立规范透明、标准科学、约束有力的预算制度，配合上级财政部门健全现代预算制度。围绕构建全方位、全过程、全覆盖的预算绩效管理体系，推动预算绩效管理扩围升级，健全绩效评价结果与预算安排和政策调整的挂钩机制，对绩效评价结果较差的项目，调减或不再安排预算，从源头上提升科学决策水平。在预算执行方面，坚持预算法定，切实强化预算约束，严格执行人大审查批准的预算，从严控制预算调整调剂事项。预算执行中原则上不追加预算、不出台增加当年支出的政策，坚持先有预算后有支出，严禁超预算、无预算安排支出或开展政府采购。强化财政承受能力评估，不出台难以持续的支出政策。建立预算执行的考评管理机制，将预算执行与预算安排相挂钩。同时健全完善动态资金收回机制，将支出不符合进度要求的预算资金，取消或减少预算安排，统筹调整用于其他亟须资金的领域。在预算公开方面，细化政府预算公开内容，转移支付资金管理办法及绩效目标、预算安排情况等向社会公开。

细化部门预决算公开内容，项目预算安排、使用情况等信息向社会公开。

3. 加强资金监管，防范化解财政风险。加强国有资产风险管控，完善国有资产管理规章制度，规范资产处置，加强落实国资监管企业重大事项及投资管理办法，防范国有投资损失和国有资产流失。加强政府债务风险管控，积极做好暂付款消化工作，实事求是制定化解措施，逐步缩小暂付款规模。进一步健全财政运行应急机制，筑牢对疫情防控、应急救灾等重要领域的保障底线，确保财政平稳运行。

各位代表，做好 2023 年财政工作，责任重大、使命光荣！我们将更加紧密团结在以习近平同志为核心的党中央周围，以习近平新时代中国特色社会主义思想为指导，认真贯彻党中央、国务院决策部署，在县委县政府坚强领导下，自觉接受人大的监督，认真听取代表的意见和建议，埋头苦干、勇毅前行，扎实做好各项财政工作！

名词解释

1. 一般公共预算。是对以税收为主体的财政收入，安排用于保障和改善民生、推动经济社会发展、维护国家安全、维持国家机构正常运转等方面的收支预算。

2. 政府性基金预算。是对依照法律、行政法规的规定在一定期限内向特定对象征收、收取或者以其他方式筹集的资金，专项用于特定公共事业发展的收支预算。政府性基金预算应当根据基金项目收入情况和实际支出需要，按基金项目编制，做到以收定支。

3. 国有资本经营预算。是对国有资本收益作出支出安排的收支预算。国有资本经营预算应当按照收支平衡的原则编制，不列赤字，并安排资金调入一般公共预算。

4. 调入资金。指地方政府为平衡年度预算而按规定从财政专户管理资金以及其他渠道调入的资金。

5. 上解支出。指由于政府事权变动等原因而由下级政府解缴上级政府的支出，属于政府预算资金的内部划分，如工商、地税、质量监督等部门垂直管理后的经费上划等。

6. 非税收入。文中的非税收入特指一般公共预算收入中除税收以外的其他各项收入，包括专项收入、行政性事业性收费收入、罚没收入、国有资本经营收入、国有资源（资产）有偿使用收入、其他收入等。

7. 转移支付。指以各级政府之间以及辖区之间所存在的财政能力差异为基础，以实现公共服务均等化为主旨而实行的一种财政资金或财政平衡制度。目的是实现社会公平，即上级政府利用转移支付制度的调节，使辖区内和辖区间的公共服务和财政能力趋于均等。

8. 地方政府债券。指经国务院批准同意，以省、自治区、直辖市和计划单列市政府为发行和偿还主体发行的地方政府债券。

9. 部门预算。通俗地说就是一个部门一本预算。它是由政府各部门依据国家有关政策的规定及其行使职能的需要，由基层预算单位编制，逐级上报、审核、汇总，经财政部门审核后提交人大批准的涵盖部门各项收支的综合财政计划。

10. 零基预算。指在编制部门预算时，根据各部门履行的职责、发展目标和人员配备等客观因素来确定资金使用额度，而不以基数作为预算分配的主要依据，一切从“零”开始。

11. 绩效预算。指在编制部门预算时，根据成本—效益比较的原则，决定支出项目是否必要及其金额大小的预算形式。具体说，就是有关部门先制定所要从事事业的计划，再依据政府职能和施政计划选定执行实施方案，提出所需成本及应达到的绩效，通过综合测算，从而确定实施方案所需的支出费用所编制的预算。

12. 财政绩效评价。财政绩效是指采用成本会计观念，实施于政务成本分析的管理方式。财政绩效评价是指运用科学、规范的评价方法，对照统一的评价标准，按照绩效的内在原则，对财政支出行为过程及其效果（包括经济绩效、政治绩效和社会绩效）进行科学、客观、公正的衡量比较和综合评判。

13. 减税降费。具体包括“税收减免”和“取消或停征行政事业性收费”两部分，2016 年以来，国家出台个人所得税改革、小微企业普惠性税收减免、深化增值税改革和降低社会保险费率等相应政策，是一项惠企利民政策。

江孜县人民检察院工作报告（节选）

——在江孜县第十四届人民代表大会第三次会议上

2023年2月14日
江孜县人民检察院检察长　余　杰

2022年工作回顾

一年来，江孜县人民检察院在县委和市人民检察院的坚强领导下，在县人大及其常委会的有力监督下，坚持以习近平新时代中国特色社会主义思想为指导，贯彻落实习近平总书记关于西藏工作的重要指示和新时代党的治藏方略，全面贯彻习近平法治思想和《中共中央关于加强新时代检察机关法律监督工作的意见》，捍卫“两个确立”，做到“两个维护”，聚焦“四件大事”，锚定“四个创建”“四个走在前列”，以自治区党委进一步改进作风狠抓落实工作和检察工作“质量建设年”为抓手，始终坚持为大局服务、为人民司法，全面履行法律监督职能，为江孜“名城振兴工程”建设提供了有力法治保障。全年共办理各类案件163件，同比上升79.12%。

一、牢记国之大者，矢志发展大计，在服务保障江孜大局工作中贡献检察力量

贯彻落实“疫情要防住、经济要稳住、发展要安全”的总体要求，统筹推进检察工作与服务保障大局工作深度融合。

一是坚决维护国家安全和社会稳定。坚持总体国家安全观，积极开展反分裂斗争，坚决落实各项维稳措施，充实完善更具针对性、操作性的维稳应急处突预案。始终保持打击刑事犯罪活动的高压态势，不断提升群众获得感、幸福感、安全感。常态化开展扫黑除恶专项斗争，依法办理“九类”案件2件7人，从严提起公诉组织（介绍、容留）卖淫案1件4人；选派干警协同参与“黑车”营运专项检查行动，着力推进“四大领域”“十大行业”科学规范运行。

二是推进提升市域社会治理效能。认真践行新时代“枫桥经验”，深入基层开展矛盾纠纷大排查大走访，拓宽完善“12309”检察服务平台，主动畅通群众诉求渠道，严格落实“件件有着落、事事有回音”工作要求，以如我在诉、情同此心的人民情怀办好每一起案件，依法妥善办结群众来信来访17件。推进检察工作与乡村振兴战略有效衔接，同妇联签订《关于全面加强困难群体国家司法救助工作协作机制》，对3名未成年人开展司法救助，落实司法救助资金6万元。积极延伸检察触角，落实“六稳”“六保”措施，开展防电信网络诈骗、防养老诈骗及反有组织犯罪、反家庭暴力等宣传活动，被西藏学习强国推送，依法办理帮助信息网络

犯罪活动罪1件2人，通过办案追缴被骗资金3.5万元。认真贯彻落实《西藏自治区法治宣传教育条例》，严格“谁执法谁普法”责任制，深入开展法治宣传教育20场次，受教育群众3410人次，推送法治宣传短信5.7万余条。专门研究部署和推进落实“八五”普法，从工作机制、工作举措、工作保障等方面全面发力，统筹落实资金10.69万元。1名干警荣获全国普法工作先进个人。

*三是科学依法融入疫情防控大局。*面对突如其来的新冠疫情，全体干警和广大党员闻令而动、严令而行，“检察蓝”换装“抗疫白”，冲锋在前、奉献在前，全力投入村居、社区、基层联防联控工作，11名干警获得市县两级通报表扬。始终把依法“战疫”融入防疫工作大局，在市人民检察院的指导下，提前介入3起涉疫案件，依法提起公诉的朗某妨害传染病防治罪案件，被评为全区涉疫典型案例。在抗疫最吃紧、最艰难的时刻，始终把干警健康责任牢牢扛在肩上，积极落实防疫物资及药品，统筹推进人防、物防相协调。

二、聚焦主责主业，依法能动履职，在推进更高水平法治江孜建设上担当检察使命

坚持在办案中监督，在监督中办案，狠抓检察业务高质量发展，统筹推进“四大检察”全面协调充分发展。

*一是刑事检察持续做优。*共办理刑事案件49件51人，同比上升6.52%。既当好犯罪的追诉者，又当好无辜的保护者，监督立案1件1人。作出不捕决定2人、不诉决定7人。落实认罪认罚从宽制度，适用率达100%，确定刑量刑建议审判机关采纳92.86%。促成落实刑事和解资金113.45万元。常态化推进公检法司会商机制，深化检警协作，成立侦查监督与协作配合办公室，建立工作机制，落实检察官值班制度，提前介入案件7件，召开案件讨论会并采纳意见4次，针对侦查活动不规范问题，制发检察建议3份。稳步推进刑事执行检察监督，办理社区矫正监督案件2件2人，发出纠正违法通知书和检察建议各1份；监督财产刑执行案件6件6人，涉及资金23.4万元，制发检察建议1份。

*二是民事检察有效推进。*强化精准监督理念，采取以案代训的形式提升办案能力。在市检察院的指导下，调卷10件，对认为确有不规范问题的民事执行终本案件、民事公告送达案件发出检察建议2份，被采纳并回复整改。依法保护农民工合法权益，办理民事支持起诉案件3件，追讨落实薪资42638元。以执法司法案件“回头看”为契机，成立工作专班，稳步推进民事生效裁判和执行案件审查监督工作。

*三是行政检察巩固提升。*办理行政检察监督案件5件。加强刑事检察与行政检察衔接，审查派出所行政违法行为处罚卷宗11件，针对程序不规范、引用法条错误等问题立案4件，合并制发检察建议1份。办理依申请监督案件1件，如：针对下访走访过程中，群众反映的村民长期无证驾驶的违法行为，及时移交线索和跟进监督，制发检察建议1份，已回复整改。

*四是公益诉讼检察重点突破。*服务创建国家生态文明高地，认真履行“两益”维护职责，深化巡察式监督，办理公益诉讼案件线索43件，立案42件，同比增长48.8%。积极办理传统领域案件，稳妥推进“等”外领域工作。落实以磋商、诉前建议作为维护公益目的最佳司法状态要求，召开诉前磋商会8次，送达事实确认书42件。办理的督促国家级民俗节日重要场所及周边环境整治行政公益诉讼案件，入选西藏自治区检察院公益诉讼案典型案例。助力美丽江孜建设，办理生态领域公益诉讼案件20件，督促清理生活垃圾及建筑垃圾25.8吨，落实资金368.29万元投入10个农村垃圾转运站运营。结合文旅发展需求，对县城25个公厕及旅游

服务设施、卫生环境开展实地调查。在市人民检察院的指导下，深入8家砂石加工厂针对性开展专项监督，立案13件。持续保障群众用药安全和“舌尖上的安全”，联合行政机关对查处的一批价值10万元的过期食品，于“3·15”国际消费者权益日开展集中销毁行动，相关情况被西藏政法等媒体推送。深化“河（湖）长+检察长+警长”工作机制，扎实开展“亮剑护河”专项监督活动。聚焦寄递行业和公共安全领域，以“七号、八号检察建议”为抓手，深入县城快递驿站、加气站联合开展公益诉讼线索摸排工作，整改意见均被采纳。在“珠峰讲堂”专题开展公益诉讼检察宣传。坚持借“外脑”，用“外力”，选聘3名行政机关业务骨干兼任检察官助理。对2021年度制发的15份检察建议认真开展“回头看”专项活动，持续督促整改解决问题6个。

五是未检工作注重引领。立足建设更加优质的教育教学环境，共同呵护未成年人健康成长，持续落实“一号检察建议”。针对长期存在的问题少年，积极会同公安、教育等部门，专门就监护人管教不严、监护缺位问题凝聚共识，召开磋商会、不公开听证会2次，制发本院首例“督促监护令”，同时协调市检察院未检部门开展心理辅导工作。针对相关医疗机构及行政主管部门怠于履行侵害未成年人强制报告义务、校园欺凌事件，制发检察建议2份。联合县公安局、市场监督管理局等部门，深入酒店、网吧以及娱乐场所开展涉未专项检查，督促经营者落实主体责任。协调开展各类法治宣讲、“携手落实‘两法’、共护祖国未来”检察开放日活动6次。严格落实未成年人犯罪记录封存。

三、更新检察理念，强化内外监督，在持续深化司法体制改革中增强检察自觉

坚持“从政治上看”，筑牢“数量为基、质效为王”理念，努力推进“四大检察”“十大业务”提质增效。

一是着力构建内外监督并重新格局。坚持把依法行政、刑行衔接、与政法机关的协调沟通作为拓宽监督渠道的重要方式。积极接受人大代表、政协委员、人民监督员的监督，邀请代表委员视察检察工作，向县人大常委会报告刑事案件办案情况、法律监督年度报告、公益诉讼检察、未成年人检察工作情况。依法就拟不捕不诉案件开展听证4件。坚持用制度管人管事，调整充实党组议事规则、财务管理以及后勤保障工作机制，使各项工作有章可循、执行必严。

二是持续推进司法体制改革新举措。积极适应以审判为中心的刑事诉讼制度改革。落实司法办案责任制，建立“质量+效率+效果”为主的业绩考评体系。规范检委会、检察官联席会议学习、讨论、决定程序，调整充实检委会委员。如我在诉、减少诉累，严控延长、退补案件，严格退补权限及继续侦查、补充侦查提纲的分析说理。落实入额院领导带头办案机制，带头办案19件占比11.66%。扎实开展执法司法案件“回头看”活动，通过重点抽查、交叉评查等形式，落实“一案一评查一报告”要求，整体工作有效推进。依法公开案件程序性信息45条、法律文书24份，法律文书公开率达到96%。

三是推动落实司法体制配套改革新要求。抓紧抓好财物统管工作，完成固定资产清查、专门财务人员配备、专网设立、决算执行和预算安排等工作，有力确保资金使用规范高效。科技赋能智慧检务，投入资金30.83万元用于检察专网分级保护、认罪认罚同步录音录像设备配备，大大提升了检察科技现代化水平。

四、赓续初心使命，聚焦基层基础，在打造忠诚干净担当队伍上夯实检察基础

始终坚持以政治建设为统领，围绕班子队伍及

素质能力建设，推进规范化、科学化迈上新台阶。

一是充分发挥好“关键少数”的示范带动作用。始终压紧压实管党治检的政治责任，确保在思想上政治上行动上与以习近平同志为核心的党中央保持高度一致。以“夜校读书班”形式，分九个专题深入学习研讨中共二十大精神。坚决贯彻落实县委和市人民检察院党组的决策部署，严格执行第一议题、“三重一大”、末位表态和民主集中制，召开党组会议19次、党组理论中心组学习会议24次，严格议事决策的政治性、原则性，不断促进规范化、科学化。每年2次专题研究部署机关党建、党风廉政建设、意识形态工作，落实落细主体责任。严格执行《中国共产党重大事项请示报告条例》《中国共产党政法工作条例》，向县委、市人民检察院请示报告重要事项、重大案事件9件次。突出政治标准和讲担当、重实干的选人用人导向，调整充实班子成员2人、内设机构负责人4人、职级晋升2人、检察官遴选3人。

二是着力提升干警政治素养和专业素能。持续推进检察工作与机关党建、党风廉政建设等深度融合，通过提升市级党建示范点阵地建设、述职评议以及改作风抓落实等工作，层层传导压力、落实责任，在不断增强本领恐慌的基础上激发内生动力。完成内设机构改革，优化职能配置，推动办案力量向一线倾斜，检察办案人员达到干警总数的86.36%，解决了长期困扰基层的职责不清、分工不明的难题。积极采取全员政治轮训、以案代训等形式提升干警的综合能力，参加各类培训200余人次，学习型、业务型机关初见成效。

三是持之以恒抓好作风建设。坚持把严管厚爱要求贯穿于干警教育、监督、管理全过程，研究制定督查督办工作办法，下发督办单8件。全面推进最高检、自治区党委巡视反馈意见整改落实，推动政治督察常态化、长效化。严格落实中央八项规定及其实施细则精神，坚决纠治“四风”。持续落实防止干预司法“三个规定”，记录填报13条，同比上升85.7%，“逢问必录”已成为干警思想和行动自觉。

各位代表，过去一年，检察机关坚定坚决服务保障大局工作，主责主业持续向优向好，队伍综合素质能力不断提高，各项检察工作稳步前进。这些成绩的取得，离不开县委和市检察院的坚强领导，离不开人大及其常委会的有力监督，离不开县政府大力支持、县政协民主监督，离不开纪委监委、法院的密切配合，以及对口援藏区市、各级党政机关、社会各界的关心帮助。在此，我代表县人民检察院表示衷心的感谢！

对标新时代新要求，我们也清醒地认识到，检察工作与党和人民的更高要求、更高期盼还有很多的不适应。一是学思践悟习近平法治思想有差距，最新检察理念的转变厚植任重道远，与县域中心工作的统筹融合不够。二是总体办案量与江孜大县的地域特点不匹配，对基层检察机关业务靶点的掌握不精准。三是队伍整体素质还不能完全适应新时代检察工作新形势新要求，本领恐慌的转化提升还有很大空间。四是持续坚持在严格、规范、高效的环境中工作、生活的意识还不强，高标准的自我约束、自我要求、自我净化氛围还不够。针对以上问题，我们将认真研究，破解难题，时不我待，改进落实。

有关用语说明

1. 涉黑涉恶“九类”案件：是指强迫交易罪、组织强迫卖淫罪、开设赌场罪、寻衅滋事罪、敲诈勒索罪、故意伤害罪、非法拘禁罪、聚众斗殴罪、故意毁坏财物罪。

2. 认罪认罚从宽制度：是指《中华人民共和国刑事诉讼法》第十五条规定的，犯罪嫌疑人、被告人自愿如实供述自己的罪行，承认指控的犯罪事实，愿意接受处罚的，可以依法从宽处理。

3. 侵害未成年人案件强制报告制度：2020 年 5 月，最高检、国家监委、教育部等九部门联合发布了《关于建立侵害未成年人案件强制报告制度的意见（试行）》，规定国家机关、法律法规授权行使公权力的各类组织及法律规定的公职人员，学校、校外培训机构、儿童福利机构、社会组织、旅店等密切接触未成年人行业的各类组织及其从业人员，在工作中发现未成年人被性侵、被虐待、被拐卖等遭受或者疑似遭受不法侵害以及面临不法侵害危险的，应当立即向公安机关报案或举报。

4. 司法救助：是指检察机关在办理案件过程中，对遭受犯罪侵害或者民事侵权，无法通过诉讼获得有效赔偿，生活面临急迫困难的当事人采取的辅助性救济措施。

5. 虚假诉讼监督：虚假诉讼俗称“打假官司”，指当事人单方或与他人恶意串通，采取伪造证据、虚假陈述等手段，向人民法院提起民事诉讼，炮制出假案子，企图通过诉讼、仲裁、调解等方式，侵害国家利益、社会公共利益或他人合法权益，妨害司法秩序的行为。

6.“三个规定”：2015 年中办国办、中央政法委、“两高三部”先后印发了《领导干部干预司法活动、插手具体案件处理的记录、通报和责任追究规定》《司法机关内部人员过问案件的记录和责任追究规定》《关于进一步规范司法人员与当事人、律师、特殊关系人、中介组织接触交往行为的若干规定》，要求对于领导干部插手干预司法、内部人员过问案件，以及与当事人、律师等不当接触交往行为，司法人员都要主动记录报告，并进行通报和责任追究。2019 年 8 月和 2020 年 4 月，最高检先后制发相关实施办法和工作细则，扩大了记录报告的重大事项范围，实行月报告制度，规范填报工作。

江孜县人民法院工作报告（节选）

——在江孜县第十四届人民代表大会第三次会议上

2023年2月14日

江孜县人民法院院长　巴桑次仁

2022年主要工作

2022年是中共二十大召开之年，是“十四五”规划实施的关键一年，具有重大而深远历史意义。一年来，在县委坚强领导、县人大及其常委会有力监督和上级人民法院的指导下，江孜县人民法院坚持以习近平新时代中国特色社会主义思想为指导，以习近平法治思想为引领，深刻认识“两个确立”的决定性意义，增强“四个意识”、坚定“四个自信”、做到“两个维护”，深入贯彻落实中共二十大精神，贯彻落实习近平总书记关于西藏工作的重要指示和新时代党的治藏方略，中央第七次西藏工作座谈会、自治区党委十届三次全会、市委二届八次全会、县委十届四次全会精神，做到司法为民、公正司法、服务大局，统筹推进新冠疫情防控和司法审判工作，努力让人民群众在每一个司法案件中感受到公平正义。2022年，我院共受理案件534件，其中受理民事案件230件、刑事案件20件、行政案件1件、执行案件210件（司法救助案件8件）、非诉保全案件2件、强制清算和破产案件1件、诉前调解确认案件70件，结案率91.94%，经评查无一件超审限，无一件不合格的案件。民事案件中位居前三的案件类型为婚姻家庭纠纷、合同纠纷（建设工程施工合同）、民间借贷纠纷；刑事危险驾驶案件居高不下，并呈逐年上升趋势，盗窃和故意伤害犯罪案件明显上升。通过全院干警的不懈努力，我院各项工作受到上级法院的充分肯定，并荣获2022年全区优秀法院荣誉称号！

一、保持政治定力，汇聚发展合力，旗帜鲜明讲政治

一是强化党的领导，坚持正确方向。自觉把党的领导作为开展各项工作的前提和基础，旗帜鲜明讲政治，始终确保法院工作正确政治方向。严格执行政法工作条例和重大事项请示报告制度，今年以来就重大问题、重要工作、重大案件向县委、县人大常委会、县委政法委和上级法院请示报告8次；党组书记主动担当第一责任人职责，先后主持召开党组理论中心组扩大会议13次，及时传达学习习近平总书记系列重要讲话精神和重要指示批示精神，深入学习党中央、自治区党委、市委、县委和上级法院重要会议、文件精神，并研究贯彻落实各项举措；班子成员认真履行“一岗双责”，向下传导压实政治责任，推动把讲政治要求贯彻到法院工作全过程各方面。二是强化理论武装，增强动力之

源。院党组认真履行管党治党主体责任，注重规范基层党组织建设，推动党建工作向审判一线延伸，以党建带动主责主业，通过集体学习与自学相结合，线上学习与线下学习相结合，专题授课与交流研讨相结合的方式将中共二十大、自治区党委、市委、县委的重大决策部署在法院不折不扣地贯彻落实，2022 年，共召开党组理论学习中心组集中学习会 13 次，安排专题研讨 39 人次。三是严肃党内生活，汇聚发展合力。坚持不懈用习近平新时代中国特色社会主义思想武装头脑，每周四定期开展“党员活动日”学习，定期开展党支部、党小组学习会，强化党性锻炼和党建知识学习，及时学习中共二十大精神、中央第七次西藏工作座谈会精神，2022 年，党支部集体学习 31 次，党小组会议召开 24 次，院党组书记、院党支部书记带头开展上党课 2 次。

二、增强基层调解，加强法治建设，司法服务诚为民

2022 年，我院多措并举推进诉讼服务工作提档升级，创建了“一中心、三平台、多点位”的工作模式，为今后进一步完善工作奠定了坚实的基础。一是坚持完善诉调一体对接。在诉讼服务中心设立诉调对接室，吸纳各乡（镇）综治专干、人民陪审员等担任特邀调解员，现有特邀调解员 34 名，特邀调解组织 5 个。形成“调解员 + 法官助理 + 书记员”的团队模式开展诉前调解工作。2022 年，我院使用人民法院调解平台诉前调解案件 128 件，诉前调解案件占一审民商事受案数的 51.61%，使用音视频调解案件 46 件，司法确认案件 70 件，司法确认案件平台录入率 100%。二是坚持“分调裁审”一体化。开展案件繁简分流工作，完善民商事案件繁简分流标准，根据案由、诉讼主体、诉讼请求、法律关系、诉讼程序等要素，确定简案范围。2022 年速裁团队共处理案件 113 件，平均审结天数 28.97 天。三是坚持“互联网 + 诉讼服务”建设。以“12368”诉讼服务热线、跨域立案、网上立案、人民法院在线服务平台为载体，跨域立案 25 件，网上立案 62 件，当场立案 450 件，有效快速地解决了当事人的诉累。2022 年，诉讼服务指导中心信息平台（一站式多元解纷和诉讼服务体系建设质效评估）在全区、全市名列前茅。四是发挥司法网格体系大成效。为认真贯彻落实习近平总书记关于“坚持把非诉讼纠纷解决机制挺在前面，从源头上减少诉讼增量”的重要指示精神，江孜县人民法院引领乡镇人民法庭，坚持和发展新时代“枫桥经验”，加强源头预防和化解各类矛盾纠纷，筑牢平安和谐社会根基，引领创建诉前联调“1 + 6 + 2 + 6”机制，搭建家事调解工作室，形成多方参与、多元共治、多点联动的诉前解决纠纷合力，坚持尽最大努力将矛盾纠纷化解在诉前，在县委的坚强领导下，充分发挥人民法院在诉源治理工作中的主导作用。2022 年，乡镇人民法庭共受理案件 112 件（年堆乡人民法庭 30 件、重孜乡人民法庭 82 件），结案 97 件（年堆乡人民法庭 29 件、重孜乡人民法庭 68 件），结案率 86.61%（年堆乡人民法庭结案率为 96.67%、重孜乡人民法庭结案率为 82.93%），其中以判决方式结案的 11 件、调解方式结案的 77 件（司法确认案件 19 件）、申请撤诉 7 件，驳回起诉 2 件。五是大力开展普法宣传。在法庭辐射乡镇建立联系点，坚持定期送法上门、案例宣讲、走访调研，主动了解辖区群众在生产生活中遇到的法律难题，及时进行纠纷疏导、诉讼引导，及时提出风险防范建议方案，有效维护人民群众的合法权益。2022 年，开展专题宣讲、法治讲座、法律咨询等各类型宣传活动 30 次，发放宣传册子 1.5 万余份。利用车载流动法庭开展法律讲座和法律咨询等各类型宣传活动 8 次，受教育人数达 400 余人次，发放藏语、汉语版《养老诈骗典型案例》《民法典与生活同行》《法律进乡村》等宣传手册 1800 余份。两个乡镇人

民法庭开展法治宣讲14场次，党的政策宣讲16场次，解答群众法律咨询10次，发放宣传材料400余份；发放宣传小礼品140份；解答群众法律咨询50次；受教育群众1250余人次，社情民意调研2次，诉源治理成效明显，充分调动了群众的法律意识。

三、妥善化解纠纷，维护社会和谐，民事审判话幸福

坚持审判工作为党的中心工作服务的指导思想，依法调解经济关系和其他社会关系，维护社会稳定，化解社会矛盾，坚持严肃执行，民事审判职能得到较好发挥，2022年，我院共受理民事案件230件（包含乡镇人民法庭112件），审结208件，未结35件，结案率86.11%，经评查无一件超审限，无一件不合格的案件。一是妥善化解纠纷，牢固树立“民事无小事”的观念。牢固树立“民事无小事”的观念，依法妥善化解社会矛盾，增进社会和谐。在依法的前提下充分尊重民风民俗，积极调处婚姻家庭、合同及侵权等民间纠纷，消除当事人之间的隔阂，努力做到案结事了。高度关注恶意拖欠农民工工资纠纷，畅通维权绿色通道，做到快立、快审、快结，并妥善审理对口劳务纠纷和劳动争议案件，尽最大努力保护弱势群体合法权益。二是注重社会效果和法律效果的最佳统一。牢固树立为大局服务意识、维护稳定意识和司法为民的意识，不就案办案、孤立办案，重视审理涉农案件，制裁各种侵害农民合法权益的行为，妥善审理婚姻家庭、损害赔偿、劳动争议案件，注重保护妇女、儿童、老年人及社会弱势群体的合法权益。

四、突出打击重点，狠抓创新方式，刑事审判提质量

一年来，我院紧紧围绕“公正与效率”的工作主题和“公正司法，执法为民”的指导方针，将反分裂斗争与扫黑除恶专项斗争常态化紧密结合，充分发挥刑事审判职能作用。同时为营造遵法、守法、学法、用法的法治校园氛围，2021年起我院每年开展一次青少年模拟法庭进校园活动，为预防未成年人犯罪作出积极贡献。2022年，共受理各类刑事案件20件26人，从案件数量上看，故意伤害罪5件占25%，危险驾驶罪4件占20%，盗窃罪3件，诈骗罪2件，职务侵占罪1件，开设赌场罪1件，强奸罪1件，帮助信息网络犯罪活动罪1件，妨害传染病防治罪1件，组织卖淫罪1件。从犯罪人数上看，故意伤害6人占23%，危险驾驶4人占15%，组织卖淫罪4人占15%，开设赌场罪和帮助信息网络犯罪活动罪各2人，其余案件各1人。审结19件，结案率95%，移送管辖1件2人。其中判处三年以上有期徒刑4人，判处三年以下有期徒刑7人，拘役9人（其中判处缓刑的9人）。在审结的案件中，涉及9类案件1件2人，无一件涉黑、涉恶案件。一是严格依法办案，着力提高办案质量。为了确保每个案件都符合“不错不漏、不枉不纵、程序合法、实体公正”的要求，我院严格把好事实关、证据关、程序关和法律适用关，努力把案件办成“铁案”。充分发挥合议庭功能，依法保护被告人的辩护权，完善案件质量管理机制，层层审核把关，规范量刑制度。二是突出打击重点，维护社会和谐稳定。我院始终把维护社会稳定作为刑事审判工作的首要任务，依法严厉惩处各类危害社会的重大刑事犯罪，对盗窃、故伤、危险驾驶等多发性犯罪，依法从重从快处罚，有力地打击了犯罪分子的嚣张气焰，保障社会安定和人民群众安居乐业。在县老干局召集40余名退休老年人员开展专题座谈会，取得了良好的社会效果与法治效果。三是创新审判方式，努力提升办案效率。近年来，我院刑事案件呈逐年上升趋势，刑事法官办案任务重、压力大。为了保质保量完成办案任务，在依法公正的前提下，着重围绕提高诉讼效率，积极采取深化法官的审限意识、适用诉裁、简易程序，提高办案效率。

五、构建长效机制，打造联动平台，执行工作增质效

坚决贯彻落实上级法院各项部署安排，积极开展各项专项执行活动，挂图作战、层层落实责任制，深挖内力、外抓联动，切实推进执行规范化、公开化和信息化，不断创新执行手段，全力提高执行质效，广泛汇聚社会合力，构建执行长效机制，执法办案各项工作取得了明显成效。2022年，共受理各类执行案件210件，申请标的8094332元，实际执行到位金额3734787元，旧存16件，已结205件，未结21件，结案率90.71%，执行期限内执结率100%，电子卷宗制作率100%，司法救助8件8人次，发出限制消费令9人次、非法人组织1公司，纳入失信被执行人名单9人次，通过本院官方抖音、LED大屏幕曝光失信被执行人23人次，临时布控41人次，司法拘留1人次。疫情防控期间我院执行局坚持以思想之变引领执行之变，理念大革新、思维大创新，通过微信视频等在全市领先开展“云执行”“云谈话”线上办案模式，“首次执行”出招，开辟了疫情下一条执行“顺畅路”“高速路”。

六、依法履行职责，加强警务保障，司法警察保护航

一是认真履行押解、看管、值庭、刑事、执行等职责。遇到重大庭审活动时，制订详细可行的活动方案，周密部署、妥善安排、保持联动。2022年来，共投入警力151人次，其中协助执行23次，出警46人次；长途押解看管被告人6次，出警12人次；送达法律文书，协助立案庭送达3次，出警6人次；刑事值庭6次出警12人次。均无发生任何警务安全事故，为审判、执行工作提供了强有力的司法保障和服务，确保了我院审判执行工作的顺利开展。二是为中共二十大胜利召开保驾护航。联合公安、消防等部门开展了法院“护航二十大　实战砺精兵”联防联动应急演练，结合本院实际制订方案、预案，提高对突发事件的应急处置能力，最大程度地预防和减少突发事件的发生及其造成的损害，保障本院依法行使审判权利，保护诉讼当事人的生命安全及单位财产安全，营造安全稳定的审判环境。

七、狠抓作风建设，全面从严治院，打造司法硬队伍

一是突出抓好作风整顿，全面加强队伍建设。始终将政治建设摆在首位，把执行党的政策与执行国家法律统一起来，确保党的领导和党的建设贯穿司法改革全过程，坚持加强思想政治建设，全面抓实学习教育和检视整改，认真开展教育整顿后续工作、改进作风狠抓落实相关“对照反思、论证研讨、务虚座谈会、两个确立”等各项活动。全面贯彻“让审理者裁判，由裁判者负责”，确保权责统一，明确院庭长审判监督管理职责，重点加强对“四类案件”的监督，修订审判委员会、专业法官会议议事规则，办案效果持续向好。二是深化司法体制改革，推进机构财务改革。着重开展财务统管改革工作，充分认识财务统管改革工作在司法体制改革全局中的重要性和关键作用，进一步提高政治站位，强化检法两院财务管理协作交流，凝聚改革共识，携手共进，推进财务统管改革工作走深走实，确保财务统管改革按期完成。根据机构改革方案拟将现有的9个内设机构调整为5个内设机构，分别为：审判管理办公室（综合办公室）、立案庭（诉讼服务中心）、综合审判庭、执行局（司法警察大队）、政治部，内设机构均为副科级建制，5个内设机构分别配备6个领导职数。三是全面聚焦从严治党，坚决扛起主体责任。全面从严治党，把制度执行与作风整顿统一起来，把制度执行和严格治院统一起来，将制度执行情况纳入执纪监督检查范畴。开展警示

案例学习15次、观看警示教育片2部、撰写心得体会36篇，发布违反制度规定通报2例，党组书记与班子成员、班子成员与分管部门之间开展交心谈心、提醒谈话4次。持续加强对重点岗位、重点案件、重要节点的监督管理，狠抓防止干预司法“三个规定”的贯彻落实，规范记录报告平台使用管理。四是落实廉洁自律准则，提高拒腐防变能力。认真执行领导干部廉洁自律的各项规定，始终树立拒腐防变的牢固防线，严格执行院内的各项规章制度，始终保持廉洁自律。健全教育培训机制，制定严密教育培训规划，有组织、有计划地开展党员教育工作，特别是抓好党员干部的理想信念教育、工作责任心教育和职业道德教育，2022年参加审判业务、财务等各类学习教育培训10期15人次。五是完善健全监督机制，发扬民主监督管理。强化党员干部的廉政意识，严格执行重大事项报告制度、一岗双责制度和保密制度等纪律规定，以党支部“三会一课”、民主评议党员、领导班子民主生活会、党组织考核评价等制度为载体，及时跟进教育，强化监督管理，确保队伍的绝对稳定。深入贯彻执行民主集中制原则，对集体研究的事项，会前充分酝酿，会上充分讨论，凡是事关全院发展的工作思路和重要工作部署、干部推荐任免、奖惩等事项，都由班子成员讨论通过，在讨论决定重大事宜时，注重发挥每位班子成员的积极性和主动性，充分听取每位班子成员的意见和建议，按照少数服从多数的原则，形成决议后付诸实施，使民主集中制原则在领导班子中得到有效贯彻，保证了集体领导的全面落实。

各位代表：一年来，江孜县人民法院工作取得的成绩，得益于县委的正确领导，得益于县人大的有力监督、政协的民主监督，得益于县政府的坚强支持和社会各界的关心帮助。在此，我代表县法院表示衷心的感谢！

看到成绩的同时我们也清醒认识到，当前法院工作还存在一些问题和困难：一是审判队伍的素质需要进一步提高。随着人民群众的法律意识、维权意识越来越强，民事案件也凸显了新趋势、新问题，法院司法能力和水平有待进一步提高。二是审判人员的观念还没有完全转变，审判能力和方法还不适应，少数审判人员仍然还按照老经验、老办法办案，工作缺少耐心，做群众思想工作和调解纠纷能力不高。三是司法改革创新突破不够，体制机制综合配套改革存在落实不到位情况，对复杂疑难案件的调解能力不强。对这些问题和困难，我们将采取有力措施，切实加以解决。

字词解释：

1. 强制清算：公司因违法行为被主管机关依法责令关闭而进行的清算，人民法院是公司强制清算的组织者，申请强制清算的主体可以是公司债权人，在特定情况下也可以是公司股东。

2. “一中心、三平台、多点位”：以诉讼服务中心为核心，以人民法院调解平台、数字法院平台、多元调解微信小程序为依托，人民法庭、巡回审判点、村调解委员会为载体全方位发挥诉讼调解优势。

3. “分调裁审”：分流、调解、速裁、快审机制改革。案件繁简分流+调解+速裁，深度融合立案、调解、速裁流程，实现多元解纷、简案快审、繁案精审，从而达到满足群众差异化司法需求、提高审判质效的目的。

4. “1 + 6 + 2 + 6”：“1”是设立一个多元化纠纷解决中心；“6”是6个联动部门，法庭、派出所、乡综治（社会治理服务中心）、司法所、各乡、村居调解委员会、特邀调解组织；“2”是引导和要求使用“人民调解平台” + “多元解分微信小程序”两个平台；“6”是充分发挥（法官、法官助理、书记员）、人民调解员、人民陪审员、特邀调解员、乡综治专干、派出所民警、“六大调解”的诉前解纷作用。

2022年江孜县国民经济和社会发展统计公报

2022年，江孜县统计局在县委、县政府的坚强领导下，在上级业务部门具体指导下，深入贯彻落实习近平总书记关于统计工作的重要论述和指示批示精神，贯彻落实好中央、自治区、市统计工作会议精神，紧紧围绕县委、县政府主要工作，以提高数据质量为根本，主动适应经济社会发展新形势，着力深化统计改革、强化统计基础、优化统计服务。

一、综合

实现地区生产总值29.93亿元，同比增长1.1%，其中，第一产业6.12亿元，同比增长7.6%；第二产业6.73亿元，同比增长1.2%；第三产业17.08亿元，同比增长-1.9%。3个产业结构比为20∶23∶57。社会消费品零售总额实现7.29亿元，同比增长-11.5%；农村居民人均可支配收入达到21251元，同比增长7.5%。

江孜县2021—2022年主要经济指标数据情况表

表1

指标	2021年		2022年	
	总量	增速（%）	总量	增速（%）
地区生产总值（亿元）	29.35	6.5	29.93	1.1
第一产业	5.63	6.5	6.12	7.6
第二产业	6.93	7.2	6.73	1.2
第三产业	16.79	6.3	17.08	-1.9
社会消费品零售总额（亿元）	8.24	9.6	7.29	-11.5
农村居民人均可支配收入（元）	19777	15.4	21251	7.5

二、农林牧业

农业：2022年，全县农作物总播种面积10802.2公顷，其中粮食作物8603.71公顷，油料作物755.79公顷，蔬菜448.93公顷，饲草料990.36公顷。全年粮食产量64821.6吨，油料作物产量3013吨，蔬菜产量11729.57吨，饲草料18042.1吨。

林业：2022年，全县荒山（沙）地造林面积493.9公顷。

牧业：2022年，全县牲畜存栏307057头（只、匹），其中牛、马等大牲畜存栏76910头（只、匹），猪存栏230头，羊存栏229917只；年末家禽数44624只。当年肉产量1948吨，其中牛肉1082.35吨，羊肉858.85吨，猪肉5.9吨，禽肉0.9吨。

三、人口就业

全县人口为80477人，其中男性41068人，占51%；女性为39409人，占49%。全县人口中，城镇人口为15955人，占20%；乡村人口为64522人，占80%。

乡村劳动力共计42900人，乡村从业人员数32664人，其中第一产业从业人员25041人，第二产业从业人员4602人，第三产业从业人员3021人，全县外出务工人员19270人。

索 引

说 明

一、本索引采用主题分析法编制。索引范围包括各类目、分目、条目等。“特载”“大事记”“附录”等部类的具体内容未做索引，仅以其部类名称标示。

二、索引名称按汉语拼音音序（同音字按声调）排列。类目、分目用黑体字标示，其余用宋体字标示。索引名称后的数字表示内容所在页码，页码后的 a、b、c 分别表示版面的一、二、三栏。

三、索引空两字位起排的款目为上一主题的“附见”。同一主题的“参见”只标页码。为便于读者检索，内容有交叉的款目，在本索引中重复出现。

四、以数字或字母开头的条目，不按音序排列，集中于“非音序”栏中。

A

B

C

D

F

G

K

L

M

N

P

Q

R

S

T

W

X

Y

Z

非音序